고전문학과 콘텐츠

정창권

요즘 콘텐츠의 중요성은 아무리 강조해도 지나치지 않다.
현대인들은 아침부터 저녁까지 콘텐츠가 없이는 살아갈 수가 없다. 뉴스와 광고,
드라마, 음악, 게임, 영화, 애니메이션, 공연, 전시 등 하루 동안만 해도 수없이 많은 콘텐츠를 접하며 살아간다.

도서출판 월인

고전문학과 콘텐츠

초판 1쇄 인쇄 • 2013년 4월 8일
초판 1쇄 발행 • 2013년 4월 12일

저 자 • 정창권
발행인 • 박성복
발행처 • 도서출판 月印
서울특별시 강북구 수유2동 252-9
등 록 • 제6－0364호
등록일 • 1998년 5월 4일
전 화 • (02) 912-5000
팩 스 • (02) 900-5036
www.worin.net

ISBN 978-89-8477-539-8 93810

값 23,000원

서 문

요즘 우리의 인문학이 심각한 위기에 처해 있다. 특히 극단적인 자본주의와 신자유주의 등 시대상황이 변하면서, 우리의 인문학은 밥 벌어 먹기 힘든 학문이고, 취업하기 힘든 학문이며, 사회로부터 좋은 시선을 받기 힘든 학문이 되고 말았다. 그래서인지 요즘 인문학을 배우고 있는 학생들은 솔직히 등록금이 아깝다는 생각까지 든다고 한다.

심지어 대학들도 인문학 지원자가 매년 줄어들자, 인문학 관련 학과들을 통폐합시키거나 아예 없애고 있는 실정이다. 학교 운영이 경영과 동일시되면서, 이제 대학들도 자본에 충실한 기업으로 변질되고 있는 것이다.

이렇게 인문학이 위기에 처하게 된 것은 물론 시대변화나 정부정책 등 여러 가지 이유가 있겠지만, 다른 무엇보다 인문학 자체의 유연성 부족과 실제 현실과의 융합력 부족에서도 그 원인을 찾을 수 있다. 인문학은 인류가 존재한 이래 가장 오래된 학문이자 엄청난 연구업적을 가지고 있다. 하지만 시대흐름에 따른 지속적인 변화보다는 과거를 보존하는데 치중했기 때문에, 기존에 하던 연구방법을 지금 이 시대에도 계속하고 있다. 그리고 지금까지 일궈낸 연구업적도 단지 자신들만의 전문 지식으로 남겨둘 뿐, 그것을 사회 전반에 확산시키거나 기타 응용학문과 연계하여 새로운 가치를 창출하려는 노력에는 게을리하였다. 즉, 시대 흐름에 적극적으로 대처하지 못하고 단지 자기 학문만을 고집해왔다는 것이다.

인문학은 뿌리가 깊은 만큼 그 속에 내재된 가능성도 무궁무진하다.

지금은 단지 그 잠재력을 활용하고 있지 못할 뿐이다. 앞으로는 단지 자기만을 위한 인문학이 아니라 좀 더 다양한 분야에 관심을 갖고 실생활에 접목시킨다면, 인문학은 새로운 전성기를 맞이할 수 있을 것이다. 특히 인문학의 콘텐츠화, 즉 응용학문인 콘텐츠학과의 만남이 필요한데, 장기간 축적해온 인문학적 성과들은 고스란히 콘텐츠의 자원으로 활용될 수 있기 때문이다.

다행히 최근 디지털 기술이 발달하면서 인터넷이나 휴대폰을 비롯하여 DMB, IPTV, Wibro, 스마트폰, 태블릿 PC 등 새로운 매체들이 계속 쏟아져 나오고 있다. 이에 따라 자연히 그 속을 채워줄 내용물인 콘텐츠가 중요해지고 있다. 요즘 콘텐츠의 중요성은 아무리 강조해도 지나치지 않다. 현대인들은 아침부터 저녁까지 콘텐츠가 없이는 살아갈 수가 없다. 뉴스와 광고, 드라마, 음악, 게임, 영화, 애니메이션, 공연, 전시 등 하루 동안만 해도 수없이 많은 콘텐츠를 접하며 살아간다.

이처럼 콘텐츠의 수요가 증대하면서 날이 갈수록 인문학, 특히 고전문학이 다시금 부각되고 있다. 주지하듯이 고전문학은 우리의 문화원형이 온전히 살아있는 텍스트요, 저작권이 없는 콘텐츠의 보물창고다. 또 문학은 기본적으로 개성적인 캐릭터와 탄탄한 스토리를 가지고 있기 때문에 언제든지 조금만 각색하면 새로운 콘텐츠로 개발될 수 있다. 예를 들어 〈춘향전〉이나 〈심청전〉, 〈홍길동전〉 등은 끊임없이 현대적으로 재창작되어 출판과 만화, 애니메이션, 영화, 드라마, 공연 등의 콘텐츠로 개발되어 나왔다.

이 책은 그러한 고전문학의 콘텐츠화 방법, 즉 고전문학을 활용하여 다양한 콘텐츠로 개발하는 방법에 관한 16편의 논문을 묶어 한 권의 책으로 만든 것이다. 지금까지 필자는 전통적인 방법으로서의 고전문학 연구에 머물지 않고, 고전문학의 현대적 수용방안, 즉 콘텐츠화 방법에 대해서도 많은 관심을 갖고 꾸준히 연구해왔다. 그래서 대학과 사회와의 소통을 꾀하는데 조금이나마 기여하고자 했다. 특히 필자는 저술 중심의 연구와 글쓰기를 해왔지만, 그럼에도 틈틈이 논문을 써서 학계에 발표해왔다. 그것들이 어느덧 수북이 쌓여 한 권의 책으로 묶지 않을 수 없었다.

이 책은 총 4부로 구성되어 있다. 제1부에서는 일반적인 콘텐츠학에 대해 간략히 소개한 후, 대중가요나 광고, 상품 등 고전(문학)을 활용한 다양한 콘텐츠의 스토리텔링을 분석해본 것이다. 그래서 고전(문학) 관련 콘텐츠의 스토리텔링 방법을 이해할 수 있도록 하였다.

제2부에서는 고전(문학)을 활용해서 각종 콘텐츠로 개발하는 방법에 대해 제시한 것이다. 특히 여기에서는 김만덕, 완월회맹연, 미암일기 등의 콘텐츠 개발에 관한 필자의 실제 경험을 토대로 아주 구체적으로 살펴보았다.

한편, 필자는 여성이나 장애인, 기타 하층민을 연구한 다음, 그것을 토대로 출판이나 학습만화, 다큐멘터리, 드라마, 전시, 공연 등 다양한 콘텐츠로 개발해서 널리 알리는 일을 계속해왔다. 제3, 4부에서는 그러한 과정에서 쓴 논문들을 여성과 소외계층으로 각각 나누어 묶은 것이다.

지금까지 필자를 지도해주신 설중환 선생님께서 올해 2월에 정년퇴임을 하셨다. 대학원 석사, 박사 과정 동안 거칠고 어리석은 초학자를 다듬어 '큰 그릇'으로 만들기 위해 얼마나 고생하셨을지……. 생각할수록 죄송스럽고 감사하고 존경스러운 마음뿐이다. 특히 선생님은 필자에게 '태정(泰井)', 즉 '큰 우물'이란 호를 지어 주셨다. 퍼도 퍼도 마르지 않는 샘물! 그 말씀처럼 앞으로도 끊임없이 학문에 정진하여 세상을 널리 이롭게 하는 글을 쓰고 싶다. 더불어 이 책을 또 다른 인생 여정을 떠나시는 설중환 선생님께 바치고 싶다.

2013년 4월

태정(泰井) 정창권

차 례

서문 ▪ 3

제1부 고전 콘텐츠와 스토리텔링

문화콘텐츠학, 어떻게 연구하고 가르칠 것인가 11
고전문학을 활용한 대중가요의 종합적 고찰 32
고전을 활용한 광고 콘텐츠 연구 60
고전을 활용한 상품 스토리텔링 연구 84

제2부 고전문학의 현대적 수용방안

고전의 현대적 수용 111
대하소설 〈완월회맹연〉을 활용한 문화콘텐츠 개발 130
콘텐츠 기획과 스토리텔링 수업사례 155
일기(日記)를 통한 우리 생활사 엿보기 176

제3부 고전문학과 여성

양성평등의 관점에서 본 한국 여성사 ······ 199
『미암일기』에 나타난 송덕봉의 일상생활과 창작활동 ······ 221
16세기 여성시인 송덕봉 작품집 ······ 242
국문 장편소설과 여성 ······ 270
조선조 궁중여성의 소설문화 ······ 289

제4부 고전문학과 소외계층

고전소설에 나타난 장애인상 ······ 307
조선시대 장애인 예술가의 존재양상 ······ 325
전통시대 유랑놀이패의 놀이문화 연구 ······ 359

1부

고전 콘텐츠와 스토리텔링

문화콘텐츠학, 어떻게 연구하고 가르칠 것인가

1. 문화콘텐츠의 시대

디지털 시대와 문화콘텐츠

1990년대 중반 이후 우리는 디지털 기술의 놀라운 발전으로 일상생활의 거의 모든 부분이 디지털화된, 이른바 '디지털 시대'를 살게 되었다. 먼저 김대중 정부 시절 IMF를 극복하기 위한 방편의 하나로 실시된 인터넷 보급 사업은, 전 국민으로 하여금 네트워크망 속에서 살아가게 만들었다. 이후 컴퓨터와 인터넷의 발달은 산업사회의 전반적인 변화를 이끌었고, 디지털 시대를 여는 도화선이 되었다. 특히 그러한 디지털 매체는 정보의 신속성과 정확성을 강화시킬 뿐 아니라 시간과 공간의 제약을 사라지게 만들었다.

또한 우리는 그 어떤 선진국보다도 빨리 휴대폰의 대중화를 이루어냈는데, 요즘은 휴대폰 하나로 전화와 문자(통신), MP3(음향), 디카(카메라), 동영상 등을 다양하게 쓸 수 있게 되었다. 이제 사람들은 길을 가면서도 휴대폰을 통해 TV나 영화, 음악, 게임, 각종 정보를 즐길 수 있게 된 것이다.

이처럼 디지털 시대가 되고 새로운 매체가 계속 출현하면서, 콘텐츠와 문화콘텐츠가 급속히 부각되었다. 인터넷의 활성화로 각종 온라인 게임이나 웹 사이트가 주목받기 시작하고, 고기능의 휴대폰 보급으로 다양한 모바일 콘텐츠가 형성되었다.

뿐만 아니라 2000년대 이후 경제가 성장하고 여가시간이 늘어나면서 사람들의 문화에 대한 관심도 날로 커져갔다. 그 결과 특히 영화나 드라마 등 영상부문에서 놀라운 성과를 보여주었다. 영화계에선 〈실미도〉나 〈태극기 휘날리며〉, 〈왕의 남자〉, 〈올드보이〉 등처럼, 잇따른 천만 관객의 돌파와 해외 영화제에서의 수상, 영화 판권의 해외 수출 등 여러 가지 쾌거를 이루어냈다. 드라마 역시 〈겨울연가〉나 〈대장금〉 등처럼 해외로 뻗어나가 아시아권에서 우리의 콘텐츠가 하나의 거대한 흐름으로 자리 잡게 하였다.

요즘도 인터넷에 접속하여 어느 사이트에 들어가 봐도 방송이나 영화, 게임, 공연 등의 각종 콘텐츠에 대한 기사들을 쉽게 찾아볼 수 있다. 또 인기 있는 영화나 드라마로 인해 한국 경제가 출렁이는 모습도 자주 목격하고 있다. 그 만큼 우리 사회에서 콘텐츠와 문화콘텐츠가 차지하는 비중이 커졌다는 반증일 것이다[1].

문화콘텐츠에 대한 사회적 관심

문화콘텐츠는 창의적 아이디어만 있으면 적은 비용을 투입하고도 높은 이익이 기대되는 고부가가치 산업이다. 게다가 공해를 일으키지 않는 미래형 산업이요, 덩달아 국가 이미지도 한층 높일 수 있다. 그래서인지 근래 문화콘텐츠에 대한 사회적 관심은 가히 상상을 초월할 정도이다.

먼저 요즘 학생들은 영상세대인지라 각종 문화콘텐츠에 대해 익숙하고, 또 관심도 매우 많은 편이다. 실례로 필자는 2004년 1학기부터 '문화콘텐츠의 이해'란 과목을 개설하여 줄곧 강의해왔는데, 매학기 학생수가 백 명을 넘어서 그 나머지는 어쩔 수 없이 내보내야 했다. 마찬가지 대학원에서도 여러 학과의 학생들이 찾아와 수강하곤 했다. 특히 학생들은 앞으로 콘텐츠나 문화콘텐츠의 영향력이 갈수록 커질 것이며,

장기적으로 무한한 발전이 있을 것이란 사실을 거의 본능적으로 알고 있었다. 그래서 많은 학생들이 문화콘텐츠의 기획이나 개발, 제작, 마케팅 등의 분야로 진출하기를 희망하거나, 그렇지 않으면 문화콘텐츠학을 체계적으로 배워 타 분야에서 응용하기를 희망하고 있다.

다음으로 대학의 변화를 들 수 있는데, 요즘 각 대학마다 문화콘텐츠 관련 학과가 속속 생겨나고 있다. 그야말로 우후죽순처럼 생겨난다고 해도 과언이 아니다. 현재 4년제 대학 중 문화콘텐츠학을 하나의 학부(과)로 개설한 대학, 연계전공으로 개설한 대학, 대학원 과정에 개설한 대학을 각각 제시하면 다음과 같다.

※ 학부(과)로 개설한 대학: 가톨릭대학교(디지털문화학부), 건국대학교(문화콘텐츠학과), 건양대학교(공연미디어학부), 경남대학교(디지털콘텐츠전공), 대구한의대학교(영상문화학부), 상지대학교(문화콘텐츠학과), 성결대학교(멀티미디어학부), 성신여자대학교(미디어커뮤니케이션학부), 원광대학교(한국문화학과), 위덕대학교(문화콘텐츠학부), 인하대학교(문화콘텐츠학과), 전주대학교(문화콘텐츠학과), 한신대학교(중국문화정보학부), 한라대학교(미디어콘텐츠학과), 한양대학교(문화콘텐츠학과), 호서대학교(문화기획학과, 문화콘텐츠창작학과)

※ 연계전공으로 개설한 대학: 경희대학교(영상콘텐츠 연계전공), 목포대학교(도서·해양 문화콘텐츠 연계전공), 상명대학교(역사문화콘텐츠 연계전공), 중앙대학교(문화콘텐츠 연계전공), 한국외대(문화콘텐츠학 연계전공)

※ 대학원 과정에 개설한 대학: 고려대학교 대학원(문화콘텐츠학전공), 동국대학교 영상대학원(문화콘텐츠학과), 한국외대 대학원(문화콘텐츠학과)[2]

한데 초창기라서 그런지 문제점도 적지 않아 보인다. 우선 학과의 커리큘럼을 보면 명칭만 조금 바뀌었을 뿐, 강의 내용은 예전과 거의 그대로인 경우가 있다. 또 많은 대학들이 본래 인문학에 기반을 두고 있으면서도 무리하게 제작론 위주로 가르치고 있다는 것이다. 나아가 디지털콘텐츠 분야에 치중한 채, 정작 문화콘텐츠의 핵심인 각종 엔터테인먼트 분야에는 등한시하고 있다. 이에 대해선 뒤에서 좀 더 자세히 얘기하기로 한다[3].

끝으로 기업과 정부의 변화를 들 수 있다. 요즘 문화콘텐츠 관련 기업이 나날이 늘어가고 있고, 투자 자본도 제조업에서 문화콘텐츠로 급선회하고 있다. 정부도 역시 문화콘텐츠의 중요성이 부각됨에 따라 그것을 국가의 전략산업으로 육성하기 위해 다양한 정책을 추진하고 있다. 1999년엔 문화진흥기본법을 제정하고, 2002년엔 한국문화콘텐츠진흥원을 발족하여 본격적으로 콘텐츠 산업의 육성에 뛰어들고 있다[4].

통합적 · 체계적 연구의 부재

근래 들어 각 학회마다 연달아 문화콘텐츠 관련 학술대회를 개최하고 있다. 특히 한국고소설학회, 한국고전문학회, 국어국문학회 등 국문학 분야에서 많이 이루어졌는데, 그것들을 간단명료하게 정리하면 다음과 같다.

우선 게임이나 영화, 드라마 등의 각종 콘텐츠를 분석하는 것이다[5]. 다음으로 국문학의 문화콘텐츠화 가능성을 탐색하는 것으로, 예컨대 고전문학을 이용한 디지털콘텐츠화나 애니메이션화 작업 등이 그것이다[6]. 기타 디지털 시대에 국문학의 활용 방안을 모색하기도 하였다[7].

또한 인문콘텐츠학회에서는 한국문화콘텐츠진흥원의 '문화원형 디지털콘텐츠화 사업'과 여타 문화콘텐츠화 사업을 진행하면서 얻은 성과들을 논문화해서 지속적으로 발표하고 있다[8].

한편 문화콘텐츠에 대한 연구는 현장 실무에 밝은 이들에 의해서도 지속적으로 이루어져 왔다. 대표적으로 오익재[9], 이병훈[10], 박문석[11]

등을 들 수 있는데, 이들은 비록 치밀하고 체계적이지는 않지만 콘텐츠의 개념과 중요성, 각종 문화콘텐츠의 동향 등 종합적인 관점에서 연구하였다.

이상과 같이 근래 들어 콘텐츠와 문화콘텐츠에 대한 관심이 갈수록 높아지고 있다. 하지만 아직까지도 그것의 개념이나 범주, 각 분야별 문화콘텐츠의 동향, 더 나아가 콘텐츠의 개발과 활성화 방법 등에 대한 통합적이고 체계적인 연구가 이루어지지 않았다. 그래서 모두들 문화콘텐츠에 대해 관심만 많지 정작 어떻게 연구하고 가르쳐야 할 지 모르는 채, 그저 '우왕좌왕'만 계속하고 있다. 실제로 문화콘텐츠를 가르치는 사람들끼리 만나서 얘기해보면, 막상 학과를 만들었지만 학생들에게 무엇을 어떻게 가르쳐야할 지 모르겠다고 하는 사람들이 대부분이다.

이에 따라 본고에서는 콘텐츠의 개념과 범주, 각 분야별 문화콘텐츠의 동향 등을 개괄적으로 파악한 뒤, 실제로 콘텐츠를 어떻게 개발하여 널리 활성화하는지 체계적으로 살펴보려고 한다. 나아가 문화콘텐츠학의 정립 방안에 대해서도 간략히 살펴보고자 한다. 이로써 우리는 콘텐츠 혹은 문화콘텐츠를 어떻게 연구하고 가르쳐야할 지 조금이나마 이해할 수 있으리라 본다.

2. 문화콘텐츠학의 이해

콘텐츠, 문화콘텐츠

요즘 신문이나 방송에서 콘텐츠와 문화콘텐츠란 말을 자주 듣지만, 정작 그것이 무엇이냐고 물어보면 제대로 아는 사람이 매우 드문 듯하다. 언뜻 보면 쉽게 느껴지지만, 깊이 들어갈수록 복잡한 용어이기 때문이다.

우선 콘텐츠(contents)란 사전에 나온 그대로 '내용물'인데, 쉽게 말해서 각종 대중매체에 담긴 내용물을 말한다. 예를 들어 드라마 〈겨울연가〉나 영화 〈태극기 휘날리며〉, 게임 〈리니지〉 같은 작품들이 바로 그것이다. 얼마 전까지만 해도 이것들은 흔히 대중문화라 불렸으나, 요새는 그것들이 더욱 다양하게 사용되고 하나의 산업화가 되어감에 따라 많은 사람들이 콘텐츠란 용어를 쓰고 있다. 그러므로 콘텐츠란 용어 속에는 일단 예술성과 상업성이 동시에 들어 있음을 알 수 있다.

물론 콘텐츠는 인류 역사상 계속 존재해왔다. 문자나 회화, 음악, 무용…… 등 하지만 21세기 디지털 시대가 되면서 그 의미가 상당히 변모하였다. 디지털의 특징은 앞에서 보았듯이 여러 가지가 있으나, 가장 중요한 점은 정보의 무한한 복제와 변형 및 전송이 가능하다는 것이다. 그에 따라 콘텐츠의 의미도 '다양하게 활용 가능한 내용물'로 바뀌게 되었다. 즉 요즘 우리가 쓰는 콘텐츠는 내용물이지만, 다양하게 활용 가능한 내용물인 것이다.

하나의 소스를 가지고 다양하게 활용한다는 원소스 멀티유즈(One Source Multi-Use)도 디지털 시대가 되면서 본격화된 것이다. 즉 디지털 시대의 도래로 장르간 경계가 허물어지고 매체간 이동이 자유로워지면서, 하나의 소스로 다양한 상품을 개발하여 판매할 경우 그 시너지 효과가 더욱 크다는 판단에 따라 본격화된 것이다. 예를 들어 한 편의 드라마가 성공하면, 거기에 삽입된 O.S.T(배경음악)를 음반으로 출시하고, 캐릭터를 활용하여 각종 기념품을 발매하며, 촬영지나 세트장을 관광지로 개발한다. 또 드라마를 해외로 수출함은 물론이요, 나아가서는 그 내용을 토대로 소설 혹은 만화로 발간하거나 애니, 게임 등으로 제작하기도 한다. 최근에는 아예 기획단계부터 출판이나 방송, 영화, 애니, 게임, 캐릭터 등을 망라하는 콘텐츠를 개발하여 부가가치를 극대화하고 있다. 그러므로 이젠 하나의 콘텐츠를 개발하더라도 각 분야별 문화콘텐츠에 대한 통합적인 안목을 갖고 접근해야 한다.

한데, 콘텐츠는 생각할수록 복잡하고 애매모호한 용어이다. 많은 사람들이 즉흥적으로 떠오른 아이디어가 곧 콘텐츠인 줄로 알고 있으나, 실제 콘텐츠의 내부를 뜯어보면 저마다 참신하고 독특한 '아이디어'와 그것을 뒷받침해주는 재미있고 감동적인 '스토리'로 이루어져 있다. 우선 콘텐츠에서의 아이디어는 단순한 사업 아이템이 아닌, 널리 활용할 만한 아이템이어야 한다. 그리고 스토리는 다시 캐릭터와 이야기로 구성되어 있는데, 사람들은 대개 캐릭터를 통해 감정이입을 하므로 무엇보다 캐릭터를 잘 설정해야 한다. 이야기도 역시 재미가 있어야 하는데, 그렇다고 흥미 위주로만 흘러서는 안 되고 사람들의 심금을 울릴만한 감동적인 내용을 갖고 있어야 한다.

끝으로 콘텐츠와 관련하여 문화콘텐츠(Culture Content)란 용어가 자주 쓰이는데, 문화콘텐츠란 콘텐츠를 담는 그릇이자 다양하게 활용하는 도구들, 예컨대 출판이나 방송, 영화, 게임, 캐릭터 등 각종 콘텐츠 산업을 말한다. 과거 이것들은 대중매체(문화상품)라 불렸으나, 콘텐츠와 마찬가지로 날이 갈수록 서로 융합되고 하나의 산업화가 되면서 새로 생겨난 신조어이다.

각 분야별 문화콘텐츠의 동향

콘텐츠 산업, 곧 문화콘텐츠의 분야는 대단히 많다. 한데 필자가 계속 문화콘텐츠학을 가르치면서 겪은 경험인데, 많은 학생들이 자기가 좋아하는 분야만 공부한다는 것이다. 특히 요즘 뜨고 있는 영화나 드라마, 게임 등에 관심이 많고, 그렇지 않은 출판이나 만화, 전시, 공연, 에듀테인먼트 등은 별반 관심을 갖고 있지 않다. 하지만 문화콘텐츠에는 출판과 만화, 방송, 영화, 애니, 게임, 캐릭터, 공연, 음반, 전시, 축제, 여행, 디지털콘텐츠(데이터베이스, 에듀테인먼트, 인터넷콘텐츠), 모바일 등 최소한 15가지 이상의 분야가 있다. 또 디지털 기술이 발달함에 따라 앞으로도 계속 새로운 매체가 탄생할 것이다. 게다가 위에서 말했듯이 21세기 디지털 시대, 곧 원소스 멀티유즈 시대에선 하나의 콘텐츠를 개발하더라도 각종 문화콘텐츠에 대한 통합적 안목을 갖고 접근해야 한다. 비록 부족하지만 필자가 각 분야별 문화콘텐츠의 동향에 대해 전반적으로 연구하고 강의한 것도 바로 이 때문이다.

우선 출판과 만화 산업은 최근 들어 극심한 불황을 겪고 있는데, 왜냐하면 21세기 디지털 시대가 되면서 다양한 매체를 통해 정보 획득이 가능해지고, 또 여러 가지 오락수단의 등장, 레포츠의 발달 등과 같은 요인 때문이다. 하지만 출판과 함께 만화는 여타 산업의 모체가 되는 중요한 원작산업이다. 또한 앞으로 문화콘텐츠에서 가장 큰 변수는 원소스(원작)에 있다. 그러므로 정부는 출판과 만화의 창작, 제작, 유통 부문에 적극적인 지원을 해야 할 것이다. 물론 드라마나 영화, 게임 등으로도 얼마든지 원소스를 삼아 널리 활성화시킬 수 있다. 하지만 아직까지는 출판과 만화라는 일차적 검증을 거쳐 콘텐츠로 개발하는 경우가 많으며, 이러한 경향은 앞으로도 계속될 것이라 판단된다.

반면에 영상매체, 곧 방송과 영화는 요즘 최고의 전성기를 누리고 있다. 먼저 근래 디지털 기술의 발달에 따라 새로운 매체가 계속 출현하면서, 각종 방송 콘텐츠에 대한 수요가 나날이 늘어나고 있으며, 그 가치도 갈수록 커지고 있다. 그 중에서도 특히 드라마는 방송의 꽃으로서 우리 생활에서 빼놓을 수 없는 오락수단이 되었는데, 새로운 유행을 만들거나 스타를 배출해내고, 때로는 사회적으로 큰 이슈를 던지기도 한다. 게다가 1990년대 이후 소비의 대중화시대가 본격화되면서, 드라마는 더 이상 감성적 범주에만 안주하지 않고, 어느덧 경제논리와 결합하여 다양한 부가가치를 파생시키는 하나의 '문화상품'으로 자리잡았다.

영화도 역시 한국 문화콘텐츠 중 가장 눈에 띄게 발전하는 분야인데,

갈수록 규모도 커지고 사람들의 호응도 높아지고 있다. 대개 문화콘텐츠는 경제적 여건과 밀접한 관련을 맺고 있어서 경기가 침체되면 그것도 덩달아 침체되지만, 영화는 경기 침체에도 아랑곳하지 않고 지속적인 성장을 거듭하고 있다. 그 이유는, 영화가 대중화되어 누구든지 쉽게 접할 수 있고, 작품성과 대중성을 겸비한 영화가 계속 나오며, 정부의 적극적인 지원이 있었기 때문이다. 하지만 가장 큰 원인은 문자시대에서 영상시대로 전환했기 때문이 아닐까 한다. 영상기술이 발전하고 자본이 증대될수록 대중들의 선호하는 매체가 소설에서 영상으로 옮겨가기 때문이다.

마찬가지 게임도 현재 매우 중요한 산업으로 자리잡아가고 있다. 한국의 게임 산업은 시장규모가 수조원대에 이르고 수출이 급성장하는 등, 21세기 또다른 전략산업으로 자리잡아가고 있다. 특히 게임은 초기엔 높은 투자비용으로 이익이 적지만, 일단 손익분기점을 넘기면 고정비 부담의 급감으로 높은 수익을 기대할 수 있다. 한마디로 게임은 고부가가치 산업이자, 잘만 개발하면 크게 성공할 수 있는 벤처형 산업이다. 그래서인지 요즘 학계에서도 게임에 대해 많은 관심을 갖고 본격적으로 연구하고 있으며, 학생들도 이 분야로 많이 진출하고자 한다.

캐릭터와 모바일 산업 또한 미국과 일본에 비하면 아직 미미한 수준이지만 하루가 다르게 발전하고 있다. 본래 캐릭터는 로열티를 축으로 한 고수익 산업이자 롱셀러가 가능한 매력적인 산업이다. 그 결과 선진국의 경우, 모든 문화콘텐츠의 수익모델을 캐릭터 라이센스에서 찾고 있다. 앞으로도 캐릭터 산업은 영화나 애니, 게임 등 엔터테인먼트 산업이 발전할수록 그 시장규모가 더욱 늘어날 전망이다. 모바일도 현재 이동통신의 환경에 맞춰 비약적인 발전을 이루고 있으며, 미래의 한국경제를 이끌어갈 강력한 키워드로 주목받고 있다. 또한 갈수록 휴대폰의 기능이 늘어나고 있는데, 그럼 모바일은 정말 엄청난 산업으로 발전할 것이다.

한편, 애니와 음반 및 공연 산업은 비록 지금은 침체기를 겪고 있지만, 몇 가지 문제만 해결되면 앞으로는 많이 달라질 전망이다. 애니는 전 세계적으로 커다란 시장을 형성하고 있기 때문에 그 경제적 파급효과가 매우 큰 편이다. 게다가 다른 산업과의 연계가 쉬워 부가가치가 아주 높고, 문화적 이질감이 적어 해외수출도 용이한 편이다. 단적인 예로써 미국과 일본은 애니 하나만으로 막대한 수입을 올리고 있다. 우리는 지금 선진국의 하청작업에서 크게 벗어나지 못하고 있지만, 창작능력을 제고하고 산업간 연계성만 강화한다면, 대규모 수익사업으로의 전환은 언제든지 가능하다고 본다.

디지털 시대에선 음반도 잘만 만들면 좋은 콘텐츠가 될 수 있다. 그리고 음반 산업은 초기의 제작비용은 크지만 복제비용이 저렴한, 또하나의 고부가가치 산업이다. 앞으로 MP3 다운로드의 유료화가 정착되고 콘텐츠의 질이 개선된다면, 음반 산업도 점차 확대될 것이다. 실제로 미국의 경우 유료화로 인해 새로운 수익모델을 찾아가고 있다.

또한 공연도 현재는 시장규모에 비해 영세한 편이지만, 잘만 개발하면 충분히 경쟁력 있는 분야이다. 게다가 최근 여가시간이 증가하고 경제력이 상승하면서, 사람들의 공연에 대한 관심도 갈수록 커지고 있다.

기타 전시 · 축제 · 여행은 날이 갈수록 수요가 늘어나고 부가가치가 높은 분야임에도, 아직까지 별로 주목받지 못하고 있다. 하지만 그만큼 가능성이 많은 분야요, 새롭게 도전해볼만한 분야이다. 특히 이것들은 개별적으로 사업을 진행하기보다 서로 결합해서 추진하면 훨씬 더 효과적일 듯하다.

끝으로 디지털콘텐츠에는 데이터베이스, 에듀테인먼트, 인터넷콘텐츠 등이 있는데, 요즘 지식정보화 시대가 되면서 인터넷을 통해 제공할 각종 콘텐츠의 수요가 급증하고 있다. 물론 인터넷 관련 사업은 아직까지 수익모델이 부족하다는 맹점이 있으므로, 콘텐츠 개발시 유의할 필요가 있다. 하지만 에듀테인먼트, 특히 도서 형태의 에듀테인먼트는 충분히 개발해볼만하다. 이 분야는 현재 수요에 비해 전문적인 개발인력이 부족하고, 또 커다란 자본력이나 획기적인 아이디어가 없어도 하나의 문화상품으로 제작될 가능성이 높기 때문이다.

3. 콘텐츠 개발론

콘텐츠의 중요성

최근 들어 콘텐츠, 특히 원소스(원작)의 중요성이 점점 부각되고 있다. 디지털 기술의 발달로 매체가 다양해짐에 따라 그 속을 채워줄 내용물이 문제가 되기 시작한 것이다. 컴퓨터 산업을 예로 들어보면, 하드웨어가 극한까지 발달한 오늘날에는 소프트웨어가 더욱 중시되는 것과 같은 이치이다. 게다가 영상세대로 갈수록 인간의 상상력은 오히려 떨어지는 경향이 있어서, 콘텐츠를 생산할 인력이 더욱 더 귀해지고 있다. 그래서인지 요즘 문화콘텐츠 기획자들은 좋은 콘텐츠를 구하기 위해 혈안이 되어 있고, 콘텐츠 공모전이 날이 갈수록 늘어나고 있다. 또 콘텐츠만을 전문적으로 생산해서 판매하는 단체나 회사도 늘어가고 있다.

그럼에도 한국 문화콘텐츠 업계는 멀티유즈, 곧 제작과 마케팅에만 혈안이 되어 있지, 정작 중요한 콘텐츠 개발에 대한 투자는 매우 미흡하다는 점이다. 마찬가지 대학들도 제작론 위주로 가르치고, 콘텐츠 개발에 대해선 등한시하고 있다. 아무리 많은 멀티유즈화 방안을 갖고 있더라도 확실한 콘텐츠가 없다면 무용지물이란 사실을 잊고 있는 듯하다.

그렇다면 콘텐츠는 과연 누가 개발하는 것일까? 콘텐츠는 전문가와 비전문가, 인문이나 사회, 자연 등 전공에 상관없이 누구나 개발할 수 있다. 다만 몇가지 전제조건이 있는데, 그것들을 체계적으로 지적하면 다음과 같다.

첫째, 좋은 책이나 영화, 애니, 음악 등을 많이 접해서 상상력과 사고력을 키워야 한다.

둘째, 통합학문을 하라는 것이다. 디지털 시대의 인재상은 자기 전공만 외골수로 파는 사람보다, 인접 학문에 대한 폭넓은 지식을 보유한 다기능자(멀티플에이어)를 원하고 있다. 실제로 하나의 콘텐츠를 개발하기 위해선 인문이나 사회, 자연, 예술 등 다양한 분야에 대한 지식이 필요하다. 본래 필자는 국문학, 특히 고전문학을 전공했다. 하지만 그것만으론 변화하는 시대 흐름을 따라갈 수 없었다. 그래서 통합적이고 미시적인 학문방법을 토대로 여성사와 생활사, 가족사, 장애인사, 지방사 등 테마사를 연구했다[12]. 글쓰기도 딱딱한 논문체에서 벗어나 대중들과 함께 호흡할 수 있는 이야기체, 곧 '서사(이야기)가 있는 인문서'를 주로 구사해왔다. 그 결과 위의 저서들은 언제든지 드라마나 공연, 전시, 축제, 어린이책(동화와 그림책), 에듀테인먼트 등으로 활용될 수 있고, 현재 그러한 과정 중에 있다. 즉, 어느새 우리 학문도 분과학에서 테마학으로, 다시 문화콘텐츠학의 시대로 변화하고 있다는 것이다[13].

셋째, 자신만의 주특기가 있어야 한다. 각종 문화콘텐츠를 폭넓게 이해하고 있되, 자신만의 전문 분야가 있어야 한다는 것이다. 필자의 경우에도 멀티유즈를 염두하지만, 전문적인 콘텐츠(특히 원소스) 생산자로 활동하고 있다.

넷째, 현장 경험을 풍부하게 쌓으라는 것이다. 콘텐츠학은 그 어떤 학문보다 현장 경험이 중요하다. 그러므로 콘텐츠의 기획이나 개발, 제작, 마케팅 등 어떤 분야에서든 실제로 현장에서 일을 해보는 것이 중요하다.

다섯째, 작은 거라도 좋으니까 직접 만들어보라는 것이다. 대학시절 동안 최소한 하나 이상의 콘텐츠를 직접 만들어볼 필요가 있다.

콘텐츠 개발과정

지금까지 콘텐츠는 한순간의 영감에 의지해서 개발하려는 경향이 컸다. 하지만 이젠 좀 더 과학적이고 체계적인 방법으로 개발할 필요가 있다. 아래의 콘텐츠 개발과정은 필자가 강의 경험을 토대로 직접 만들어낸 것인데, 각 단계별 특성과 유의 사항만 간략히 제시하고자 한다. 물론 이들 각 단계는 서로 독립된 것이 아니고, 논의의 편의상 나누어 설명한 것에 불과하다.

[기획단계]란 테마를 선정해서 각종 자료를 수집한 뒤, 시놉시스를 짜고 기획서를 작성하는 것을 말한다. 우선 콘텐츠의 테마는 무궁무진하다. 주위의 사소한 것에서 전문적인 분야에 이르기까지, 모든 것들이 테마가 될 수 있다. 예컨대 문학과 역사, 종교/사상, 예술, 놀이문화 등 전통문화를 비롯해서, 스포츠나 여행, 요리, 애완동물 같은 현대물, 기타 과학/공상과학, 의학, 교육 등을 들 수 있다. 다만 테마를 선정할 땐 앞으로 무엇이 유행할 지 선견지명이 있어야 하고, 소비자들의 기호를 파악할 줄 알며, 유행을 좇아가려 하지 말고 선도해가려는 의식이 있어야 한다.

한데 단순한 아이디어를 하나의 콘텐츠로 개발하기 위해선 엄청난 양의 자료수집이 필요하다. 그래야만 콘텐츠가 재미있고 감동적이기 때문이다. 각종 문헌자료만이 아니라 그림과 유물, 민속품 같은 시각자료가 있어야 하고, 또 필요하다면 직접 현장답사를 다녀오기도 해야 한다. 그와 함께 선행콘텐츠를 꼼꼼하게 조사해서 남과 다른 차별화 방안을 마련해야 한다. 애쓰게 개발한 콘텐츠가 이미 활용되고 있거나 누군가 진행하고 있다면, 그야말로 헛수고가 되어버릴 수도 있다.

자료 수집과 정리가 끝나면 비로소 시놉시스, 곧 간략한 작품의 개요를 짜는데, 시놉시스에는 제목과 기획의도, 캐릭터(등장인물 프로필), 줄거리(스토리라인) 등이 포함된다.

끝으로 기획서 작성에 들어가는데, 기획서란 앞으로 진행될 프로젝트에 대한 설명서로, 콘텐츠 개발은 이 기획서에 의해 성패가 좌우된다고 해도 과언이 아니다. 기획서 작성법은 각 분야별 문화콘텐츠에 따라 조금씩 차이를 보이나, 대개 1)제목, 2)개발 목적, 3)개발 필요성, 4)개발 내용 및 방법, 5)개발 인원과 일정 및 소요예산, 6)기대효과 및 개발 의의, 7)부록(참고자료, 트리트먼트) 등의 순서로 쓰면 된다[14].

[개발단계]는 본격적인 원소스를 개발하는 것으로, 스토리텔링인 이야기를 짜는 단계이다. 스토리는 콘텐츠의 필수적인 요소이다. 스토리가 없으면 어떤 콘텐츠를 만들거나 활용할 수 없으며, 나아가 스토리가 부실하면 대중들에게 금방 외면당하고 만다. 사실 이야기는 인류의 오랜 담화방식이었다. 옛 사람들은 문학만이 아니라 역사나 철학도 이야기식으로 전달하였다. 또한 최근 흥행에 성공한 콘텐츠를 자세히 살펴보면, 스토리의 탄탄함에 특징이 있다는 것을 알 수 있다. 예컨대 영화 〈태극기 휘날리며〉나 〈왕의 남자〉, 드라마 〈대장금〉 등이 그러하다. 심지어 요즘엔 게임이나 전시, 에듀테인먼트 등에서도 스토리의 비중이 갈수록 커져가고 있다.

스토리텔링은 크게 두가지로 나누어지는데, 새로운 스토리 개발인 창작과 기존 작품의 현대적 변용인 각색이 있다. 먼저 창작 스토리텔링은 보통 캐릭터를 설정하고 이야기의 줄거리를 만든 다음, 설명과 대화를 반복하며 한 장면씩 써나가곤 한다. 앞에서도 얘기했듯이 콘텐츠에서 가장 중요한 것은 캐릭터 설정과 이야기 짜기이다. 각종 콘텐츠에서 캐릭터가 차지하는 비중은 대단히 큰데, 독자는 캐릭터에 감정을 이입함으로써 그 작품을 즐기기 때문이다. 게다가 최근 캐릭터는 독자적인 산업으로까지 발전하고 있는 추세이다. 캐릭터 설정 후, 시놉시스에 따라 하나씩 이야기를 짜나가는데, 작가는 최대한 상상력을 발휘하여 현실에 있지 않는 이야기를 마치 현실에 있는 것처럼 꾸며나간다. 대개 훌륭한 이야기는 강력하고 긴박하며, 가끔은 우습기도 하고, 언제나 독자의 마음을 사로잡는다.

반면에 기존 작품의 현대적 변용인 각색은 창작과 조금 차이가 있다. 각색은 실제로 있었던 자료에 근거하기 때문에 적잖은 연구를 수반한다. 또 기존 작품에는 빠진 부분이 많으므로 상상력을 발휘하여 빈틈을 채워 넣어야 한다. 보통 각색하는 방법은, 1)이야기의 흐름 파악 → 2)핵심 장면의 설정 → 세부 장면의 설정 등의 순서로 전개해나간다. 특히 각색할 때엔 현대적인 재해석이 이루어져야 하는데, 예컨대 드라마 〈쾌걸 춘향〉처럼 캐릭터를 재설정하고 사건을 현대적으로 변용해야 한다.

[제작단계]는 원소스를 하나의 온전한 콘텐츠로 제작하는 단계이다. 그에 앞서 원소스의 표현방식에 대해 잠시 알아볼 필요가 있다. 지금까지 원소스의 글쓰기는 소설과 시나리오 등 두가지 방식을 주로 사용해왔다. 하지만 동화나 그림책, 이야기가 있는 인문서, 서사시 등 캐릭터와 이야기를 갖추고 있다면, 그 어떤 것도 원소스가 될 수 있다. 사실 기존 소설은 정보화 시대와는 아랑곳없이 문자매체에만 얽매어 공식적인 소통관계를 단절시켜왔다. 즉 멀티미디어와 같은 새로운 시대변화에 적절히 대응하지 못하여 날이 갈수록 활용능력이 떨어지고 있다는 것이다. 시나리오도 역시 많은 한계를 안고 있다. 감독이나 연출가의 영향력이 강한 한국에선 시나리오 형태로 글을 쓰면 자기 작품이 사정없이 훼손되고, 본래 의도는 간데없이 사라지기도 한다. 그래서 현장의 작가들은 차라리 단행본으로 먼저 출간하기를 권고하고 있다.

마찬가지 원소스를 콘텐츠로 제작하는 방식도 매우 다양하다. 먼저 소설이나 만화, 어린이책, 인문서 같은 출판물로 시작하거나, 그렇지 않으면 곧바로 방송이나 영화, 애니, 게임 등 영상매체로 제작할 수도 있다. 다만 어떤 경우이든 콘텐츠는 최대한 사회적 이슈가 되도록 해야 하는데, 그래야만 독자 혹은 시청자의 관심을 끌 수 있을 뿐 아니라 캐릭터 상품 같은 연계사업으로 이어질 수 있기 때문이다.

한편 이젠 기획이나 개발자도 문화콘텐츠의 제작방법에 대해 나름대로 이해하고 있어야 한다. 또 문화콘텐츠 관련 회사나 공모전도 가급적 많이 알고 있어야 한다. 즉, 충분한 현장감을 갖고 있어야 한다는 것이다. 그래야만 콘텐츠의 실현 가능성을 높일 수 있고, 나아가 원활하게 제작할 수 있기 때문이다.

[완성단계]는 콘텐츠의 활성화 단계로, 홍보와 마케팅이 이에 해당한다. 콘텐츠는 잘 만드는 것도 중요하지만, 그것을 제대로 알리고 판매하는 일도 매우 중요하다. 실제로 성공한 콘텐츠를 자세히 살펴보면, 거의 대부분 홍보와 마케팅이 잘 이루어졌음을 알 수 있다.

특히 최근 선진국은 하나의 제대로 된 콘텐츠를 매개로 해서 영화나 게임, 캐릭터 등으로 계속 분야를 넓혀가며 고부가가치를 올리는, 이른바 원소스 멀티유즈 전략을 쓰고 있다. 예를 들어 〈반지의 제왕〉이나 〈해리포터〉 시리즈의 경우, 탄탄한 콘텐츠를 기반으로 연계상품을 많이 개발하여 커다란 성공을 거두었다.

그에 비해 우리나라는 기획단계부터 멀티유즈를 고려하고 개발에 들어가는 것이 아니라, 일단 개발해놓고 성공하면 그제야 부랴부랴 관련 상품을 내놓고 있는 실정이다. 또 산업간 연계가 이루어지지 않아 멀티유즈 분야가 틀에 박힐 뿐 아니라, 그 종류도 너무 제한적이다. 예컨대 한류열풍의 주역인 〈겨울연가〉를 보면, 일본에서 선풍적인 인기를 얻자 서둘러 DVD, 소설, 가이드북 등을 부가상품으로 내놓았다. 그결과 오히려 다양한 상품을 개발하여 실질적인 이득을 얻은 것은 일본 쪽이었다.

이젠 하나의 콘텐츠를 개발하여 하나의 목적으로만 이용하는 시대는 지났다. 다방면으로 활용해야 시장의 경쟁에서 살아남을 수 있게 된 것이다.

4. 문화콘텐츠학 정립을 위하여

문화콘텐츠학의 분야들

이제 콘텐츠 혹은 문화콘텐츠는 하나의 대세가 되었다. 학생들은 갈수록 문화콘텐츠 관련 수업으로 몰려들고, 그에 발맞추어 각 대학들도 너나없이 문화콘텐츠 관련 학과를 개설하고 있다. 나아가 문화콘텐츠는 21세기 한국 경제를 이끌어갈 주력 산업의 하나가 될 것이다. 비록 지금은 미국이나 일본 등 선진국에 비해 뒤처져 있지만, 앞으로 시간이 지나고 전문가가 많아지면 우리의 문화콘텐츠도 크게 발전할 것이다. 하지만 아직까지도 문화콘텐츠학의 연구방법론에 대한 체계적인 정립이 이루어지지 않고 있다. 그래서 전공자들조차 어떻게 연구하고 가르쳐야할 지 모르는, 막연한 상황이 계속 반복되고 있다.

대개 문화콘텐츠학의 기초는 앞에서 보았던 것처럼 이해편과 개발편으로 나눌 수 있다. 우선 이해편([문화콘텐츠의 이해])에선 콘텐츠의 개념과 범주, 각 분야별 문화콘텐츠의 동향에 대해 고찰한다. 특히 문화콘텐츠학은 아직까지 생소한 학문이므로, 가급적 많은 사례를 들어 설명할 필요가 있다. 다음으로 개발편([콘텐츠 개발론])은 하나의 콘텐츠를 개발하여 널리 활성화하는 방법, 곧 기획·개발·제작·판매에 대해 체계적으로 이해하고 실습하는 것이다. 그래서 콘텐츠 개발 기획서를 작성하는데, 이를 서론-본론-결론의 형태로 풀어 써서 한편의 논문으로 제출할 수도 있다.

문화콘텐츠학의 세부과목은 대단히 많은데, 그중 대표적인 것들만 간략히 살펴보자.

[문화콘텐츠 분석론]은 각종 문화콘텐츠에 담겨있는 콘텐츠를 분석하는 것으로, 특히 디지털 시대에 맞게 원소스 멀티유즈 관점에서 성공/실패한 사례를 주로 분석한다. 지금까지 연구자들은 콘텐츠를 분석할

때, 기존 문학비평론의 연장선상에서 서사성 위주로만 분석해왔다. 하지만 문학비평론과 콘텐츠 분석론은 상당한 차이가 있다. 문학비평에선 내용, 곧 서사만 분석해도 상관없지만, 콘텐츠 분석에선 현장의 상황까지 고려한 포괄적 분석이 이루어져야 한다. 심지어 콘텐츠 분석에선 스토리 구성만이 아니라 배우들의 연기력과 영상미, 관객반응, 연계상품, 흥행기록, 수익률 등까지 분석해야 한다. 문화콘텐츠학이 어려운 점은 바로 이것 때문이다.

[문화콘텐츠 기획론]은 각종 문화콘텐츠의 기획과 관련된 사항들을 이해하고, 자기 전문 분야별로 하나의 콘텐츠를 직접 기획해보는 것이다. 그런데 요즘 기획자는 단순히 아이템을 제기하는데 그치지 않고, 콘텐츠를 실현하고 널리 활성화시키는 부문까지 담당하고 있다. 그러므로 기획론은 사업 전반에 대한 폭넓은 안목과 인력관계, 마케팅 능력까지 함양하도록 해야 할 것이다.

[스토리텔링론]은 각 매체의 특성을 고려한 캐릭터 설정과 이야기짜기 등을 학습하는 것으로, 콘텐츠 개발단계의 핵심 부분을 특화한 것이다. 국문과나 문창과의 단선적인 창작론과 달리, 스토리텔링론은 각 매체에 적합할 뿐 아니라 널리 활용될 수 있는 멀티유즈형 원소스를 개발하는 것이며, 기획론과 마찬가지로 사업의 전반적인 사항을 숙지한 상태에서 스토리텔링을 해야 한다. 날이 갈수록 각 분야별 콘텐츠산업의 전문 스토리텔러가 유망하다는 사실을 안 탓인지, 많은 학생들이 스토리텔링론을 배우려고 하고 있다.

[문화콘텐츠 제작론]은 출판, 만화, 방송, 영화, 애니, 게임, 캐릭터, 공연, 전시, 축제, 에듀테인먼트, 디지털콘텐츠, 모바일 등 각종 문화콘텐츠의 제작 원리를 이해하고 실습하는 것이다.

[문화콘텐츠 현장론]은 각 분야별 문화콘텐츠의 현장에 직접 참여하여 하나의 콘텐츠가 생산되고 활성화되는 전 과정을 학습하는 것이다.

[문화산업정책론]은 정부나 기업의 문화산업에 관한 각종 정책을 분

석하는 것이다.

[문화콘텐츠 마케팅론]은 문화콘텐츠의 홍보와 판매, 연계사업, 사후관리 등을 집중적으로 연구하는 것으로, 현재 우리나라 문화콘텐츠학에서 가장 취약한 분야인 듯하다. 특히 해외마케팅을 담당할 에이전트(중개인)나 마케팅 전문가가 턱없이 부족한 실정이다.

[문화콘텐츠 교육론]은 각종 콘텐츠 혹은 문화콘텐츠의 교육방법을 연구하는 것이다. 현재 문화콘텐츠학은 대학과 대학원을 중심으로 이루어지고 있지만, 앞으로는 초·중·고등학교까지 확대되어 어릴 때부터 체계적으로 배우게 될 전망이다. 그러므로 이 분야도 역시 많은 전문인력이 필요할 것이다.

끝으로 문화콘텐츠학은 그 어떤 학문보다도 현장 경험이 중요한 분야이다. 즉, 현장에서 콘텐츠가 어떻게 개발되고 활용되는지 충분히 숙지하고 있어야 한다는 것이다. 실제로 학생들은 자신이 개발한 콘텐츠가 정말로 실현 가능한지 항상 의문을 품고 있다. 그러므로 현장 체험을 통해 문화콘텐츠의 구현방식을 직접 경험하게 하거나, 그렇지 않으면 경력이 풍부한 전, 현직 전문가의 초청강연을 자주 개최할 필요가 있다. 나아가 산학협력을 통해 현장과 이론을 동시에 충족하도록 해야 할 것이다.

문화콘텐츠학은 응용학문이다

문화콘텐츠학의 갈 길은 아직도 멀다. 연구 인력이나 교재 등 교육 인프라가 제대로 갖추어지지 않고, 장기적인 커리큘럼도 부재한 형편이다. 게다가 문화콘텐츠학은 허구라거나 일순간의 유행에 불과하다는 부정적인 인식도 팽배한 것이 사실이다.

하지만 이젠 우리의 대학교육도 시대흐름에 따라 변화할 필요가 있다. 특히 좀 더 생산적인 공간이 되어야 하는데, 단지 지식의 습득만이 아니라 그것을 현실에 맞게 활용해보는 것도 중요하다고 본다.

그렇다고 기존의 인문학을 포기하고 모조리 문화콘텐츠학으로 전향하라는 것은 아니다. 문화콘텐츠학은 기본적으로 문화를 가공해서 널리 활성화하는 연구방법론, 곧 응용학문에 불과하다. 그리고 하나의 콘텐츠를 개발하기 위해선 풍부한 독서와 체험, 특히 인문학적 지식이 선결조건이다. 본디 콘텐츠란 용어 속엔 문화적 요소와 산업적 요소가 동시에 포함되어 있는데, 그중에서도 문화적 요소가 더욱 중요하다는 사실을 결코 잊어서는 안 된다. 게다가 앞에서 얘기한 것처럼 시간이 흐를수록 콘텐츠, 특히 원소스(원작)의 중요성이 더욱 부각되고 있다.

내가 보기엔 인문학과가 굳이 문화콘텐츠학과로 전향하지 않더라도, 현재의 시대 흐름만 반영한다면 충분히 미래는 있다고 본다[15]. 특히 문화콘텐츠학, 곧 응용학문을 강화할 필요가 있는데, 이는 기존의 교과목에다 심화과정을 덧붙이면 쉽게 해결된다. 예컨대 국어국문학과의 경우, 1・2학년 때는 어학사나 문학사 등 기본 지식을 충분히 습득하고, 3・4학년 때는 그것을 발전시켜 현대화 혹은 대중화, 곧 콘텐츠화하는 연습을 하는 것이다.

나아가 문화콘텐츠에서 인문학 전공자가 주로 하는 것은, 다른 무엇보다 콘텐츠의 기획과 개발 등 원소스 생산 분야이다. 또 그것을 가져다가 하나의 완전한 콘텐츠로 제작하고 널리 활성화하는 것은 제작자와 마케터의 몫이다. 즉, 인문학자는 인문학자로서 가장 잘할 수 있는 것을 해야 한다는 것이다. 물론 콘텐츠는 널리 활성화하는 것이 목적이므로, 원소스 생산자도 현장 상황에 대해 충분한 지식을 갖추고 있어야 할 것이다.

(『동양한문학연구』 제24집, 동양한문학회, 2007)

1) 정창권, 『문화콘텐츠학 강의』(깊이 이해하기), 커뮤니케이션북스, 2007.
2) 제1회 전국대학문화콘텐츠학과 워크숍 자료집, 2006년 5월, 서울 유스호스텔.
3) 한편 한국 문화콘텐츠 교육의 전체적 동향은, 박기수, 문화콘텐츠 교육의 현황과 전망, 『국제어문』 37, 국제어문학회, 2006, 참조할 것.
4) 한국문화콘텐츠진흥원(http://www.kocca.or.kr)
5) 류철균, 「한국 온라인게임 스토리의 사례연구」, 제48회 전국국어국문학학술대회 발표요지, 국어국문학회, 2005. 조현설, 「고소설의 영화화 작업과 현장비평을 통해 본 고소설 연구자의 새로운 과제에 대한 단상」, 제64차 한국고소설학회정기학술대회 발표요지, 한국고소설학회, 2004.
6) 양민정, 「디지털콘텐츠화를 위한 조선시대 애정소설의 구성요소별 유형화와 그 원형적 의미 및 현대적 수용에 관한 연구」, 제74차 한국고소설학회정기학술대회 발표요지, 한국고소설학회, 2004. 김상민, 「고전문학의 애니메이션 창작소재화」, 2006년도 한국고전문학회 하계기획학술대회 발표요지, 한국고전문학회, 2006, 06.
7) 조혜란, 「다매체 환경 속에서의 고소설 연구 전략」, 제64차 한국고소설학회정기학술대회 발표요지, 한국고소설학회, 2004.
8) 『인문콘텐츠』 창간호, 인문콘텐츠학회, 2003.
9) 오익재, 『콘텐츠가 세상을 움직인다』, 교우사, 2004.
10) 이병훈, 『문화 속에 미래가 있다』, 디자인하우스, 2001.
11) 박문석, 『황금 거위를 잡아라』, 신유, 2002.
12) 정창권, 『한국 고전여성소설의 재발견』, 지식산업사, 2002. 『홀로 벼슬하며 그대를 생각하노라』, 사계절, 2003. 『향랑, 산유화로 지다』, 풀빛, 2004. 『세상에 버릴 사람은 아무도 없다』, 문학동네, 2005. 『꽃으로 피기보다 새가되어 날아가리』, 푸른숲, 2006.
13) 정창권, 「역사책 쓰는 국문학자」, 『문학마당』 16, 2006년 가을호 참고.
14) 정창권, 「김만덕 콘텐츠 개발과 활용방안」, 『제주문화』 11, 제주문화원, 2006, 참고.
15) 이는 예술 등 여타 학부도 마찬가지이다.

고전문학을 활용한 대중가요의 종합적 고찰

1. 고전문학과 콘텐츠

근래 IT 산업이 급격히 발달하면서 새로운 디지털 기기들이 계속해서 출현하고 있다. 1990년대 중반 이래의 인터넷과 휴대폰을 필두로 해서 MP3 플레이어와 DMB, 스마트폰, 태블릿 PC, IPTV, 스마트 TV 등 최첨단 디지털 기기들이 계속 쏟아져 나오고 있다.

그와 함께 대중매체의 장르들도 이전과는 비교할 수 없을 정도로 다양해지고 있다. 예컨대 출판이나 만화, 방송, 영화, 애니메이션, 캐릭터, 공연, 음반, 전시, 축제, 관광 등 전통적인 장르를 비롯해서, 전자책인 이북과 앱북, 온라인 만화인 웹툰, 게임, 테마파크, 교육콘텐츠인 에듀테인먼트, 휴대폰 기반의 모바일 콘텐츠, 인터넷 기반의 디지털콘텐츠 등 새로운 장르들이 계속해서 출현하고 있다[1].

이처럼 매체들이 다양해짐에 따라 자연히 그것들의 내용물인 콘텐츠의 수요가 날이 갈수록 커져가고 있다. 즉, 다매체 다채널 시대의 도래로 콘텐츠의 수요가 폭발적으로 증대하고 있는 것이다. 단적인 예로 방송 콘텐츠의 수요만 해도 2001년 45만 시간에서 2002년 88만 시간으로 늘어났으며, 2005년에는 180만 시간으로 급증하였다. 게다가 지금은 수많은 종합편성채널과 케이블 및 인터넷 TV까지 가세하여 방송 콘텐츠의 수요는 헤아리기 어려울 정도로 급증하였다[2].

요즘 콘텐츠의 중요성은 아무리 강조해도 지나치지 않다. 현대인들은 아침부터 저녁까지 콘텐츠가 없이는 살아갈 수가 없다. 뉴스와 광고, 드라마, 음악, 게임, 영화, 애니메이션, 공연, 전시, 관광, 스포츠 등 하루 동안만 해도 수없이 많은 콘텐츠를 접하며 살아간다. 이제 콘텐츠는 우리들의 삶과 뗄래야 뗄 수 없는 생활필수품이 되었다. 더 나아가 요즘엔 모든 매체가 하나로 통합되는 디지털 컨버전스 시대의 도래로 원소스 멀티유즈(One Source Multi-Use)가 가능해지면서, 하나의 제대로 된 콘텐츠만 있으면 다양하게 활용하여 엄청난 부가가치를 올리는 거대한 산업이 되었다.

이렇게 콘텐츠의 수요가 증대하고 그 영향력이 커지면서, 날이 갈수록 고전문학을 활용한 콘텐츠, 즉 고전문학 콘텐츠가 크게 늘어나고 있다. 이는 최근에 나온 고전문학 콘텐츠만 봐도 쉽게 알 수 있는데, 예컨대 출판물(황석영의 〈심청〉, 〈바리데기〉 등), 사극(〈쾌걸춘향〉, 〈쾌도 홍길동〉), 영화(〈장화, 홍련〉, 〈전우치〉, 〈방자전〉 등), 애니메이션(〈왕후 심청〉 등), 게임(〈임진록〉 등), 공연(〈인당수 사랑가〉, 〈달아달아 밝은 달아〉, 〈청〉, 〈이춘풍전〉 등), 축제(〈장성홍길동축제〉, 〈곡성심청축제〉 등) 등이 그것이다[3].

그렇다면 요즘 이렇게 고전문학 콘텐츠가 크게 증가하고 있는 이유는 과연 무엇일까? 첫째, 고전문학엔 콘텐츠 소재가 무궁무진하다는 것이다. 흔히 고전문학은 이미 충분히 콘텐츠로 개발되어 더 이상 신선한 소재가 없을 것이라고 생각하지만, 고전문학 속의 작품이나 작가, 사건 등에서 아직도 활용되지 않은 소재들이 무수히 많다.

둘째, 고전문학은 우리들에게 친숙하다는 것이다. 고전문학은 아동기의 전래동화, 초중고 시절의 교과서, 기타 일상생활 속의 수많은 콘텐츠를 통해 반복적으로 접하다보니 어느덧 익숙한 대상이 되고 말았다. 단적인 예로 〈춘향전〉의 경우 원전을 한번도 읽어보지 않은 사람일지라도 그 스토리를 알지 못하는 이가 거의 없다. 그러므로 이렇게 익숙한 스토리를 가지고 컨셉을 달리하여 새로운 콘텐츠를 개발한다면, 전혀 모르는 소재의 작품보다 훨씬 쉽게 대중들의 관심을 받게 될 것이다[4].

셋째, 날이 갈수록 '창작'이 한계에 봉착하면서 '각색'의 중요성이 부각되고 있다[5]. 실제로 할리우드 영화의 약 50%가 각색 작품으로 알려져 있다. 많은 수의 할리우드 영화들이 고전이나 기타 유명한 소설, 동화, 만화, 연극, 뮤지컬, 영화 등을 바탕으로 나오고 있는 것이다[6]. 그 결과 자연스럽게 고전문학이 주목받고 있는 것이다.

기타, 고전문학은 우리의 문화원형이 온전히 살아있는 텍스트요, 저작권이 없는 그야말로 콘텐츠의 보물창고이다. 또 고전문학은 기본적으로 배경, 인물, 사건, 주제 등 이야기성을 갖추고 있기 때문에 언제든지 새로운 콘텐츠로 개발될 수 있는 것이다[7].

한편, 이렇게 고전문학 콘텐츠가 증가하면서 그에 관한 학계의 연구성과도 근래 들어 부쩍 늘어나고 있다[8]. 이에 대해선 최근 윤종선이 고전소설을 중심으로 박사학위 논문을 통해 종합적으로 고찰했는데, 그에 따르면 고전문학 콘텐츠 관련 연구성과는 크게 총론형 연구, 분석형 연구, 개발형 연구로 나눌 수 있다고 한다. 총론형 연구란 종합적이고 원론적인 관점에서 고찰한 것으로, 디지털 시대에 있어서 고전소설의 새로운 위상 정립과 연구 전략 및 향후 나아갈 방향을 모색하는 것을 말한다. 분석형 연구란 고전소설을 활용하여 각종의 콘텐츠로 개발한 사례들을 분석한 경우인데, 여기서는 주로 매체에 따른 수용양상, 즉 각색양상을 중심으로 고찰하고 있다. 개발형 연구란 고전소설을 활용하여 각종 콘텐츠로의 개발 가능성을 모색하거나 개발 사례담을 보고하는 것을 말한다. 그 연구 대상도 엔터테인먼트 분야인 출판, 만화, 영화, 애니메이션, 게임, 공연 등과, 인포메이션 분야인 전시나 축제, 기타 분야인 광고 등에 이르기까지 매우 광범위하게 이루어지고 있다고 하였다[9].

하지만 아쉽게도 고전문학을 활용한 대중가요에 대한 연구는 아직까지도 거의 이루어지지 않고 있다. 대중가요에서도 고전 소설이나 설화, 시가, 작가 등을 토대로 각종의 음악 콘텐츠를 개발하고 있으나, 그것들의 체계적 정리나 수용양상, 개발방안, 의의 등을 종합적으로 고찰한 연구가 거의 이루어지지 않고 있다. 물론 하경숙이 고대가요 〈공무도하가〉를 토대로 대중가요로 만든 이상은의 〈공무도하가〉를 분석한 적이 있다[10]. 또한 김유미·이승하는 고려가요 가시리를 토대로 현대적으로 변용한 대중가요들, 예컨대 이명우, 남상규, 김상민, SG 워너비, 버블시스터즈 등의 노래들을 가지고 그 내용과 형식적 측면에서 원작을 어떻게 변용하고 있는지 자세히 살펴보았다[11]. 하지만 아직까지도 고전문학을 활용한 대중가요의 종합적인 고찰은 이루어지지 않고 있다. 그러므로 본고에선 고전문학을 활용한 현대의 대중가요를 최대한 폭넓게 수집하여 유형을 분류한 뒤, 각 유형별로 그것들의 수용 양상 및 의의를 개괄적으로 분석해보고자 한다.

2. 고전문학을 활용한 대중가요의 수용양상

우리의 예상과 달리 고전문학을 활용한 대중가요도 의외로 많은 편이다. 그 유형은 크게 네 가지로 나눌 수 있는데, 고전시가를 차용한 대중가요, 고전소설을 차용한 대중가요, 설화를 차용한 대중가요, 고전작가를 차용한 대중가요 등이 그것이다[12]. 이러한 유형 분류를 토대로 지금까지 이루어진 대표적인 고전문학 관련 노래들을 간단명료하게 도표로 나타내면 다음과 같다. 아래에서도 이들 노래를 중심으로 고전문학을 활용한 대중가요의 수용양상을 살펴보고자 한다.

유형	원전	가수	제목	발매연도
고전시가	공무도하가 황조가 정읍사	이상은 이정표 어울림	공무도하가 황조가 정읍사	1995 2008 1994

	가시리 가시리, 청산별곡 북천이 맑다커늘	SG 워너비 이명우 브라운 아이드 소울	가시리 가시리 북천이 맑다커늘	2007 1977 2003
고전소설	흥부가 춘향가	육각수 의혈아	흥보가 기가막혀 춘향사곡	1995 2005
설화	나무꾼과 선녀	김창남	선녀와 나무꾼	1986
고전작가	황진이 청산리 벽계수야 황진이 관련 시조 황진이 김삿갓 김삿갓	조민우 장윤정 조용필 박상철 홍서범 명국환	잘 있거라 황진이 황진이 황진이 황진이 김삿갓 방랑시인 김삿갓	1979 2006 1983 2007 1989 1950년대

고전시가를 차용한 대중가요

고전시가를 차용한 대중가요로는 이상은의 〈공무도하가〉, 이정표의 〈황조가〉, 어울림의 〈정읍사〉, SG 워너비의 〈가시리〉, 이명우의 〈가시리〉, 브라운 아이드 소울의 〈북천이 맑다커늘〉 등을 들 수 있다. 이들 가운데 SG 워너비의 〈가시리〉는 고려가요 '가시리'의 제목과 정서만 차용하고 있을 뿐 전혀 다른 작품이다. 특히 두 작품은 사랑하는 임을 떠나보내는 이별의 정한을 노래하고 있지만, 고려가요 '가시리'는 불안하고 원망스런 감정을, SG 워너비의 〈가시리〉는 재회에 대한 강한 믿음을 각각 표현하고 있다[13]. 그리고 이명우의 〈가시리〉는 고려가요 가시리와 청산별곡의 가사를 단순 결합시켜 놓은 것이고[14], 브라운 아이드 소울의 〈북천이 맑다커늘〉은 백호 임제의 시조 '북천이 맑다커늘'에 곡을 붙인 것이다[15]. 그러므로 여기에서는 이상은의 〈공무도하가〉, 이정표의 〈황조가〉, 어울림의 〈정읍사〉를 중심으로 고전시가를 차용한 대중가요의 수용양상을 살펴보기로 한다.

먼저 이상은의 〈공무도하가〉부터 살펴보자. 이상은은 1988년 MBC

강변가요제에서 〈담다디〉로 대상을 차지하며, 대한민국을 '담다디' 열풍으로 몰고 갔다. 그런데 이상은에게 있어서 〈담다디〉는 개성 있고 유쾌한 신고식이기는 했지만, 그러한 인상은 좀처럼 바꾸기 힘든 하나의 장벽과도 같았다. 이상은은 스타이기보다는 진정한 음악가가 되고 싶어 했던 것이다. 그래서 1990년 이후 일본과 미국으로 차례대로 유학을 떠났다.

그녀는 일본과 미국을 오가며 미술 공부에 매진하면서도 지속적으로 앨범을 발표했다. 처음에 작사로 참여했던 그녀의 음악적 지분은 점차 확대되고, 3집 [더딘 하루](1991)부터는 진정한 싱어송라이터로서의 면모를 보이며 아티스트로서의 정체성을 찾아가기 시작했다.

〈공무도하가〉는 그러한 이상은의 6번째 앨범 [공무도하가(公無渡河歌)]에 실린 노래이다. 이 앨범은 5집 [언젠가는] 이후 약 2년간의 준비기간을 거쳐 자신이 직접 음악감독을 맡아 일본 스텝들과 함께 만들어 낸 것이었다. 특히 이 앨범은 일본에서 먼저 발매되고, 한국에는 라이센스 앨범으로 들어오게 되었다. 이 앨범에 수록된 곡들은 동양인으로서의 정체성을 찾으려는 의지와, 세계화를 추구한 그녀의 노력을 여실히 보여준 것으로 평가받았다. 또한 이 앨범은 경향신문이 선정한 '한국 대중음악 100대 명반'의 10위에 오름으로써, 그녀를 명실상부한 아티스트 반열에 오르게 했다.

이상은의 〈공무도하가〉는 고대가요 '공무도하가'를 토대로 만들어진 것이다. 우선 고대가요 '공무도하가'는 설화를 바탕으로 탄생한 서정가요이다. 그 내용은 조선의 뱃사공 곽리자고가 새벽에 배를 타고 있는데, 어느 광부(狂夫)가 머리를 풀어헤치고 물속으로 들어가 죽는 것이었다. 뒤쫓아 온 그의 아내가 그것을 보고 슬퍼하며 '공무도하가'를 지어 부른 후, 그녀도 또한 물속으로 들어가 죽었다. 곽리자고가 이를 자신의 아내 여옥에게 전하니, 여옥이 슬퍼 공후를 타며 그 소리를 그대로 따라 했다고 한다[16]. 그 원전은 다음과 같다.

공무도하(公無渡河) 그대여 물을 건너지 마오.
공경도하(公竟渡河) 그예 물을 건너고 마네.
타하이사(墮河而死) 물에 빠져 죽으니,
당내공하(當奈公何) 이를 어찌할꼬.

이렇게 고대가요 '공무도하가'는 한 여성의 비극적 심정을 표현하고 있는데, 이상은의 〈공무도하가〉는 그러한 원전을 특별한 변형 없이 충실하게 따르고 있다. 그 노래를 들어보면 다음과 같다.

님아 님아 내 님아 물을 건너지 마오
님아 님아 내 님아 그예 물을 건너시네
아 물에 휩쓸려 돌아가시니
아 가신 님을 어이할꼬
공무도하(公無渡河) 공경도하(公竟渡河)
타하이사(墮河而死) 당내공하(當奈公何)

님아 님아 내 님아 물을 건너지 마오
님아 님아 내 님아 그예 물을 건너시네
아 물에 휩쓸려 돌아가시니
아 가신 님을 어이할꼬
공무도하(公無渡河) 공경도하(公竟渡河)
타하이사(墮河而死) 당내공하(當奈公何)

먼저 원전과 달리 이상은의 노래에서는 '님아 님아 내 님아'로 님이 세 번씩이나 들어가는데, 이렇게 여러번 반복함으로써 여인의 슬픔을 더욱 잘 드러내려 하고 있다. 또 원전을 현대말로 풀이하여 보여줌으로써 그 내용을 더욱 원활하게 전달하고 있다. 나아가 원전의 한자음인 '공무도하(公無渡河) 공경도하(公竟渡河) 타하이사(墮河而死) 당내공하(當奈公何)'를 후렴구로 사용하여 반복하고 있는데, 이것도 전혀 어색하게 들리지 않고 오히려 여인의 안타까운 심정을 더욱 잘 살려주고 있다.

이 노래는 음악적 특성도 두드러지는데, 무엇보다 타악기와 피리 등 전통악기가 어우러져 고대가요의 동양적이고 신비로운 느낌을 잘 드러내고 있다. 특히 타악기의 웅장한 소리는 '공무도하가' 속의 여인이 물에 빠진 임을 바라보면서 놀라고 안타까워하는 듯한 정서를 거의 그대로 느끼게 해준다. 또 점점 고조되어 가는 음악과 노래도 여인의 슬픔과 한을 잘 표현하고 있다.

결국 이상은의 〈공무도하가〉는 고대의 여옥이 불렀던 '공무도하가'와는 전혀 다르겠지만, 그럼에도 원작이 갖고 있는 슬픔과 한의 정서를 나름대로 잘 살렸다고 판단된다.

다음으로 이정표의 〈황조가〉는 2008년 싱글앨범 [Like A Butterfly]에 수록된 노래이다. 이정표는 국악과 서구음악을 결합해서 노래를 만들고 부르는 '크로스오버 싱어송라이터'로 불린다. 첫 번째 앨범 [Like A Butterfly]도 자신이 직접 만들고 부른 노래를 담았으며, 피아노와 가야금, 코러스 등의 연주는 물론 프로듀싱까지 직접 해낸 것이었다. 기본적으로 팝적인 음악 위에 국악을 조화롭게 접목함으로써 자연스럽게 한국적 느낌을 살리고자 하였다.

원래 고대가요 '황조가'는 이정표 외에도 이청, 노라조, 신효범, miS=mR, 김영기 등 여러 가수들에 의해 노래로 만들어져 불려 왔다. 하지만 이청의 〈황조가〉는 외로움이라는 감정을 살리긴 했지만 처음 부분만 그러하고, '뉘와 함께 돌아갈꼬'부터는 댄스곡으로 변질되어 원전이 갖고 있는 슬픔과 외로움을 반감시키고 있다[17]. 노라조의 〈황조가〉는 제목과 '훨훨 나는 저 꾀꼬리 암수 서로 정답구나'라는 가사만 살짝 나올 뿐 나머지는 대부분 현대어로 변형되어 있다[18]. 신효범의 〈황조가〉 역시 제목만 차용했으며, miS=mR의 〈황조가〉도 제목과 정서만 차용했다. 김명기의 〈황조가〉는 특이하게도 황조가를 이야기 형식으로 들려주는

데, 아쉬운 점은 황조가의 간명하면서도 서정적인 느낌을 좀 더 살렸으면 하는 것이다[19]. 그에 비해 이정표의 〈황조가〉는 원전 '황조가'의 느낌을 잘 살리고 있다.

> 훨훨 나는 저 꾀꼬리 암수 서로 정다운데
> 외로울 사 이내 작은 몸은 뉘와 함께 갈꺼나
> 훨훨 나는 저 꾀꼬리 암수 서로 정다운데
> 외로울 사 이내 작은 몸은 뉘와 함께 갈꺼나
> 외로운 사 이내 작은 몸은 뉘와 함께 갈꺼나
>
> 훨훨 나는 저 꾀꼬리 암수 서로 정다운데
> 외로울 사 이내 작은 몸은 뉘와 함께 갈꺼나
> 훨훨 나는 저 꾀꼬리 암수 서로 정다운데
> 외로울 사 이내 작은 몸은 뉘와 함께 갈꺼나
> 외로운 사 이내 작은 몸은 뉘와 함께 갈꺼나

이처럼 이정표의 〈황조가〉는 원전 '황조가'를 그대로 가져다가 계속 반복해서 들려주고 있다. 특이하게도 그는 전통악기를 사용하지 않고도 피아노 반주만으로 황조가의 애절한 정서를 잘 살려내고 있다. 현대적이면서도 동양적인 느낌을 충분히 살려내고 있는 것이다. 특히 이 노래가 널리 알려진 이유는 드라마 〈바람의 나라〉의 OST(배경음악)로 사용되었기 때문이다. 이로 보건대 드라마나 영화, 게임 등의 OST로 고전문학을 차용한 대중가요를 사용한다면, 우리나라의 고전 작품을 많은 사람들에게 알릴 수 있는 좋은 계기가 되리라 본다.

또한 어울림의 〈정읍사〉는 백제의 노래 '정읍사'를 있는 그대로 차용하여 노래로 만든 것이다. 먼저 실내악단 어울림은 우리 음악의 대중화, 현대화, 세계화를 목표로 눈부신 창작과 연주 활동을 펼치고 있는데, 그동안 단독음반과 참여음반 등 모두 40여 장의 음반을 출시하였다. 〈정읍사〉는 〈어부사시사〉, 〈제망매가〉, 〈처용가〉, 〈찬기파랑가〉, 〈쌍화점〉 등과 함께 제5집에 실려 있는 노래이다[20].

달하 노피곰 도다샤
어긔야 머리곰 비취오시라
어긔야 어강됴리
아으 다롱디리
져재 녀러신고요
어긔야 즌 데를 드데욜셰라
어긔야 어강됴리
어느이다 노코시라
어긔야 내 가논 데 졈그를셰라
어긔야 어강됴리
아으 다롱디리

이렇게 어울림의 〈정읍사〉도 원전을 훼손하지 않고 있는 그대로 살려 '정읍사'의 느낌을 잘 전달하고 있다. 또 전통악기의 음색과 멜로디가 가수의 목소리와 잘 어우러져, 당시 실제로 행상 나간 남편을 기다리는 아내의 노래를 듣는 듯한 기분을 느끼게 해준다. 물론 이것 말고도 정미린이 부른 〈정읍사〉도 있지만[21], 남편을 기다리는 아내의 애절한 심정이 잘 드러난 것은 역시 위와 같은 어울림의 〈정읍사〉가 아닐까 한다. 특히 어울림의 노래는 피아노나 기타 같은 서양악기를 사용한 것이 아니라 우리의 전통악기만을 사용했기 때문에 더욱 마음에 와 닿는다는 평을 받았다.

고전소설을 차용한 대중가요

고전소설을 차용한 대중가요로는 육각수의 〈흥보가 기가막혀〉와 의혈아의 〈춘향사곡〉이 있다. 의혈아의 〈춘향사곡〉은 2005년 MBC 대학가요제에서 중앙대의 '의혈아'란 그룹이 부른 노래인데, 아쉽게도 수상하지 못하여 널리 대중화되지 못하였다. 그러므로 여기에서는 육각수의 〈홍보가 기가막혀〉를 토대로 고전소설, 특히 판소리를 차용한 대중가요의 수용양상을 살펴보고자 한다.

육각수는 1995년 MBC 강변가요제에서 〈홍보가 기가막혀〉로 금상과 인기상을 동시에 수상하며 화제를 일으킨 도중운과 조성환의 2인조 남성그룹이다. 그들이 하루아침에 엄청난 인기를 누리게 된 데에는 통기타 서클 '소리패'의 선배이자 〈홍보가 기가막혀〉의 작사, 작곡가 정흥철이 있었다고 한다. 그는 군대시절 판소리 명창들과 함께 위문공연을 다니면서 판소리에 대해 관심을 가졌고, 제대 후에는 본격적으로 판소리를 배우러 다녔다. 이후 MBC 강변가요제에 출전하기 위해 곡을 부탁하는 두 후배에게 써준 것이 바로 〈홍보가 기가막혀〉였다. 판소리의 해학성과 신세대들의 선호 장르인 랩을 결합시켜본 것인데, 결과는 대성공이었다. 당시 랩댄스 음악에 물들어있던 가요계에 판소리를 결합시킨 이들의 노래는 신선한 충격으로 다가와 커다란 인기를 얻은 것이다. 게다가 랩 음악에 거부반응을 가지고 있던 기성세대들마저도 재미있는 노랫말과 흥겨운 리듬에 열렬한 반응을 보였다. 그래서 육각수는 이 노래 하나로 1995년 SBS 연말가요 시상식에서 신인상을 수상하는 쾌거를 이루었다. 그 노래 가사를 제시하면 다음과 같다.

> 얼쑤! 헙! 헙! 헙! 헤이야 헙! 헤이야 헙! 헤이야
> (아 헤야라 홍보봐라 홍보봐라 홍보봐라 해야)×3
> (홍보가 기가막혀 홍보가 기가막혀)×4
>
> 아이고 성님 동상을 나가라고 하니
> 어느 곳으로 가오리오 이 엄동설한에
> 어느 곳으로 가면 산단 말이오

갈 곳이나 일러주오

지리산으로 가오리까 백이 숙제 주려죽던
수양산으로 가오리까
아따 이 놈아 내가 니 갈 곳까지 일러주냐
잔소리 말고 썩 꺼져라

해지는 겨울들녘 스며드는 바람에
초라한 내 몸 하나 둘 곳 어데요
어디로 아- 이제 난 어디로 가나
이제 떠나가는 지금 허이여

굳게 다문 입술사이로 쉬어진 눈물이 머금어진다
무거워진 가슴을 어루만져 멀어진 기억 속에 담는다
어슴프레 져가는 노을 너머로 소리 내어 비워본다

어디서부터 잘못됐나 이제 나는 어디로 가나
갈 곳 없는 나를 떠밀면 이제 난 어디로 가나

안으로 들어가며 아이고 여보 마누라
형님이 나가라고 하니 어느 명이라 안 가겄소
자식들을 챙겨보오 큰 자식아
어디 갔냐 둘째 놈아 이리 오너라
이삿짐을 짊어지고 놀부 앞에다 늘어놓고 형님 나 갈라요

해지는 겨울들녘 스며드는 바람에
초라한 내 몸 하나 둘 곳 어데요
어디로 아- 이제 난 어디로 가나
이제 떠나가는 지금 허이여

(홍보가 기가막혀 홍보가 기가막혀)×4

이처럼 육각수의 〈흥보가 기가막혀〉는 우리가 익히 알고 있는 판소리 '흥부가'를 차용해 만든 노래이다. 특히 이 노래가 차용하고 있는 부분은 흥부가의 앞부분인 흥부가 놀부에게 쫓겨나는 대목이다.

흔히 '흥부가'하면 흥부는 제비 다리를 고쳐주어 부자가 되고, 놀부는 제비 다리를 일부러 부러뜨려 벌을 받는다는 권선징악적 내용만 생각할 뿐이요, 흥부가 형 놀부에 의해 집안에서 쫓겨나던 당시의 심정에 대해선 별로 생각해보지 않는다. 그러나 육각수의 〈흥보가 기가막혀〉는 바로 그 점을 날카롭게 포착해서 흥부가 형 놀부에 의해 쫓겨나던 당시의 절망적인 심정을 신나는 노랫가락과 해학적인 노랫말로 재미있게 들려주고 있다. 처음에 〈흥보가 기가막혀〉는 '얼쑤', '헤이야' 같은 추임새로 흥을 돋우며 시작한다. 그리고는 집에서 쫓겨나는 흥부가 형 놀부에게 '이 엄동설한에 어디 가서 살겠느냐'며 불만스럽게 말하고, 놀부는 '내가 니 갈 곳까지 일러주랴 잔말 말고 썩 꺼져라'고 해학적으로 되받아친다. 나아가 '굳게 다문 입술 사이로 쉬어진 눈물이 머금어진다'나 '무거운 가슴을 어루만진다' 같은 표현을 통해 흥부의 억울한 심정을 잘 보여주고 있다는 것이다.

이와 같이 육각수의 〈흥보가 기가막혀〉는 판소리 '흥부가'를 바탕으로 현대적으로 잘 변용한 노래이다. 특히 전통적인 판소리와 현대적인 랩의 결합이라는 새로운 음악적 시도도 좋았지만, 위에서처럼 추임새나 대화체, 해학성 등 노랫말의 각색에도 많은 신경을 썼던 것으로 보인다. 그 결과 당시 여러 상을 휩쓸며 많은 인기를 얻었을 뿐 아니라, 제7차 교육과정 고등학교 국어교과서에도 수록되지 않았을까 한다.

설화를 차용한 대중가요

설화를 차용한 대중가요로는 김창남의 〈선녀와 나무꾼〉을 들 수 있다. 그러므로 이 노래를 중심으로 설화를 차용한 대중가요의 수용양상에 대해 살펴보자.

먼저 김창남은 작곡가 겸 가수로, 1986년 그룹 '도시의 아이들'의 멤버로 가요계에 데뷔하였다. 그 뒤로 〈달빛 창가에서〉, 〈선녀와 나무꾼〉 등 많은 히트곡을 남겼으며, 2005년 간암으로 세상을 떠났다.

1986년에 발표된 〈선녀와 나무꾼〉은 우리가 익히 알고 있는 설화 '나무꾼과 선녀'를 차용해 만든 노래이다. 우선 그 노래 가사를 인용하면 다음과 같다.

> 하늘과 땅 사이에 꽃비가 내리던 날
> 어느 골짜기 숲을 지나서 단둘이 처음 만났죠
> 하늘의 뜻이었기에 서로를 이해하면서
> 행복이라는 봇짐을 메고 눈부신 사랑을 했죠
> 그러던 그 어느날 선녀가 떠나갔어요
> 하늘높이 모든 것을 다 버리고 저 멀리 떠나갔어요~
> 선녀를 찾아 주세요 나무꾼의 그 얘기가
> 사랑을 잃은 이내 가슴에 아련히 젖어 오네요

이렇게 김창남의 〈선녀와 나무꾼〉은 설화 '나무꾼과 선녀'의 이야기를 토대로 재구성한 것이다. 즉, 설화의 줄거리와 그 얘기를 들은 화자의 감정을 노래로 표현한 것이다. 우선 설화에선 선녀와 나무꾼이 사슴의 도움으로 연못가에서 처음 만나지만, 노래에선 사슴이나 연못의 이야기는 나오지 않는다. 대신 '어느 골짜기 숲을 지나서 단둘이 처음 만났죠'라고 표현하여 신비로움을 더하고 있다. 또 설화에선 나무꾼이 사슴이 말한 금기사항을 어기고 날개옷을 보여주게 되어 선녀가 하늘로 돌아가 버리는 것으로 나오지만, 노래에선 그러한 내용들이 모두 생략되고 선녀가 떠나간 뒤 나무꾼이 슬퍼하는 장면으로 끝이 난다. 게다가 설화에선 나무꾼이 다시 사슴의 도움을 받아 두레박을 타고 하늘로 올라가 선녀를 만난 것으로 설정되어 있으나, 노래에선 이 내용들도 생략되어 있다. 대신에 '나무꾼의 그 애기가 사랑을 잃은 이내 가슴에 아련히 젖어 오네요'라고 사랑하는 사람을 잃은 화자의 마음을 표현함으로써, 모든 사람들의 공감대를 이끌어내고 있다. 즉, 원전의 내용을 전부 다 반영하지 않고 마지막 부분에선 연인을 잃은 화자의 슬픔으로 변용하여 부름으로써, 오히려 더욱 많은 대중성을 확보하게 되었다는 것이다.

한편, 김창남의 〈선녀와 나무꾼〉은 노래에 있어서도 음정이 높지도 낮지도 않은 적당한 편이라서 여성과 남성 모두가 따라 부를 수 있고, 여러 사람들이 함께 박수를 치며 즐겁게 부를 수 있다는 장점을 가지고 있었다. 박자 역시 느리지도 빠르지도 않은 적당한 편이라서 특히 30, 40대의 중년층에게 많은 인기를 끌었다.

고전작가를 차용한 대중가요

고전작가를 차용한 대중가요로는 대표적으로 황진이와 김삿갓 관련 노래들을 들 수 있다.

먼저 황진이 관련 노래로는 1979년 조민우의 〈잘 있거라 황진이〉가 인기를 얻은 이후, 오희라와 주현미, 송해 등 여러 가수들이 그것을 리메이크해서 불렀다[22]. 또 2006년엔 장윤정이 '청산리 벽계수야'란 시조를 변형해서 만든 〈황진이〉를 발매한 적도 있었다[23]. 하지만 황진이 관련 대중가요의 수용양상에서 주목할 만한 작품으로는 1983년에 발매된 조용필의 〈황진이〉와 2007년에 발매된 박상철의 〈황진이〉가 아닐까 한다.

조용필의 〈황진이〉는 5집 앨범에 실린 노래이다. 5집 앨범의 특징은 록음악임에도 불구하고, 마치 판소리를 듣는 것처럼 한국 전통음악의 느낌을 받는다는 것이다. 그것은 무엇보다 조용필이 서구적인 록음악을 한국적인 정서로 표현하기 위해 끊임없이 노력해왔기 때문인 듯하다. 특히 그것은 〈산유화〉, 〈한강〉, 〈황진이〉 등 5집의 대표곡들에 잘 반영되어 있다. 우선 〈황진이〉의 노래 가사를 제시하면 다음과 같다.

> 내가 부르면 내가 부르면 잔 잡아 권하실 서러운 님
> 내가 부르면 내가 부르면 춘풍을 빼어내실 님
>
> 청산의 벽계수는 수이 가고요 서리서리 한세월은 속절없지요
> 왜 생겼오 인생연분 왜 생겼소 세상별리
>
> 어즈버 어즈버 청초에 백골만 남을 님
> 그대는 황진이 내사랑 황진이 내사랑 황진이
>
> 잔을 치고 북을 치고 한 맺히고 한 맺힌 인생을 치고
> 살풀이에 장고춤이 못다한 사랑을 치고
>
> 해야해야 꽃이 피고 나비 있고요 어저어저 나비있고 양귀비지요
> 왜 생겼오 왜 생겼오 견우직녀 금침원앙
>
> 이시랴 이시랴면 한 허리를 둘에 내실 님
> 그대는 황진이 내사랑 황진이 내사랑 황진이

이처럼 조용필의 〈황진이〉는 그녀와 관련된 시조들을 차용하여 조선 중기의 명기(名妓) 황진이의 인생을 노래한 것이다. 이 노래에는 여러 가지 시조가 차용되어 있는데, 가장 먼저 눈에 띄는 시조는 황진이의 '청산리 벽계수야'이다.

> 청산리 벽계수(靑山裏 碧溪水)야 수이 감을 자랑 마라
> 일도창해(一到蒼海)하면 돌아오기 어려우니

명월(明月)이 만공산(滿空山)하니 쉬어간들 어떠리

널리 알려져 있듯이 이 시조는 황진이가 종실 벽계수를 유혹하면서 부른 것이었다. 조용필의 노래 〈황진이〉에서는 이들 가운데 '청산리 벽계수는 수이 가구요'라는 구절만 차용하고 있다.

다음으로 차용된 시조는 '동짓달 기나긴 밤을'이다.

동짓달 기나긴 밤을 한 허리를 베어내어
춘풍 이불 아래 서리서리 넣었다가
님 오신 날 밤이어든 굽이굽이 펴리라

언뜻 보면 조용필의 노래 〈황진이〉에서 이 시조를 차용한 구절이 별로 없는 듯하지만 가사 중의 '춘풍을 베어내실 님', '한 허리를 둘에 내실 님' 등은 분명 이 시조에서 가져다가 적절히 변용한 것이다.

끝으로 차용된 시조는 백호 임제가 지은 '청초 우거진 골에'이다.

청초(青草) 우거진 골에 자는다 누웠는다
홍안(紅顏)은 어디 두고 백골만 묻혔나니
잔(盞) 잡아 권할 이 없으니 그를 슬허하노라

이 시조는 황진이를 평생 그리워하던 백호 임제가 송도에 들렀을 때 그녀의 무덤을 찾아가 애도하며 지은 것이다. 조용필의 〈황진이〉에서는 이 시조의 서두 부분을 가져다가 '청초에 백골만 남을 님'이라고 변용하고 있다.

이처럼 조용필의 〈황진이〉는 그녀와 관련된 시조들을 차용하여 조선 중기의 명기(名妓) 황진이를 노래하고 있다는 점에서 의의가 있다. 또 서구적인 록음악과 우리의 전통음악을 결합시켜 색다른 노래를 만들어냈다는 점이 특징이다.

박상철의 〈황진이〉는 2007년에 발매된 4집 앨범에 실린 노래이다. 트로트계의 황태자라 불리는 박상철은 2002년 〈자옥아〉, 2005년 〈무조건〉, 2007년 〈황진이〉 등을 히트시키며 각종 시상식을 휩쓸었다. 특히 〈황진이〉는 애절한 가사와 흥을 돋우는 멜로디가 잘 어우러져 지금까지도 노래방 애창곡 인기순위를 달리고 있다. 그 노래 가사를 제시하면 다음과 같다.

어얼씨구 저절씨구
너를 안고 내가 내가 돌아간다
황진이 황진이 황진이
내일이면 간다 너를 두고 간다
황진이 너를 두고
이제 떠나면 언제 또 올까
사랑아 사랑아 내 사랑아
개나리도 피고 진달래도 피고 뻐꾸기가 울텐데
그리워서 어떻게 살까
능수버들 늘어지고 소나기 내리면
보고파서 어떻게 살까
그래도 가야지 너를 위해 가야지
황진이 너를 위해
내가 사랑한 나의 황진이
사랑아 사랑아 내 사랑아

어얼씨구 저절씨구
너를 안고 내가 내가 돌아간다
황진이 황진이 황진이
내일이면 간다 너를 두고 간다
황진이 너를 두고

이제 떠나면 언제 또 올까
사랑아 사랑아 내 사랑아
봄 여름가고 가을이 가고 겨울이 지나가면
그리워서 어떻게 살까
하늘에서 꽃송이 하얗게 내리면
눈물나서 어떻게 살까
그래도 가야지 너를 위해 가야지
황진이 너를 위해
내가 사랑한 나의 황진이
사랑아 사랑아 내 사랑아
어얼씨구 저절씨구
너를 안고 내가 내가 돌아간다
황진이 황진이 황진이

이처럼 박상철의 노래 〈황진이〉는 황진이를 사랑했지만 두고 떠나야 하는 안타깝고 그리운 마음을 표현하고 있다. 박연폭포, 서경덕과 함께 송도삼절(松都三絶)로 불리었던 황진이. 그러한 황진이를 사모했던 뭇 사람들의 마음을 이 노래가 잘 대변해주고 있는 것이다. 우선 '개나리도 피고 진달래도 피고 뻐꾸기가 울텐데 그리워서 어떻게 살까', '능수버들 늘어지고 소나기 내리면 보고파서 어떻게 살까' 등의 구절에서 황진이를 두고 떠나는 안타깝고 그리운 마음이 잘 드러나 있다. 그와 동시에 '그래도 가야지 너를 위해 가야지 황진이 너를 위해'에서처럼 사랑하는 연인을 두고 떠나야만 하는 모든 사람들의 마음까지 대변해주고 있다. 그래서인지 이 노래는 대중들 사이에서 지속적으로 인기를 끌고 있다.

다음 김삿갓 관련 노래로는 대표적으로 홍서범의 〈김삿갓〉을 들 수 있다. 물론 김삿갓 역시 이전에도 대중가요로 만들어진 적이 있었다. 1950년대 명국환의 〈방랑시인 김삿갓〉이 발매되어 널리 인기를 얻은 이후, 김홍, 최장봉, 이종성, 남호걸 등이 그것을 리메이크해서 불렀다[24]. 하지만 최근에 나온 대표작은 역시 홍서범의 〈김삿갓〉이 아닐까 한다. 그러므로 이 노래를 중심으로 김삿갓 관련 대중가요의 각색양상을 살펴보기로 하자.

우선 이 노래의 주인공 김삿갓(1807～1863)은 조선후기 방랑시인으로, 본명은 병연, 호는 난고이다. 홍경래의 난 때 선천부사로 있던 조부 김익순이 홍경래에게 항복한 죄로 집안이 망하였는데, 이후 사면을 받고 과거에 응시하여 김익순의 행위를 비판하는 내용으로 답을 적어 급제하였다. 그러나 김익순이 자신의 조부라는 사실을 알고 난 뒤에는 벼슬을 버리고 방랑생활을 시작하였다. 그는 스스로 하늘을 볼 수 없는 죄인이라 여기고 항상 큰 삿갓을 쓰고 다녔는데, 그래서 김삿갓이라는 별명이 생겼다. 일생 동안 전국을 방랑하며 재치 있는 시구로 세상을 풍자했으며, 도처에 해학과 풍자가 담긴 많은 작품을 남겼다. 아들로부터 여러 차례 귀가를 권유받았지만 평생 방랑을 계속하다가 전라도 화순 동복에서 객사하였고, 강원도 영월에 묻혔다[25].

홍서범의 〈김삿갓〉은 이러한 그의 생애를 있는 그대로 차용해서 노래로 만든 것이다. 우선 그 노래 가사를 제시하면 다음과 같다.

> 김삿갓 김삿갓 김 김 삿갓 삿갓 김 김 삿갓 삿갓
> 김삿갓 김삿갓 삿갓 삿갓 삿갓
>
> 1807년 개화기에 태어나
> 어렸을 때부터 글공부를 좋아하여
> 10살 전후에 사서삼경 독파
> 이십 세 전에 장원 급제 했네
> 안동 김씨에 본명은 김병연
> 어머니를 모시고 아들 둘에 처 하나
> 중국의 이태백 일본의 바쇼

그렇다면 보여주자 대한민국 김삿갓

백일장 과거에서 조상을 욕한 죄로
하늘이 부끄러워 삿갓을 쓰고
이름도 버리고 가정도 버리고
욕심도 버리고 양반 또한 버렸네
그 후로 한 평생 삿갓을 쓰고
삼천리 방방 떠돌아 다니니
사람들은 그를 보고
김삿갓 김삿갓 삿갓이라 하네

김삿갓 김삿갓 나는 좋아 김삿갓
김삿갓 김삿갓 너무 너무 좋아 김삿갓
김삿갓 김삿갓 김 김 삿갓 삿갓 김 김 삿갓 삿갓
김삿갓 김삿갓 삿갓 삿갓 삿갓

삿갓 쓰고 죽장 짚어
바람 부는 대로 구름처럼 떠돌며
착한 서민의 친구 되어
못된 양반 혼내 준 의리의 사나이
도인에는 도, 시에는 시로 맞서
시 짓기 내기에 져 본 일이 없네
산첩첩 수중중 구경하고
동가식 서가숙 방랑하네

외롭고 고독한 방랑의 생활
술은 삿갓의 유일한 친구
한 잔하면 시상이 떠올라
두 잔하면 세상이 내 것이라
한잔에 시 한 수 또 한잔에 시 한 수

신선의 목소리 무아의 경지로다

천재로다 천재로다 김삿갓 김삿갓
삿갓 삿갓 삿갓 삿갓
김삿갓 김삿갓 나는 좋아 김삿갓
김삿갓 김삿갓 너무 너무 좋아 김삿갓
김삿갓 김삿갓 김 김 삿갓 삿갓 김 김 삿갓 삿갓
김삿갓 김삿갓 삿갓 삿갓 삿갓

이와 같이 홍서범의 〈김삿갓〉은 방랑시인 김삿갓의 일생담을 있는 그대로 노래로 만들어서 들려주고 있다. 출생과 어린시절, 과거급제와 조부 김익순 비판, 전국을 방랑하며 시짓기, 술과 초탈한 삶 등을 한 편의 전기 형식으로 들려주고 있다. 그래서 사람들에게 김삿갓이 누구인지 자세히 일러주고 있다. 심지어 인터넷에선 김삿갓에 대해 알고 싶으면 이러한 홍서범의 〈김삿갓〉이란 노래를 한번 들어보라고 권유하고 있을 정도이다.

홍서범의 노래 〈김삿갓〉은 이렇게 가사의 수용양상도 수준급이지만, 그 음악 역시 흥겹고 재미있어 그야말로 중독성을 갖고 있다. 특히 '김삿갓 김삿갓' 하는 부분은 노래를 듣는 사람들로 하여금 자신도 모르게 따라 부르게 만들고 있다. 더 나아가 이 노래는 한국 최초의 랩이었다는 얘기가 나오면서 더욱 많은 사람들의 관심을 끌고 있다. '김삿갓 김삿갓 김 김 삿갓 삿갓 김 김 삿갓 삿갓' 하는 부분이 의심할 여지없이 최초의 랩으로 보아야 한다는 것이다. 그래서 일부 음악 애호가들은 서태지 이전에 홍서범이 한국 최초의 랩을 시도했다고 주장하고 있다.

3. 맺음말: 고전문학을 활용한 대중가요의 의의

우리는 길을 가거나 버스 안에서도, 휴식을 취하거나 잠들기 전에도 끊임없이 음악을 듣고 있다. 음악은 우리가 살아가는데 없어서는 안 될 생활필수품인 것이다. 게다가 디지털 기술의 발달로 매체가 다양해지면서 음악 콘텐츠의 수요도 날이 갈수록 커지고 있다. 그에 따라 자연스럽게 고전문학을 활용한 대중가요가 늘어나고 있다. 하지만 아직까지도 고전문학을 활용한 대중가요에 대해 종합적으로 고찰하거나, 더 나아가 그것의 개발방안에 대한 연구는 거의 이루어지지 않고 있다. 그러므로 본고에서는 우선 시급한 과제인 고전문학을 활용한 대중가요의 체계적 정리와 그것들의 수용양상에 대해 집중적으로 살펴보았다. 끝으로 이상의 논의를 정리하면서 고전문학을 활용한 대중가요의 의의에 대해 살펴보기로 하자.

앞에서처럼 고전문학을 활용한 대중가요도 의외로 많은 편이다. 그 유형은 크게 고전시가를 차용한 대중가요, 고전소설을 차용한 대중가요, 설화를 차용한 대중가요, 고전작가를 차용한 대중가요 등으로 나눌 수 있었다.

고전시가를 차용한 대중가요의 수용양상은 이상은의 〈공무도하가〉, 이정표의 〈황조가〉, 어울림의 〈정읍사〉 등을 중심으로 살펴보았는데, 고전시가는 대체로 그 길이가 짧아서인지 원전을 거의 그대로 살려 곡을 붙이는 경우가 많았다. 예를 들어 이상은의 〈공무도하가〉는 원전의 내용을 충실하게 따르되, 원전의 한자음만 후렴구로 다시 사용하고 있었다. 그와 함께 동서양의 악기를 적절히 결합하여 고대가요의 동양적이고 신비스런 느낌을 잘 살려내고 있었다. 이정표의 〈황조가〉도 단순히 원전 '황조가'를 네 번씩 반복하고 있을 뿐이었다. 마찬가지 어울림의 〈정읍사〉도 원문을 그대로 살리되 전통악기를 사용하여 원전 '정읍사'의 느낌을 충실히 살려내고 있었다.

고전소설을 차용한 대중가요로는 육각수의 〈흥보가 기가막혀〉를 들 수 있는데, 이 노래는 우리가 익히 알고 있는 판소리 '흥부가'를 차용해서 만든 것이었다. 특히 이 노래는 '흥보가'의 앞부분인 흥부가 형 놀부에 의해 집에서 쫓겨나는 장면만을 발췌하여 흥겨운 랩댄스 음악으로 만든 것이었다. 보통 대중가요는 짧게는 3분, 길게는 5~6분 정도의 짧은 시간 동안에 들려준다는 특징이 있다. 그러므로 길이가 긴 고전소설을 활용할 경우 이처럼 핵심적인 장면만을 발췌해서 노래로 만들 수밖에 없는 듯하다.

설화를 차용한 대중가요로는 김창남의 〈선녀와 나무꾼〉이 있었다. 이 노래는 설화 '나무꾼과 선녀'를 토대로 하되 '남녀간의 사랑과 이별'이란 주제로 재구성한 것이었다. 그러다 보니 '나무꾼과 선녀' 이야기 중 일부 내용이 생략되기도 하고, 특히 마지막 부분에선 사랑하는 이를 잃은 화자의 마음을 표현함으로써 대중적인 공감대를 얻고 있었다. 그와 함께 김창남의 〈선녀와 나무꾼〉은 거의 모든 대중들이 따라 부를 수 있는 평이한 음정과 박자로 특히 30~40대의 중년층에게 많은 인기를 끌었다.

고전작가를 차용한 대중가요의 수용양상은 조용필의 〈황진이〉와 박상철의 〈황진이〉, 홍서범의 〈김삿갓〉을 중심으로 살펴보았다. 조용필의 〈황진이〉는 그녀와 관련된 시조들을 차용하여 황진이의 인생을 노래하고 있었다. 예컨대 '청산리 벽계수야'와 '동짓달 기나긴 밤을' 같은 황진이의 시조와, '청초 우거진 골에' 같은 백호 임제의 시조가 그것이다. 또한 조용필은 서구적인 록음악과 우리의 전통음악을 결합시켜 독특하고 새로운 형식의 노래를 만들어내었다.

그에 비해 박상천의 〈황진이〉는 그녀를 사랑했지만 두고 떠나야 하는 안타까운 마음을 표현한 노래였다. 나아가서는 사랑하는 이를 두고 떠나야만 하는 모든 사람들의 마음까지 대변해주고 있었다. 뿐만 아니라 이 노래는 애절한 가사와 흥을 돋우는 멜로디가 잘 어우러져 아직까지도 많은 사람들의 사랑을 받고 있다.

홍서범의 〈김삿갓〉은 방랑시인 김삿갓의 일생담을 있는 그대로 차용하여 노래로 만든 것이었다. 김삿갓의 생애가 요약적으로 잘 정리되어 있는데, 그 결과 이 노래를 들으면 김삿갓이 누구이고 어떻게 살았는지 정확히 알 수 있었다. 또 흥겨운 음악과 랩의 특성까지 갖추고 있어서, 이 노래를 듣는 사람들로 하여금 저절로 따라 부르게 만들고 있었다.

그렇다면 이렇게 고전문학을 활용한 대중가요들은 과연 어떤 의의를 갖는 것일까? 마지막으로 이들 노래가 갖는 의의와 전망에 대해 간략히 지적해보고자 한다.

먼저 고전문학을 활용한 대중가요는 우리 고유의 정서를 노래 속에 담을 수 있을 뿐 아니라, 더 나아가 동양적인 신비로움을 담아 멀리 세계로까지 진출할 수 있다는 것이다. 다만 고전문학을 활용하여 대중가요를 만들 때에는 반드시 유의할 점이 있는데, 앞에서 살펴본 이상은의 〈공무도하가〉나 육각수의 〈흥보가 기가막혀〉, 박상철의 〈황진이〉, 홍서범의 〈김삿갓〉 등처럼 원전의 느낌을 잘 살릴 뿐 아니라 요즘 사람들과의 감정적 교류, 즉 공감대도 형성할 수 있어야 한다는 것이다.

다음으로 고전문학을 활용하여 대중가요를 만든다면, 역으로 고전문학을 널리 알리는 데에도 크게 도움이 된다는 것이다. 대표적인 예로 앞에서처럼 김삿갓을 토대로 노래를 만든다면, 김삿갓이 누구이고 어떻게 살았는지 아주 효과적으로 알릴 수 있다는 것이다.

끝으로 앞으로는 이러한 노래들을 학교의 수업시간에도 활용해보면 어떨까 싶다. 주지하듯이 어떤 것에 대해 시각적 자료로만 접하는 것과 청각적 자료와 함께 접하는 것은 분명한 차이가 있다. 예를 들어 학교에서 '황조가'나 '정읍사' 같은 고전시가를 배울 때 지금의 교과서처럼 문자로만 접한다면 유리왕의 심정이나 아내의 감정까지 느끼기는 힘든 편이다. 하지만 위와 같은 노래와 함께 배운다면 그러한 감정을 어렴풋하게나마 마음으로 느낄 수 있을 것이다.

요즘 디지털 기술의 발달로 매체들이 다양해지면서, 상대적으로 콘텐츠의 부족 현상을 겪고 있다. 이러한 시대에 고전문학은 그야말로 사막의 오아시스 같은 역할을 해줄 수 있다. 고전문학에는 작품이나 작가, 사건 등 콘텐츠의 소스들이 무궁무진하기 때문이다. 또 판소리 '흥부가'와 랩댄스를 결합시켜 〈흥부가 기가막혀〉와 같은 새로운 음악을 만들어낸 것처럼, 고전문학과 다양한 음악을 결합하면 새롭고 흥미로운 콘텐츠를 얼마든지 개발할 수 있는 것이다.

(『어문논집』 제66호, 민족어문학회, 2012)

1) 정창권, 『문화콘텐츠학 강의』(깊이 이해하기), 커뮤니케이션북스, 2007, 8~22면 참조.
2) 정창권, 『문화콘텐츠 스토리텔링』, 북코리아, 2008, 31면.
3) 윤종선, 『한국 고전과 콘텐츠 개발』, 커뮤니케이션북스, 2012, 11면 참조.
4) 정창권, 위의 책, 2008, 51면.
5) 아이러니컬하게도 디지털 시대로 갈수록 인간의 상상력은 오히려 떨어지는 경향이 있으며, 또 경제력이 증대될수록 창작과 같은 힘든 일을 기피하는 경향이 강해지고 있다.
6) 정창권, 위의 책, 2008, 51면.
7) 정창권, 위의 책, 2008, 51면.
8) 대표적인 사례로 신선희, 『우리 고전 다시 읽기』, 삼영사, 2005를 들 수 있다.
9) 윤종선, 「〈심청전〉의 현대적 수용양상 연구」, 고려대 박사학위논문, 2010, 7~22면 참조.
10) 하경숙, 「〈공무도하가〉의 현대적 변용양상」, 『동양고전연구』 4, 동양고전학회, 2011.
11) 김유미 · 이승하, 「한국 대중가요에 나타난 〈가시리〉 연구」, 『대중서사연구』 24, 대중서사학회, 2010.
12) 이밖에도 각종의 민요, 특히 아리랑을 차용하여 대중가요로 만든 경우도 있는데, 본고에서는 우선 본격적인 고전문학에만 한정해서 검토하기로 한다.
13) SG 워너비, 〈가시리〉, 안영민 작사, 조영수 작곡, 2007년 발매.
14) 1977년 제1회 대학가요제 은상 수상곡.
15) 브라운 아이드 소울의 <북천이 맑다커늘>(2003) 노래 가사를 제시하면 다음과 같다. 북천이 맑다커늘 우장없이 길을 나니, 산에는 눈이 오고 들에는 찬비로다, 오늘은 찬비 맞아시니 얼어잘까 하노라.
16) 하경숙, 앞의 논문, 99면 참조.
17) 이청의 〈황조가〉(2010) 가사를 제시하면 다음과 같다. 펄펄 나는 저 꾀꼬리 암수 서로 정답구나. 외로워라 이내몸은 뉘와 함께 돌아갈꼬··· 꿈을 꾸고 있었구나 그대 사랑 했던 날들, 사랑했던 날은 가고 아름다운 날이 가네, 이제 우리 이별인가 이제 우리 남이련가, 돌아서는 그 발길에 저 강물이 슬피우네, 꿈이련가 꿈이련가 그대 안고 웃던 날들, 꿈이련가 꿈이련가 달빛 속에 그대 얼굴, 그리워라 내 사랑아 그리워라 내 사랑아, 정을 주고 떠나시는 사랑하는 나의 님아, 그리워라 내 사랑아
18) 노라조의 〈황조가〉(2010) 가사를 제시하면 다음과 같다. Yo DJ 훨훨 나는 저 꾀꼬리, 암수 서로 정답구나. 세트로 잡아다가 양념치킨, 가시리 가시리잇고.
19) 김명기의 〈황조가〉(2008) 가사를 제시하면 다음과 같다. 아주 먼 옛날 고구려의 아름다운 두 여인, 서로 싸워 한 여인은 떠나가 버리고, 슬픔으로 절절한 유리대왕 긴 탄식 지금 전해오지요. / 나뭇가지 사이로 뛰노는 꾀꼬리 서로 사랑을 속삭이는데, 외로운 이내 몸은 누구와 함께 궁궐로 돌아가리. 슬픔으로 절절한 유리대왕 긴 탄식 지금도 전해 오지요, 나뭇가지 사이로 뛰노는 꾀꼬리 서로 사랑을 속삭이는데, 외로운 이 내 몸은 누구와 함께 궁궐로 돌아가리. / 나뭇가지 사이로 뛰노는 꾀꼬리 서로

사랑을 속삭이는데, 외로운 이내 몸은 누구와 함께 궁궐로 돌아가리.

20) 〈어부사시사〉, 〈제망매가〉, 〈처용가〉, 〈찬기파랑가〉, 〈쌍화점〉 등의 노래도 같은 형식으로 만들어졌으므로, 여기에서는 대표적으로 〈정읍사〉를 들어 살펴보고자 한다.

21) 정미린, 〈정읍사〉, 이기숙 작사 · 작곡, 2000년 발매. 가사는 원전을 그대로 사용하고 있다.

22) 조민우의 〈잘 있거라 황진이〉(1979)의 가사를 제시하면 다음과 같다. 나는 간다 나는 간다 황진이 너를 두고, 이제 가면 언제 오나 머나먼 황천길을, 서화담 그리운 님 저승 간들 잊을소냐, 섬섬옥수 고운 손아 묵화 치고 글을 짓던, 황진이 내 사랑아. / 나는 간다 나는 간다 황진이 너를 두고, 살아 생전 맺지 못할 기구한 운명이라, 꽃피고 새가 울면 님의 넋도 살아나서, 내 무덤에 꽃은 피네 눈 감은들 잊을소냐, 황진이 내 사랑아.

23) 장윤정의 〈황진이〉(2006)의 가사를 제시하면 다음과 같다. 청산리 벽계수야 수이감을 자랑마라, 거문고에 새긴 사랑 앗아 가버린 무정한 저 세월아, 일도창해하면 다시 오기 어려워라 님그리워 홀로 울적에, 명월이 만공산하니 쉬어간들 어떠리 황진이를 잊지마오. / 청산리 벽계수야 수이감을 자랑마라, 나룻배에 내님 싣고 흘러 가버린 저 강물아, 일도창해하면 다시 오기 어려워라 넋이라도 태워 보내리, 명월이 만공산하니 쉬어간들 어떠리 황진이를 잊지마오.

24) 명국환의 〈방랑시인 김삿갓〉(1950년대)의 가사를 제시하면 다음과 같다. 죽장에 삿갓쓰고 방랑 삼천리, 흰구름 뜬 고개 넘어 가는 객이 누구냐, 열두대문 문간방에 걸식을 하며, 술 한잔에 시 한수로 떠나가는 김삿갓 / 세상이 싫던가요 벼슬도 버리고, 기다리는 사람없는 이 거리 저 마을로, 손을 젓는 집집마다 소문을 놓고, 푸대접에 껄껄대며 떠나가는 김삿갓.

25) 『한국인명대사전』 '김립'조, 신구문화사, 1995. 네이버 백과사전 참조.

고전을 활용한 광고 콘텐츠 연구

1. 머리말

이야기 시대와 스토리텔링 부각

롤프 옌센(Rolf Jensen)의 『드림 소사이어티(dream society)』에 따르면, 미래사회에선 상품이 아닌 이야기가 팔릴 것이라고 한다. 단순히 기술력에 의해 개발된 상품이 팔리는 것이 아니라, 상품과 관련된 이야기가 팔리는 사회가 되리라는 것이다[1].

실제로 오늘날 소비자는 이야기가 들어 있는 상품에 열광하고 있다. 그들은 쓸모 있는 상품만이 아닌 자신들의 꿈과 감성을 만족시켜주는 상품을 원하고 있는 것이다. 왜냐하면 물자가 부족했던 시절에는 상품 그 자체가 소비자의 관심 대상이었다. 하지만 날이 갈수록 다양한 상품이 쏟아져 나오고 경쟁이 치열해지면서, 가격과 품질만으론 소비자에게 다가갈 수 없게 되었다. 이제 시장은 꿈과 감성이 지배하고, 소비자는 머리보다 가슴으로 상품을 선택하고 있는 것이다.

그와 함께 최근 들어 스토리텔링이 새롭게 각광받고 있다. 특히 21세기 디지털 시대의 도래로 각종 매체가 발달하면서 스토리텔링의 중요성이 더욱 부각되고 있다. 그리하여 기존 문예학에만 국한되던 스토리텔링이란 용어가, 어느 샌가 정치, 경제, 사회, 문화 등의 전 분야에 걸쳐 폭넓게 사용되고 있다.

스토리텔링(storytelling)이란 스토리(story)와 텔링(telling)의 합성어인데, 여기서 스토리는 어떤 줄거리를 가진 이야기를 말하고, 텔링은 매체의 특성에 맞는 표현방법을 말한다. 즉, 스토리텔링이란 '이야기를 매체에 맞게 표현하는 것'으로, 내용은 물론 기술적 측면까지 모두 포함하고 있는 것이다.

요즘 스토리텔링은 매우 광범위한 분야에서 활용되고 있다. 예컨대 출판과 만화, 방송, 영화, 게임, 애니메이션, 캐릭터, 공연, 전시, 축제, 여행, 음반, 디지털콘텐츠 등 각종 대중매체는 물론이요, 광고나 상품, 브랜드, 디자인, 마케팅, 기업경영 등 비즈니스 분야에서도 활용되고 있다. 심지어는 정치와 종교, 법정, 교육, 음식, 복식, 건축 등에서도 활용되고 있다. 앞으로도 스토리텔링을 필요로 하는 분야는 더욱 늘어날 것이고, 21세기엔 스토리텔링이야말로 가장 영향력 있는 핵심산업이 될 것이다[2].

스토리텔링 광고의 유행

근래 스토리텔링 광고, 곧 이야기가 있는 광고가 유행하고 있다. 앞에서처럼 현대 사람들은 상품의 가격이나 품질보다는, 상품과 관련된 이야기에 주목하는 경향이 있다. 그래서 광고도 단순한 사실의 보도가 아닌, 인물과 사건 등 이야기를 만들어 그 안에 자연스럽게 상품을 등장시키고 있다. 예컨대 하이마트 광고는 생활 속의 이야기를 코믹하게 표현하여 성공한 경우로 유명하다. 하이마트 광고에 나오는 이야기 소재는 '청혼-신혼부부의 다툼-처제의 남자-시어머니와의 갈등'과 같이 우리 주위에서 쉽게 볼 수 있는 것들이다. 여기에 이야기를 단순하게 풀어가기보다는 코믹한 요소와 오페라 형식, 더 나아가 '딱! 걸렸네', '딱! 맞췄네' 같은 유행어를 더하여 사람들로 하여금 호감을 갖게 하였다[3].

이러한 광고 스토리텔링의 방법은 크게 창작과 각색 두 가지로 나눌 수 있다. 먼저 창작 스토리텔링은 스토리를 직접 쓰거나 소비자들로 하여금 자신만의 스토리를 만들도록 유도하는 경우를 말한다. 예를 들어 2002년 SK의 네이트는 일기 형식의 스토리텔링 방법으로 휴대폰의 새로운 기능들을 소개하였다. 이 광고는 발신자별로 컬러링을 다르게 할 수 있다든지, 휴대폰으로 소액 송금을 할 수 있다는 등의 새로운 기능들을 열거 형태로 딱딱하게 설명하는 대신, 한 여성의 일기를 통해 쉽게 알 수 있도록 하였다. 즉, 한 여성이 남자친구와 헤어지는 과정을 일기 형식으로 보여줌으로써, 소비자들이 네이트의 다양한 기능들을 자연스럽게 익힐 수 있도록 한 것이다[4].

다음으로 각색 스토리텔링은 문학, 설화, 역사 등 고전에 나오는 스토리를 일부 차용하거나 살짝 비틀어서 재미있게 보여주는 것으로, 일종의 '고전을 활용한 이야기 광고'라 할 수 있다.

고전을 활용한 이야기 광고는 과거에도 일부 존재하였다. 흥부전을 활용한 〈한일자동펌프〉(1979년), 〈동양제과 도르리〉(1980년대 후반), 춘향전을 활용한 〈럭키기업 PR〉(1960년대), 〈롯데제과 팥빙고〉(1985년) 등이 그것이다. 하지만 고전을 활용한 이야기 광고는 앞에서 말한 것처럼 소위 '이야기 시대'가 도래한 2000년대 이후에 본격적으로 등장하기 시작했다.

이들 광고에서 활용하는 고전은 문학과 설화, 회화, 역사 등 매우 다양하나, 주로 문학이 많은 편이고, 특히 판소리가 압도적인 비중을 차지하고 있다. 그 이유는 무엇보다 판소리가 우리에게 친숙한 이야기이기 때문인 듯하다. 그리고 판소리는 간단한 서사구조와 핵심적인 사건을 가지고 있어서 수용자들이 인식하기가 쉬울 뿐 아니라, 더불어 광고하는 제품 또한 기억하기가 쉽기 때문이다.

고전을 활용한 이야기 광고들의 유형과 스토리텔링의 방법은 크게 세 가지로 나눌 수 있다. 고전의 패러디화와 재구성 및 단순차용이 바로 그것이다. 우선 '고전의 패러디화'는 각종 고전을 차용하되 마지막에 전복을 가함으로써, 재미와 함께 자사의 제품을 자연스럽게 광고하는 것을 말한다. 그리고 '고전의 재구성'은 여러 고전을 가져다가 해당 제품에 맞게 적절히 가공해서 사용하는 것을, '고전의 단순차용'은 그야말로 고전을 단순히 차용하여 자사의 제품을 살짝 끼워 넣는 것을 말한다.

이와 같이 최근 들어 고전에서 소재(모티프)를 차용하여 이야기가 있는 광고를 제작하는 사례가 날이 갈수록 많아지고 있다. 그러므로 본고에서는 그것들의 유형과 스토리텔링 방법에 대해 집중적으로 살펴보고자 한다. 지금까지 이에 대한 연구는 주로 광고학이나 경영학 등에서 이루어졌을 뿐, 문학이나 사학 등 인문학 분야에서는 거의 이루어지지 않았다. 그것은 아마도 문사철(文史哲)을 통합적이면서도 실생활적인 측면에서 연구할 수 있는 안목이나 방법론, 경험 등이 부재했기 때문이 아닐까 한다. 이에 따라 본고에서는 다분히 인문학적인 관점에서 고전을 활용한 광고 콘텐츠에 대해 집중적으로 살펴보고자 한다.

2. 고전을 활용한 광고 콘텐츠 유형과 스토리텔링 방법

고전의 패러디화

고전의 패러디화는 위에서도 말했듯이 고전을 차용하되 마지막에 전복을 가함으로써, 재미와 함께 자사의 제품을 자연스럽게 광고하는 것을 말한다. 여기서는 특히 원작의 비틀기, 곧 반전이 핵심이라 할 수 있다. 이러한 패러디 광고는 원작에 대한 친근감으로 소비자들의 시선을 쉽게 끌 수 있을 뿐 아니라, 원작과 다른 신선한 재미를 부여해 광고 효과를 높일 수 있는 장점을 가지고 있다[5]. 하지만 패러디 장면이 제품의 이미지와 맞지 않거나 소비자들이 패러디 장면을 이해하지 못하는 경우엔 오히려 역효과를 초래할 수도 있으므로 유의할 필요가 있다.

고전의 패러디화는 고전을 활용한 광고 콘텐츠의 가장 대표적인 경우라 할 수 있다. 예컨대 판소리 심청전을 활용한 〈맥도날드 효녀심청편〉과 〈대우캐피탈 내게론 심청이편〉, 〈두 눈을 질끈 감고 인당수에 풍덩 심청 임프레션〉, 춘향전을 활용한 〈마신대로 거두리라: 신춘향전〉, 토끼전을 활용한 〈쿠퍼스 용왕편〉과 〈쿠퍼스 기자회견편〉, 단군신화를 활용한 〈천년의 식물 산〉, 금도끼와 은도끼 설화를 활용한 〈대한생명 골드에이지플랜〉, 해와 달이 된 오누이 설화를 활용한 〈절반도 안돼〉 등이 있다. 아래에서는 이들 광고에 대한 간략한 소개와 함께 스토리텔링 방법을 차례대로 살펴보도록 하자.

(1) 맥도날드 효녀심청편

〈맥도날드 효녀심청편〉은 다국적 기업 맥도날드가 2000년에 제작한 TV광고로, 심청이와 심봉사의 이별장면을 패러디하여 만든 것이다. 특히 맥도날드는 한국의 전통적인 이야기문학인 심청전을 이용함으로써, 다국적 상품의 현지화 노력과 함께 '가격인하'라는 소식을 재미있게 전달하고 있다. 이 광고의 스토리텔링을 간단명료하게 살펴보면 다음과 같다.

첫 장면에서 심청이가 인당수에 빠지러 가기 전에 마지막으로 아버지께 음식을 대접하고 싶은데, 가진 돈이 고작 500원 밖에 없어 낙담하고 앉아 있다. 광고의 내레이션도 판소리 형식으로 진행된다.

"효녀 심청! 가진 건 달랑 500원 뿐이로구나."

그런 심청이의 눈 앞에 '맥도날드 후렌치 후라이드가 단돈 500원'이라는 방(榜)이 붙는다. 심청이는 가진 돈 500원으로 그것을 사다가 아버지께 드리고, 심봉사는 그 맛이 일품이라며 눈까지 번쩍 뜨게 된다.

"얼씨구! 심봉사 그 맛이 기가 막혀 눈이 번쩍 뜨이는구나."

결국 눈을 뜬 심봉사가 심청이와 함께 기쁨에 겨워 춤을 추면서 광고는 마무리된다.

이처럼 〈맥도날드 효녀심청편〉은 누구나 알고 있는 심청전을 재치 있게 패러디하여 자신들의 의도를 최대한 실현하였다. 그리하여 후속편으로 해와 달이 된 오누이 설화를 활용한 광고를 제작하기도 했는데, 이에 대해서는 아래에서 살펴보기로 하자.

⑵ 대우캐피탈 내게론 심청이편

〈대우캐피탈 내게론 심청이편〉은 2007년 할부금융업체인 대우캐피탈에서 제작한 15초 분량의 TV광고인데, 심청이가 인당수에 몸을 던지는 장면을 패러디하여 만든 것이다.

이 광고는 대출할 때 소비자들이 느낄 수 있는 심리적 부담감을 완화시키기 위해, 심청전을 이용하여 유머와 반전 기법으로 재미있게 메시지를 전달하고 있다. 즉, 위트 있는 상황에서 돈 이야기를 함으로써 대우캐피탈 내게론을 믿을 수 있고 당당한 금융의 이미지로 만들고자 했던 것이다.

광고의 서두에서 심청이가 인당수에 몸을 던지기 위해 뱃머리에 서 있다. 험상궂은 중국 상인들은 그녀가 빨리 물속으로 뛰어들기만을 기다리고 있다. 판소리 한가락이 그녀의 마음을 대변해준다.

"심청이가 인당수에 빠질까 말까. 아이고 아버지~"

중국 상인들은 심청이에게 시간 끌지 말고 얼른 물에 빠지라고 손짓한다. 그래도 무서운지 심청이는 다시 한번 묻고, 지겹다는 듯이 중국 상인들이 어서 빠지라고 재촉한다.

마침내 두려움에 떨며 인당수에 빠지려는 순간, '심청이에게 내게론이 있었다면 인생은 달라졌을 겁니다'라는 카피가 나타난다. 그와 함께 돌연 화면이 흑백에서 칼라로 바뀌고, 심청이의 모습도 한복 차림에서 섹시한 현대판 여성으로 바뀐다. 심청이는 비키니에 오리발까지 신고 바다 속으로 멋지게 뛰어든다. 그리고 광고는 '돈 이야기는 대우캐피탈 내게론에서 합시다'라는 문구와 더불어, 심청이가 초호화 요트 위에서 선탠을 하는 장면으로 끝을 맺는다.

이렇게 〈대우캐피탈 내게론 심청이편〉은 심청이가 인당수에 빠지는 장면을 패러디하여, 만약 대우캐피탈 내게론이 있었다면 심청이의 인생도 달라졌을 것이라고 하면서 자사의 금융상품을 광고하고 있다.

(3) 두 눈을 질끈 감고 인당수에 풍덩 심청 임프레션

〈두 눈을 질끈 감고 인당수에 풍덩 심청 임프레션〉(이하 〈임프레션 심청전편〉)은 2002년 속옷 전문업체인 임프레션에서 제작한 지하철용 인쇄광고로, 〈대우캐피탈 내게론 심청이편〉처럼 심청이가 인당수에 몸을 던지는 장면을 패러디하여 만든 것이다. 특히 이 광고는 심청이가 인당수에 빠질 무렵 펄럭이는 치마 속으로 보이는 팬티를 강조함으로써, '보여주고 싶은 속옷'이라는 제품의 모토를 강렬하게 드러내고 있다.

광고 속 심청이는 인당수에 뛰어들기 직전으로, 치마가 바람에 날리면서 유독 속옷이 부각된다. 중국 상인들은 입을 벌린 채 그러한 심청이의 뒷모습을 흐뭇한 표정으로 바라보고 있다. 또한 광고의 오른쪽 상단에는 그에 대한 설명이 코믹하게 기재되어 있다.

> '두 눈을 질끈 감고 인당수 풍덩 심청. 대한민국 효녀 랭킹 1위로 당선되고 치마폭 뒤집어쓴 공포 심청. 다이빙 포즈 포토제닉상 수상하는 기염까지 토하는데, 허걱 그랬구나, 그게 씹혔던 거였구나. 중국 상인 탐낸 속옷, 임프레션 입은 모습, 미스코리아 빰칠 만큼 이뻤던 거로구나. 허거걱, 심청이의 심상찮은 에피소드, 그녀가 보여준 건 효심만이 아니었네. 보여주고 싶은 언더웨어-임프레션'

이와 같이 〈임프레션 심청전편〉은 심청이가 인당수에 뛰어들어야 하는 장면을, 마치 자신의 개성을 드러내고자 하는 것처럼 패러디하여 코믹하게 보여주고 있다. 이후로도 임프레션은 〈춘향전편〉, 〈선녀와 나무꾼편〉, 〈해와 달이 된 오누이편〉 등과 같은 광고를 지속적으로 제작하여 내보냈다.

⑷ 마신대로 거두리라: 신춘향전

〈마신대로 거두리라: 신춘향전〉은 2007년 낙농자조금관리위원회에서 제작한 TV광고로, 누구나 알고 있는 춘향전을 패러디하여 1318 청소년 세대의 하얀 우유에 대한 흥미와 호감도를 높이기 위해 만든 것이다. 특히 이 광고는 청소년들의 성향을 고려하여 메시지를 강요하듯 전달하기보다는, 춘향전의 스토리를 코믹하게 비틀어 그 안에 자연스럽게 메시지를 무르녹여 놓았다. 이 광고의 스토리텔링을 좀 더 자세히 살펴보면 다음과 같다.

우선 광고의 첫 화면을 보면 커다랗게 '新 춘향전'이란 로고가 나타난다. 춘향전에서 모티프를 따왔음을 말해주는 것이다. 그런데 첫 화면도 유심히 들여다보면 영화 〈스캔들〉의 포스터를 패러디한 것임을 알 수 있다.

그런 다음 푸른 초원에서 그네를 타고 있는 춘향에게, 향단은 귀한 보약과도 같이 우유를 마시라고 권한다.

"아씨, 우유 드세유~"

하지만 춘향은 "너나 드세요", "안 먹어!", "됐거든" 등처럼 계속해서 매몰차게 거절하고, 그럴 때마다 향단은 우유를 대신 마신다. 특히 향단이 춘향에게 우유를 권하는 장면에서는, 배경이 대관령 목장으로 설정되고 뒤로는 젖소들도 보인다. 소비자들에게 청정 지역의 우유임을 인식시키려는 것이다.

시간이 흘러 과거에 급제한 몽룡이 찾아오는데, 그는 몹시 반가워하며 뛰쳐나오는 춘향을 지나쳐 곧장 향단에게로 향한다. 우유를 마신대로 S라인의 늘씬한 몸매와 뽀얀 피부를 갖게된 향단을 춘향으로 착각해버린 것이다.

"춘향아~"

"몽룡 오빠~"

"지는 향단인데유~"

향단은 몽룡의 품에 안겨 환하게 웃는다.

결국 향단과 몽룡은 사랑에 빠지게 되고, 춘향은 "밀크~"하고 젖소를 따라다니며 우유를 마시려고 고생한다는 장면으로 끝을 맺는다.

이처럼 〈마신대로 거두리라: 신춘향전〉은 한국의 대표적인 고전문학인 춘향전을 차용하여 우유를 마시면 예뻐진다고 선전하고 있다. 나아가 우유의 좋은 점을 특별한 설명 없이 해학적으로 재미있게 이야기하고 있다. 그래서인지 이 광고는 한국광고자율심의기구에서 주는 '이달의 좋은 광고'(2007년 7월)로 선정되기까지 했다.

한편 낙농자조금관리위원회는 2008년 7월 또다시 〈마시면 되겠느냐: 신춘향전 2편〉을 제작했는데, 이 광고에서는 춘향(화요비 역)과 변사또(류태준 역)가 주인공으로 등장한다.

관아 대청에서 변사또가 춘향에게 수청을 들라고 하자, 춘향은 원전에서처럼 이를 거부한다. 하지만 3일 후 우유를 마시고 꽃미남으로 돌변한 변사또에게, 춘향은 처음엔 '아니되오'라고 외치지만 점점 '아니'라는 소리는 하지 않고 '되오'라는 소리만 하게 된다. 그리하여 춘향은 몽룡의 애타는 부름에도 못 들은 척하게 되고, 몽룡은 '이제 나도 우유를 마시고 있다'라고 하면서 춘향을 찾는다.

(5) 쿠퍼스 용왕편, 기자회견편

한국야쿠르트의 쿠퍼스는 발효유의 기능성을 간까지 확대한 새로운 개념의 음료이다. 이를 위해 쿠퍼스는 지난 2005년 3월과 9월에 용왕편과 기자회견편 두 편의 연작광고를 만들었는데, 용왕의 병을 고치기 위해 거북이가 토끼의 간을 가져온다는 토끼전을 현대적인 시각에서 재치 있게 풀어낸 것이다.

먼저 〈쿠퍼스 용왕편〉의 스토리텔링부터 살펴보면, 이 광고는 남해 바다 용궁에 울려 퍼지는 판소리 수궁가의 한 대목으로 시작된다.

"용왕이 거북에게 이르시되, 토끼를 빨리 잡아들이렷다~아!"

이윽고 거북이가 토끼(백윤식 역)를 용왕(신구 역) 앞에 대령한다. 그러자 용왕이 "오느라 수고 많았어. 어디 한번 보자"라고 간을 보고자 한다. 하지만 토끼는 창백한 얼굴로 하품까지 하면서 연달아 말한다.

"보나 마납니다. 세상사에 지쳐 어디 성한 구석이 있겠습니까? 아~ 척 보면 알아야지."

이에 용왕 역을 맡은 신구가 특유의 코믹스런 어조로 "가라~나보다 니가 더 걱정이다"라고 말하고, 그와 동시에 내레이션의 '당신이 걱정됩니다, 쿠퍼스!'라는 멘트로 마무리된다.

반면에 〈쿠퍼스 기자회견편〉은 간 기능발효유 쿠퍼스 때문에 건강을 회복한 용왕이, 육지로 나와 수많은 기자들과 인터뷰를 하면서 해당 제품을 널리 알린다는 내용이다.

용궁에서 잠수함을 타고 항구에 도착한 용왕(신구 역)에게 쉴새 없이 카메라의 플래시가 터지고, 수많은 기자들의 질문이 이어진다. 마치 해외의 유명인사가 한국을 방문할 때의 공항 분위기와도 같다.

"네, 지금 동해 용왕이 한국, 바로 우리나라 땅을 밟았습니다. 역사적인 순간입니다."

"토끼가 필요 없다는 말이 정말입니까?"

"토끼 끝이야. 쿠퍼스야."

"요즘은 건강이 걱정되지 않습니까?"

"너나 걱정하세요."

쿠퍼스를 마신 덕분에 더 이상 토끼의 간이 필요하지 않다는 것이다.

끝으로 한 외국 기자가 질문하자, 용왕은 무슨 말인지 모르겠다는 듯 고개를 살짝 흔들며 아무 말도 하지 않는다.

"What do you think about korea these day?"

"……."

그와 동시에 이전의 광고처럼 내레이션의 '지친 당신을 위한 발효유, 쿠퍼스'라는 멘트로 끝을 맺는다.

이처럼 쿠퍼스 광고들은 토끼전을 차용하되 반전이나 코믹적 요소를 가미하여 간 기능발효유인 쿠퍼스에 대해 재미있게 선전하고 있다. 여기에다 백윤식 특유의 진지함과 신구의 능청스러운 연기까지 잘 어우러져 광고의 효과를 더욱 높이고 있다.

⑹ 천년의 식물 산

〈천년의 식물 산〉은 2007년 한국야쿠르트에서 제작한 TV광고로, 단군신화에서 곰이 마늘을 먹고 사람이 되었다는 이야기를 패러디하여 만든 것이다.

원래 단군신화에서는 곰과 호랑이가 등장하여, 곰만이 마늘을 먹고 인간이 되는 것으로 나와 있다. 하지만 이 광고에서는 곰이 두 마리가 등장하여 둘 다 마늘을 먹고 인간이 되긴 하되, 보통 마늘을 먹은 곰은 여자가 되고 흑마늘을 먹은 곰은 근육질의 남자가 되는 것으로 변형되어 있다. 예컨대 다음의 장면이 바로 그것이다.

> 곰1: "사람이 되고 싶다."
> 곰2: "마늘 먹으면 사람 된데."
> 곰1: "난 흑마늘!"

이후 내레이터가 등장하여 '흑마늘 발효과학 천년의 식물 산'이라고 해당 제품을 광고한다. 그리고 환웅(윤문식 역)이 여자에게 다가가 남자를 가르치며 비결이 무엇이냐고 묻는다.

"웅녀, 재 대체 뭘 먹은겨?"

마지막으로 야쿠르트 회사의 아주머니 사원이 나와 웃는 얼굴로 해당 제품을 들고 있는 것으로 끝을 맺는다.

지금까지 음료 광고는 주로 맛이나 효능 등을 주제로 하여 제품의 속성을 직접적으로 설명하곤 하였다. 하지만 한국야쿠르트의 〈천년의 식물 산〉은 위와 같이 단군신화를 패러디하여 그 효능에 대해 은유적으로 표현하고 있다.

(7) 대한생명 골드에이지플랜

〈대한생명 골드에이지플랜〉은 2007년 대한생명에서 제작한 30초짜리 TV광고인데, 금도끼와 은도끼 설화를 패러디하여 만든 것이다. 그 스토리텔링을 살펴보면 다음과 같다.

산신령(이문세 역)이 한 직장인의 모습을 한가롭게 지켜보고 있다. 그 직장인은 무언가 중요한 것을 애타게 찾고 있는 듯하다.

"어, 어디 갔지? 어디 갔지?"

산신령은 주위를 맴돌다 갑작스레 모습을 드러낸 뒤, 우선 주택모형을 들고 말한다.

"이게 당신의 은퇴 설곈가?"

"아니요."

산신령은 다시 각종 통장을 펼치며 말한다.

"그럼 이건가?"

"아니요."

마침내 산신령은 '골드에이지플랜'이란 책자를 꺼내들고 말한다.

"아니에요? 아니죠? 그럼 대한생명 골드에이지플랜인가?"

"예, 맞습니다. 주세요."

하지만 산신령은 돌연 '골드에이지플랜' 책자를 품에 안으며 장난스럽게 이야기한다.

"준비는 나도 해야 되거든."

그리고는 여자 내레이터의 "지금 골드에이지플랜으로 준비하세요"라는 멘트와 함께 광고는 마무리된다.

이 광고에 대한 평가는 비교적 좋은 편이어서, '한겨레광고대상 보험금상'을 수상하기도 했다. 특히 이 광고는 30~40대에게 친숙한 가수인 이문세를 전면에 내세워 좋은 반응을 얻었던 것으로 보인다.

(8) 절반도 안돼

〈절반도 안돼〉는 앞에서 언급한 것처럼 2000년 다국적기업 맥도날드가 〈맥도날드 효녀심청편〉에 이어 제작한 30초짜리 TV광고인데, 해와 달이 된 오누이 설화의 앞부분인 엄마와 호랑이가 나오는 장면을 패러디하여 만든 것이다.

원래 설화에선 오누이의 엄마가 고개를 넘을 때, 호랑이가 나타나 "떡 하나 주면 안 잡아 먹지~"라고 협박한다. 그리하여 겁에 질린 엄마는 고개를 넘을 때마다 호랑이게 떡을 주는 것으로 되어 있다. 하지만 이 광고에서는 그러한 내용이 상당 부분 변형되어 있다. 이 광고의 스토리텔링을 좀 더 자세히 살펴보면 다음과 같다.

한 여인(박희진 역)이 광주리를 머리에 이고 혼자 밤길을 걷고 있는데, 어디선가 갑자기 호랑이가 나타나 말한다.

"불고기버거 주면 안 잡아 먹지."

그러자 여인은 눈썹을 찡그리며 사투리로 "택도 없다!"라고 말한 뒤, 윗옷을 벗고 호랑이와 맞서 싸운다. 이때 둘의 결투를 위해 심판이 등장하는데, 그는 유도 경기의 형식으로 심판을 본다.

"시작!"

둘은 우스꽝스러운 대결을 벌이고, 심판은 '효과'에 이어 '절반'을 외친다. 이에 호랑이와 여인이 입을 모아서,

"저, 절반? 아니지이~"

라고 의아해한다. 맥도날드 불고기버거가 절반 값도 안 되는데 무슨 소리냐는 것이다. 그러면서 화면이 전환되고, 내레이션의 "절반 값도 안 된다! 불고기 버거가 990원!"이라는 멘트가 흘러나온다.

이처럼 맥도날드 〈절반도 안돼〉 광고는 우리에게 익숙한 해와 달이 된 오누이 설화를 패러디하여 '가격인하'라는 소식을 전달하고 있다. 특히 설화와는 달리 엄마가 호랑이와 맞서 싸운다는 설정을 통해 재미있게 메시지를 전달하고 있다.

고전의 재구성

고전의 재구성은 문학이나 설화, 역사 등 여러 가지 고전을 가져다가 해당 제품에 맞게 적절히 가공해서 사용하는 것으로, 대표적으로 판소리 흥부전을 활용한 〈하이마트 컴퓨터편〉, 우렁각시 설화를 활용한 〈노홍철의 집 깨끗함의 비밀을 찾아라〉, 역사인물인 이순신 장군을 활용한 〈메가패스 이순신 장군편〉 등을 예로 들 수 있다. 앞에서처럼 이들 광고에 대한 간략한 소개와 함께 그 스토리텔링 방법을 차례대로 살펴보도록 하자.

(1) 하이마트 컴퓨터편

〈하이마트 컴퓨터편〉은 2007년 가전제품 전문판매업체인 하이마트에서 제작한 TV광고이다. 흥부전의 핵심적인 에피소드들을 차용하여

코믹하게 재구성함으로써, '컴퓨터는 하이마트'라는 메시지를 재미있게 들려주고 있다. 즉, 원전의 내용 중 가난한 흥부가 놀부집에 도움을 청하러 갔을 때 형수가 주걱으로 뺨을 대리는 장면과, 흥부가 제비의 다리를 고쳐주고 얻은 박씨를 심자 그 안에서 온갖 보물이 나온다는 이야기를 차용한 것이다.

원전에서 흥부는 먹을 것을 구하기 위해 놀부집을 찾아간다. 하지만 광고 속 흥부(정준호 역)는 최신 컴퓨터를 어디서 사야할지 몰라 놀부집을 찾게 된다.

"아이고, 형님! 컴퓨터를 사야 하니 어디로 가오리까? 이 엄동설한에~"

그런 흥부에게 놀부 처인 형수(현영 역)는 주걱을 들고 "옛끼! 하이마트도 모르시오?"라며 뺨을 철석 때리고, 흥부가 쓰러지면서 화면이 바뀜과 동시에 '하이마트 박'이 등장한다.

"컴퓨터 하이마트, 컴퓨터 하이마트, 컴퓨터 하이마트~"

흥부와 놀부, 형수, 흥부의 자식들은 이런 노래를 부르며 박을 타기 시작하고, 이윽고 '펑!' 하는 소리와 함께 박이 갈라지면서 온갖 보물 대신에 최신 컴퓨터가 쏟아진다.

광고의 마지막에선 '최신 컴퓨터 하이마트'라는 문구와 더불어 흥부와 놀부, 형수, 아이들이 지붕 위에서 줄줄이 앉아 컴퓨터를 사용하는 것으로 끝을 맺는다.

이 광고에서 주목할만한 점은, 모델인 정준호와 현영의 연기력이다. 특히 정준호의 과장된 표정과 현영의 비음 섞인 목소리는 소비자들로 하여금 재미를 주기에 충분했던 것으로 보인다. 또한 이 광고에서 빼놓을 수 없는 것이 음악이다. 하이마트는 이전부터 오페라를 개사하여 메시지를 효과적으로 전달하곤 했는데, 이 광고에서는 육각수의 〈흥보가 기가 막혀〉라는 노래를 개사하여 광고 효과를 극대화하고 있다.

⑵ 노홍철의 집 깨끗함의 비밀을 찾아라

〈노홍철의 집 깨끗함의 비밀을 찾아라〉는 2007년 유한락스가 제작한 15초 분량의 TV광고로, 우렁각시 설화를 차용하여 해당 제품에 맞게 적절히 변형해서 만든 것이다.

원래 우렁각시는 주인이 없는 틈을 타서 집안을 청소하고 음식을 해 놓는 말없는 천사와도 같은 존재이다. 하지만 이 광고에서는 그러한 역할을 바로 유한락스가 담당하는 것으로 설정하고 있다.

이 광고의 스토리텔링을 살펴보면, 한 여자가 연예인 노홍철의 집에 들어와 여기저기에 돋보기를 들리대며 말한다.

"노홍철씨가 숨겨둔 우렁각시는 어디에 있을까요?"

그녀는 먼저 싱크대에서 우렁각시를 찾는데, 이때 반짝거리는 싱크대 안에서 '깨끗한 냄새'라는 문구와 함께 유한락스가 보인다. 여자가 "오오 깨끗한데"라고 말하자, 노홍철이 "깨끗해 깨끗해"라고 특유의 단어 반복을 통해 맞장구를 친다.

다음으로 욕실 장면이 나오는데, 노홍철이 욕실 바닥에 옆으로 누워 "여기서 자도 돼 자도 돼"라고 하면서 욕실이 얼마나 깨끗하면 자도 되는지를 강조한다. 또한 발코니에서도 노홍철은 "아이 벌써 죽었어. 우리 세균들~"라고 하면서 깨끗함을 과시한다.

마지막으로 여자가 "우렁각시는 유한락스였습니다"라고 말하며 끝을 맺는다.

이처럼 유한락스 광고는 우렁각시 설화를 차용하여 해당 제품에 맞게 변형하여 만든 것이다. 특히 깔끔하고 정리정돈을 잘하는 노홍철의 이미지를 이용하여, 그가 쓰는 세제가 바로 유한락스였다고 광고하고 있다.

(3) 메가패스 이순신 장군편

원래 KT는 국내 통신업계의 1위임에도 불구하고 초고속 인터넷시장에는 후발주자로 뛰어들었다. 그래서 2000년 5월 〈메가패스 이순신 장군편〉이란 TV광고를 제작하여 대대적인 반격에 나섰다. 이 광고에선 임진왜란 때 명장군이었던 이순신을 차용하여 해당 제품에 맞게 재가공함으로써 광고 효과를 극대화하고 있다.

이 광고의 스토리텔링을 살펴보면, 21세기 최첨단 거북선 안에서 이순신 장군이 병사들을 지휘하고 있는데, 컴퓨터 앞에 앉아있던 한 장수가 뒤를 돌아보며 말한다.

"장군, 엄청난 데이터가……."

그러자 이순신 장군이 큰소리로 말한다.

"다 받아주어라. 메가패스 한방에 날려버려라."

이후 적을 물리친 병사들이 한데 모여서,

"유쾌 상쾌 통쾌!"

라고 외치고, 마지막으로 이순신이 큰소리로 말한다.

"온 천하에 권하노라."

이 광고로 인해 메가패스는 출시 6개월만에 시장점유율 44%까지 끌어올렸고, 브랜드 인지도 92%를 달성하는 쾌거를 이루었다. 뿐만 아니라 '유쾌 상쾌 통쾌', '다 받아주어라' 등의 유행어를 창출시키기도 했다.

이러한 여세를 몰아 KT는 2001년 또다시 이순신 장군을 차용하여 해당 제품에 맞게 재자공한 〈메가패스 이순신 장군편 2〉 TV광고를 제작하여 '파워브랜드'로서의 자리를 굳히고자 하였다. 그 스토리텔링을 살펴보면 다음과 같다.

광화문 사거리에서 위용을 자랑하던 이순신 장군의 동상이, 갑자기 자리를 박차고 나와 어느 사무실로 성큼성큼 걸어간다. 당황한 시민들은 "장군님! 장군님! 장군님!"하면서 그의 뒤를 따라간다. 이순신 장군은 어느 사무실로 들어가 컴퓨터 앞에 앉아 키보드를 두드린다. 화면 속에선 온라인 게임이 펼쳐지고 있다.

"음, 나의 전략이 먹히는구나."

이순신 장군은 신나게 게임을 즐기고, 시민들도 모두 게임에 참여한다.

"메가패스를 깔고 인터넷의 참맛을 알았도다."

이순신 장군이 이렇게 말하자, 모든 사람들이 "유쾌 상쾌 통쾌"라고 외친다.

마지막으로 이순신 장군이 본래 자리로 돌아가 "온 국민에게 권하노라"라고 하면서 광고는 끝을 맺는다.

이처럼 KT의 메가패스 '이순신 장군편'은 역사적 인물인 이순신 장군을 차용하여 자사의 서비스 제품을 재미있게 광고하고 있다.

고전의 단순차용

고전의 단순차용은 그야말로 고전을 단순히 차용하여 자사의 제품을 살짝 끼워 넣는 것을 말하는데, 대표적인 예로 명화(名畵)를 활용한 LG그룹의 〈생활이 예술이 되다〉, 역사인물 세종대왕을 활용한 KTF SHOW의 〈공익광고 세종대왕편〉 등을 들 수 있다. 마찬가지로 이들 광고에 대한 간략한 소개와 함께 그 스토리텔링 방법을 차례대로 살펴보기로 하자.

(1) 생활이 예술이 되다

LG그룹은 2007년 창립 60주년을 맞이하여 세계의 명화(名畵)와 함께 조선시대 풍속화 속에 자사의 로고나 제품을 합성시킨 〈생활이 예술이 되다〉라는 TV 및 인쇄 광고를 제작하였다. 이러한 광고를 흔히

'아트마케팅'이라 하는데, 아트마케팅이란 고품격 문화로 멀게만 느껴졌던 예술작품을 우리 생활에 밀접하게 연결시키는 것을 말한다.

그중에서 TV광고를 중심으로 스토리텔링을 살펴보면, 이 광고는 15초 동안 단 한마디의 대사도 없이 명화와 LG의 로고 및 제품을 합성한 그림만 보여주는 방식으로 진행된다. 그리하여 여느 광고들처럼 억지스러운 포장 문구 없이도 명화 속에 담긴 제품의 이미지를 상승시키고 있다. 예를 들어 미켈란젤로의 〈아담의 창조〉에서는 하나님과 아담의 매개체로서 LG전자 휴대폰 싸이언이 사용되고, 고갱의 〈타이티의 여인들〉 앞에는 LG생활건강 엘라스틴 샴푸가 놓여있다. 또 드가의 〈오페라 극장의 대기실〉에서는 LG전자 에어컨 휘센이 비치되어 있고, 고흐의 〈밤의 카페테라스〉에서는 LG 옥외광고가 설치되어 있다.

이 광고에는 르네상스 시대의 고전주의 대가인 미켈란젤로를 비롯해서 인상주의 아버지라 불리는 마네, 후기 인상파인 고갱에 이르기까지, 세계 최고 거장들의 명화 26점이 활용되었고, 배경음악으로는 코시카(Koshka)의 핀탄 왈츠(Fintan Waltz)가 사용되었다. 또한 광고의 마지막에 등장하는 '당신의 생활 속에 LG가 많아진다는 것은 생활이 예술이 된다는 것'이라는 카피는, LG제품을 쓰면 쓸수록 자신의 생활 품격이 높아진다는 점을 강조함과 동시에 LG가 프리미엄 브랜드임을 자연스럽게 부각시키고 있다.

이 광고에 대한 소비자들의 반응은 상당히 좋아서, 2007년 9월 '이달의 좋은 광고상'을 수상하기도 했다. 그리하여 LG그룹은 2008년 5월에 지난 2007년의 명화 시리즈와 1995년의 '사랑해요 LG' 시리즈를 합친 일종의 '퓨전광고'를 제작하여 내놓았다. 즉, 명화와 함께 '사랑해요 LG' 로고송을 결합시켜 만든 것이다.

이 광고에는 마티스의 〈블라우스를 입은 여인〉에서부터 드가의 〈장갑을 낀 여가수〉와 〈발레리나〉, 마네의 〈피리부는 소년〉, 보티첼리의 〈비너스〉 등 명화 속 주인공들이 등장한다. 그들은 모두 3D, 곧 3차원

그래픽 기법으로 재구성되어 노래를 부르면서 어깨를 들썩이고, 기타를 치거나 피리를 불며, 화려한 율동을 선보이기도 한다. 게다가 이 광고는 가상의 NG 장면들을 덧붙인 '번외편' 메이킹 필름까지 제작하여 인터넷에 공개함으로써, 상당한 화제가 되기도 하였다.

이처럼 LG그룹의 〈생활이 예술이 되다〉는 세계의 명화나 조선시대 풍속화 등 회화 속에 자사의 로고나 제품을 단순히 합성시켜 광고 효과를 극대화하고 있다.

(2) 공익광고 세종대왕편

세종대왕을 활용한 광고로는 우선 1996년 세진컴퓨터랜드에서 제작한 〈컴맹 없는 나라〉라는 TV광고를 들 수 있다. 세진컴퓨터랜드는 1992년에 설립된 컴퓨터 전문유통회사로, 한때는 컴퓨터 시장의 E마트라 불릴 정도로 호황을 누렸으나, 무리한 사업확장과 지나친 광고비, IMF의 충격 등으로 인해 2000년 7월 결국 파산하고 말았다.

이 광고는 세종대왕 동상, 컴퓨터교육 장면 등의 배경화면과 다음과 같은 내레이션만으로 전개된다.

> 세종대왕은 문맹 없는 나라를 만들었습니다.
> 세진은 컴맹 없는 나라를 만들겠습니다.
> 대한민국 사람 누구나 쉽게 컴퓨터를 사서 편하게 활용하도록 세진은 노력하고 있습니다.
> 컴맹 없는 나라, 세진컴퓨터랜드[6].

이와 같이 〈컴맹 없는 나라〉는 세종과 세진이라는 비슷한 발음을 이용해서 만든 광고이다. 세종대왕이 한글을 창제하여 문맹 없는 나라를 만들었듯이, 세진컴퓨터랜드는 무료교육을 통해 컴맹 없는 나라를 만들겠다는 것이다.

세종대왕을 활용한 광고로는 또한 2008년 KTF SHOW에서 제작한 〈공익광고 세종대왕편〉을 들 수 있다. 이 광고도 역시 각종 세종대왕의 업적과 관련된 배경화면과 함께 아래와 같은 내레이션만으로 전개된다.

> 세종대왕의 그 생각이 혁명의 시작이었습니다
>
> 하늘이 노하셨다
> 아니다
> 세종 24년 일식과 월식을 정확히 예측하다
>
> 어찌 노비의 자식에게 벼슬을
> 아니다
> 세종 25년 노비의 자식 장영실을 발탁, 과학을 발전시키다
>
> 풍년과 흉년은 하늘의 뜻이거늘
> 아니다
> 세종 11년 농사직설을 편찬, 농업혁명을 이루다
>
> 한자가 있사온대 어찌 무익한 글자를……
> 아니다
> 세종 25년 훈민정음 창제
>
> 아니다
> 세종대왕의 그 생각이 혁명의 시작이었습니다

이처럼 KTF SHOW의 공익광고는 세종대왕을 차용하여 위대한 혁명가였다고 강조하는 한편, 자신들도 지속적인 개혁을 통해 통신혁명을 주도하겠다고 선언하고 있다.

3. 맺음말

이상으로 고전을 활용한 광고 콘텐츠를 한자리에 모아 그것들의 유형과 스토리텔링 방법을 집중적으로 파악해 보았다.

기존 광고는 주로 튀는 음악이나 내레이션, 화려한 스타에만 의존하려는 경향이 강했다. 하지만 요즘은 스토리텔링 광고, 곧 이야기가 있는 광고가 유행하고 있다. 최근 광고를 보면 15초 동안 한 편의 드라마나 영화, 뮤직비디오 못지않게 흥미로운 이야기를 전달하고 있다[7]. 특히 문학이나 설화, 역사 등 고전에 나오는 스토리를 일부 차용하거나 살짝 비틀어서 재미있게 보여주는, 일종의 '고전을 활용한 이야기 광고'가 인기를 끌고 있다. 왜냐하면 이들 광고는 상황에 대한 특별한 설명이 없이도 쉽게 파악할 수 있으며, 그 만큼 메시지를 보다 강렬하게 전달할 수 있기 때문이다.

고전을 활용한 이야기 광고는 소위 '이야기 시대'가 도래한 2000년대 이후 본격적으로 등장하기 시작했다. 또한 이들 광고에서 활용하는 고전의 유형은 문학과 설화, 회화, 역사 등 매우 다양하나, 주로 문학이 많은 편이고, 특히 판소리가 압도적인 비중을 차지하고 있다.

이들 광고의 유형과 스토리텔링 방법은 크게 세 가지로 나눌 수 있는데, 고전의 패러디화와 재구성, 단순차용 등이 그것이다.

먼저 고전의 패러디화는 각종 고전을 차용하되 마지막에 전복을 가함으로써, 재미와 함께 자사의 제품을 자연스럽게 광고하는 것을 말한다. 대표적인 예로 심청전을 활용한 〈맥도날드 효녀심청편〉과 〈대우캐피탈 내게론 심청이편〉, 〈두 눈을 질끈 감고 인당수에 풍덩 심청 임프레션〉, 춘향전을 활용한 〈마신대로 거두리라: 신춘향전〉, 토끼전을 활용한 〈쿠퍼스 용왕편〉과 〈쿠퍼스 기자회견편〉, 단군신화를 활용한 〈천년의 식물 산〉, 금도끼와 은도끼를 활용한 〈대한생명 골드에이지플랜〉, 해와 달이 된 오누이를 활용한 〈절반도 완돼〉 등을 수 있다.

고전의 재구성은 여러 고전을 가져다가 해당 제품에 맞게 적절히 가공해서 사용하는 것으로, 대표적으로 흥부전을 활용한 〈하이마트 컴퓨터편〉, 우렁각시를 활용한 〈노홍철의 집 깨끗함의 비밀을 찾아라〉, 이순신 장군을 활용한 〈메가패스 이순신 장군편〉 등이 있다.

고전의 단순차용은 그야말로 고전을 단순히 차용하여 자사의 제품을 살짝 끼워 넣는 것을 말하는데, 예를 들어 회화를 활용한 〈생활이 예술이 되다〉, 세종대왕을 활용한 〈컴맹 없는 나라〉, 〈공익광고 세종대왕편〉 등이 있다.

이상과 같이 최근 들어 고전에서 소재(모티프)를 차용하여 이야기가 있는 광고를 제작하는 사례가 점점 많아지고 있다. 하지만 한계점도 적잖은 편인데, 우선 광고 속에서 활용되는 고전의 장면이 제한적이라는 것이다. 앞에서 살펴보았듯이 지금까지는 몇몇 작품을 중심으로 널리 알려진 장면들만 활용되고 있다. 그러므로 앞으로는 좀 더 다양한 작품에서 소재를 차용하여 참신한 광고들을 많이 제작할 필요가 있을 듯하다.

또한 스토리텔링 능력의 부족도 문제이다. 특히 고전의 스토리를 차용하거나 패러디할 경우, 원작을 있는 그대로 사용할 것이 아니라 최대한 원작의 권위를 뛰어넘는 스토리텔링을 해야 한다. 즉, 고전을 활용함에 있어서 고정관념에 빠지지 말고, 해당 제품에 맞게 하되 하면서도 단계 끌어올리는 것이 중요하다는 점이다.

끝으로 최근 고전은 그 자체로 머물지 않고, 각종 대중매체나 비즈니스 분야 등과 결합하며 자기 영역을 계속해서 넓혀가고 있다. 21세기 디지털 시대에 이르러 고전도 새로운 날개를 달고 무한한 창공을 날고 있는 것이다. 그러므로 향후 연구자들은 고전 자체만을 주목하지 말고, 최근 들어 새롭게 탄생하고 있는 각종의 '고전 콘텐츠'에 대해서도 관심을 가질 필요가 있을 듯하다.

(『인문콘텐츠』 제14호, 인문콘텐츠학회, 2009)

1) 롤프 옌센, 서정환 옮김, 『드림 소사이어티』, 한국능률협회, 2000, 참조.

2) 정창권, 『문화콘텐츠 스토리텔링』, 북코리아, 2008, 38면 참조.

3) 김은혜, 「스토리텔링 광고에 관한 연구」, 이화여대 디자인대학원 석사학위논문, 2004, 1~2면.

4) 김민주, 『성공하는 기업에는 스토리가 있다』, 청림출판, 2003, 38면.

5) 전혜진, 「광고에 타나난 미술작품 패러디 연구」, 고려대 언론대학원 석사학위논문, 2006, 1~2면.

6) 강준만 · 전상민, 『광고, 욕망의 연금술』, 인물과 사상사, 2007, 222면.

7) 「이야기를 중심으로 변해가는 광고의 흐름」, 『한대신문』, 2008년 3월 17일자.

고전을 활용한 상품 스토리텔링 연구

1. 머리말

문화콘텐츠와 스토리텔링

이 논문은 고전과 상품 스토리텔링, 즉 각종 고전을 활용하여 이야기가 있는 상품으로 개발한 사례들을 한데 모아 집중적으로 검토하기 위해 마련한 것이다. 한마디로 이 논문은 현대사회, 특히 비즈니스 분야에서 고전이 어떻게 살아 움직이고 있는지 살펴본 것이라 할 수 있다.

본격적인 논의에 앞서, 최근 문화콘텐츠의 동향을 간략히 살펴보기로 하자.

필자가 보기에 한국 사회에서 문화콘텐츠 산업에 대해 관심을 갖기 시작한 것은 1990년대 후반이 아니었던가 한다. 당시 디지털 기술의 발달로 인터넷과 휴대폰 등 새로운 대중매체들이 계속 출현하면서, 문화콘텐츠 산업이 급속히 부각되었다. 게다가 국제화 시대와 한류 열풍으로 문화콘텐츠 산업에 대한 관심은 더욱 커져만 갔다. 그리하여 2002년 한국문화콘텐츠진흥원이 출범하면서 '문화콘텐츠'라는 용어가 한국에서 처음으로 생겨나고, 2004~2005년에는 전국적으로 문화콘텐츠 관련 학과들이 우후죽순처럼 만들어지기도 하였다. 또한 정부도 1999년엔 문화진흥기본법을 제정하고, 2002년엔 바로 위에서처럼 한국문화콘텐츠진흥원을 두어 본격적으로 문화콘텐츠 산업의 발전에 뛰어들었다[1].

하지만 2008년에 이르러 그러한 한국의 문화콘텐츠가 조금씩 시들해져가고 있다. 날이 갈수록 문화콘텐츠 관련 연구성과들이 지지부진해지고, 여기저기서 분주하게 열리던 문화콘텐츠 관련 학술대회도 점차 뜸해져가고 있다.

이러한 현상은 특히 한국문화콘텐츠진흥원의 '문화원형 디지털콘텐츠화 사업'이 1차적으로 마무리되면서 두드러지게 나타났다. 한국문화콘텐츠진흥원은 지난 2002~2006년까지 5년간 550여 억을 투입하여 문화원형 디지털콘텐츠화 사업을 벌였다. 이에 발맞추어 인문콘텐츠학회 등 새로운 학회들이 창립되어 활발한 연구활동을 펼쳤다. 하지만 그 사업이 1차 종료되고 다른 사업 분야로 옮겨가자, 그와 관련된 연구나 학술대회도 덩달아 주춤거리거나 어디로 가야할 지 몰라 우왕좌왕하고 있다.

게다가 최근엔 인문학계를 중심으로 과거로 회귀하고자 하는 기이한 현상까지 나타나고 있다. 얼마 전까지만 해도 우리의 인문학은 디지털 시대의 도래와는 상관없이 자기 학문만을 고집하며 스스로 '폐쇄성'을 초래하였다. 그래서 현대사회의 중요한 부분들인 영화나 드라마, 애니메이션, 게임, 캐릭터 등 문화콘텐츠와 연계할 수 있는 지점들을 놓치고 말았다. 즉, 멀티미디어와 같은 시대변화에 적절히 대응하지 못하여 그 활용능력을 갈수록 떨어트렸던 것이다. 그 결과 2006년 9월 전국 인문대학장단이 공개적으로 '인문학 위기선언'을 하기에 이르렀다[2].

한데 최근 들어 일부 인문학자들이 21세기 디지털 시대로 갈수록 오히려 기초, 순수 학문을 더욱 중시해야 한다면서, 은근히 기존학문으로의 회귀를 주장하고 있다. 하지만 기존학문이 과연 기초, 순수 학문인지? 아니면 시대흐름을 무시한 고루한 학문인지?는 좀 더 생각해봐야 할 듯하다. 왜냐하면 연구 주제나 방법론에 있어서 예나 지금이나 별다른 변화가 없는 것을 두고서도, 기초학문 혹은 순수학문이라고 내세울 수는 없기 때문이다.

물론 필자는 최근 문화콘텐츠의 상황을 꼭 침체기로만 보지는 않는다. 그보다는 오히려 한국 문화콘텐츠가 더욱 다양해지고 전문화되기 위한 일시적인 '숨고르기'가 아닐까 한다. 필자의 경우도 처음엔 16가지 이상이나 되는 문화콘텐츠에 대해 모두 관심을 가질 뿐만 아니라, 기획-개발-제작-판매 등 콘텐츠 개발과정을 전부 익히려고 하였다. 문화콘텐츠는 대단히 통합적이요, 현장 지향적인 학문분야이기 때문이다. 하지만 요즘은 출판과 방송(드라마), 영화, 공연 등 몇 가지 대중매체와 광고, 상품, 디자인 등 비즈니스 분야에 주력하고, 콘텐츠 개발과정에 있어서도 기획과 개발, 즉 스토리텔링에만 주목하고 있다.

최근 들어 우리나라에서도 스토리텔링이 한창 뜨고 있다. 21세기 디지털 시대의 도래로 다양한 전달매체가 등장하면서 스토리텔링이 새롭게 주목받고 있는 것이다. 게다가 과거 문예학에만 국한되던 용어가, 어느 샌가 정치, 경제, 사회, 문화 등의 전 분야에 걸쳐 사용되고 있다.

스토리텔링(storytelling)이란 스토리(story)와 텔링(telling)의 합성어인데, 여기서 스토리는 어떤 줄거리를 가진 이야기를 말하고, 텔링은 매체에 맞는 표현방법을 말한다. 즉, 스토리텔링이란 '이야기를 매체에 맞게 표현하는 것(혹은 매체에 맞는 이야기하기)'으로, 내용은 물론 기술적 측면까지 모두 포함하고 있다.

요즘 스토리텔링은 매우 광범위한 분야에서 활용되고 있다. 예컨대 출판과 만화, 방송, 영화, 애니메이션, 게임, 캐릭터, 공연, 음반, 전시, 축제, 여행, 디지털콘텐츠(데이터베이스, 에듀테인먼트, 인터넷콘텐츠), 모바일콘텐츠 등 각종 대중매체는 물론이요, 광고나 상품, 브랜드, 디자인, 기업경영 등 비즈니스에서도 활용되고 있다. 심지어는 정치와 종교, 법정, 교육, 음식, 복식, 건축 등에서도 활용되고 있다[3].

특히 최근 들어선 광고나 상품, 브랜드, 디자인, 기업경영 등의 비즈니스 스토리텔링에 대한 관심이 부쩍 높아가고 있다[4]. 즉, 어느덧 스토리텔링이 영화나 드라마 등 대중매체를 넘어서, 광고나 상품 등의 분야에까지 적용되고 있는 것이다. 그래서 필자도 얼마 전 우선적으로 고전과 광고 스토리텔링, 곧 고전을 활용하여 이야기가 있는 광고로 개발한 사례들을 한데 모아 집중적으로 분석한 바 있다.

고전을 활용한 이야기 광고는 소위 '이야기 시대'가 도래한 2000년대 이후에 본격적으로 등장하기 시작했다. 또한 이들 광고에서 활용하는 고전의 유형은 문학과 설화, 회화, 역사 등 매우 다양하나, 주로 문학이 많이 활용되는 편이고, 특히 〈춘향전〉, 〈심청전〉, 〈흥부전〉, 〈토끼전〉 등 판소리가 압도적인 비중을 차지하고 있다. 나아가 이들 광고의 스토리텔링 방법은 크게 세 가지로 나눌 수 있는데, 고전의 패러디화와 재구성, 단순차용 등이 그것이다. 고전의 패러디화는 각종 고전을 차용하되 마지막에 반전을 가함으로써 재미와 함께 자사의 제품을 자연스럽게 광고하는 것을 말하고, 고전의 재구성은 여러 가지 고전을 가져다가 해당 제품에 맞게 적절히 가공해서 사용하는 것을 말하며, 고전의 단순차용은 그야말로 고전을 단순히 차용하여 자사의 제품을 살짝 끼워 넣는 것을 말한다[5].

상품 스토리텔링이란 무엇인가?

광고 스토리텔링과 함께 최근에 가장 많이 이루어지고 있는 분야가 상품 스토리텔링이다. 상품 스토리텔링이란 한마디로 '이야기가 있는 상품 개발'이라 정의할 수 있다. 제품에 이야기를 설정하여 판매하는 것으로, 대표적인 스토리텔링 마케팅의 기법 가운데 하나이다[6].

과거 모든 것이 부족했던 시절에는 상품 그 자체가 소비자의 관심 대상이었다. 그래서 당시 기업들은 품질과 가격의 차별화에만 관심을 두었다. 하지만 요즘은 다양한 상품이 쏟아져 나오고 경쟁이 심해지면서, 품질과 가격만으론 소비자들에게 다가갈 수 없게 되었다. 즉, 이젠 상품에 이야기를 담아야 하고, 소비자들로 하여금 '아~ 이런 뜻있는 상품이었구나!'라고 감동하고 구매토록 해야 하는 것이다. 예를 들어 세계 최초로 물을 상품화한 프랑스의 생수 '에비앙(Evian)'은 고유의 상품 스토리텔링을 적용하여 성공한 사례로 유명하다.

프랑스 혁명 시절, 알프스 산맥에 위치한 에비앙이란 마을에 신장결석을 앓고 있던 한 후작이 요양하고 있었다. 어느 날 마을 주민으로부터 그곳의 한 우물물을 마시면 효과가 있다는 말을 듣고 마셨더니, 신기하게도 병이 깨끗하게 나았다. 이후 그 물을 연구한 결과, 알프스의 눈과 비가 15년에 걸쳐 녹거나 어는 과정을 통해 정화되어 아주 깨끗할 뿐 아니라 미네랄도 풍부하다는 사실을 알게 된다. 마을 주민들은 이 말을 전해 듣고 우물물을 팔기로 결심했고, 드디어 1878년 프랑스 정부로부터 공식 승인을 받아 상품화하기에 이르렀다[7].

특히 에비앙은 위와 같은 이야기를 전면에 내세운 광고를 시도함으로써, 단순한 물이 아닌 병을 낫게 하는 물, 곧 '물 이상의 물'이라는 이미지를 만들어내었다. 그리하여 에비앙은 비싼 물이요, 고급스런 물의 대명사가 될 수 있었다. 실제로 에비앙은 다른 생수에 비해 2~3배 정도로 가격이 비싼 편이다.

반면에 우리나라의 생수인 '삼다수'는 화산 암반수로 높은 평가를 받고 있음에도, 에비앙의 이름에는 미치지 못한다. 비슷한 수준의 생수임에도 불구하고 삼다수는 깨끗한 물임을 강조하는데 비해, 에비앙은 물 이상의 물이라는 컨셉과 이야기를 갖고 있기 때문이다.

더 나아가 에비앙에 얽힌 이야기는 이후로도 계속 업데이트가 되었다. 마돈나가 투어 콘서트 때 가장 첫 번째로 내세우는 조건은 자신이 머무는 호텔마다 욕조 가득히 에비앙을 채워달라는 것이었고, 섹시 심벌로 1990년대를 풍미했던 킴 베이싱어는 에비앙으로 머리를 감는다는 일화를 남겼으며, 마이클 잭슨 역시 이 물로 성형수술한 얼굴을 씻는다는 등 '에비앙 마니아'로 불렸다. 이렇게 해서 에비앙은 지속적으로 고급스럽고 좋은 물이라는 인식을 유지하고 있다.

상품 스토리텔링의 방법은 크게 창작형과 각색형 두 가지로 나눌 수 있다. 먼저 창작형은 상품에 관한 이야기를 새롭게 개발해내는 것으로, 대표적으로 레고의 바이오니클과 현대백화점의 로렌을 들 수 있다.

레고(Lego)의 바이오니클은 미국과 일본에서 선풍적인 인기를 끌고 있으며, 우리나라에서도 2002년부터 수입되기 시작했다. 지금까지의 레고 제품들은 단순히 블록 쌓기에 그치거나, 또는 이야기가 있어도 〈해리포터〉나 〈스타워즈〉와 같은 유명 영화로부터 빌려왔던 데 비해, 바이오니클은 레고 자체에서 개발한 독특한 이야기를 가지고 있다. 예컨대 그 줄거리는 다음과 같다.

마타누이(Mata Nui) 섬은 예전엔 낙원이었지만, 마쿠타(Makuta)에 의해 지배되면서 어둠과 공포의 섬이 된다. 이에 토아(Toa)족의 6명의 영웅들이 마쿠타를 물리치기 위해 일어선다. 한데 마쿠타를 물리치기 위해선 카노히(kanohi)라 불리는 6개의 마스크가 필요하다. 그리하여 영웅들은 섬을 탐험하면서 전설을 배우고, 바이오니클의 신비도 파헤친다. 이 같은 바이오니클의 이야기는 지속적으로 업데이트 되면서 이어지도록 되어 있는데, 그에 따라 새로운 캐릭터들이 계속해서 추가되고 변형되기도 한다[8].

마찬가지 현대백화점도 '로렌'이라는 가상 모델을 만들어 마케팅을 시도했다. 로렌은 삼십대처럼 젊어 보이는 42세의 전업주부로서, 크지도 작지도 않은 적당한 키에 S라인 몸매, 그리고 앳된 외모까지 갖추고 있다. 1남 2녀 중 막내로 태어났고, 대학 졸업 후 2년의 연애 끝에 결혼하여 현재 1남 1녀를 두고 있다. 간혹 프리랜서로 번역일을 하기도 한다. 로렌은 유학시절의 영어 애칭이며, 본명은 현대희(現代姬)이다.

현대백화점은 한달 단위로 로렌이 무엇을 입고, 무엇을 먹으며, 또 무엇을 소비하는지 이야기 형식으로 고객들에게 알려주었다. 그래서 사람들의 모방심리를 자극해 큰 호응을 이끌어내었다.

다음으로 각색형은 문학이나 설화, 역사, 기타 전통문화 등 고전에서 소재(모티프)를 차용하여 이야기가 있는 상품을 개발하는 것으로, 일종의 '고전의 현대적 수용'이라 할 수 있다. 최근 이러한 각색형 상품 스토리텔링이 널리 유행하고 있는데, 그 이유는 사람들이 근거(사연)가 있는 이야기를 선호한다는 점, 새로운 이야기를 널리 알리기 위해서는 개발비와 판촉비 등 경제적 부담이 크다는 점, 또 새로운 이야기가 반드시 히트할 보장이 없다는 점 등을 들 수 있을 듯하다. 그 구체적인 스토리텔링 방법에 대해서는 장을 달리하여 본격적으로 살펴보기로 하자.

2. 고전을 활용한 상품 스토리텔링 방법

단순한 제품명 차용

고전과 상품 스토리텔링 방법, 즉 고전을 활용하여 이야기가 있는 상품으로 개발하는 방법은 크게 두 가지로 나눌 수 있는데, 단순한 제품명 차용과 전통문화의 현대적 재창조 등이 그것이다. 원래 상품 스토리텔링에서 이야기는 캐릭터와 스토리를 갖춘 경우를 말한다. 하지만 우리나라는 아직까지 그러한 이야기성에 대한 인식이 부족하여, 단순히 제품명을 차용하거나 전통문화를 현대적으로 되살리는 데에만 그치고 있는 실정이다.

먼저 단순히 제품명만 차용하는 경우는 〈자청비〉, 〈김삿갓〉, 〈청산리벽계수야〉, 〈홍이장군〉, (주)놀부, 〈도넛츠 꼬깜〉, 〈견우가 직녀에게 주는 사랑보험〉, 〈제이에스티나〉 등을 들 수 있다. 아래에서는 그것들의 상품 스토리텔링 방법을 하나씩 차례대로 살펴보기로 하자.

(1) 자청비

〈자청비〉는 술 회사로 유명한 배상면주가에서 2004년에 출시한 상품이다. 이 술은 흑미를 원료로 사용하여 맑은 선홍색 빛깔을 띠고 있다. 그래서 이 술을 처음 보면 예쁜 색깔 때문에 누구나 한번씩 먹고 싶은 마음이 든다고 한다. 또 소주와 비슷한 도수임에도 목넘김이 훨씬 부드러우며, 술 마신 다음날 숙취에 따른 부작용도 별로 없다는 게 회사측의 설명이다.

이 술의 상품명은 제주도 신화인 '세경본풀이'의 주인공 '자청비'에서 따왔다. 자청비는 원래 땅에서 태어난 여자였으나 온갖 고난을 극복한 뒤에 하늘의 사람인 문도령과 혼인하고, 다시 하늘에서 오곡의 씨앗을 가지고 내려와 농경의 신이 된다. 이처럼 자청비는 매우 당차고 매력적인 여인인데, 때문에 자청비를 브랜드 네임으로 삼은 것은 매우 좋았다고 생각된다.

하지만 자청비는 2005년 이후 거의 자취를 찾아보기 어렵게 된다. 그 이유는 여러 가지로 분석되는데, 우선 이 술은 자청비라는 이름만 따왔을 뿐 신화의 내용은 전혀 활용하지 못하였다. 물론 제품 소개에 자청비 신화를 알려주고 있지만 술과의 연관성은 찾지 못하였다.

또한 포지셔닝을 분명하게 설정하지 못한 것도 한계로 지적된다. 같은 회사에서 출시한 〈산사춘〉은 "여자들끼리만 한잔할까요?"라고 광고하면서, 여성적 술이라는 분명한 포지셔닝을 갖고 있었다. 하지만 자청비는 누가 주로 마셔야 하는 술인지 포지셔닝이 불분명하였다.

나아가 홍보 부족도 문제였던 듯하다. 당시 대부분의 사람들은 자청비가 농업의 신이라는 것을 모르는 상황이었기 때문에, 먼저 그에 대한 적극적인 홍보가 필요하였다. 또는 광고를 '세경본풀이'의 내용을 기반으로 시리즈물로 제작하거나, 최소한 자청비가 농업의 신이라는 점을 좀 더 강조했어야할 듯하다.

기타 경기침체가 전통주 시장을 크게 위축시켰는데, 자청비도 일정 정도 그에 영향을 받았던 것으로 보인다.

⑵ 김삿갓

〈김삿갓〉은 1996년 보해양조에서 시판한 프리미엄 소주이다. 당시 보해는 소주에 벌꿀을 넣어 숙성시킴으로써 소주의 격조를 한 단계 높이고, 출고 가격도 기존 소주보다 무려 50%나 비싸게 책정하였다. 하지만 고급 음식점을 중심으로 김삿갓 열풍이 불기 시작하였다. 고급스런 이미지를 무기로 일종의 틈새시장을 공략한 것이 주효한 셈이다. 또 김삿갓의 까맣고 불투명한 병도 소비자들로 하여금 고급스런 이미지를 각인시키는데 한몫했다.

이러한 김삿갓 덕분에 보해는 총매출액이 창사 이래 처음으로 일천억을 넘어섰고, 일약 전국적인 기업으로 비상하는 발판을 마련하였다. 특히 프리미엄 소주는 김삿갓의 출시와 함께 새로 생겨난 제품군이 되었다. 하지만 IMF 국가부도 사태 이후, 김삿갓도 시장에서 완전히 자취를 감추고 말았다.

원래 김삿갓(1807～1863)은 국내 뿐만 아니라 유럽에서도 도가적인 이미지로 널리 알려져 있다. 특히 김삿갓은 과거에 급제할 만큼 비상한 능력을 지녔음에도 불구하고 속세를 떠나 삿갓을 쓰고 방랑의 세월을 보낸 대표적인 인물로 각인되어 있다. 그래서 당시 회사에선 김삿갓의 어떤 것에도 얽매이지 않은 한량, 즉 인생을 즐기는 이미지를 부각시켜 상품명으로 차용했던 듯하다. 실제로 인터넷을 조사해보면, 당시 사람들은 김삿갓 소주를 마시면 정말 한량이 되는 것 같다는 반응을 보여주고 있었다. 그리고 이제는 시판되지 않아 더 이상 찾아볼 수 없는 소주임에도 불구하고, 많은 사람들이 김삿갓 소주를 기억하고 있을 뿐 아니라, 본래 표방했던 고급스런, 그리고 여유로운 이미지도 기억하고 있었다.

(3) 청산리벽계수야

1996년 보해가 김삿갓을 출시하여 히트를 치자, 두산도 곧바로 〈청산리벽계수야〉라는 프리미엄 소주를 내놓는다. 심지어 두산은 병도 역시 김삿갓처럼 검은색을 사용하였다. 하지만 6개월 만에 생산이 중단되었는데, IMF 여파로 프리미엄 소주들의 매출이 급감하자 청산리벽계수야도 98년에 생산이 중단되어버린 것이다.

청산리벽계수야는 황진이의 시조를 차용하여 상품화한 것이다. 황진이는 우리나라 최고의 주선(酒仙) 가운데 한 사람이자, '동짓날 기나긴 밤', '산은 옛 산이로되', '청산리 벽계수야' 등의 시조를 지은 인물이다. '청산리 벽계수야'는 왕족인 벽계수를 유혹할 때 부른 시조로, 그 내용은 다음과 같다.

> 청산리(靑山裏) 벽계수(碧溪水)ㅣ야 수이 감을 자랑마라
> 일도창해(一到滄海)하면 다시 오기 어려오니
> 명월(明月)이 만공산(滿空山)하니 쉬여간들 엇더리

두산의 청산리벽계수야는 바로 이러한 황진이의 시조를 차용하여 상품명으로 설정한 것이었다.

(4) 홍이장군

〈홍이장군〉은 정관장에서 출시한 어린이 건강기능식품으로, 아이들

의 면역력 강화와 원기 회복을 주목적으로 만들었다고 한다.

홍이장군은 역사적 인물인 홍의장군 곽재우에서 이름을 차용해온 듯하다. 본디 곽재우(1552～1617)는 임진왜란 때 크게 활약한 의병장이다. 그는 경남 의령 출신으로 황해도 관찰사 곽월의 아들이었는데, 학문은 물론 무예도 뛰어났다. 1585년 과거를 보아 2등으로 뽑혔으나, 과문(科文)이 선조의 비위를 거슬린 까닭에 급제한 지 얼마 지나지 않아서 무효가 되고 말았다. 이에 그는 과거를 포기하고 고향에서 낚시질을 하며 세월을 보냈다.

그런데 1592년 임진왜란이 일어나자 여러 고을들이 왜군에 의해 불타고 백성들이 처참하게 죽어가는 것을 보고는 울분을 참지 못하였다. 게다가 선조의 피난 소식까지 들려오자, 그는 사재를 털어 의병(義兵)을 일으켰다. 2천여명의 의병을 이끌고 게릴라전으로 일본군의 호남진격을 저지하였고, 일본군의 보급선을 기습하여 보급 물자를 차단하기도 했으며, 김시민의 진주성 싸움에 원군을 보내 승리로 이끌기도 하였다.

곽재우는 항상 붉은 비단으로 만든 군복을 입고 맨 앞에서 싸웠기 때문에, 모두들 '홍의장군(紅衣將軍)'이라 불렀다. 정관장의 홍이장군은 이처럼 씩씩하고 건강한 이미지의 홍의장군 곽재우의 이름을 따온 듯하다. 하지만 단지 이름만 차용해왔을 뿐, 홍의장군 곽재우의 일화와는 별다른 관련성이 없다.

⑸ (주)놀부

(주)놀부는 김순진 대표가 창업한 외식문화기업으로, 1987년 '놀부보쌈'이 모태가 되었고, 1989년 프랜차이즈 사업을 본격적으로 시작하였으며, 2006년만 해도 전국에 530여개의 가맹점을 운영하고 있었다. 대표 메뉴는 놀부 보쌈, 부대찌개, 항아리갈비, 설농탕, 유황오리 진흙

구이 등이다. 특히 놀부 항아리갈비는 2006년 일본, 중국 등 해외로 진출하여 글로벌 브랜드가 되었다.

(주)놀부는 전형적으로 심술궂고 뚱뚱하게 생긴 놀부 얼굴을 음식점 로고로 사용하고 있다. 하지만 여기서의 놀부는 나쁜 뜻의 놀부가 아니라 많은 것을 가진 놀부를 말한다. 그래서 손님들도 (주)놀부에 가서 음식을 먹으면 더 푸짐할 것이라는, 즉 놀부 집안의 '떡 벌어진' 진수성찬을 기대하는 심정으로 찾고 있다.

이처럼 (주)놀부는 고전 작품에 나오는 흥부와 놀부를 통해 고객과의 거리감을 줄이고, 또 놀부라는 캐릭터가 지닌 부자라는 이미지를 활용하여 성공적인 브랜드로 만들었던 듯하다. 게다가 실내 디자인도 한옥 분위기가 나도록 했고, 메뉴 이름들도 모두 흥부, 놀부와 관련하여 지었다.

한편, (주)놀부는 지속적으로 다양한 이벤트를 실시하여 브랜드의 가치를 유지하고 있다. 예컨대 놀부보쌈 매장에서 포장주문을 하는 고객들에게 행운의 보쌈로또를 증정한다거나, 황사가 시작될 무렵 놀부매장을 방문하는 고객들에게 마스크를 무료로 나눠주는 이벤트 등이 바로 그것이다. 더 나아가 2006년에는 문화사업에도 진출하여 한국형 뮤지컬인 '놀부 4인방'에 3억원을 투자하기도 하였다. 참고로 '놀부 4인방'은 가짜 놀부들 속에서 진짜 놀부를 찾아가는 과정을 에피소드 형식으로 재미있게 풀어낸 것이다[9].

⑹ 도넛츠 꼬깜

〈도넛츠 꼬깜〉은 2007년 농심에서 개발해 출시한 제품으로, 달콤한 초콜릿과 고소한 코코넛이 어우러진 맛을 즐길 수 있는 작고 깜찍한 크기의 미니 도넛츠 스낵이다. 초콜릿의 달콤함과 옥수수 특유의 고소함을 풍부하게 느낄 수 있으며, 기름에 튀기지 않아 맛이 깔끔하고 바삭바삭하면서도 부드러운 식감을 느낄 수 있다.

도넛츠 꼬깜의 포장 겉면에는 귀여운 호랑이가 꼬리에 이 제품을 꽂고 있는 모습이 그려져 있는데, 이와 같이 제품 이름이나 디자인에서 쉽게 호랑이와 곶감 설화를 떠올릴 수 있다.

대개 '호랑이와 곶감' 설화는 이렇게 전개된다. 옛날에 아이가 울자 할머니께서 호랑이가 온다며 겁을 준다. 하지만 아이는 울음을 그치지 않는다. 할머니가 곶감으로 달래자, 그제야 아이가 울음을 그친다. 문밖에서 듣고 있던 호랑이는 곶감이 자신보다 무서운 줄로 착각한다. 때마침 등에 뭔가 떨어지자, 호랑이는 곶감인 줄 알고 놀라서 도망친다.

도넛츠 꼬깜은 상품의 이름과 디자인에서 이러한 설화를 나름대로 잘 활용하고 있다. 하지만 곶감의 맛이나 냄새까지는 느낄 수가 없다. 즉, 이 제품도 역시 설화의 외형만 차용했다는 것이다.

(7) 견우가 직녀에게 주는 사랑보험

〈견우가 직녀에게 주는 사랑보험〉은 2007년 7월 흥국쌍용화재에서 출시한 보험상품으로, 견우와 직녀 설화를 가져다가 상품명으로 사용한 경우이다.

이 보험의 가장 큰 특징은 아빠가 자녀에게, 남편이 아내에게 등 가족간에 흔히 있는 대리가입을 내세운 것이다. 견우, 직녀 부분에 가입자와 수혜자의 이름을 넣을 수 있게 하여, 항상 가족을 생각하고 서로를 걱정한다는 따뜻한 가족애나 인간적인 면을 부각시킨 마케팅이라 하겠다.

보통 '애틋한 사랑'하면 춘향이와 이몽룡의 경우도 빠지지 않겠지만, 칠월칠석에 그것도 오작교가 아니라면 만날 수 없는 견우와 직녀의 경우만큼 애틋한 사랑 이야기도 드물 것이다. 견우가 직녀에게 주는 사랑보험은 이처럼 서로 사랑하는 마음을 보험상품에 담도록 설정한 것이다. 특히 떨어져 지내는 시간이 많은 아빠가 이 보험상품에 가입함으로써, 항상 가족을 생각하고 걱정한다는 메시지를 전달하도록 하였다.

⑻ 제이에스티나

(주)로만손은 1988년 창업 이래 '로만손'이란 시계 브랜드를 세계적으로 만든 데 이어서, 2003년 〈제이에스티나(J.estina)〉란 주얼리 브랜드로 또한번의 신화를 창조하였다. 특히 제이에스티나는 런칭 초기부터 관련업계 및 매니아층의 집중적인 조명을 받으면서, 2005년 200억, 2006년 270억의 매출을 올리는 등 가파른 상승세를 보이고 있다.

(주)로만손은 제이에스티나의 성공에 힘입어 2005년 가을 고가의 주얼리 브랜드 〈이에스돈나(E.S.donna)〉를 새로 내놓는다. 이에스돈나도 18K의 금과 귀금속을 소재로 하는 파인 주얼리 상품인데, 어느덧 제이에스티나와 함께 (주)로만손의 양대 주얼리 브랜드가 되었다.

제이에스티나는 실존했던 이탈리아의 공주이자 불가리아의 왕비였던 조반나 에스티나(1907~2000)의 이름을 브랜드로 차용한 것이다. 그녀는 이탈리아에서 출생하여 어린시절을 사보이아에서 보냈는데, 아주 엄격한 훈육을 받았다고 한다. 1930년 불가리아 보리스 국왕의 청혼을 받아들여 그와 결혼하였다. 특히 그녀의 삶은 우리나라에 많이 알려지지 않아 신비감을 더해주었다.

그녀는 왕비가 쓰는 왕관보다 약간 작은 크기의 티아라(Tiara)를 늘 쓰고 다녔고, 또 유난히 고양이를 좋아했다고 한다. 그래서 티아라와 고양이는 제이에스티나의 탄생 모티프가 되었고, 현재 제이에스티나 상품의 90% 가량이 그 둘을 주제로 한 디자인이다.

한편, (주)로만손은 공주가 되고 싶어 하는 현대 여성들의 꿈을 실현하도록 하는데 브랜드 전략을 세웠고, 타깃은 유럽의 감성을 동경하는

25~35세의 젊고 세련된 여성들을 잡았다. 나아가 패션 주도층을 위한 제품인 만큼 최고의 품질과 디자인을 제공하고, 가격은 소위 명품 브랜드의 고가 제품보다 저렴하게 했다. 그 결과 제이에스티나는 한국을 대표하는 주얼리 브랜드로 자리매김하였고, 20대 여성 10명 중 9명이 가지고 있을 정도라고 한다.

뿐만 아니라 제이에스티나는 톱스타 마케팅을 펼쳤는데, 스타들이 즐겨찾는 제품이란 이야기와 함께 유명세를 타기 시작했다. 실제로 김희선, 송혜교, 김정은 등 수많은 연예인들이 이것을 착용하고 나오면서, 제이에스티나는 패션 리더들 사이에서 최고의 인기 브랜드로 자리잡았다.

전통문화의 현대적 재창조

고전과 상품 스토리텔링 방법의 두 번째 유형은 전통문화, 특히 전통 기술이나 문양 등을 현대적으로 재창조한 경우이다. 대표적으로 화장품인 〈설화수〉와 〈더 히스토리오브 후〉, 〈수려한〉, 삼족오 문양 상품들, 국립중앙박물관의 문화상품들, 담배 〈인디고〉, 신비의 술잔 〈계영배〉 등을 들 수 있다. 아래에서는 이것들의 상품 스토리텔링 방법을 차례대로 살펴보도록 하자.

(1) 설화수

〈설화수(雪花秀)〉는 아모레퍼시픽(구 태평양)에서 중년여성을 타깃으로 개발한 한방화장품이다. 1997년에 탄생했지만, 현재의 설화수는 2004년에 새롭게 재탄생한 것이다. 일년 매출액이 5천억을 넘을 정도로 대단한 인기를 끌고 있는데, 한약재를 원료로 사용해 한국인의 피부와 정서에 잘 맞고, 피부 자극도 적어서 많은 여성들이 선호하고 있다.

설화수는 그동안 약용으로만 써오던 인삼을 화장품에 접목시킨 제품이다. 이 회사는 1967년부터 인삼을 사용한 한방화장품 연구를 시작하여, 지난 1997년 경희대 한의대와의 공동연구를 통해 설화수를 선보였다. 제조법은 인삼 등 한방 성분에 옥죽, 작약, 연자육, 백합, 자황 등 5가지 백합 성분에서 추출한 '자음단(滋陰團)'을 첨가하는 방식으로 만들어졌다. 따라서 피부 깊숙이 스며들어 보습효과가 뛰어나다는 게 회사측의 설명이다.

또한 설화수는 마케팅 전략도 차별화했다. 한국적인 문화 감성을 자극하는 것으로, 우리의 전통문화를 담아내어 '한국 전통의 명품 화장품=설화수'라고 알리는 전략을 사용하였다.

⑵ 더 히스토리오브 후, 수려한

〈더 히스토리오브 후(The history of 后)〉(이하 '후'로 약칭)와 〈수려한〉은 모두 LG생활건강에서 출시한 한방화장품이다. 먼저 후는 2003년에 출시하여 소수의 매니아들 사이에서만 알려진 제품이었는데, 고현정이란 빅모델을 기용하여 '여성의 것'이 아닌 '왕후의 것'이라는 광고를 통해 최고의 여성이 아니면 쓸 수 없다는 이미지를 형성시켰다.

후는 옛 궁중여인의 미용비법을 현대적으로 되살린 제품이다. 왕후에게만 진상되었던 공진단이란 귀한 약재를 LG생활건강 화장품연구소와 LG생활건강 기술연구소와의 공동연구를 통해 개발해낸 것이다.

LG생활건강은 또한 후를 소재로 궁중판타지 소설 '후의 비밀'을 잡지에 연재한데 이어 TV 광고로도 내보냈다. 즉, 이야기가 있는 광고인 스토리텔링 광고 전략을 펼친 것이다. 이 광고는 비련의 왕후 공진향을 둘러싼 애증과 음모, 야망을 다룬 드라마 형식의 시리즈 광고로, 특이하게도 TV와 잡지에 동시 연재하는 이색적인 마케팅 전략을 펼쳤다.

다음으로 〈수려한〉은 발효기법을 도입한 한방화장품으로, 한약재에

효모를 첨가해 발효시킴으로써 한약재의 유효성분을 20배 이상 증폭시킨 것이라 한다.

수려한은 중국 최고의 미인인 서시(西施)의 미용비법 '옥용서시산'을 정통의 피부한의학으로 승화시켜 만든 것이다. 옥용서시산은 피부를 좋게 하는 비방으로, 한약재 14가지를 넣어 만들었으며, 절세미인 서시처럼 얼굴을 옥같이 만들어준다는 뜻에서 붙여진 이름이라 한다. 동의보감에 의하면, 옥용서시산은 여드름 같은 피부 트러블에 도움이 되고, 기미나 잡티에 좋으며, 노화로 인한 피부변환에도 좋다고 한다[10].

⑶ 삼족오 문양 상품들

삼족오란 고대 신화에 나오는, 태양 안에서 산다는 발이 세 개 달린 상상의 까마귀로, 일명 금오(金烏)라고도 한다. 우리 조상들은 해신과 달신을 숭상하면서, 해신은 삼족오로 달신은 두꺼비(혹은 개구리)나 방아찧는 토끼로 형상화했다. 삼족오 문양은 고구려 벽화에 자주 등장하는데, 특히 평양 진파리 7호분에서 발굴된 해뚫음무늬 금구(금관)는 삼족오의 진가를 유감없이 보여주고 있다.

삼족오는 일본에서도 오래 전부터 신의 동물로 인식되어 왔다. 일본왕이 즉위할 때 입는 곤룡포의 좌측 상단에 세발 달린 까마귀가 날개를 펴고 서 있는 모습이 그려져 있으며, 또 일본 신사에서는 삼족오 문양에 제사를 지내고, 일본축구협회의 엠블램도 삼족오이다.

하지만 삼족오의 상징적 의미나 디자인적 측면에서 볼 때 우리나라의 삼족오가 가장 뛰어난 것으로 평가받고 있다. 그래서 한때 이것을 각종 상품에 적용하여 세계적인 브랜드로 키우자는 주장이 있었다. 특히 고구려에 관한 역사드라마인 MBC의 '주몽'과 SBS의 '연개소문'을 계기로 삼족오 문양의 상품화가 붐을 이루었다. 게다가 중국의 동북공정 문제로 고구려가 국민적 관심사로 떠오르자, 여러 기업들이 삼족오를 소재로 한 마케팅에 힘을 쏟았다.

대표적인 예로, 2006년 LG전자는 고구려의 삼족오 문양을 전면에 새긴 휘센 에어컨을 출시했다. 당시 LG전자는 동북아의 맹주였던 고구려처럼 세계 최고의 에어컨을 만들겠다는 의지의 표현으로 삼족오 문양을 채택했다고 한다. 또한 (주)고구려벨트는 삼족오 문양을 활용한 여러 가지 상품을 개발하여 내놓았는데, 목걸이나 귀걸이, 반지, 배지, 버클, 명함케이스 등 무려 326개 품목을 개발하여 배타적 권리를 소유하고자 했다.

⑷ 국립중앙박물관의 문화상품들

문화상품이란 국가나 지역의 전통문화 또는 문화적 요소를 활용한 상품을 말한다. 1990년대 이후 우리 문화의 정체성 확립으로 전통문화를 활용한 스카프나 넥타이, 생활한복 등 문화상품이 많이 개발되었다. 국립중앙박물관을 포함한 전국의 5개 국립박물관의 경우도 1980년대 후반부터 문화상품 개발에 관심을 갖고 지속적인 노력을 기울여 우리의 전통 이미지와 상징성이 반영된 문화상품을 개발하여 판매하고 있다[11].

대표적으로 국립중앙박물관 문화재단은 국보급 유물을 재현한 상품에서부터 명인의 수공예 작품, 박물관 방문을 기념하는 소품, 전통을 재해석하여 디자인한 생활용품 등 다양한 문화상품을 개발하여 판매하고 있다. 다만 전통문화를 오늘에 되살려 상품화한 것은 좋으나, 앞으로는 좀 더 이야기가 있는 상품들을 많이 개발하려고 노력해야할 듯하다.

⑸ 인디고

〈인디고〉는 2005년 케티앤지(KT&G)에서 출시한 저타르 담배이다.

이 담배의 가장 큰 특징은 세계 최초의 '스토리텔링 담배'이자 '진화라는 담배'라는 것이다.

인디고는 '키샤'라는 새의 문양을 차용했는데, 그 형태나 색 및 움직임은 담뱃갑 뒷면의 스토리와 함께 주기적으로 바뀌게 되어 있다. 그리고 키샤는 아래와 같은 장자의 '소요유'편에 나오는 상상 속의 새인 붕새라고 한다.

> 붕새란 북쪽 바다에 사는 상상의 물고기 '곤'이 변해서 된 새이다. 곤의 크기는 몇 천리나 되고, 붕새 또한 등의 길이가 몇 천리나 되는지 알 수 없을 정도로 크다. 한번에 9만리를 날아오르는데, 날개는 구름처럼 하늘을 뒤덮고 파도가 3천리에 이를 정도로 큰 바람을 일으킨다. 이 새는 자신이 살고 있는 북쪽 바다를 벗어나 끊임없이 남쪽 바다로 날아가려 한다.

즉, 붕새는 어디에도 얽매이지 않고 자유로운 정신세계를 마음껏 누리는 위대한 존재를 의미하는 것이다. 이처럼 인디고는 전설로만 내려오는 상상의 새를 이미지화하여 상품으로 개발한 것이었다.

⑹ 계영배

〈계영배(戒盈杯)〉는 말 그대로 '가득 참을 경계하는 잔'이란 뜻으로, 술이 일정정도 차오르면 자연스럽게 새어나가도록 만든 잔이다. 이 술잔은 예로부터 전해 내려오는 신비의 술잔에 관한 전설을 토대로 만든 것이다. 즉, 이야기가 있는 술잔인 것이다.

예컨대 공자가 제나라 환공을 찾아갔을 때, 생전의 환공이 늘 곁에 두고 보면서 스스로의 과욕을 경계하기 위해 사용했던 '의기(儀器)'를 보았다. 그 의기에는 밑에 구멍이 뚫려있는데도 불구하고, 물이나 술을 어느 정도 부어도 새지 않다가 7할 이상을 채우게 되면 밑구멍으로 새어나가도록 되어 있었다. 환공은 이를 늘 곁에 두고 보는 그릇이라 하여 '유좌지기(有坐之器)'라 불렀고, 공자도 이를 본받아 항상 곁에 두고 스스로를 가다듬으며 과욕과 지나침을 경계하였다.

한국에서는 조선시대 도공 우명옥이 이를 만들었다 한다. 그는 왕실의 진상품을 만들던 경기도 광주 분원에서 스승에게 열심히 배우고 익혀, 마침내 스승도 이루지 못한 설백자기(雪白磁器)를 만들었다. 이로써 유명해진 그는 방탕한 생활을 일삼다 재물을 모두 탕진한 뒤, 이윽고 잘못을 뉘우치고 돌아와 계영배를 만들었다고 한다.

(주)광주요는 1960년대 외국의 한 도록에 실려있는 사진을 통해 계영배의 존재를 알게 되었다. 그래서 국립중앙박물관과의 공동연구를 통해 계영배를 완벽히 재현해 내기에 이르렀다.

나아가 이러한 이야기가 담긴 계영배는 최인호의 소설과 드라마 〈상도〉에서, 주인공 임상옥이 항상 곁에 두고 끝없이 솟구치는 과욕을 다스리는 술잔으로 묘사되면서 더욱 유명해졌다.

3. 맺음말

이상으로 고전과 상품 스토리텔링, 즉 고전을 활용하여 이야기가 있는 상품을 개발한 사례들을 한데 모아 집중적으로 살펴보았다. 지금까지 이것들은 인문학이나 경영학 등 어느 분야에서도 쉽게 이루어지지 않은 '연구의 사각지대'라고 해도 과언이 아니었다. 필자 역시 이것들을 연구하기 위한 시각이나 방법론, 경험 등의 부재로 인해 적잖은 어려움을 겪었다. 그러므로 여기에서는 우선 시급한 과제인 이야기가 있는 상품들의 소개와 스토리텔링 방법에 대해 개괄적으로 살펴보았다.

요즘은 상품 개발에 있어서도 이야기를 담아야 하고, 소비자들로 하여금 그 이야기에 감동하여 상품을 구매토록 해야 한다. 특히 최근 들어선 문학이나 설화, 역사, 기타 전통문화 등 고전에서 소재(모티프)를 차용하여 이야기가 있는 상품을 개발하는 것이 널리 유행하고 있다. 왜냐하면 날이 갈수록 사람들은 머릿속에서 지어낸 이야기보다 근거(사연)가 있는 이야기를 선호하기 때문이다.

고전을 활용한 상품 스토리텔링 방법은 크게 두 가지로 나눌 수 있는데, 하나는 단순히 제품명만 차용하는 경우이고, 다른 하나는 전통문화를 현대적으로 재창조하는 경우이다.

먼저 단순히 제품명만 차용하는 경우는 〈자청비〉, 〈김삿갓〉, 〈청산리벽계수야〉, 〈홍이장군〉, (주)놀부, 〈도넛츠 꼬깜〉, 〈견우가 직녀에게 주는 사랑보험〉, 〈제이에스티나〉 등을 들 수 있다.

이들 상품은 모두 설화나 역사인물, 고전작품 등에서 이름만 차용해 왔을 뿐, 그 이상의 활용능력은 보여주지 못하고 있다. 예컨대 〈자청비〉는 제주도 신화인 세경본풀이의 주인공 자청비를, 〈김삿갓〉은 속세를 떠나 방랑의 세월을 보낸 조선시대 대표적 인물인 김삿갓을, 〈청산리벽계수야〉는 우리나라 최고의 주선인 황진이의 시조 작품을, 〈홍이장군〉은 임진왜란 때 크게 활약한 의병장 홍의장군 곽재우를, (주)놀부는 고전작품 홍부전에서 놀부 캐릭터를, 〈도넛츠 꼬깜〉은 그 유명한 곶감과 호랑이 설화를, 〈견우가 직녀에게 주는 사랑보험〉은 애틋한 사랑 이야기인 견우와 직녀 설화를, 〈제이.에스티나〉는 실존했던 이탈리아의 공주이자 불가리아의 왕비였던 조반나 에스티나를 각각 가져다가 상품명으로만 사용하고 있다. 다만 〈도넛츠 꼬깜〉과 〈제이.에스티나〉의 경우에는 이름과 함께 디자인까지 차용하고 있다. 그러므로 향후에는 단순히 이름만 차용할 것이 아니라, 원전(고전)과 연결되는 이미지나 이야기까지 담아낼 수 있는 방법을 모색해야할 듯하다.

다음으로 전통문화를 현대적으로 재창조하는 경우는 〈설화수〉와 〈더 히스토리오브 후〉, 〈수려한〉, 삼족오 문양 상품들, 국립중앙박물관의 문화상품들, 〈인디고〉, 〈계영배〉 등을 들 수 있다.

이들은 전통문화, 특히 전통 기술이나 문양을 현대적으로 되살려서 상품화하고 있다. 예를 들어 〈설화수〉는 인삼을 화장품에 접목시켜 전혀 새로운 한방화장품을 만들어내고, 〈더 히스토리오브 후〉와 〈수려한〉은 옛 궁중여인의 미용비법인 공진단과 서시의 미용법인 '옥용서시산'을 현대적으로 되살려서 피부에 좋은 한방화장품을 만들어냈다. 그리고 삼족오 문양 상품들은 고구려사 문제로 삼족오가 뜨자 그 문양을 차용하여 상품으로 개발한 것이고, 국립중앙박물관의 문화상품들은 우리의 전통 이미지와 상징성을 반영하여 다양한 상품들을 개발해 냈으며, 〈인디고〉는 전설로만 내려오는 상상의 새를 이미지화하여 상품으로 개발한 것이다. 끝으로 〈계영배〉는 예부터 내려오는 신비의 술잔을 현대적으로 재현해낸 것이다. 하지만 이들도 역시 전통문화를 현대적으로 되살리고 있을 뿐, 그 안에 담긴 이야기까지 담아내지는 못하고 있었다.

앞에서도 지적한 것처럼, 원래 상품 스토리텔링에서 이야기는 캐릭터와 스토리를 갖춘 경우를 말한다. 하지만 우리나라는 아직까지 그러한 이야기성에 대한 인식이 부족하여 단순히 제품명을 차용하거나 전통문화를 현대적으로 되살리는 데에만 그치고 있다. 이 점이 바로 그것들의 가장 큰 한계가 아닐까 한다.

마지막으로 요즘 인문학, 특히 국문과 학생들의 생각이 많이 달라지고 있다. 얼마 전까지만 해도 국문과 학생들에게 "나중에 뭐할래?"라고 물으면, 대부분 선생님이 되거나 기타 공무원, 언론인, 출판인 등이 되고자 하였다. 그리고 국문과 학생들은 졸업 후 사회, 경상 계열의 출신자에 비해 할 일이 별로 없다고 생각하고, 실제로 사회적 수요가 여전히 많지 않은 편이다.

하지만 최근 들어 국문과 학생들은 문화콘텐츠, 그중에서도 특히 스토리텔링과 관련된 일들을 많이 하고자 한다. 앞에서 설명했듯이, 요즘 스토리텔링은 매우 광범위한 분야에서 활용되고 있다. 16가지가 넘는 각종 대중매체는 물론이요, 광고나 상품, 브랜드, 디자인, 기업경영, 마케팅 등 비즈니스 분야에서도 활용되고 있다. 심지어는 정치나 종교, 법정, 교육, 음식, 복식, 건축 등에서도 활용되고 있다.

21세기 디지털 시대엔 문화콘텐츠와 스토리텔링이 주력산업이 될 것이고, 무궁무진한 상상의 힘과 이야기 창작능력을 지닌 국문과 출신자들은 그 누구보다 유리한 입장에 있다. 그래서인지 요즘 국문과 학생들은 오히려 더욱 적극적으로 국문학을 배우고자 한다. 즉, 국문학을 제대로 공부하여 다양한 분야에서 활용해보고 싶어한다는 것이다.

물론 그렇게 하기 위해서는 국문학 수업도 시대흐름에 맞게 적절히 변해주어야 한다. 지금까지 국문학 수업이라고 하면 주로 어학과 문학에 관련된 이론만 배워왔는데, 이젠 그것들을 실제로 활용하는 능력도 중시해야 한다. 즉, 단순히 이해 차원에서 머무는 것이 아니라, 실습과 현장 능력까지 겸비할 수 있는 수업이 이루어져야 한다는 것이다. 또한 더 이상 문학 자체만 가지고는 사람들의 관심을 끌 수 없으므로, 방송이나 영화, 공연, 광고, 상품 등 다양한 대중매체나 비즈니스 분야 등과 연계하려고 노력해야할 것이다.

(『돈암어문학』 제21집, 돈암어문학회, 2008).

1) 정창권, 『문화콘텐츠학 강의』(깊이 이해하기), 커뮤니케이션북스, 2007, 8~21면 참조.

2) 정창권, 「디지털 시대, 우리 국악의 나아갈 길」, 『국어문학』 42, 국어문학회, 2007, 225~229면 참조.

3) 정창권, 『문화콘텐츠 스토리텔링』, 북코리아, 2008, 36~49면 참조.

4) 김훈철 외, 『브랜드스토리마케팅』, 멘토르, 2004.
김민주, 『성공하는 기업에는 스토리가 있다』, 청림출판, 2003.

5) 정창권, 「고전과 광고 스토리텔링 연구」, 우리어문학회 2008년 2차 학술대회(2008년 8월 23일 경기대학교 본관), 발표요지 참조.

6) 상품 스토리텔링은 브랜드 스토리텔링과 중복되어 쓰이기도 하는데, 브랜드 스토리텔링이란 사람들이 쉽게 이해할 수 있는 이야기를 만들어 브랜드(brand)에 접목시키는 것을 말한다. 대개 브랜드 스토리텔링에선 제품이나 기업 자체를 강조하기보다 그 안에 담긴 의미나 이야기를 제공하여 소비자와 브랜드의 교감을 유도하곤 한다. 특히 브랜드 스토리텔링에선 기업의 역사에서 전설처럼 떠도는 이야기나 창업자와 관련된 이야기, 특정 상품이 세상에 나오기까지의 과정이나 그 상품을 사용한 사람들에 대한 이야기 등을 자주 소재로 사용한다(김훈철 외, 앞의 책, 참조).

7) 김민주, 위의 책, 67~68면.

8) 김민주, 위의 책, 132~134면.

9) (주)놀부(http://www.nolboo.co.kr)

10) LG생활건강(www.lgcare.co.kr)

11) 김현화, 「스토리텔링 기법을 응용한 패션문화상품 디자인 연구」, 국민대 디자인대학원 퓨전디자인학과 석사학위논문, 2007.

2부

고전문학의 현대적 수용방안

고전의 현대적 수용
-김만덕 콘텐츠 개발과 활성화 사례를 중심으로-

1. 머리말

인문학과 문화콘텐츠의 만남

근래 우리의 인문학은 심각한 위기에 처해 있다. 급격한 사회변화로 인해 갈수록 인문학의 입지가 줄어들고 있는 것이다. 단적으로 말해서, 인문학은 밥 벌어 먹기 힘든 학문이고, 취업하기 힘든 학문이며, 사회로부터 좋은 시선을 받기 힘든 학문이라고 한다. 심지어 인문학과에 다니는 학생들조차 괜히 아까운 등록금 내고 시간만 허비하고 있는 건 아닌지 의구심이 든다고 말할 정도이다.

하지만 필자는 그것을 일시적 현상에 불과하다고 생각한다. 본래 인문학은 뿌리가 깊은 만큼, 그 속에 내재된 가능성도 무궁무진하다. 지금은 단지 그 잠재력을 활용하고 있지 못할 뿐이다. 앞으로는 그저 자기 학문만을 위한 인문학이 아니라 좀 더 다양한 분야에 관심을 갖고 실생활에 접목시킨다면, 우리의 인문학은 새로운 전성기를 맞이할 수 있을 것이다.

특히 필자는 인문학의 콘텐츠화, 즉 문화콘텐츠와의 만남을 강조하고 싶다. 여태까지 장기간 축적해온 인문학적 지식들은 고스란히 문화콘텐츠의 자원으로 활용될 수 있기 때문이다. 예를 들어 〈반지의 제왕〉이나 〈해리포터〉, 〈왕의 남자〉 등도 모두 인문학적 성과들을 활용하여 성공한 경우이다. 그래서 21세기 디지털 시대가 도래하자, 인문학이 지식과 정보, 더 나아가 문화 산업의 경쟁력을 선도해갈 중추적 역할을 담당할 것으로 새롭게 인식되고 있다[1].

도대체 문화콘텐츠란 무엇인가

최근 들어 문화콘텐츠에 대한 관심은 거의 폭발적이라 해도 과언이 아니다. 하지만 문화콘텐츠가 뭔지 제대로 아는 사람은 별로 없는 듯하다. 문화콘텐츠라는 말이 생긴 지 얼마 되지 않고, 또 출판이나 만화, 방송, 영화 등 그 분야가 너무 다양하기 때문이다. 그래서 다들 문화콘텐츠에 대해 관심은 많지만, 쉽게 뛰어들지 못하고 있는 실정이다. 그러므로 우리는 본격적인 논의에 앞서 문화콘텐츠란 과연 무엇인지 간단히 살펴보기로 하자.

먼저 콘텐츠란 용어부터 살펴볼 필요가 있다. 콘텐츠(contents)란 사전에 나온 그대로 '내용물'인데, 쉽게 말해서 각종 대중매체에 담긴 내용물들을 말한다. 예를 들어 드라마나 영화, 공연, 게임 등에 들어있는 각종 작품들이 그것이다. 얼마 전까지만 해도 이것들은 흔히 '대중문화'라 불렸으나, 요새는 그것들이 더욱 다양하게 사용되고 하나의 거대한 산업화가 되어감에 따라 많은 사람들이 콘텐츠란 용어를 쓰고 있다.

물론 콘텐츠는 최근에 와서 생겨난 것이 아닌 인류 역사상 계속 존재해왔다. 문학이나 그림, 음악, 무용 등의 각종 작품들이 그것이다. 하지만 21세기 디지털 시대가 되면서 그 의미가 상당히 변모하였다. 디지털 시대의 특징은 정보의 신속성과 정확성, 멀티미디어성 등 여러 가지가 있으나, 가장 중요한 것은 역시 정보의 무한한 복제와 변형 및 전송이 가능하다는 것이다. 그에 따라 콘텐츠의 의미도 디지털 시대에 맞게 다양하게 활용 가능한 내용물로 바뀌게 되었다. 즉, 요즘 우리가 쓰고 있는 콘텐츠는 '내용물은 내용물이지만, 다양하게 활용 가능한 내용물'인 것이다.

그런데 콘텐츠는 생각할수록 복잡하고 애매모호한 용어이다. 많은 사람들이 즉흥적으로 떠오른 아이디어가 곧 콘텐츠인 줄로 알고 있으나, 실제 콘텐츠의 내부를 뜯어보면 저마다 참신하고 독특한 '아이디어'와 그것을 뒷받침해주는 재미있고 감동적인 '스토리'로 이루어져 있다[2]. 우선 콘텐츠에서의 아이디어는 널리 활용할만한 아이템이어야 한다. 그리고 스토리는 다시 캐릭터와 서사로 구성되어 있는데, 사람들은 대개 캐릭터를 통해 감정이입을 하므로 무엇보다 캐릭터를 잘 설정해야 한다. 서사도 역시 재미가 있어야 하는데, 그렇다고 흥미 위주로만 흘러서는 안 되고 사람들의 심금을 울릴만한 감동적인 내용을 갖고 있어야 한다.

문화콘텐츠(culture contents) 역시 콘텐츠와 마찬가지로 우리나라에서 만든 신조어이자 국내에서만 통용되는 용어이다. 사실 콘텐츠를 외국에선 사전적 의미인 내용이나 목차 정도로만 이해하고 있으나, 우리나라에선 더 나아가 각종 문화산업의 내용물로까지 확대해서 사용하고 있다. 문화콘텐츠도 또한 그러한데, 흔히 문화산업을 미국에선 엔터테인먼트(Entertainment) 산업, 일본에선 미디어(Media) 산업, 영국에선 크리에이티브(Creative) 산업이라고 각각 부르고 있다.

문화콘텐츠란 한마디로 콘텐츠를 담는 그릇이자 다양하게 활용하는 도구들, 예컨대 출판이나 만화, 방송, 영화, 게임, 캐릭터 등 각종 문화산업을 말한다. 과거 이것들은 '대중매체'라 불렸으나, 콘텐츠와 마찬가지로 날이 갈수록 서로 융합되고 하나의 거대한 산업화가 되면서 문화콘텐츠란 신조어를 쓰고 있다.

문화콘텐츠의 분야는 대단히 많은데, 출판과 만화, 방송, 영화, 애니메이션, 게임, 캐릭터, 공연, 음반, 전시, 축제, 여행, 디지털콘텐츠(데이터베이스, 에듀테인먼트, 인터넷콘텐츠), 모바일콘텐츠 등 최소한 16가지 이상의 분야가 있다. 또 디지털 기술이 발달함에 따라 앞으로도 계속 새로운 매체가 탄생할 것이다. 많은 학생들이 요즘 뜨고 있는 영화나 드라마, 게임 등에만 관심이 많고, 그렇지 않은 출판이나 만화, 전시, 축제, 공연, 에듀테인먼트 등은 별반 관심을 갖고 있지 않은데, 21세기 디지털 시대에선 하나의 콘텐츠를 개발하더라도 통합적 안목을 갖고 접근해야 한다. 그러므로 정부는 영국이나 미국, 일본 등 선진국처럼 모든 문화콘텐츠를 골고루 균형 있게 발전시켜야 하며, 학생들도 우선은 폭넓게 이해한 뒤 차츰 자기만의 분야를 찾아가야 한다.

문화콘텐츠의 가장 큰 특징은 '원소스 멀티유즈(One Source Multi-Use)', 곧 하나의 소스를 가지고 다양한 분야로 활용해서 고부가가치를 얻는다는 것이다. 과거 아날로그 시대의 문화산업은 출판이면 출판, 영화면 영화, 공연이면 공연 등처럼, 각각의 매체들이 서로 따로따로 움직였다. 하지만 디지털 시대의 모든 매체들은 서로 독립적으로 존재하는 것이 아니라, 하나의 거대한 구조를 이룬 유기체적 성격을 띠고 있다. 예를 들어 〈대장금〉처럼 한편의 드라마가 성공하면, 거기에 삽입된 O.S.T(배경음악)를 음반으로 출시하고, 캐릭터를 활용하여 각종 기념품을 발매하며, 촬영지나 세트장을 관광지로 개발한다. 또 드라마를 해외로 수출함은 물론이요, 나아가서는 그 내용을 토대로 소설 혹은 만화로 출간하거나 애니메이션, 게임 등으로 제작하기도 한다. 최근에는 〈반지의 제왕〉, 〈해리포터〉, 〈매트릭스〉 등 처럼, 아예 기획단계부터 출판이나 영화, 방송, 애니메이션, 게임, 캐릭터 등을 망라하는 콘텐츠를 개발하여 부가가치를 극대화하고 있다[3].

끝으로 한국 문화콘텐츠의 현주소는 아직까지도 미개척지, 곧 걸음마 수준이라고 볼 수 있다. 선진국은 이미 문화콘텐츠를 발전시키기 위한 산업적 기반을 갖추고 있을 뿐 아니라, 좋은 콘텐츠를 개발하기 위해 끊임없이 연구하고 있다. 하지만 우리나라는 본격적인 문화콘텐츠의 역사가 10년 정도 밖에 되지 않아서인지[4], 문화콘텐츠라는 용어 자체도 생경하게 여길 뿐더러, 문화콘텐츠를 단지 돈벌이의 수단쯤으로 여기는 사람들도 많은 실정이다. 물론 이는 전적으로 문화콘텐츠가 아직까지 학문적으로 정립되지 않았기 때문에 일어나는 현상일 것이다[5].

고전의 현대적 수용

최근 들어 콘텐츠, 특히 원천 소스(원작, 스토리)의 중요성이 점점 부각되고 있다. 디지털 기술의 발달로 매체가 다양해짐에 따라, 그 속을 채워줄 내용물이 문제가 되기 시작한 것이다. 컴퓨터 산업을 예로 들면, 하드웨어가 극한까지 발달한 오늘날에는 소프트웨어가 더욱 중시되는 것과 같은 이치이다. 게다가 영상세대로 갈수록 인간의 상상력은 오히려 떨어지는 경향이 있어서, 원천 소스를 생산할 인력이 갈수록 귀해지고 있다. 그래서인지 요즘 문화콘텐츠 기획자들은 좋은 원천 소스를 구하기 위해 혈안이 되어 있고, 문화콘텐츠 아이템이나 스토리텔링 같은 원천 소스 공모전이 날이 갈수록 늘어나고 있다. 또 원천 소스를 전문적으로 생산해서 판매하는 개인이나 단체, 회사도 늘어나고 있다.

사실 한국 문화콘텐츠 업계의 문제점은 멀티유즈, 곧 제작과 마케팅에만 혈안이 되어 있지, 정작 중요한 원천 소스 개발에 대한 투자는 매우 미흡하다는 것이다. 마찬가지 대학들도 문화콘텐츠 제작론이나 마케팅론 위주로 가르치고, 기획론이나 스토리텔링론에 대해선 등한시하고 있다. 아무리 많은 멀티유즈화 방안을 갖고 있더라도 확실한 원천 소스가 없다면 무용지물이란 사실을 잊고 있는 듯하다.

그렇다면 원천 소스를 포함한 콘텐츠는 과연 누가 개발하는 것일까? 콘텐츠는 전문가와 비전문가, 인문이나 사회, 자연, 예술, 체육 등 전공에 상관없이 누구나 개발할 수 있다. 특히 콘텐츠는 창의성과 상상력에 의존하는 바가 크므로, 이에 대해 장점을 갖고 있는 인문학도의 역할이 매우 중요하다.

그중에서도 인문학도는 전통문화콘텐츠, 즉 고전의 현대적 수용에서 많은 역할을 할 수 있을 듯하다. 요즘처럼 획일화된 사회에서 전혀 새로운 콘텐츠를 찾기란 쉽지 않다. 때문에 우리의 전통문화를 잘 파악해서 새롭게 개발하는 것도 하나의 좋은 방법이 될 수 있다. 실제로 과거의 성공한 작품들, 예컨대 〈대장금〉이나 〈쾌걸춘향〉, 〈왕의 남자〉, 〈신암행어사〉 등도 우리의 전통문화를 새롭게 가공해서 성공한 경우이다.

만약 우리의 전통문화를 새롭게 가공해서 콘텐츠로 개발한다면, 엄청난 경제적 가치 뿐 아니라 민족문화의 발전에도 크게 기여할 것이다. 더욱이 요즘 동양적인 요소를 지닌 콘텐츠들이 서구 사람들에게 조금씩 관심의 대상이 되고 있다. 즉, 우리만의 특색을 살린 작품들도 얼마든지 글로벌 콘텐츠(Global contents)가 될 가능성을 갖고 있다는 것이다. 그러므로 앞으론 전통문화를 발굴하고 연구하는 학자도 있어야겠지만, 그것들을 일반 대중들과 함께 공유할 수 있도록 콘텐츠로 개발하는 사람도 많아져야할 것이다[6].

필자도 역시 지금까지 고전의 현대적 수용, 즉 인문학의 콘텐츠화 작업을 계속해왔다. 특히 필자는 전통시대 여성이나 장애인, 하층민 등 사회적 약자층의 삶과 문화를 현대적으로 재조명해서 널리 알리는 일을 주로 해왔다[7]. 또 요즘에는 그것들을 토대로 출판이나 만화, 드라마, 영화, 뮤지컬, 디지털콘텐츠 등 각종 문화콘텐츠로 제작하는 데에도 직접 참여하고 있다. 그러므로 여기에서는 그것들 중 김만덕 콘텐츠 개발과 활성화 과정을 토대로 고전의 현대적 수용의 실제에 대해 아주 자세하고 생생하게 알아보려고 한다.

2. 김만덕 콘텐츠 개발과 활성화 과정

노블리스 오블리주를 실천한, 조선 최초의 여성 사업가이자 자선사업가

김만덕은 여자로서 살아가기가 힘들었던 조선시대 후기에, 그것도 양반이 아닌 평민 출신의 여자로서, 해상 무역업을 하여 큰 부자가 되고, 그 돈을 다시 제주 사람들을 위해 내놓아 수많은 사람들의 목숨을 구하였던, 그야말로 훌륭한 경제인이자 사회사업가였다. 또한 그에 대한 포상으로 임금님을 만나 뵐 수 있는 기회도 얻고, 임금님께서 특별히 금강산 유람까지 보내주셨던 그 시대의 '영웅'이었다. 그래서 당시 영의정을 지낸 채제공을 비롯해서 이가환, 박제가, 정약용, 김정희 등이 그녀를 위해 시문과 글씨를 써줄 정도로 매우 입지전적인 인물이었다.

한데, 필자가 이에 대해 관심을 가질 무렵 김만덕이라는 인물을 아는 사람은 별로 없었다. 그녀가 노블리스 오블리주[8])를 실천한 조선시대 최초의 여성 CEO이자 자선사업가이고, 새 화폐인물의 후보로까지 오르기도 했지만, 심지어는 경영학자들조차도 그녀의 이름을 거의 모르고 있었다.

이에 따라 필자는 다음의 도표에서처럼 김만덕을 현대적으로 재조명해서 널리 알리기 위해 지속적으로 많은 노력을 기울여왔다.

김만덕 현대화 작업 일지

1) 제주 YWCA 초청강연회 및 만덕 관련 유적지 답사, 〈한라일보〉 2004년 4월 15일자.
2) 김만덕 현대화 작업 필요성 역설, 〈한라일보〉, 2004년 4월 20일자.
3) 널리 덕을 베푼 여인, 만덕(萬德), 『좋은생각』, 2004년 9월호.
4) 김만덕 콘텐츠 개발팀 현장답사. 2005년 3월 11~13일.
5) 김만덕 기념 전국 학술세미나 발표, 제주 그랜드호텔 2층, 2005년 7월 9일.
6) 김만덕을 아시나요, 〈조선일보〉, 2005년 7월 12일자.
7) 김만덕 콘텐츠 개발과 활용방안, 『제주문화』 11, 제주문화원,

2005년 12월.
8) 『꽃으로 피기보다 새가 되어 날아가리』, 푸른숲, 2006년 3월.
9) 노블리스 오블리제를 실천한 조선시대 최초의 여성 CEO 김만덕, 『SK 사보』, 2006년 8월호.
10) 사이버 전시 〈김만덕과 제주문명전〉 완성, http://coreastory.co.kr, 2006년 10월.
11) 김만덕과 파워여성 토론회, 국회, 2006년 10월.
12) 김만덕 드라마 시나리오 지정공모 당선, 김만덕기념사업회, 2007년 1월.
13) 김만덕 드라마 및 뮤지컬 제작 계약, 가다 엔터테인먼트, 2007년 3월.
14) 새 지폐인물 '김만덕'으로, 〈조선일보〉, 2007년 5월 11일자.
15) 김만덕 학습만화 제작, (주)주니어김영사, 2010년 3월.
16) 시각장애인을 위한 점자도서 제작, 제주도문화정보점자도서관, 2007년 9월.

아래에서는 그중에서도 대표적인 사항을 중심으로 김만덕 콘텐츠 개발과 활성화 과정에 대해 차례대로 살펴보고자 한다.

김만덕 현대화 작업 필요

2004년 초반, 필자는 이전에 『홀로 벼슬하며 그대를 생각하노라』라는 책을 내어 독자들로부터 적잖은 호평을 받은 적이 있었다9). 그래서 이 해 4월에 제주도 지인들의 요청에 따라 제주 YWCA에서 '문화의 시대, 우리는 어떻게 대비할 것인가?'라는 주제로 초청강연을 하였다10). 그때 필자는 제주 사람들에게 만덕의 중요성과 현대화 작업의 필요성을 역설하고, 머잖아 만덕을 토대로 조선시대 제주 사람들의 생활 문화사를 자세히 써보겠다고 약속하였다. 그리고 강연 후 며칠 동안 제주에 머물면서 만덕 관련 현장답사를 하였다[11].

이후 필자는 만덕을 본격적으로 연구하면서 그녀에 대한 홍보 작업에 들어갔다. 만덕은 그 중요성에도 불구하고 아직까지도 모르는 사람들이 너무 많았기 때문이다. 그래서 우선 국내 최대의 잡지와 신문 등을 통해 그녀를 알리고자 하였다[12].

한데, 앞에서 설명했듯이 최근 문화콘텐츠의 가장 큰 특징은 원소스 멀티유즈 곧 하나의 소스를 가지고 다양한 분야로 활용해서 그 효과를 극대화하는 데에 있다. 김만덕 콘텐츠 역시 이러한 추세에 맞추어 기획 단계부터 원소스 멀티유즈형 콘텐츠를 개발하고 싶었다. 그래서 필자는 우선 김만덕 콘텐츠 개발 기획서를 작성한 뒤, 2005년 7월 김만덕 기념 전국학술세미나에서 발표하였다[13]. 즉, 김만덕 콘텐츠 개발과 활성화 방안에 대한 종합적인 계획을 미리 수립한 것이다.

스토리가 있는 인문서

2005년 여름, 마침내 필자는 원천 소스 개발에 박차를 가하였다. 우선 만덕 관련 자료 수집은 이미 끝난 상태였으므로, 본격적인 자료 분석과 정리에 들어갔다. 이 책의 목적이 김만덕을 통해 조선시대 제주 사람들의 삶과 문화를 보여주는 것이므로, 김만덕과 제주 생활사 및 기타 상업사나 구휼사 등에 관한 자료를 폭넓게 분석하고 정리하였다. 그리고 책 속에 들어갈 시각자료도 최대한 많이 확보하였다.

그런 다음 개요 작성, 곧 스토리라인 구성에 들어갔는데, 만덕의 일생을 순차적으로 밋밋하게 보여주기보다는, 그녀가 양민의 신분을 회복하려는 시점부터 거상으로 성장하기까지, 그리고 이후 노년기에 모든 재산을 흩어 제주 사람들을 구하는 모습을 중심으로 서술하고자 하였다. 그 밖의 어린시절과 기녀생활에 대해서는 인물들간의 대화를 통해 드러내고, 말년의 한양과 금강산은 제주로 돌아온 지 1년 후의 시점에서 회상하는 것으로 처리하고자 했다.

글쓰기 방식은 기존의 이야기체와 설명체가 교차하는 방식을 넘어서, 최대한 이야기체로 전개하되 필요한 부분에서만 역사적 설명을 가하는 형식을 취하고자 하였다. 특히 이 책에서는 시나리오식, 곧 영상적 글쓰기를 시도하고자 했는데, 본문의 내용이 주로 대화체로 이루어진 것도 이 때문이다. 본문에서 대화는 시나리오의 대사에, 설명은 지문에 해당한다고 보면 되겠다. 그에 더하여 김만덕 및 제주와 관련된 문헌이나 유물, 고지도, 회화, 답사사진 등 다양한 시각자료를 첨부하여, 독자들이 내용을 손쉽게 이해할 뿐 아니라 향후 전시나 드라마를 제작하는데 긴요한 자료로 활용토록 하였다.

물론 이러한 작품의 형식은 출판과정에서 상당히 달라지고 말았다. 원래 필자는 최대한 이야기체로 작품을 전개해나갔는데, 출판사에서는 이야기체를 유지하되 군데군데 역사지식을 추가해서 역사책으로서의 성격을 강화시키자고 하였다. 특히 각 장의 끝마다 '한걸음 더'라는 정보페이지를 마련하여 제주 역사와 문화에 대해 좀 더 다양하게 알려주자고 하였다.

'꽃으로 피기보다 새가 되어 날아가리'라는 책 제목도 역시 출판사의 제안을 거의 그대로 따른 것인데, '꽃'과 '새'가 서로 대비되면서 김만덕의 내면적 의지를 한마디로 표현하기에 가장 적합한 제목이 아닌가 한다. 즉, 관기로 살기보다 세상 속에서 자신의 야망과 포부를 마음껏 펼쳐보고 싶었던 김만덕의 생각을 가장 잘 표현해낸 것이다.

2006년 3월 29일, 이로써 필자는 한국 사회에 또 한 명의 존경할만한 여성인물을 발굴하여 세상에 내놓았는데[14], 여느 때처럼 언론계의 반응은 자못 뜨겁고 호의적이었다.

대중을 위한 드라마화 추진

『꽃으로 피기보다 새가 되어 날아가리』라는 책을 출판한 후에도, 필자는 계속해서 드라마나 뮤지컬, 학습만화, 사이버 전시 등 다양한 연계사업을 추진하였다. 책 자체로도 충분한 가치가 있지만, 김만덕을 널리 알리기 위해서 지속적으로 다양한 멀티유즈화를 시도한 것이다.

그 결과 2007년 1월 김만덕 기념사업회에서 주최한 '김만덕 드라마 시나리오 지정공모'에 당선되었다. 또 얼마 지나지 않은 2007년 3월엔 가다 엔터테인먼트와도 필자의 책을 원작으로 삼아 드라마와 뮤지컬을 각각 제작하기로 계약까지 하였다. 특히 가다 엔터테인먼트와는 원작자의 적극적인 참여로 역사적 사실 속에서도 얼마든지 재미와 감동을 줄 수 있다는 새로운 형태의 드라마를 제작하자고 약조하였다. 그래서 필자는 몹시 바쁜 학기 중임에도 불구하고 책에서 못다한 이야기와 미진한 부분들 및 기타 드라마의 성격에 맞도록 보완해서, 시나리오의 전 단계인 트리트먼트 형식으로 작성하였다.

그 각색방법을 대강 살펴보면, 먼저 드라마의 흐름은 원작과 크게 다르지 않으나 재미를 위하여 인물과 사건을 상당히 많이 추가하였다. 예컨대 인물로는 특히 오좌수가 부각되었는데, 책에서는 그저 공명정대한 벼슬아치로 나오지만, 드라마 속에서는 척추장애인(이른바 '곱추')으로서 만덕을 짝사랑하는 인물로 나온다.

사실 우리나라 사극에서는 장애인이 좀처럼 등장하지 않을뿐더러, 등장한다 하더라도 지능이 낮거나 천민 출신의 불쌍한 인간형으로 그려져 있다. 하지만 만덕 드라마에서는 전혀 그렇지 않다. 천민은 커녕 엄연한 양반집 아들에다, 신분적 차이로 인해 만덕을 짝사랑하며 그녀가 위기에 처할 때마다 나타나 도움을 주기까지 하는 꽤 매력적인 인물로 그려져 있다.

그리고 사건으로는 어린시절 만덕의 아버지를 부목한과 대립관계에

놓고, 부목한이 만덕 아버지의 배를 난파시켜 죽인 것처럼 설정하였다. 그래서 훗날 만덕과 부목한이 대결하는데 좀 더 당위성을 부여하고자 하였다.

또한 오일장에서 돼지가 날뛰는 장면이나 표류선 발견, 해적 출몰, 해신제(海神祭) 등 당시 제주 사람들의 풍속을 많이 삽입하여 드라마의 리얼리티를 살리고, 육지와 다른 제주 특유의 향내를 많이 맛볼 수 있게 하였다.

그럼에도 불구하고 역사적 사실 속에서 재미와 감동을 추구한다는 작품의 본래 의도는 나름대로 잘 유지되고 있다. 지금까지 우리나라 사극은 거의 픽션이기 때문에 역사적 사실과는 동떨어진 것처럼 인식되어 왔다. 아니, 과도한 픽션으로 인해 역사적 사실을 왜곡하고 있다는 비판을 자주 듣고 있다. 그러나 필자는 만덕의 생애와 제주의 역사를 사실적으로 보여주기 위해 많은 고민을 하였다. 역사적 사실에서 크게 벗어나지 않도록 뼈대를 잡고, 기타 유머나 액션, 로맨스 등을 통해 재미를 느낄 수 있도록 장면들을 구성하였다.

또한 필자는 만덕 드라마와 함께 뮤지컬도 동시에 계약을 하였다. 하지만 제작 여건이나 투자 문제로 인해, 드라마가 어느 정도 성공을 거두고 대중성을 확보한 뒤에야 실현될 수 있을 듯하다. 그리고 뮤지컬은 무대나 시간의 제약이 있기 때문에 원작의 서사를 대폭 줄인 채, 특히 만덕의 사랑이나 거상(巨商)으로서의 길만 부각해서 만들어야 할 듯하다[15].

어린이를 위한 학습만화 개발

공중파 방송에서의 드라마화와 함께 필자가 가장 열정적으로 추진한 것이 어린이들을 대상으로 하는 학습만화 개발이다. 조선의 '큰' 상인 김만덕은 학습만화로 개발해도 충분한 가치가 있으며, 자라나는 어린이들에게 꿈과 희망, 그리고 더불어 사는 세상의 중요성을 일깨워주는

데 더할 나위 없이 좋은 교재가 될 것이기 때문이다.

흔히 만화는 아이들이나 보는 쉬운 것 또는 가벼운 것으로 여기는데, 이것이 바로 만화의 가장 큰 장점이다. 즉, 만화는 누구나 쉽게 이해할 수 있고 접근할 수 있는 포용력을 갖고 있는 것이다. 특히 학습만화의 경우는 즐기면서 지식을 습득하는, 즉 의도적으로 학습시키는 것이 아니라 자연스럽게 학습하는 효과를 낼 수 있다. 게다가 요즘 총체적인 불황을 겪고 있는 만화시장에서, 거의 유일하게 살아남은 것이 학습만화이다16).

대개 학습만화는 재미와 지식의 조화가 핵심이다. 학습만화에선 '재미'에만 치우쳐서도 안 되고 '학습'에만 치우쳐서도 안 되는데, 재미 곧 오락적인 측면에만 신경을 쓰면 만화를 보고 남는 것이 없고, 교육적인 측면에만 신경을 쓰면 금방 흥미를 잃기 때문이다.

김만덕 학습만화도 만덕의 생애를 극적 형식으로 전개하되, 각주와 부록 등 정보페이지를 최대한 삽입하여, 학습만화 특유의 재미와 지식을 동시에 추구할 필요가 있다. 이는 마치 다큐멘터리 형식의 세계 명작동화를 떠올리면 쉽게 이해할 수 있을 듯하다.

특히 만덕 학습만화는 제주도를 배경으로 한 만큼 가끔씩 제주도 사투리도 사용한다면, 어린이들이 그 특이한 언어에 흥미를 느낄 것이다. 또한 그림체도 주독자층인 초등학생의 수준에 맞게 크고 귀엽게, 그리고 조금은 코믹하게 그려서 흥미를 더해줘야 할 듯하다.

뿐만 아니라 아이들은 어른들이 보기엔 약간 조잡스러운 책들을 선호하는 경향이 있다. 깔끔하게 정리된 것을 좋아하는 어른들의 심리에 비해, 아이들은 약간 복잡해도 흥미를 유발하는 것들에 관심을 보이는 것이다. 그러므로 만화책이 약간 조잡해 보이더라도, 본문에서는 각주 형식으로 그림이나 지도, 도표, 해설 등을 통해 이해를 돕도록 하고, 각 장의 끝에서는 '쉬어가는 페이지'를 마련하여 본문과 관련한 퀴즈나 퍼즐 풀기, 색칠공부 등을 통해 꾸준히 흥미를 줄 수 있도록 해야 한다.

나아가 학습만화는 독자와 구매자가 분리되어 있다는 특징이 있다. 독자는 아이들이지만 실질적인 구매는 학부모의 영향을 더 많이 받는다는 것이다. 이들 학부모는 부록에 약하다는 단점이 있는데, 그들의 관심을 끌기 위해서는 제주도 역사문화 지도나 전통복식을 갖춘 종이인형, 조선시대 시장놀이 세트 등을 부록으로 넣어주는 방법도 한번쯤 생각해볼 만한 듯하다.

김만덕 학습만화는 필자의 원작을 토대로 (주)주니어김영사에서 만화화 작업을 진행하였다[17][18].

우여곡절 끝에 완성한 사이버 전시

필자는 제주도에 가면 항상 들리는 곳이 있다. 제주시 건입동 사라봉 기슭에 있는 모충사가 바로 그곳으로, 거기에는 김만덕 묘와 묘비, 기념탑, 기념관 등이 있다. 특히 기념관에는 김만덕의 영정과 삶을 재현한 그림들, 몇 가지 유물들이 전시되어 있는데, 보면 볼수록 김만덕의 업적이나 중요성에 비해 너무 허술히 대하고 있다는 느낌이 든다. 실제로 김만덕을 전혀 모르는 사람들과 그곳에 가면 김만덕 기념관은 왠지 공원 내 화장실 같고, 기념관 내의 전시물은 너무 빈약해서 한번 보면 다시 보고 싶지 않을 것 같다고 말하기도 한다.

전시란 굳이 큰돈을 들여 거창하게 꾸밀 필요는 없다. 비록 규모가 작더라도 전시 스토리텔링을 제대로 해서 내용을 알차고 흥미롭게 꾸미면 되는 것이다. 그리고 김만덕 관련 유물은 현재 남아 있는 게 거의 없으므로, 김만덕과 함께 당시 제주의 생활문화사, 예컨대 의식주나 노동, 민속, 종교 등과 결합해서 전시 공간을 꾸밀 필요가 있다. 필자가 보기엔 '김만덕 전시 스토리텔링 공모전'을 개최해서 그곳의 기념관을 새롭게 꾸미는 것도 하나의 방법일 듯하다.

한편 필자는 지난 2006년 10월에 '김만덕과 제주문명전'이란 주제로 사이버 전시를 완성한 적이 있는데, 다음과 같은 홈페이지(http://coreastory.co.kr)에 들어가면 볼 수 있다. 사이버 전시는 정말 우여곡절 끝에 완성하였다. 1차 컨셉을 설정하고, 2차 스토리텔링을 한 다음, 3차 플래시 애니메이션 형태의 사이버 전시를 제작하려고 했는데, 인력이나 기술상의 문제로 플래시 애니메이션을 두 번씩이나 실패하고 말았다. 비용상의 문제로 전문가가 아닌 학생이나 아마추어를 고용해서 작업했기 때문이다. 그래서 나중엔 어쩔 수 없이 주변의 소개를 받은 전문회사에 의뢰해서, 김만덕의 생애를 토대로 그림이나 사진에다 해설을 덧붙이는, 일종의 '스토리가 있는 사이버 전시'의 형태로 제작하게 되었다.

김만덕 콘텐츠와 관광산업의 진흥

제주에서 관광산업은 매우 중요하다. 제주는 우리나라의 관광특구로 지정되어 있을 뿐 아니라, 사람들의 소득도 많은 부분 관광산업에 의지하고 있기 때문이다. 하지만 날이 갈수록 관광객의 발길이 끊어지면서 제주의 관광산업도 한계에 봉착하고 있다. 사람들이 제주로 여행을 가기보다 비슷한 시간과 경비가 드는 동남아나 중국, 일본 쪽으로 발길을 돌리고 있는 것이다. 그래서 요즘엔 중, 고등학교의 수학여행지나 신혼부부의 신혼여행지, 부모님의 효도관광지로 전락해가고 있는 실정이다. 특히 국제 관광도시라고 표방하고 있으면서도 외국인 관광객을 찾아보기가 힘들어지고 있다.

그 이유는 여러 가지 측면에서 찾을 수 있겠지만, 대표적인 것만 지적하면 다음과 같다. 우선 너무 경치관람 위주이고, 틀에 박힌 관광 프로그램 때문인 듯하다. 주어진 자연환경 외에도 새로운 볼거리나 즐길거리를 계속 개발해서 업데이트를 해줘야 하는데, 그러한 시도들이 부족하다는 것이다. 그래서 오랜 만에 제주를 찾았던 사람들도 '갈 때마다 똑같다!'라는 푸념을 늘어놓게 하고 있다. 물론 새로 생긴 소인국

박물관이나 테디베어 박물관 등이 관광명소로 자리 잡았지만, 그것들은 제주만의 특별한 콘텐츠가 아니다.

다음으로 지나친 상업성을 들 수 있다. 요즘 신문이나 방송에서 자주 언급되는 것처럼, 지나치게 물가를 높여놓아 관광객들의 빈축을 사고 있다. 육지에 비해 제주도의 물가는 상당히 비싼 편이다. 특히 식사비용이 비싼 편이며, 차를 렌트하는 비용도 만만치 않다. 식물원이나 박물관, 국립공원 등의 입장료도 쉽게 감당하기 어려울 정도이다.

그렇다면 제주의 관광산업을 진흥시키기 위해선 과연 어떻게 해야 할까? 대표적인 몇 가지만 지적하면, 무엇보다 먼저 제주만의 특색을 살려야 한다. 즉, 제주의 자연이나 문화적 특질을 잘 살려서, 제주에서만 볼 수 있는 관광상품을 많이 개발해야 한다는 것이다.

그리고 직접 참여하고 체험할 수 있는 관광상품을 개발할 필요가 있다. 예컨대 눈으로만 보고 사진으로만 남기는 여행보다는, 테우리(목자)나 해녀, 감귤수확, 기타 민속생활 등 한두 가지 테마를 가지고 직접 체험하면서 즐길 수 있는 관광상품을 만들어야 한다.

더 나아가 문화콘텐츠와 관광산업을 연계시킬 필요가 있는데, 제주의 신화나 언어, 역사, 자연, 민속, 종교 등의 자원들을 활용한 각종 문화콘텐츠를 개발하여 제주의 관광산업을 진흥시키는 것이다. 특히 제주의 대표적 역사인물인 김만덕과 관련된 출판이나 학습만화, 드라마, 뮤지컬, 전시/축제, 여행 같은 여러 가지 문화콘텐츠와 연계해서 관광상품을 개발한다면, 그야말로 경제적 가치 뿐 아니라 지역 이미지의 제고라는 '일석이조'의 효과를 얻을 수 있을 것이다.

단적인 예로 앞에서처럼 학습만화와 관광산업을 연계해서, 만덕 관련 역사문화 지도를 학습만화의 부록으로 실어주고, 그 지도를 따라 제주여행을 하도록 하는 것도 한 가지 방법일 듯하다. 그럼 관광객은 보다 적극적으로 제주를 찾아다닐 것이요, 자연풍경과 함께 역사지식도 동시에 얻는 기쁨을 누릴 것이다.

3. 맺음말

콘텐츠 개발은 정말 어렵다

이상과 같이 필자는 근 4년 동안 김만덕 콘텐츠 개발과 활성화 작업에 매달려 있었다. 하지만 이 일은 아직도 현재 진행형이요, 앞으로도 갈 길이 멀기만 하다. 즉, 하나의 콘텐츠를 개발하여 널리 활성화하는 데에는 정말 많은 시간과 노력이 필요하다는 것이다.

끝으로 이상과 같은 과정에서 터득한, 고전의 현대적 수용 시 유의점에 대해 차례대로 제시하면 다음과 같다.

첫째, 인문학의 콘텐츠화, 특히 고전의 현대적 수용을 위해서도, 무엇보다 먼저 문화콘텐츠에 대한 이해가 바탕이 되어야 한다는 것이다. 문화콘텐츠는 일종의 활용론이요 출판이나 만화, 방송, 영화, 게임 등 여러 분야가 결합된 멀티미디어적 성격이 강한데, 그러므로 우선 문화콘텐츠에 대한 지식을 충분히 쌓을 필요가 있다.

둘째, 문화에 대한 이해, 곧 학문적 깊이가 수반되어야 한다는 것이다. 필자는 문화콘텐츠의 시대로 갈수록 오히려 기초학문을 더욱 튼튼히 해야 한다고 생각한다. 상상력이나 창의력도 결국은 학문적 깊이와 비례하기 때문이다.

셋째, 통합학문을 해야 한다는 것이다. 하나의 콘텐츠를 개발하기 위해선 인문이나 사회, 자연, 과학, 예술 등 다양한 학문에 대한 지식이 필요하다. 특히 인문학이야말로 콘텐츠 개발의 중요한 토대인데, 평소 문학과 역사, 민속, 종교 등 인문학적 지식을 폭넓게 쌓아둘 필요가 있다.

넷째, 그와 함께 해당 콘텐츠에 대한 선행사례도 철저히 조사할 필요가 있는데, 혹시라도 자신이 개발하고자 하는 콘텐츠가 이미 시중에 나와 있거나 누군가가 작업하고 있다면, 애써 개발한 것들이 모두 헛수고로 돌아갈 수도 있기 때문이다.

다섯째, 고전을 현대적으로 활용할 경우엔 철저한 고증을 통해 가급적 역사적 사실 속에서 재미와 감동을 추구하도록 해야 한다. 그렇지 않으면 반드시 픽션임을 밝히는 것이 옳다고 생각한다. 즉, 이젠 콘텐츠 생산자들도 우리 문화에 대한 책임의식을 가질 필요가 있다는 것이다.

여섯째, 그럼에도 불구하고 고전을 현대적으로 활용할 때는, 특히 주제적 측면에서 지금 우리와의 관계를 중시해야 한다. 아무리 역사적 사실에 충실했다 하더라도 지금 우리의 삶과 동떨어지게 만든다면, 사람들에게 금방 외면당할 것이기 때문이다. 즉, 고전의 단순 차용은 별다른 의미가 없고, 지금 우리에게 재미와 감동을 주는 콘텐츠를 만들어야 한다는 것이다.

요즘 공학이나 예술학, 경영학 등과 마찬가지로 인문학 전공자들도 너나없이 문화콘텐츠에 뛰어들고 있다. 일부 기존 학계의 좋지 않은 시선에도 불구하고 대세는 이미 문화콘텐츠, 곧 활용론(응용학문)으로 기울었기 때문이다. 그러나 항상 기억해야할 점은 인문학도로서의 자존심 하나 만큼은 끝까지 지킬 필요가 있다는 것이다. 즉, 아무리 실용성이 강조되는 시대라 할지라도 인문학도들이 중심을 잃고 상업주의에 빠져버린다면, 차라리 열지 말았어야 할 '판도라의 상자'를 열어버린 꼴이 될 수도 있다는 것이다.

(『한국고전여성문학연구』 제15집, 한국고전여성문학회, 2007)

1) 정창권, 「디지털 시대, 우리 국악의 나아갈 길」, 『국어문학』 42, 국어문학회, 2007, 2, 225~229면 참고.
정창권, 『문화콘텐츠학 강의』(쉽게 개발하기), 커뮤니케이션북스, 2007, 9, 189~194면 참고.

2) 이런 점에서 보면 일반적인 광고나 사업 아이템은 콘텐츠와는 거리가 있다. 광고는 문화콘텐츠의 홍보 수단이요, 사업 아이템은 콘텐츠와는 무관한 것이다.

3) 필자가 보기에 문화콘텐츠의 강점은 창의성과 상상력을 중시하거나 인간의 영혼을 자유롭게 하는 등 여러 가지가 있지만, 가장 큰 것은 역시 '원소스 멀티유즈' 시스템이 아닐까 한다.

4) 한국 사람들이 문화콘텐츠에 대해 본격적으로 관심을 가진 것은 1990년대 중반 이후부터이다.

5) 정창권, 「문화콘텐츠학, 어떻게 연구하고 가르칠 것인가」, 『동양한문학연구』 24, 동양한문학회, 2007, 31~36면 참고.
정창권, 『문화콘텐츠학 강의』(깊이 이해하기), 커뮤니케이션북스, 2007, 9, 8~21면 참고.

6) 정창권, 『문화콘텐츠학 강의』(쉽게 개발하기), 커뮤니케이션북스, 2007, 9, 193면.

7) 필자의 대표적인 콘텐츠로는 미암일기, 향랑, 장애인사, 만덕 등이 있다.

8) 노블리스 오블리주(Noblesse Oblige)란 프랑스어로서 '가진 자의 도덕적 의무'를 뜻하는 말이다.

9) 정창권, 『홀로 벼슬하며 그대를 생각하노라』, 사계절, 2003.

10) 〈한라일보〉, 2004년 4월 15일자.

11) 김만덕 생애 현대화 작업 필요, 〈한라일보〉, 2004년 4월 20일자.

12) 정창권, 널리 덕을 베푼 여인, 만덕(萬德), 『좋은생각』, 2004년 9월호.
정창권, 김만덕을 아시나요, 〈조선일보〉, 2005년 7월 12일자.

13) 정창권, 「김만덕 콘텐츠 개발과 활용방안」, 『제주문화』 11, 제주문화원, 2005,

14) 정창권, 『꽃으로 피기보다 새가 되어 날아가리』, 푸른숲, 2006.

15) 한편, 필자는 김만덕 다큐멘터리 제작에도 일부 참여한 적이 있다. 지난 2007년 5월 KBS 1TV 〈한국사 傳〉의 프로듀서와 방송작가가 학교로 찾아와서, 필자의 『꽃으로 피기보다 새가 되어 날아가리』를 바탕으로 다큐멘터리를 제작한다고 하였다. 이에 필자는 김만덕의 주요 생애와 업적 및 촬영지 등을 차례대로 설명해주었다.

16) 정창권, 『문화콘텐츠학 강의』(깊이 이해하기), 커뮤니케이션북스, 2007, 9, 59~60면 참고.

17) 정창권 원작・글, 김산하 그림, 『조선 최초 여자 거상 김만덕』, 주니어김영사, 2010.

18) 학습만화와 관련하여 또 한 가지 생각해볼만한 것이 '그림 동화책'이다. 아직까지 김만덕 그림 동화책은 한 권도 나와 있지 않은데, 만약 이것이 제작된다면 유아에서 초등학교 저학년, 그 부모들 사이에 김만덕의 인지도를 높이는데 커다란 역할을 할 것으로 보인다. 보통 그림 동화책은 타켓이 유아~초등학교 저학년이므로 20페이지 내외의 분량이 적당하고, 문장 또한 쉽고 간결한 문체로 부담 없이 읽을 수 있도록 해야 할 것이다. 마찬가지 내용도 위인전이지만 현대적 감각에 맞게 재구성해야 하고, 제목도 '임금님을 만난 장사꾼', '임금님을 만난 여자 상인' 등이 적당할 듯하다.

대하소설 〈완월회맹연〉을 활용한 문화콘텐츠 개발

1. 머리말

고전문학의 현대적 수용방법론

이 글은 조선조 대하소설 〈완월회맹연〉(이하 〈완월〉로 약칭)을 활용하여 다양한 문화콘텐츠를 개발하기 위해 마련한 것이다. 그중에서도 본고는 사극, 특히 새로운 형태의 역사 가족드라마를 만들고자 한다. 그리하여 궁극적으로 〈완월〉을 세계기록문화유산으로 등재시키는 것을 주요한 목적으로 하고 있다.

흔히 21세기를 문화콘텐츠 산업의 시대라고 한다. 날이 갈수록 방송이나 영화, 게임, 캐릭터, 공연 등 문화콘텐츠 산업의 비중이 커질 뿐 아니라, 그것들이 바로 국가의 경쟁력을 좌우하는 중요한 척도로 여겨지고 있다는 것이다. 게다가 문화콘텐츠는 하나의 소스를 가지고 다양하게 활용해서 고부가가치를 올리는, 이른바 원소스 멀티유즈(One Source Multi-use)를 특징으로 하고 있다. 이에 따라 시간이 흐를수록 그 근원이라 할 수 있는 원천소스(원작, 이야기)의 확보가 중요한 문제로 대두되고 있다[1]. 즉, 전달 매체가 다양해지고 콘텐츠의 활용도가 높아짐에 따라 상대적으로 원천소스의 가치가 높아지게 된 것이다.

한데, 고전문학은 시대를 초월한 보편성과 이미 충분히 검증된 분야이기 때문에, 각종 문화콘텐츠의 원천소스로서 전혀 손색이 없다. 사실 요즘처럼 획일화된 사회에서 전혀 새로운 소스를 찾기란 쉽지 않다. 그러므로 고전문학을 잘 파악해서 새롭게 개발하는 것도 하나의 좋은 방법이 되리라 본다. 만약 고전문학을 현대적으로 수용해서 다양한 문화콘텐츠로 개발한다면, 한국 문화콘텐츠 산업의 발전에 일조(一助)할 것이요 나아가서는 우리의 문화유산을 전 세계에 널리 알릴 수 있는 좋은 기회가 될 것이다.

특히 17세기 〈소현성록〉 연작을 비롯해서 18세기 〈완월회맹연〉, 〈옥원재합기연〉, 〈현씨양웅쌍린기〉, 〈명주보월빙〉 등 대하소설은 중국의 〈삼국지〉에 필적할만한 방대한 분량과 심오한 의미를 지니고 있을 뿐 아니라, 세계적인 원형스토리를 능가하는 흥미로움으로 가득 차 있다[2]. 게다가 대하소설에는 옛 여인들의 향취가 느껴지고, 그녀들이 겪었을 법한 고뇌와 번민, 사랑 등을 느낄 수 있다.

그럼에도 불구하고 고전문학을 현대적으로 수용하여 다양한 문화콘텐츠를 개발하는 연구방법은 아직까지도 정립되지 않고 있다. 물론 대하소설을 토대로 디지털콘텐츠를 개발하는 방법론에 대해선 구본기・송성욱에 의해 이루어진 적이 있다. 그들은 대하소설 18편을 대상으로 시놉시스와 단위담, 에피소드 등의 창작자료, 캐릭터와 배경 및 소품 일러스트 등의 시각자료, 원작 스토리나 게임 등의 활용예시를 개발했다. 그리하여 장차 다양한 문화콘텐츠를 개발하는데 도움이 되도록 하였다[3].

하지만 본격적으로 드라마나 영화, 공연 등 엔터테인먼트 분야의 콘텐츠를 개발하는 방법론에 대해선 아직까지도 거의 없는 실정이다[4]. 그래서 대학의 국문학과가 가지고 있는 풍부한 인적, 지적 자원이 문화콘텐츠의 현장으로 원활하게 흘러들어가지 못하고 있는 상황이다. 이에 따라 본고에서는 대하소설 〈완월〉을 활용하여 다양한 문화콘텐츠, 특히 사극 콘텐츠를 개발함으로써, 고전문학의 현대적 수용방법론을 정립해보고자 한다. 다만 본고는 드라마 제작을 위한 사전의 발상과 기획 및 개발 단계로, 아이템 발굴과 매체선정, 각색방향, 시놉시스, 멀티유즈화 방안 등 콘텐츠의 전체적인 윤곽을 짜는 것을 목적으로 두고자 한다.

숨겨진 고전명작

우리가 평소 알고 있는 고전소설은 대부분 중고등학교 교과서에 실려 있는 작품들로, 김만중의 〈구운몽〉과 〈사씨남정기〉, 연암 박지원의 작품들, 어릴 적부터 많이 접해왔던 판소리계 소설인 〈춘향전〉이나 〈흥부전〉, 〈심청전〉, 〈토끼전〉 뿐이다. 〈완월〉을 비롯한 대하소설에 대해선 이름조차 들어보지 못했을 정도로 매우 생소하게 여기고 있다. 그리고 대하소설은 제목만 들었을 때는 무슨 중국소설의 번역작이거나, 내용도 별로 흥미롭지 못할 것이라고 생각하고 있다. 심지어 인터넷을 검색해보면, '효제충신(孝悌忠信) 등 유교사상에 심취한 일종의 수신서(修身書)'라고까지 표현되어 있다.

〈완월〉은 180권 180책에 달하는 국문 대하소설로, 단일 작품으로는 중세시대 세계에서 가장 긴 소설이 아니었을까 한다. 과거 고전소설을 가장 많이 읽었다는 故 김기동 선생조차 이 작품을 읽는데 무려 3년이란 세월이 걸렸다고 전해지고, 필자 역시 김진세 선생의 현대 독해본[5]을 가지고 읽었음에도 처음에는 하루 18시간 이상씩 읽었어도 꼬박 6개월이 걸렸던 기억이 난다. 더욱이 〈완월〉은 그 같은 분량에 걸맞게 탁월한 상상력이 발휘되어 있으며, 특히 조선후기 대가문을 둘러싼 수많은 사람들의 인생사를 다채롭게 포착해내고 있다[6]. 그래서인지 가람 이병기는 〈조선어문학명저해제〉에서 이 작품에 대해 특별히 '인간행락의 총서'라고 부연 설명을 하기도 했다[7].

본디 〈완월〉은 1966년 창경궁의 낙선재 문고를 정리하면서 비로소 세상에 널리 알려지게 되었다. 당시 낙선재 문고에선 소설, 가사, 기행문 등 총 122종 2,361책의 고전작품이 쏟아져 나왔는데, 그 가운데 72

종 1,500여 권의 대하소설은 학계에서조차 전혀 알려진 적이 없어 충격을 더해주었다[8].

하지만 이들 소설은 국적이나 작가, 서지사항 등 작품에 대한 정보가 별로 없어 한동안 연구의 진척을 보지 못하였다. 게다가 이들 소설은 표면적으론 작품 배경을 중국으로 설정하고 있기 때문에, 초창기엔 중국소설의 번역 혹은 번안이 아닐까 생각했다.

대하소설, 특히 〈완월〉에 대한 연구는 1988년 임형택 선생이 다음과 같은 기록을 발굴하면서 새로운 전기를 맞게 되었다[9].

> 〈완월〉은 안겸제의 어머니가 지은 것인데, 궁중에 흘려보내 명성과 영예를 넓히고자 하였다(조재삼, ≪송남잡지≫ '남정기'조).

즉, 〈완월〉은 안겸제의 어머니인 이씨부인이 지은 것인데, 그녀는 이 작품을 궁중에 들여보내 비빈(妃嬪)이나 기타 궁녀들로 하여금 읽게 해서 자신의 명성을 높이고자 했다는 것이다[10]. 위의 낙선재본 문고를 통해 알 수 있듯이, 당시 궁녀들은 최상층 독자이자 최대의 후원자였기 때문이다.

이후 정병설과 한길연은 이씨부인의 친정집안 사람들의 문집인 〈이가세고(李家世稿)〉 등을 통해 작가문제를 더욱 진척시켰다[11]. 그리고 필자는 조선시대 여성사와 소설문화사 등 외적인 측면에서 작가문제를 보완하였다[12].

결국 〈완월〉은 18세기 초, 중반 이씨부인(李氏夫人: 1694~1743)이란 사대부가 규방여성에 의해 지어진 것으로 추정된다. 이씨부인은 당대 명문장가인 이언경과 안동권씨의 2남 8녀 중 막내딸로 태어났고, 안개(安鍇: 1693~1769)와 혼인하여 안관제, 안겸제 등 3남 1녀를 두었다. 여사(女士), 곧 여성선비의 풍모가 있었다고 전해지며, 현재 경기도 파주에 묘소가 있다.

물론 이씨부인이 180권 180책을 전부 다 지은 것은 아니고, 이전에 자신이 지었거나 주위 사람들이 지은 것들을 폭넓게 수집해서 한편의 대하소설로 꾸민, 일종의 '편집소설'로 추정된다[13]. 즉, 〈완월〉은 이씨부인이 주도하되 주변의 몇몇 사람들이 참여해서 지은 집단창작 혹은 공동창작인 것이다[14].

현재까지 남아 있는 〈완월〉의 이본은 모두 3종으로, 180권 180책 한국학중앙연구원 소장의 일명 낙선재본, 180권 93책의 서울대 규장각본, 낙질인 6권 5책의 연세대본이 있다.

이처럼 〈완월〉이란 존재의 발견은 우리들에게 한없는 놀라움을 던져주고 있다. 우선 180권 180책이라는 엄청난 분량에 놀라고, 이런 소설이 조선시대에 쓰여졌다는 점이 놀라우며, 결정적으로 그 작가가 여성이라는 점이 놀랍다 못해 충격적이기까지 하다. 그러므로 〈완월〉은 다양한 문화콘텐츠를 개발할 수 있는 훌륭한 원천소스가 될 수 있다고 생각한다.

2. 〈완월〉을 활용한 드라마 콘텐츠 개발방안

매체선정

일반적으로 아이템을 발굴했다면, 우선 그것을 표현할 매체부터 선정해야 한다. 요즘은 매체가 워낙 다양하여 그에 따라 스토리텔링 방향이 달라지기 때문이다.

필자가 보기에 〈완월〉을 비롯한 대하소설은 오늘날의 TV 드라마와 유사하여 원전 그대로를 살려도 충분히 재미있고 감동적인 작품을 만들 수 있을 듯하다. 이는 비단 필자의 생각만이 아니라 기존 연구자들도 한결같이 주장했던 바이다.

특히 〈완월〉은 김수현 작품과 같은 현대의 가족드라마와 유사하다. 얼마 전에 종영된 〈엄마가 뿔났다〉처럼, 김수현 작품은 마치 우리 옆집에서 일어났을 법한 이야기를 있는 그대로 들려준다. 대사도 또한 일상적인 표현을 거의 그대로 쓰고 있다. 〈완월〉의 경우도 배경만 조선 후기일 뿐, 그와 크게 다르지 않다.

〈완월〉의 드라마화 가능성을 좀 더 자세히 살펴보면 다음과 같다.

우선 〈완월〉은 제목부터 상당히 인상적인 작품이다. 작품 서두에서 중심 가족인 정씨 사람들이 여타 집안의 사람들과 함께 완월대에 올라 자녀들의 혼인을 약속하는데, '완월회맹연(玩月會盟宴)'은 그 때문에 붙여진 제목이다. 모티프 하나로 전체 내용을 암시하는 대단히 상징적인 제목을 내세운 것이다[15].

다음으로 이 작품도 여느 고전소설처럼 우리나라가 아닌 중국의 명나라 영종대를 시공간적 배경으로 설정하고 있다. 하지만 그것은 필화(筆禍)를 피하거나 작가의 상상력을 마음껏 펼치기 위한 방편에 불과할 뿐, 실제 배경은 작가가 발딛고 서있던 18세기 조선의 문벌사회이다. 그리고 이같은 무국적 배경은 최근 우리나라 사극의 트랜드인 퓨전사극에 오히려 더 적합하고, 나아가 전 세계에 통용되는 글로벌콘텐츠가 될 가능성도 높다고 할 수 있다.

또한 TV 드라마, 특히 가족드라마는 가정을 무대로 하고, 가족관계를 중심으로 이야기가 전개되는 것이 보통이다. 그 소재도 자극적인 것보다는 보통 사람들의 아기자기한 삶의 애환을 그려나가곤 한다[16]. 〈완월〉도 역시 조선후기 대가문을 배경으로 그속에서 웃고 울며 살아가는 평범한 가족들의 일상생활을 표현하고 있다. 다단한 가족생활, 말썽 많은 부부생활, 복잡한 가문관계 등 규방의 여성작가가 평소 일상을 살아가면서 보고 듣고 느꼈음직한 것들을 매우 사실적으로 나타내고 있다[17].

지금까지 나온 사극은 왕이나 왕비, 그리고 유명한 장군의 영웅적인 이야기가 대부분이었다. 하지만 〈완월〉은 우리 주변에서 흔히 볼 수 있는 평범한 가족들의 일상생활이 주요 내용인데, 이러한 부분을 잘만 살린다면 사람들에게 신선한 충격을 주지 않을까 한다.

나아가 〈완월〉은 요즘 TV의 가족드라마처럼 그러한 가족이나 부부 사이의 미묘한 갈등을 대화체로 잔잔하게 풀어나간다. 대개 〈사씨남정기〉나 〈창선감의록〉 등의 남성소설에서는 인물의 외적 행동을 묘사해서 하나의 사건을 들려주곤 한다. 이들 소설에서의 대화는 비교적 짤막하고 제한적이며, 결국은 행동에 종속될 뿐이다. 하지만 〈소현성록〉, 〈완월〉 등의 여성소설에서는 인물의 외적 행동보다 그들이 주고받는 대화를 통해 상황을 드러내고 사건을 전개하는 독특한 방식을 취하고 있다[18]. 그와 함께 〈완월〉에서는 가족들의 단편적인 생활상이라든가, 가족모임을 통해 담소를 나누는 장면이 자주 등장한다[19].

요즘 사람들이 드라마에 얼마나 열광하고 있는지는 굳이 말하지 않아도 알 것이다. 심지어 우리는 드라마를 통해 하루 동안에 쌓인 스트레스를 해소하며, 세상을 좀 더 알아가기도 한다. 그래서인지 최근 방송 3사는 드라마의 편성 비중을 더욱 늘리고 있다. 또 케이블이나 DMB, IPTV 등 매체의 수도 계속 증가하고 있다. 최근 문화콘텐츠에서 가장 촉망받는 분야는 아마도 드라마일 것이다. 그러므로 좋은 이야기만 있으면 그 어느 분야보다 성공가능성이 높은 곳이기도 하다. 물론 〈완월〉의 드라마화가 추진되기 위해서는 무엇보다 각색 작업이 제대로 이루어져야 할 것이다.

작품내용

〈완월〉은 조선후기 대가문을 둘러싸고 살아가는 사람들의 인생사를 아주 적나라하게 표현하고 있다. 4대에 걸친 정씨 가족과 그 일가친척인 장씨, 소씨, 주씨, 한씨 등의 이야기를 그야말로 복잡다단하게 들려주고 있다.

작품에서 흥미를 끌만한 극적 상황, 곧 플롯도 주로 가족간의 불화인 가족갈등을 설정하고 있다. 예컨대 집안의 후계자 문제를 둘러싸고 벌어지는 계후갈등, 부부가 생활하면서 서로 다투는 부부갈등, 형제들끼리 서로 싸우는 형제갈등, 장인과 사위가 서로 대립하는 옹서갈등이 그것이다.

작품의 서사구조는 기승전결의 형식으로 하나의 목표를 향해 곧장 나아가는 것이 아니라, 마치 옴니버스 같이 통일성이 부족하고 단절감마저 느껴진다. 대개 옴니버스(Omnibus)란 '합승버스'란 뜻으로, 하나의 주제를 중심으로 몇 개의 독립적인 짤막한 이야기들이 한데 묶여있는 경우를 말한다[20].

실제로 〈완월〉은 정씨 가족의 대를 이은 이야기가 수직으로 흐르면서, 그들을 둘러싼 여타 가족이나 인물들의 이야기가 수평에서 계속 끼어드는 형태를 취하고 있다. 즉, 한 줄기의 나무에서 여기저기 뻗어나가는 가지들처럼, 정씨 가족을 중심으로 이들과 관계를 맺은 수많은 사람들의 이야기를 통해 180권 180책이라는 대하소설을 꾸민 것이다.

우선 이 작품의 중심 이야기(Main Plot)는 제1대 정한 · 서태부인 → 제2대 정잠 · 소교완 등 → 제3대 정인성 · 이자염, 정인광 · 장성완 등 → 제4대 정몽창 등으로 이어지는 4대에 걸친 정씨 가족사가 주요 내용이다. 물론 끝부분에 제5대 정천흥의 이야기가 간략히 나오지만, 그것은 정씨의 후손에 대한 간략한 예시 정도에 불과하다. 또한 제1대 정한은 서두에서 집안의 계후와 자녀들의 혼사를 결정하고 죽고, 제4대 인물들은 대체로 〈정씨후록〉이란 후편에서 다루고 있다. 그래서 정한의 배우자인 서태부인을 비롯한 제2 · 3대 인물들을 중심으로 이야기가 전개된다.

한데, 제2 · 3대 정씨 남성들은 비록 집밖에서는 영웅적인 인물이나, 집안에서는 언제든지 말썽을 일으킬 수 있는 평범한 자식들에 불과하다. 특히 제2대 정잠은 집안의 계후문제를 둘러싸고 후처 소교완과 지속적인 불화를 일으키고, 제3대 정인광은 장인 장모의 잘못을 아내 장성완에게 전가하며 심한 부부싸움을 벌인다. 이처럼 〈완월〉의 중심 이야기는 여가장 서태부인의 가문관리와 함께 제2·3대 인물들의 가족갈등을 주로 다루고 있다[21].

다음으로 〈완월〉은 정씨 가족을 둘러싼 여타 가족이나 인물들의 주변 이야기(Sub Plot)가 유독 발달한 소설이다. 사실 이 작품은 180권이란 거대한 분량에 비해 중심 이야기는 상당히 빈약한 편이다. 그 대신 중심 이야기의 도중에 짤막한 사건들이 계속 삽입되면서 내용을 풍부하게 만들고 있다. 먼저 정씨와 그 이웃인 장씨 사람들의 결혼담을 매개로 당시 여성들의 사회적 삶을 표현하고 있는데, 온갖 역경을 이겨내고 가문영웅으로 추앙되는 주성염, 가부장적 가족제도의 희생자가 되고 마는 한난소, 외모로 인해 비극적인 인생역정을 걷는 여씨 이야기 등이 그것이다. 그리고 정씨 집안의 후계자인 정인성을 매개로 당시 여성들의 사랑감정을 표현하기도 하는데, 영웅적인 남성을 짝사랑하다가 결국은 좌절하고 말거나 여승(女僧)이 되어 버리는 석순영과 만초란, 적장(敵將)과의 사랑을 통해 인생의 행복을 느끼고 이후 그것이 허구로 밝혀지자 차라리 죽음을 선택한 해릉공주 이야기 등이 그것이다.

그밖에 〈완월〉은 정씨 사람들과 관계된 몇가지 외부 이야기도 들려주고 있다. 정씨 남성들은 가족생활을 하면서도 빈번히 출타해서 영웅적인 활약상을 펼치는데, 예컨대 정치활동, 전쟁참여, 외직생활, 뜻밖의 모험 등을 들 수 있다. 이를 통해 그들은 고위 관직에 올라 가문의 정치적·사회적 지위를 높이기도 한다. 하지만 여타 여성소설들처럼 이 같은 외부 이야기는 〈삼국지〉나 〈수호지〉 같은 중국소설에 의존하거나 매우 추상적으로 제시되어 있고, 무엇보다 당시 규방여성의 특징적인 시각인 가족의 연장선상에서 그려져 있다[22].

각색방향

대개 각색이란 잘 알려져 있거나 아직 알려지지 않은 고전을 현대적으로 변형하여 널리 알리는 것으로, 단순히 원전을 고쳐 쓰는 것이 아니라 각각의 매체에 맞게 재탄생시키는 '또다른 창조작업'이라 할 수 있다. 각색 방법은 크게 원전을 충실히 재현하는 단순각색, 원전의 기본적인 주제의식은 살리되 인물의 행동이나 대사 등 일부 내용을 변형시키는 번안, 원전과 전체적인 흐름만 비슷할 뿐 시대적 배경이나 인물의 성격을 완전히 다르게 설정하는 개작 등이 있다[23].

그런데 해당 작품의 가치가 높으면 높을수록 원전에 충실한 각색을 하곤 한다. 즉, 되도록이면 원전 속의 많은 에피소드를 그대로 살려 쓰는 것이다. 〈완월〉도 역시 기본적으로 원전에 충실한 각색이 바람직할 듯하다. 다만 작품의 주제를 보다 분명히 드러내기 위해 다음과 같은 형식으로 각색하려고 한다.

먼저, 원전의 흐름을 따라가되 사건(갈등) 중심으로 재구성함으로써 작품의 긴장감을 높이고자 한다. 〈완월〉은 각 인물들에 얽힌 이야기를 하나부터 열까지 자세히 설명하는 일종의 '총체적 기술방식'을 구사하고 있다. 그래서 이 작품에서는 주요 인물들 뿐 아니라 그 주변 인물들의 역할도 대단히 중요하다. 하지만 모든 인물들을 충분히 배려하면서 전개하다 보니, 종종 이야기가 장황해지는 경우가 있다. 이에 따라 필자는 그처럼 장황한 내용들을 가급적 생략하고 사건 중심으로 좀 더 체계적으로 전개하고자 한다.

그와 함께 사건 전개와 별로 무관한 일부 단편적인 생활상은 생략하고자 한다. 앞에서 언급한 것처럼 〈완월〉은 가족들의 생활상 그 자체를 거의 독립적으로 보여주기도 한다. 이것들은 사건 전개와 별로 상관없이 군데군데 삽입되어 있는데, 〈완월〉의 장편화 원리 가운데 하나라고 할 수 있다. 물론 이로 인해 당시 사람들의 생활상을 폭넓게 엿볼 수 있기도 하지만, 드라마를 위한 각색 작업에서는 시간 관계상 꼭 필요한 장면들을 제외하고는 생략하고자 한다.

또한 〈완월〉은 정씨 가족들에 얽힌 모험담, 전쟁담, 관직생활 등 외부세계를 자주 보여주고 있는데, 드라마 매체의 특성상 이것들도 꼭 필요한 경우가 아니라면 과감히 생략하고자 한다. 그래서 이 작품의 핵심 서사인 가족 이야기에 초점을 맞추고자 한다.

뿐만 아니라 일부다처와 같이 오늘날의 현실에 맞지 않은 내용은 삭제하고, 고전소설의 전형적 특성인 우연성이나 환상성 등도 가급적 자제하고자 한다. 물론 삶과 죽음의 세계를 자유롭게 넘나든다거나, 인간과 자연이 서로 교감하기도 하며, 원한을 품고 죽은 여인이 귀신이 되어 나타난다는 등 일부 판타지적 내용은 작품의 재미와 감동을 위해 그대로 두고자 한다.

한편, 앞에서 설명했듯이 〈완월〉은 정씨 가족의 중심 이야기보다 그들을 둘러싼 주변 이야기가 유독 발달한 소설이다. 그런데 이는 자칫하면 내용이 산만하게 분산될 가능성이 크다. 그러므로 드라마를 위한 각색작업에서는 주변 이야기 도중에 가끔씩 정부 사정을 들려줌으로써, 중심 이야기와 주변 이야기가 서로 긴밀한 관계를 맺고 전개되도록 할 예정이다. 그리고 주성염 이야기는 비록 재미있고 중요하지만, 너무 독립적일 뿐 아니라 이 작품의 내용과 이질적이어서 생략하기로 한다.

끝으로, 필자가 〈완월〉의 인물사전을 만들면서 직접 조사해보니, 이 작품에는 주연, 조연, 단역 등을 포함해서 무려 140여 명이 넘는 어마어마한 인물들이 등장하고 있었다. 때문에 드라마에서 이들을 모두 살려내기란 불가능에 가까우므로, 사건 전개에 꼭 필요한 경우를 제외하곤 대폭 축소하고자 한다. 또, 캐릭터 설정 시 등장인물의 나이는 드라마 제작을 위해 현대적 관점에서 재설정했다는 점을 미리 밝혀둔다.

결국 드라마를 위한 각색 작품에서는 정씨 가족의 중심 이야기와 그를 둘러싼 여타 가족이나 인물들의 주변 이야기가 서로 자유롭게 교차되며 전개될 것으로 보인다. 그리고 중심 이야기에서는 계후갈등과 부부갈등, 옹서갈등이 주요 플롯을 형성하고, 주변 이야기에서는 한난소, 여씨, 만초란 · 석순영, 해릉공주 이야기 등 여러 가족이나 인물들의 활약상이 주요 내용을 이룰 듯하다.

시놉시스

(1) 캐릭터 설정

시놉시스(Synopsis)란 작품의 개요, 곧 주된 내용을 말하는 것으로, 기획의도와 등장인물, 줄거리 등을 요약적으로 서술하면 된다[24]. 기획의도에 대해선 앞에서 충분히 설명했으므로, 여기서는 등장인물과 줄거리를 소개하고자 한다.

먼저 등장인물, 곧 캐릭터는 머릿속에 선명히 떠오르도록 설정해야 하는데, 대개 작품의 주연, 조연, 단역 등의 순서로, 나이와 외모, 성격, 습관, 작품 내의 역할과 내용 등을 차례대로 소개하면 된다. 물론 등장인물은 앞으로 어떻게 전개될 지 궁금하게 만들도록 소개하는 것이 좋다[25]. 여기서는 지면 관계상 〈완월〉의 주요인물에 대해서만 간략히 소개하고자 한다.

■ 서태부인(60세~90세)

정씨 집안의 여가장. 때론 인자하게 때론 매섭게 자식들을 타이르고 깨우치면서 집안의 질서를 확립하는 한편, 명백한 잘못을 묵인하면서까지 친인척간의 관계를 유지하려 한다. 또한 나라가 위태로울 때에는 자식들을 계속 출사시켜 국가의 안위를 도모하기도 한다.

■ 정잠(40세~70세)

정씨 집안의 제2대 장자이자 공신(功臣). 나라가 어려울 때마다 계속 출사하여 공을 세우고 가문의 지위를 상승시킨다. 한데, 그는 비록 집밖에서는 화려한 영웅이나 집안에서는 언제든지 말썽을 일으킬 수 있는 평범한 자식에 불과하다. 특히 그는 가문에 대한 집착이 아주 강하여 계속해서 후처 소교완과 계후갈등을 벌인다.

■ 소교완(20세~50세)

정잠의 후처이자 총부(집안의 맏며느리). 자존심이 강하고 고집이 세며, 특히 자식 사랑이 대단하다. 정씨 집안의 가장 대표적인 악인형 인물이지만, 분명한 현실적 근거가 있는 '이유 있는 악인'이다. 그녀는 후처로 들어오긴 했지만 엄연히 정씨 집안의 맏며느리인 총부이다. 하지만 남편 정잠은 양자인 정인성과 전처 양씨만을 생각하며, 소교완과 친자식들에겐 냉담하게 대한다. 이에 따라 소교완은 자의식을 발휘하며 나이 많은 남편에게 갖은 불만을 표시한다. 특히 그녀는 양자로 들어와 정씨 집안의 계후자가 된 정인성과 그의 아내인 이자염을 온갖 방법으로 죽이려 한다.

■ 정인성(18세~48세)

정씨 집안의 제3대 계후자. 원래 작은집인 정삼의 아들로 태어났으나, 큰집인 정잠에게 아들이 없어 양자로 들어가 계후자가 된다. 정인성은 집안에서는 지극한 효자이고, 집밖에서는 화려한 영웅이다. 수려한 외모는 물론이려니와, 신이나 자연물과 교감할 수 있는 신화적인 능력까지 갖추고 있는 남자이다. 그래서 뭇 여성들이 그를 흠모할 뿐 아니라 적극적인 여성들은 그에게 직접 유혹의 손길을 내밀기도 한다. 특히 그의 안남정벌 과정에 등장하는 여성들은 그야말로 봉건적 금기를 뒤흔들만한 사랑을 시도한다.

■ 정인광(16세~46세)

작은집인 정삼과 화씨의 둘째 아들로, 정씨 집안의 제3대 인물이다. 그도 역시 집밖에서는 화려한 영웅이나, 집안에서는 끊임없이 말썽을 일으키는 평범한 자식에 불과하다. 특히 그는 장인 장모인 장헌과 박씨의 잘못을 아내 장성완에게 전가하며 심한 부부갈등을 일으킨다.

■ 장성완(16세~46세)

장헌과 첩 박씨의 딸이자 정인광의 아내. 그녀는 박식하고 문필에 뛰어나며 고결한 성품의 소유자이다. 하지만 부모의 실덕(失德)과 무능함 때문에 어릴 적부터 숱한 고난을 당하고, 정인광과 결혼해서는 지속적으로 부부갈등을 겪는다. 그렇다고 쉽게 물러설 성품도 아니었으니, 그녀는 비록 심한 고통을 당하면서도 남편의 부당한 권력행사에 의연히 맞선다.

■ 한난소(18세~48세)

부마 한제선과 영능공주의 딸로서, 본래는 군주였다. 하지만 가족불화로 일찍이 친부모와 헤어지고 정씨 집안의 서자인 정염의 처 화부인에 의해 자라난다. 그녀는 보기 드문 절색이자 고결한 기상을 지니고 있었는데, 그로 인해 더욱 기구한 운명을 살아간다. 특히 어린시절 정씨 집안에서 모함사건을 당한 뒤 평생 독신으로 살고자 하다가, 결국엔 사회적 압력으로 마음에도 없는 결혼을 하게 된다.

■ 여씨(17세~20세)

권세가의 딸이지만, 외모가 매우 거칠고 못생긴 추녀이다. 하지만 그에 대한 열등감은 전혀 없는 당당한 여인이다. 그녀는 장씨 집안으로 출가하여 외모로 인한 비극적인 인생을 살다가, 20살의 젊은 나이에 요절하고 만다.

■ 만초란(16세)

양주자사의 딸로, 용모와 재주가 매우 뛰어난 여자이다. 한번은 정인성이 안남으로 출정하던 도중 양주지방을 지나는데, 만초란이 그의 풍모를 보고 첫눈에 반하여 사랑에 빠진다. 그리하여 아버지의 말을 훔쳐 타고 정인성의 뒤를 쫓아 석순영과 함께 사랑을 고백하고, 결국 받아들여지지 않자 머리를 깍고 여승이 되어버린다.

■ 석순영(17세)

하남의 절도사 석현의 딸. 그녀는 도적들에게 붙잡혀가 동굴에 갇혀 있었는데, 때마침 안남으로 가던 정인성에 의해 구출된다. 이후 그를 사모하여 만초란과 함께 따르려고 하지만, 정인성의 질책으로 부끄러움만 당하고 만다.

■ 해릉공주(17세)

안남왕의 큰딸. 절색의 미녀로, 평범한 남자와 결혼하느니 차라리 독신으로 살겠다고 말할 정도로 맹렬하고 담대한 여자이다. 비록 아버지의 흉계에 의한 것이지만 적장 정인성과의 사랑을 통해 인생의 행복을 느끼고, 그것이 허구였음이 밝혀지자 차라리 죽음을 선택하고 만다.

⑵ 스토리라인

보통 시놉시스의 줄거리, 곧 스토리라인은 인물들이 펼치는 주요한 사건들을 처음과 중간, 끝의 순서대로 요약적으로 기술하면 된다[26]. 다만 여기에서는 이해의 편의를 위해 주요 사건별로 구분하여 차례대로 제시하고자 한다.

■ 첫장면

- 정잠이 잔치를 열고 조카 정인성을 양자로 들여 집안의 계후로 삼

음을 널리 알린다.

- 잔치를 파한 후 남자들이 완월대에 올라 자녀들을 정혼시킨다.

■ 계후갈등1

- 정잠이 소교완을 후처로 들이고서도 첫날밤부터 박대한다.
- 정한이 죽은 뒤 가족들은 장례를 지내기 위해 태주로 가는데, 소교완이 맹추, 왕술위를 보내 정씨 자녀들을 해치도록 한다.
- 정씨 일행은 정인성, 정인광, 정월염 등의 자녀들을 잃고 통곡한다.

■ 전쟁담1

- 북노 마선이 침입하자, 환관 왕진이 전횡하며 천자의 친정(親征)을 주장한다.
- 천자는 조세창 등의 반대에도 불구하고, 직접 출정하여 마선에게 붙잡힌다.
- 정잠이 어머니 서태부인의 지시를 받고 천자를 구하러 간다.

■ 모험담

- 실종되었던 정인광이 요도(妖道)들을 물리치고 정월염을 구하여 돌아온다.
- 정인광이 도적을 만나 낙성촌으로 가게 되는데, 때마침 안찰사로 와 있던 장헌이 그를 보고도 모른 체한다.
- 정인광이 여장(女裝)하고 장헌의 첩으로 들어가 그를 희롱하고, 다시 상경(上京)하여 태운산 옛집에 머문다.
- 장성완이 범경화의 모함을 받아 자해(自害)하자, 정인광이 약으로 구호한다.
- 정인광이 장헌을 혼내고 도망하여 가족들과 만난다.

■ 전쟁담2

- 정잠이 천자를 찾아오자 마선이 그를 좋아하여 신하로 삼고자 한다. 하지만 정잠은 조세창과 함께 절의를 지키며 옥에 갇힌다.
- 실종되었던 정인성이 아버지 정잠을 찾아온다.
- 마선이 정잠과 조세창을 볼모로 잡고 천자를 환국(還國)시키고, 얼마 안 있어 그들도 모두 돌려보낸다.
- 천자는 정잠과 조세창을 후대하고, 그들의 가문도 정상을 회복한다.

■ 부부갈등1

-정인성은 이자염과 혼인하고, 정인광은 장성완과 혼인한다.
-한데, 정인광이 계속 장성완을 찾아가지 않고 고집을 부린다.

■ 한난소 이야기

- 정잠이 후처 소교완의 소생인 정인중을 박대하고, 양자이자 계후자인 정인성을 극찬한다.
- 정인중이 독약으로 형 정인성 부부를 이간코자 하는데, 엉뚱하게도 한난소가 범인으로 지목된다.
- 모함에 빠진 한난소는 우물에 몸을 던지고, 그 와중에 출생의 비밀이 밝혀져 집으로 돌아간다.
- 이로부터 그녀는 독신을 주장하며 계속 학문에만 전념한다.

■ 부부갈등2

- 장성완의 어머니 박씨가 불경(佛經)을 보내 읽으라고 하는데, 하필 정인광이 이를 알고 이교(異敎)를 숭상했다고 주장하며 장성완을 출거시키고자 한다.
- 또한 박씨는 정씨 집안을 찾아와 정인광과 그 부모에게 욕설을 퍼붓기까지 한다. 이에 정인광이 그 죄를 장성완에게 전가하며 예부

(禮部)에 이혼을 요구한다.
- 정인광이 계속 장성완에게 자결하기를 요구하자, 집안 어른들이 장성완을 친정으로 돌려보내는 한편 정인광에게 체벌을 가한다.

■ 여씨 이야기1
- 장헌이 부귀를 탐하여 추물 여성인 여씨와 결혼시키자, 아들 장세린은 신혼 첫날밤부터 밖으로 뛰쳐나가 방탕한 생활을 계속한다.
- 하루는 장세린이 미인도(美人圖)를 얻어 상사병에 빠진다. 한데, 그 미인도의 주인공은 자기 집안과 원수지간인 정염의 딸 정성염으로 밝혀진다.
- 장헌 부부가 요약(妖藥)을 먹고 장세린과 여씨를 화합시키려고 하나, 이 일로 인해 도리어 여씨가 친청으로 쫓겨나게 된다.
- 장세린이 상사병에 걸려 죽을 지경에 이르자, 장헌이 여씨와 정씨 집안을 차례로 방문하여 장세린과 정성염의 혼인을 허락받고자 한다.

■ 만초란 · 석순영 이야기
- 안남에 도적이 극성을 부리자 정잠과 정인성이 군사를 이끌고 출정한다.
- 그들이 양주땅을 지날 때 양주 자사의 딸 만초란이 정인성을 보고 첫눈에 반한다. 이에 그녀는 인생에서 사랑의 기회는 쉽게 찾아오지 않는다고 판단하고 아버지의 말을 훔쳐 타고 정인성의 뒤를 쫓는다.
- 정인성은 또 석혈(石穴)에 갇혀 있던 석순영을 구해주는데, 그녀도 역시 정인성을 흠모하여 따르고자 한다.
- 석순영이 먼저 찾아가 청혼하자, 정인성이 질책하고 돌려보낸다. 그것을 본 만초란은 낙담한 채 머리를 깍고 여승이 되고 만다.

■ 해릉공주 이야기
- 정잠과 정인성은 다시 대군을 이끌고 안남으로 들어가 수많은 적들

을 생포했다가 돌려보낸다.
- 궁지에 몰린 안남왕이 딸 해릉공주를 이용해 정인성을 죽이고자 한다.
- 안남왕의 계교는 결국 실패로 끝나고, 해릉공주는 자신의 사랑이 허구였음이 밝혀지자 칼을 들어 자결한다.

■ 계후갈등2
- 정인성이 다시 집으로 돌아와 환대를 받으니, 소교완이 그들 부부를 시기하여 계속 없애고자 한다.
- 한번은 소교완의 모해로 정인성이 아내 이자염을 벽실에 가두기까지 한다.
- 소교완의 어머니 주부인이 딸의 실덕(失德)을 듣고 걱정하다가, 우선 소교완의 시비들을 잡아들여 모든 사실을 알아낸다.
- 주부인이 소교완과 정인중을 불러 질책하지만, 소교완은 전혀 수긍하는 기미를 보이지 않는다. 이에 주부인이 독약을 주어 자결토록 하는데, 다행히 정인성 부부가 달려와 만류한다.
- 서태부인이 주부인에게 과거의 악행은 개의치 않으니 빨리 소교완을 돌려보내라고 한다.

■ 옹서갈등
- 하루는 장헌이 정씨 집안을 찾아왔다가 계단에서 넘어지지만 사위 정인광이 외면해버린다. 장헌은 집으로 가서 곧장 딸을 돌아오도록 시킨다.
- 장성완이 남편의 답변을 기다리지도 않고 친정으로 돌아가니, 분노한 정인광이 잠시 출타하여 기운을 삭히고자 한다.

■ 계후갈등3
- 전쟁에서 돌아온 정잠이 소교완의 실덕(失德)을 말하고 출거시킨다.

- 소교완은 친정으로 돌아가던 도중 자결하는데, 다행히 가족들의 구호로 살아난다.
- 서태부인이 소교완의 복귀를 요청하고, 자녀들도 부모의 이혼을 반대하며 소교완을 찾아간다. 이에 정잠이 마지못해 소교완을 맞아오도록 시킨다.

■ 여씨 이야기2
- 마침내 장세린이 정성염과 혼인한다.
- 이후 장세린이 과거에 급제하자, 여씨가 소식을 듣고 찾아와 발악하다가 띠집에 갇힌다.

■ 계후갈등4
- 주부인이 죽은 뒤, 소교완은 종기로 인해 기운이 막혀 위급한 상황에 처한다.
- 소교완이 정신이 혼미한 가운데 선계(仙界)로 가서 죽은 모친과 양씨를 만나 개과천선하기를 요청받는다.
- 소교완이 깨어나 저승에서 가져온 〈명사일기〉를 가족들에게 보여주고, 지난날의 잘못을 사죄한다.

■ 여씨 이야기3
- 여씨가 후당에 갇힌 채 죽을 지경에 이르지만 장세린은 약조차 주지 않는다.
- 결국 여씨가 죽으니 장세린의 형 장창린이 자기집 선산에 묻고자 한다. 이에 여씨가 귀신이 되어 나타나 장씨 선산에 묻히길 거절한다. 여씨는 또 장씨 집안을 찾아가 시부모를 괴롭힌다.
- 장헌이 죄를 뉘우치고 여승 정혜심으로 하여금 제를 올려 여씨의 혼백이 극락왕생토록 한다.

- 여씨는 마지막으로 장세린을 찾아가 벌을 주고 하늘로 떠난다.

■ 마지막 장면
- 서태부인이 중병에 걸리자, 소교완이 자신의 목숨을 덜어 서태부인께 주도록 하늘에 축원한다.
- 서태부인은 결국 100세를 일기로 세상을 떠나고, 천자가 직접 찾아와 조문한다.

3. 멀티유즈화 방안

최근 문화콘텐츠의 특징은 하나의 제대로 된 소스를 토대로 다양하게 활용하여 고부가가치를 올리는, 이른바 '원소스 멀티유즈(One Source Multi-use)'를 핵심으로 하고 있다. 이것 때문에 문화콘텐츠가 현시대에 와서 가장 크게 부각되고 있는 것이 아닐까 한다.

한데, 선진국은 이미 다양한 원소스 멀티유즈 방법을 시도하며 지속적으로 성공사례를 만들어가고 있지만, 우리나라는 이제야 그 중요성을 인식하고 조금씩 시도하려 하고 있다. 그러므로 본고에서도 처음 기획단계부터 원소스 멀티유즈를 고려하고 〈완월〉의 문화콘텐츠화 작업에 들어가고자 한다.

일반적인 원소스 멀티유즈 방법은 하나의 핵심콘텐츠를 개발하고, 그것의 캐릭터나 스토리 등을 재활용하여 다양한 연계상품을 개발하곤 한다. 하지만 필자는 〈완월〉이란 고전 명작을 기반으로 하되, 그것의 작품으로는 출판과 드라마 콘텐츠를 개발하고, 작가와 작품 등을 둘러싼 외적인 문제로는 다큐멘터리 콘텐츠를 개발하며, 기타 전시 콘텐츠 등을 개발하고자 한다.

먼저 필자는 드라마화 작업에 앞서 〈완월〉에 관한 출판물부터 만들고자 한다. 출판은 1차 원소스집으로서 이후 다양한 매체와의 결합이 수월하며, 책 자체가 갖고 있는 성공가능성도 여전히 남아 있기 때문이다.

이 책은 앞에서 살펴본 것과 같은 드라마를 위한 원소스집, 곧 이야기집이 될 것이다[27]. 그리고 이것에 대한 독자들의 반응을 통해 드라마화 가능성도 좀 더 명확하게 검증할 수 있을 것이다.

〈완월〉을 비롯한 조선시대 대하소설의 축약본에 대한 필요성은 일찍부터 제기되어 왔다. 이들 소설은 한국의 문화원형적 가치가 뛰어남에도 불구하고, 아직까지도 대중들이 손쉽게 읽을 수 있는 번역서나 각색본이 출간되지 않았고, 심지어 전문가를 대상으로 하는 역주본조차 제대로 없기 때문이다. 그러므로 본격적인 드라마 콘텐츠를 개발하기 전에, 우선 〈완월〉의 특징적이고 흥미로운 내용을 뽑아 '한권으로 읽는 완월회맹연'과 같은 단행본을 제작하는 일부터 시작해야할 듯하다[28].

이 책은 일반인을 대상으로 한 만큼 누구나 쉽고 재미있게 읽을 수 있는 이야기집이 되어야할 것이다. 그러므로 필자는 앞에서 제시한 시놉시스와 같이 각색하되, 시퀀스별로 소제목을 자주 달아주고, 문체도 고어의 맛을 살리되 가급적 현대어로 바꿔주며, 기타 관련 그림이나 사진, 이미지 등 시각자료를 최대한 많이 첨부하고자 한다[29].

그와 함께 필자는 〈완월〉의 작가와 작품 등을 둘러싼 외적인 문제를 토대로 다큐멘터리를 개발하고자 한다. 따지고 보면 〈완월〉에 관한 축약본이나 드라마 작업 이전에, 비교적 제작이 간편한 다큐멘터리를 만들어 이 작품을 널리 알리는 것도 좋은 방법이라 생각한다.

다큐멘터리의 구성은 크게 도입부-중간부-결말부의 형식으로 전개하고자 한다. 그것의 주요 내용은, 도입부에선 〈완월〉과의 첫 만남, 국문대하소설의 존재양상, 초창기 연구사, 작가논쟁 등을, 중간부에선 조선후기 여성사와 소설문화사, 여성들의 소설 창작과 사회적 압력, 글쓰기 방식과 작품세계 등을, 결말부에선 역사적 의의, 정부와 국민의 무관심으로 인한 연구 어려움 등을 각각 보여주고자 한다. 이러한 다큐멘터리가 잘만 만들어진다면, 나중에 본격적인 영화 콘텐츠로도 충분히 발전할 수 있을 듯하다.

기타, 여건이 허락된다면 〈완월〉을 포함한 조선시대 대하소설에 관한 전시회, 더 나아가 일기와 고문서, 시조, 가사, 소설 등과 함께 '조선시대 여성들의 기록문화' 전시회도 개최해보고 싶다. 물론 이러한 전시회는 자칫 단조로워지기 쉬우므로, 여타 고회화나 문방사우, 닥종이 인형 같은 소품들과 함께 역동적으로 전시해야할 것이다. 그리고 스토리텔링 전시, 곧 하나의 주제를 설정하여 이야기를 만들고, 그 이야기에 따라 전시물을 배치해야할 것이다.

이로써 대하소설 〈완월〉이 꼭 '세계기록문화유산'으로 등재되었으면 하는 바람이다. 180권 180책 〈완월〉은 한국 문학사 뿐 아니라 세계 문학사에서도 획기적인 작품이 아닐 수 없다. 그러므로 드라마나 영화를 통해 이 작품이 널리 알려진다면, 충분히 세계기록문화유산으로 등재할 수 있으리라 본다.

서양의 경우, 일찍부터 여성소설의 가치를 인정하고 지속적인 재창조 작업이 이루어져 왔다. 가령 제인 오스틴(Jane Austen: 1775～1817)의 〈오만과 편견〉, 〈지성과 감성〉 등은 여러 차례 영화화되어 인기를 끌었고, 브론테 자매의 〈폭풍의 언덕〉, 〈제인 에어〉(1847년 출판)도 영화로 만들어졌다. 그래서 이들 작품은 '세계 명작'이란 타이틀을 갖게 되었다.

하지만 〈완월〉을 비롯한 우리나라의 여성소설은 그보다 훨씬 이전인 17세기 중후반부터 지속적으로 쓰여졌음에도, 현대에 들어와서야 겨우 알려지게 되었고, 아직까지도 제대로 된 재창조 작업이 이루어지지 못하고 있다. 다른 나라는 없는 역사도 만들어서 자기네 것이라고 우기는데, 우리는 있는 역사조차도 내버려두고 방치해서야 되겠는가.

(『어문논집』 제59호, 민족어문학회, 2009)

1) 문화콘텐츠는 근본적으로 한편의 이야기라 할 수 있다.

2) 구본기 · 송성욱, 「고전문학과 문화콘텐츠의 연계방안 사례발표-조선시대 대하소설을 통한 시나리오 창작소재 및 시각자료 개발」, 『고전문학연구』 25, 한국고전문학연구회, 2004, 55면.

3) 구본기 · 송성욱, 위의 논문, 2004, 참조.

4) 조혜란, 「고전소설과 문화콘텐츠」, 『어문연구』 50, 어문연구회, 2006.

5) 김진세 독해, 『완월회맹연』 全12책, 1987~1994.

6) 정창권, 「완월회맹연의 여성주의적 상상력」, 『고소설연구』 5, 한국고소설학회, 1998, 246면.

7) 정병설, 『완월회맹연연구』, 태학사, 1998, 11면.

8) 정창권, 『한국 고전여성소설의 재발견』, 지식산업사, 2002, 75면.

9) 임형택, 「17세기 규방소설의 성립과 창선감의록」, 『동방학지』 57, 연세대 동방학연구소, 1988.

10) 조혜란, 「흐르는 규방, 넘나드는 이야기」, 『문화와 나』, 2006년 7월호.

11) 정병설, 위의 책, 1998. 한길연, 「대하소설의 의식성향과 향유층위에 관한 연구」, 서울대 박사학위논문, 2005.

12) 정창권, 위의 책, 2002.

13) 정창권, 위의 책, 2002, 89면.

14) 정병설, 위의 책, 1998, 160~164면 참조.

15) 정창권, 위의 책, 2002, 125면.

16) 유진희, 『TV 드라마 잘 쓰기』, 서울문학포럼, 2004.

17) 정창권, 위의 책, 2002, 103~104면.

18) 정창권, 위의 책, 110면.

19) 정병설, 위의 책, 1998, 95~105면 참조.

20) 유진희, 『영화와 TV드라마를 위한 각색 입문서』, 삼보, 2007, 90면.

21) 정창권, 위의 책, 2002, 127~128면 참조.

22) 정창권, 위의 책, 2002, 128~130면 참조.

23) 정창권, 『문화콘텐츠학 강의』(쉽게 개발하기), 커뮤니케이션북스, 2007, 86~88면.

24) 정창권, 『문화콘텐츠 스토리텔링』, 북코리아, 2008, 88~89면.

25) 정창권, 위의 책, 2008, 97~102면 참조.

26) 정창권, 위의 책, 2008, 89면.

27) 지금까지 필자는 이러한 형식의 글쓰기를 계속해왔는데, 그 대표적인 작품들을 제시하면 다음과 같다. 『홀로 벼슬하며 그대를 생각하노라』(사계절, 2003), 『향랑, 산유화로 지다』(풀빛, 2004). 『세상에 버릴 사람은 아무도 없다』(문학동네, 2005), 『꽃으로

피기보다 새가되어 날아가리』(푸른숲, 2006).

28) 그와 함께 초등학생도 관심을 갖고 읽을 수 있는 '만화로 보는 완월회맹연'을 제작해도 좋을 듯하다.

29) 특히 필자는 구본기 · 송성욱 등이 개발한 디지털콘텐츠를 적극적으로 활용할 예정이다.

콘텐츠 기획과 스토리텔링 수업사례

1. 콘텐츠 개발론의 부재

21세기 디지털 기술의 발달로 다매체 다채널 시대가 도래하면서, 날이 갈수록 그것들을 채워줄 내용물인 콘텐츠의 수요가 폭발적으로 증가하고 있다. 게다가 방송과 통신, 인터넷의 융합, 곧 디지털 컨버전스(digital convergence) 시대가 되면서 콘텐츠의 중요성은 더욱 커져가고 있다. 단적인 예로 방송 콘텐츠의 수요만 해도 2001년 45만 시간에서 2002년 88만 시간으로 늘어났으며, 2005년에는 180만 시간으로 급증하였다. 이로 보면 향후 문화콘텐츠 산업은 양질의 콘텐츠를 얼마나 안정적으로 공급할 수 있느냐에 따라 그 성패가 판가름될 전망이다[1]. 또한 최근 문화콘텐츠 산업계에서 가장 큰 화두는 어떻게 하면 좋은 콘텐츠를 개발할 수 있는지, 그 구체적인 방법론 모색에 관심이 모아지고 있다.

그럼에도 콘텐츠 개발방법론, 특히 기획과 스토리텔링 방법에 대한 연구가 거의 이루어지지 않고 있다. 더 나아가 전문인력의 양성체계, 곧 교육적 측면의 연구는 전무하다시피한 상황이다.

사실 우리나라도 영국이나 일본, 프랑스 등 문화콘텐츠 강국들 못지않게 문학과 역사, 기타 전통문화 등 원천소스를 많이 갖고 있다. 하지만 그것들을 활용해서 좋은 콘텐츠로 개발하는 능력은 매우 뒤쳐져 있는 형편이다[2].

이에 따라 본고에서는 『완월회맹연(玩月會盟宴)』(이하 『완월』로 약칭)을 토대로 콘텐츠 기획과 스토리텔링의 방법론에 대해 연구해보고자 한다. 『완월』은 18세기 초, 중반 소론 계열인 안겸제의 어머니 이씨부인(1694~1743)이 지은 것으로 추정하고 있는데, 무려 180권 180책에 달하는 국문 대하소설이다. 조선 최고의 장편소설이자 베스트셀러로, 궁궐에까지 들어가 최고의 영예를 얻었다고 한다. 『완월』에 대한 이야기를 들으면 누구나 깜짝 놀라곤 한다. 조선시대에 그처럼 방대한 분량의 소설이 있었고, 또 그것을 여성이 썼다는 사실에, 모두들 놀랍다 못해 충격적으로 받아들인다[3]) 본고에서는 이 작품을 토대로 다양한 콘텐츠를 개발하는 방법에 대해 고찰해보고자 한다.

특히 본고는 새로운 프로젝트 수업방식을 도입하여 콘텐츠 기획과 스토리텔링 방법을 모색해보려고 한다. 21세기 디지털 시대의 도래는 사회, 문화적 변화뿐만 아니라, 교육적으로도 많은 변화를 요구하고 있다. 과거 우리는 교수가 지식을 체계적으로 정리해서 학생들에게 전달하면, 학습자는 그것을 토대로 새로운 지식을 창출할 수 있을 것이라고 믿었다. 그러나 막상 학기가 끝나고 나면, 수업시간에 여러 차례 반복해서 강조했던 내용조차도 제대로 기억하지 못하고 있음을 발견하게 된다. 그래서 이에 대한 대안으로 새롭게 떠오르고 있는 것이 바로 '프로젝트 수업'이다.

프로젝트 수업이란 '한 명 또는 그 이상의 학생들이 어떤 주제에 대해 깊이 있게 탐구하고 표현하는 활동'을 말한다. 그리하여 학습자로 하여금 주변의 세상을 좀 더 생생하게 이해할 수 있도록 하는데 주요한 목적으로 두고 있다,

프로젝트 수업은 1920년대 듀이(Dewey)와 킬패트릭(Kilpatrick)에서 그 유래를 찾고 있다. 당시 프로젝트 수업은 학생들의 흥미와 호기심을 자극할 뿐 아니라, 특히 통합교육을 통해 학생들의 균형적 인격형성에 도움을 준다고 평가되었다. 이후 1989년 미국의 카츠(Katz)와 차드(chard)가 지난 20년간 이루어진 프로젝트 수업과 관련된 많은 연구성

과를 정리하여 재조직함으로써, 다시금 크게 각광받게 되었다.

현재 프로젝트 수업은 미국이나 캐나다 등의 교육현장에서 활발히 적용되어 그 사례들이 계속 보고되고 있다. 하지만 우리나라에서는 아직까지도 낯선 대상인데, 주로 이론과 실제의 통합이 강조되는 공과대에서 많이 이루어지고, 인문학이나 예술학 분야에선 시도된 바가 별로 없는 상황이다.

프로젝트 수업의 가장 큰 특징은 학생들의 적극적인 참여에 의해 수업이 이루어진다는 점이다. 이 수업에서 학생들은 스스로 자료를 찾아 탐구하고 자유롭게 표현해보는 기회를 갖게 된다. 그리고 이러한 수업방식은 공모전이나 인턴십 등 실제 사회활동을 할 때 거의 그대로 적용되는 것이기도 하다.

일반적으로 프로젝트 수업은 준비단계-실행단계-발표 및 평가 단계 등 크게 3단계에 걸쳐 전개된다.

준비단계에서는, 먼저 프로젝트 수업에 대해 간략히 이해한 뒤, 주제를 선정하고 그에 대한 예비 주제망을 구성한다. 예비 주제망이란 본격적인 자료수집에 앞서 학생들이 그 주제에 대해 얼마나 알고 있는지 조사하는 것으로, 주제에 대해 떠오르는 생각이나 아이디어를 정리하여 일종의 '그물망'과 같이 나타내는 것을 말한다. 그런 다음 소주제와 매체별로 팀을 구성하도록 한다.

실행단계는 다시 탐구활동과 표현활동으로 나누어 진행된다. 탐구활동이란 소주제에 대한 자료수집과 선행콘텐츠 조사 및 현장답사 등을 말하고, 표현활동이란 그같은 자료조사를 토대로 콘텐츠 개발을 위한 기획안을 작성한 다음, 각종 매체에 따른 스토리텔링, 더 나아가 스토리보드와 실제 콘텐츠 제작 등까지를 말한다.

끝으로 발표 및 평가 단계에서는 지금까지 수행해온 작업들을 토대로 작품발표회를 갖거나, 최종보고서를 작성하여 발표와 토론을 해보는 것이다[4].

본고에서는 이러한 프로젝트 수업방식을 도입하여 콘텐츠 개발론, 특히 기획과 스토리텔링 방법에 대해 알아보고자 한다.

2. 콘텐츠 기획과 스토리텔링 수업사례

필자는 지난 2009년 1·2학기 고려대와 상명대, 숙명여대, 건국대 대학원 등 4곳의 강의에서 프로젝트 수업방식을 도입하여 콘텐츠 기획과 스토리텔링 방법론을 모색해보았다. 물론 일반적인 프로젝트 수업방식을 그대로 따른 것은 아니고, 수업 주제와 학생 수준에 맞게 그 내용이나 순서를 일부 조정하기도 하였다. 아래에서는 그러한 수업과정을 차례대로 살펴보면서, 콘텐츠 기획과 스토리텔링 방법론을 나름대로 정립해보고자 한다[5].

이론정립

우선 필자는 본격적인 프로젝트 수업에 들어가기에 앞서, 필자의 이전 저서들인 『문화콘텐츠학 강의』(깊이 이해하기), 『문화콘텐츠학 강의』(쉽게 개발하기), 『문화콘텐츠 스토리텔링』 등을 가지고 문화콘텐츠와 스토리텔링에 대한 이론정립부터 실시하였다[6]. 예컨대 문화콘텐츠 산업의 부각배경, 개념, 범위, 특성, 세계 문화콘텐츠 산업의 동향을 자세히 설명하였다. 그와 함께 콘텐츠가 중요해지면서 새롭게 떠오르고 있는 스토리텔링의 개념, 유형, 선진국의 동향에 대해서도 상세히 설명하였다. 그리하여 학생들은 기말고사의 대용으로 제출한 수업소감문에서[7] '여태까지 왜 그에 대해 몰랐을까?', '스토리텔링의 중요성을 새삼 깨닫게 되었다' 등 다양한 반응을 보였는데, 대표적으로 두 학생의 얘기만 들어보면 다음과 같다.

> 이번 수업을 통해 문화콘텐츠 산업에 대한 전반적인 지식을 얻을 수 있었는데, 내게는 아주 유익한 정보였다. 이전에는 '산업'이라고 하면 그저 공업과 과학기술에 의한 것만을 생각하고 있었다. 하지만 각종 문화콘텐츠 산업 분야에 전 세계적 관심이 집중되고 있다는 설명을 듣고서는 세계적 패러다임의 변화를 느낄 수 있었고, 그에 대한 시각 또한 넓어짐을 느낄 수 있었다. 우리도 모르게 이미 삶의 많은 부분에서 문화콘텐츠 산업이 강력한 영향력을 행사하고 있다는 사실을 알았을 때는 일견 두려움이 들기도 했지만, 그와 동시에 이제 우리가 어디로 눈을 돌려야할지 고민해보기도 하였다[8)].

> 문화콘텐츠에서 무엇보다 중요시되는 것은 스토리텔링이었다. 다매체 다채널 시대가 도래하면서 그 내용물인 콘텐츠의 수요가 증가하게 되자, 어떤 콘텐츠에 내포된 이야기를 얼마나 잘 구성하느냐가 관건이 되는 시대가 온 것이다. 다시 말해서 이젠 단순히 정보를 많이 알고 수집하는 단계를 넘어, 인간 본연의 꿈과 감성을 잘 어루만질 줄 알아야 한다는 뜻이다. 경제적 여유가 있는 사람들이 생활의 질을 따지듯, 지난 시대에 비해 비교적 풍요를 누리고 있는 지금 세대들은, 그저 방대한 콘텐츠의 양보다 감성을 잘 표현해내는 질적인 콘텐츠를 원하고 있는 것이다. 그래서 스토리텔링이 날이 갈수록 중요해지고 있는 듯하다[9)].

나아가 필자는 스토리텔링 실습을 미리 준비하기 위해 위와 같은 필자의 저서 『문화콘텐츠 스토리텔링』을 읽고, 일반적인 스토리텔링 방법에 대해 조사하여 중간고사의 대용리포트로 제출하도록 하였다.

주제선정과 팀구성

다음으로 필자는 앞과 같은 프로젝트 수업방식에 대해 간략히 설명해주었다. 여기서는 특히 학생들의 적극적인 참여와 팀웍, 창의성 등이 필요하다고 강조하였다. 그리고는 곧바로 주제선정에 들어갔는데, 우리는 이미 '『완월』을 토대로 다양한 콘텐츠를 개발해보자'라는 과제가 주어졌으므로, 굳이 새롭게 주제를 선정할 필요가 없었다. 그리하여 '나와 『완월』의 긴 인연'이라는 제목으로, 필자의 박사과정 시절부터 지금까지 10여년 넘게 맺어온 『완월』과의 긴 인연담을 들려준 뒤[10], 그 이야기를 들으면서 떠올랐던 생각들을 설문지 형식으로 간단히 써보도록 하였다. 다시 말해서 프로젝트 수업과정 중 '예비 주제망'을 구성해본 것이다. 여기에서도 다양한 의견들이 제출되었는데, 그들 가운데 두 가지만 소개하면 다음과 같다.

> 이씨부인과 교수님의 특별한 인연에 나는 정말 부러움을 느꼈다. 한국학중앙연구원에서의 기이한 만남으로 시작된 교수님과 이씨부인의 인연은 삶과 죽음의 경계를 초월한다. 이씨부인은 대체 얼마나 애절한 마음으로 교수님께 부탁을 했기에 그 소리가 살아있는 자에게까지 들렸던 것일까. 교수님께서는 또 이씨부인과 『완월』에 대해 얼마나 깊이 생각하고 열정을 다하셨기에, 힘들 때마다 죽은 자가 나타나 지켜준 것일까. 나는 정말 이 각박한 사회에서는 찾아보기 힘든 인간관계의 진실함과 순수함, 진한 정을 느꼈다. 그리고 감동에 젖어들수록 나 역시도 마치 이씨부인의 환영을 보는 듯한 착각을 일으켰다. 또 '나를 살려내라!'는 애절한 목소리가 내 귓가에도 맴도는 것 같았다[11].

> 교수님은 어떤 것을 향해 걸어가고 있으신지? 어쩌면 교수님은 『완월』보다 이씨부인에게 더 매료당한 것 같다는 생각을 했다. 그 시대에 『완월』과 같은 대작을 지으면서 이씨부인이 겪은 산통(產痛)보다, 이 시대에 와서 그러한 작품이 묻혀 있다는 사실에 대한 교수님의 학자로서의 고통이 더 큰 것 같았기 때문이다. 그녀의 숨결을 살리고 『완월』의 존재를 국문학사에서 올바르게 자리매김하기 위해 애쓰시는 교수님을 보면서, 왜 그 일을 그렇게 즐겁게 하실 수 있을까 생각

> 해보았다. 『완월』을 대중들에게 알리기 위해서는 뭔가 강력하고 짜임새 있는 기획이 필요한 것 같다[12].

이때 필자는 또한 학생들에게 팀구성을 하도록 했는데, 보통 3～4명이 한 팀을 이루도록 했다[13]. 그리하여 이후 탐구활동과 표현활동, 작품발표회 등 프로젝트 수행을 공동으로 하도록 했다.

탐구활동

이윽고 필자는 자료수집과 선행콘텐츠 조사, 현장답사 등 『완월』에 대한 본격적인 탐구활동에 들어가도록 하였다.

콘텐츠 기획과 스토리텔링에서 자료수집은 가장 기초적이면서도 힘든 과정 중의 하나이다. 그리고 상상력도 아는 만큼 발휘된다는 말이 있듯이, 자료수집은 가급적 풍부하고 여유있게 진행할 필요가 있다.

대개 학생들은 인터넷을 통해 자료수집을 하는 경우가 많은데, 『완월』의 경우는 아직까지 널리 알려진 작품이 아니라서 인터넷에 떠도는 자료가 별로 없거나 왜곡된 것들이 많은 편이다. 그래서 필자는 부득이 관련 도서나 논문, 작품집 등과 자료 수집의 목록을 미리 작성하여 강의계획서에 제시해주었다. 또 그것의 정리 방법에 있어서도 무미건조한 단순요약보다는, 자신만의 관점에서 창의적이고 체계적으로 재정리하여 발표하도록 하였다. 그 주요한 수업 내용과 소감을 제시하면 다음과 같다.

첫째, 필자는 먼저 『완월』의 존재와 작가 문제부터 검토했는데, 대표적으로 정병설의 저서 『완월회맹연 연구』를 토대로 『완월』 관련 문헌기록과 이본들, 작가논쟁, 생애와 집안환경, 특성, 연보, 창작시기, 집단창작 가능성 등을[14], 한길연의 논문 「대하소설의 의식성향과 향유층위에 관한 연구」에서는 공동창작자를[15] 각각 조사해서 발표하도록 하였다. 이로써 학생들은 『완월』에 대한 본격적인 내막을 알고는, 다음과 같이 한편으론 그 생소함에 몹시 의아해하고, 다른 한편으론 학계의 보수적 태도에 답답함을 감추지 못하였다.

> 중고등학교 시절 고전에 대해 매우 좋아했고, 정말 열심히 배웠다. 그래서 대강의 흐름과 웬만한 작품은 알고 있다고 생각했다. 하지만 『완월』을 포함한 낙선재본 소설들에 대해선 전혀 이름조차 들어보지 못했다[16].

> 사실 이전까지만 해도 『완월』이란 작품은 알지도 못했고, 심지어 그런 작품이 존재하는지조차 몰랐다. 알고 보니, 그것은 낙선재에 숨겨져 있던 우리의 보물 중의 보물이었다. 그 양도 어마어마한 180권 180책의 소설이 그렇게 묻혀 있다가 이제야 모습을 드러내다니 아쉬울 따름이었다. 더욱 안타까운 것은 학계에서 그것을 인정하지 않는다는 것이었다. 뭐든지 새로운 것이 드러나면 그에 대해 정확히 알아보고 능동적으로 수용할 줄 알아야 한다. 그렇게 하지 않으면 진척이 없기 때문이다. 하지만 우리 학계는 이런 태도를 갖지 않고 새로운 것을 배제하려고만 하고 있다. 이미 다른 나라들은 여류작가의 작품을 완벽히 소화하고 콘텐츠로 만들어내어 많은 부가가치를 올리고 있다. 하지만 그와 대비되는 우리의 모습을 보면서 참으로 안타깝지 않을 수 없었다[17].

『완월』이란 작품은 180권 180책의 엄청난 장편소설로, 우리나라 여성이 쓴 대작이다. 하지만 학계는 이를 쉽게 인정하지 않고 있다는 사실이 매우 안타까웠다. 당시 여자는 소설을 쓸 수 없다는 인식이 아직도 팽배한 것이다. 친구들에게 물어봐도 여성소설을 아는 이들이 한명도 없었고, 조선후기에는 여성작가가 존재할 수 없다고 생각하는 친구들이 많았다. 참으로 안타까운 현실이 아닐 수 없다[18].

둘째, 필자는 『완월』의 시대적 배경에 대해 살펴보았는데, 예컨대 필자의 저서 『한국 고전여성소설의 재발견』을 토대로 조선후기 문벌사회에서의 여성현실, 17세기 여성지식층과 소설창작, 18・19세기 세책가와 전문작가의 출현, 최대의 후원자인 궁중여성들, 여성들의 소설문화에 대한 사회적 탄압과 익명성 문제 등을 중심으로 조사해서 발표하도록 하였다[19]. 이에 대해서도 학생들은 아래와 같이 새로운 사실을 많이 알게 되었다는 등 다양한 반응을 보였다.

> 이 발표를 들으면서 고대부터 조선중기까지는 여성의 지위를 법적으로 인정하고 있다는 사실을 처음으로 알았다. 또 조선중기의 여성들은 조선후기와 다르게 필명이 아닌 실명을 가지고 작품 활동을 했다는 것도 알았다. 대표적으로 허난설헌, 황진이, 신사임당과 같은 인물이 그것이다. 하지만 조선후기의 여성작가들에 대해선 아는 사람이 거의 없다. ……. 조선후기 여성들도 남자와는 다르지만 가학(家學)으로 글공부를 했고, 임진왜란 이후 중국소설이 들어오면서 그러한 지식을 소설을 쓰는데 힘썼다. 또 당시에는 세책가라는 곳이 있었는데, 지금으로 치면 책 대여점과 같은 곳이다. 여성들은 이곳에다 자신의 소설을 팔고, 그럼 다른 사람들이 와서 빌려 보는 식으로 해서, 조선후기엔 소설들이 크게 유행했다는 것을 알게 되었다[20].

> 이 팀이 발표한 내용도 사실상 거의 처음으로 듣는 내용이라 매우 신선하고 재미있었다. 특히 소설을 빌려보기 위해 집안일도 안 하고 살림살이까지 거덜내는 모습을 보면서, 그 당시에는 인기가 매우 많았는데 왜 지금은 알려진 것이 별로 없을까 하는 아쉬움이 들기도 하였다. 그리고 의아했던 점은 조선 관료들은 세책가를 곱지 않은 시선으로 바라봤다는 것이다[21].

셋째, 세계 여성소설가의 위상과 비교해서 고찰했는데, 예컨대 조동일의 논문 「동아시아 고전소설 작가의 특성 비교」 등을 토대로 일본과 중국, 한국, 영국, 프랑스, 독일 등의 여성소설가를 서로 비교하여 살펴보도록 하였다[22]. 또한 대표적으로 영국의 제인오스틴에 대한 연구와 콘텐츠화 작업을 통해 『완월』의 세계화 방안에 대해서도 고민해보도록 하였다. 이 발표를 들은 학생들은 위의 인용문에서처럼 우리와는 사뭇 대비된다면서 안타까움을 표시했고, 한 학생은 아래와 같이 세계 여성소설사를 다큐멘터리로 제작해보고 싶다고 하였다.

> 나는 평소에 다큐멘터리에 관심이 많다. 다큐멘터리만의 진실성과 정보 제공력에 매혹되어 드라마보다 더욱 많이 시청하는 편이다. 발표를 들을 때도 자연스레 나의 관심사는 다큐멘터리에 치중하게 되었는데, '세계 여성소설사'를 다큐멘터리 시리즈로 제작하는 것도 괜찮을 것 같다는 생각을 했다. 그럼 각 대륙별 혹은 나라별 특징과 역사를 보여주어야 할 것이고, 특히 한국 여성소설사 편에서는 이씨부인과 『완월』을 부각시켜야할 것이다[23].

한편 콘텐츠를 개발하기 위해선 자료수집과 함께 선행콘텐츠도 철저히 조사해서 분석해야 한다[24]. 하지만 『완월』의 경우는 아직까지 콘텐츠화된 것이 거의 없는 실정이므로, 단지 세책가와 관련해서 영화 「음란서생」[25]만을 참고로 검토해보도록 하였다.

끝으로 현장답사를 하여 직접 눈으로 확인하는 것도 매우 중요한데, 이에 필자는 지난 2009년 11월 28일 건국대 대학원생들과 함께 경기도 파주시 금촌동 맥금에 있는 이씨부인의 묘소를 다녀오기도 하였다[26].

표현활동

탐구활동을 마친 필자는 본격적으로 『완월』관련 다양한 콘텐츠 개발, 특히 기획과 스토리텔링 실습에 들어가도록 하였다. 여기에서도 팀별로 하나의 매체를 정해서 공동으로 프로젝트를 진행해나가도록 했으며, 특히 학생들의 자유로운 발상과 표현, 토론 등 적극적인 참여에 의해 수업이 이루어지도록 유도하였다.

표현활동에선 우선 '매체 이해'부터 실시하였다. 예컨대 각종 매체의 개념과 유형, 특성, 제작과정, 기획과 스토리텔링 방법, 성공사례를 통한 벤치마킹 등을 해보도록 하였다. 그런데 아직까지 우리나라엔 기획과 스토리텔링에 관한 논의가 많지 않아, 학생들이 적잖은 어려움을 호소했다. 대표적으로 다큐멘터리 매체의 이해를 맡은 학생들의 사정을 들어보자.

> 다큐멘터리 스토리텔링을 하는 방법은 무엇인가. 영화나 드라마라면 쉽게 스토리텔링 방법을 떠올릴 수 있겠지만, 다큐멘터리는 쉽게 떠오르지가 않았다. 팀원들이 모여 머리를 맞대고 생각해봤지만, 전혀 감을 잡을 수가 없었다. 일단 책부터 찾아보기로 했지만, 다큐멘터리 스토리텔링 방법에 대한 책을 찾는 것도 쉬운 일이 아니었다. 그래도 교수님의 책에 나와 있는 인포메이션 스토리텔링 부분과 몇 가지 책들, 인터넷에서 찾은 정보, 다큐멘터리 종류에 따른 성공사례 등을 종합해서 겨우 발표준비를 해낼 수 있었다[27].

그런 다음 매체별로 발상과 기획 단계를 거쳐, 최종적인 '기획서 작성'에 들어갔다. 기획서 작성법은 여러 가지가 있으나, 필자의 경우는 주제, 기획의도(동기와 목적, 제작방안, 특성, 의의 등), 주요 캐릭터 소개, 스토리 구성(Plot), OSMU화 방안, 진행일정표 등의 형식으로 짜도록 했다[28].

콘텐츠 개발론 수업을 진행할 때마다 느끼는 바이지만, 요즘 학생들도 동기 부여가 충분하고 개발 방법론만 제대로 알려준다면 정말 무궁무진한 아이디어를 쏟아낸다. 『완월』의 콘텐츠 개발방안에 대해서도 그야말로 다양하게 제출했는데, 대표적인 매체들을 중심으로 그 기획안을 간략히 정리해보면 다음과 같다.

(1) 드라마: 『완월』을 콘텐츠로 개발하기에 가장 좋은 매체는 드라마이다. 이는 필자[29]나 학생들 모두 공통된 의견이었다. 왜냐하면 『완월』은 궁궐에까지 들어가 최고의 영예를 얻은 조선시대 베스트셀러요, 작품배경을 명나라 영종대로 설정하고 있기 때문에 '글로벌 사극'으로서의 면모도 갖추고 있다. 또 우리나라 사극은 궁(宮)을 벗어나지 못하고 있는데 비해, 이 작품은 사대부 집안의 가족생활, 특히 여성들의 규방문화가 매우 잘 반영되어 있다. 나아가 『완월』은 '인간행락(人間行樂)의 총서(叢書)'라 일컫을 정도로, 당시 사람들이 일생을 살아가면서 겪을 수 있는 온갖 이야기가 들어있다. 즉, 대하사극으로서의 면모를 고스란히 갖추고 있다는 것이다. 만약 『완월』이 드라마로 제작되어 나온다면 국내 시장의 성공은 물론, 해외진출의 가능성도 매우 높을 것으로 보인다.

(2) 출판: 드라마와 함께 출판을 거의 동시에 추진하면 좋을 듯하다. 출판은 1차 원소스집으로서 다른 매체와의 결합이 용이하고, 그 자체로도 커다란 성공을 거둘 수 있다. 실제로 영상매체에 크게 의존하는 현대에도 출판의 인기는 사그라지지 않고 있으며, 세계적으로 크게 성공한 영화나 드라마의 원소스집으로서 크게 활약하고 있다. 때문에 문화콘텐츠 산업의 위력과 스토리텔링의 중요성을 깨달은 선진국들은 항상 출판시장을 예의 주시하고 있으며, 새로운 작가의 발굴과 육성에 큰 관심을 기울이고 있다. 『완월』도 역시 드라마에서 추구한 내용이나 주제는 유지하되, 현대적인 재해석과 출판의 특성에 맞게 재구성한다면 충분히 화제를 불러일으킬 수 있으리라 본다.

(3) 영화: 『완월』은 한국 여성사의 저력을 세계에 널리 알릴 수 있는 소중한 문화유산임에도 불구하고, 우리의 문학연구가 남성작가층 위주라서 아직까지도 제대로 평가받고 있지 못한 실정이다. 그러므로 이 작

품을 세상에 널리 알리기 위해서는 영화콘텐츠를 개발하는 것이 매우 중요하리라 본다. 『완월』의 영화콘텐츠는 한국 여성소설사의 실체를 본격적으로 밝혀내려는 학자들과, 그것을 방해하려는 기존의 보수적인 학계와의 갈등을 하나의 이야기 구조로 만들어내면 좋을 듯하다.

(4) 다큐멘터리: 원래 다큐멘터리는 방송계의 비인기 종목이었다. 하지만 이러한 다큐멘터리에 새바람이 불고 있다. 최근에 만들어진 명품 다큐멘터리는 커다란 인기를 끌고 있는데, KBS의 「차마고도」, 「누들로드」 등은 작품이 완성되기도 전에 이미 해외시장에 팔려나갔으며, MBC의 「북극의 눈물」은 TV를 넘어서 스크린에까지 맹위를 떨치고 있다.

『완월』관련 다큐멘터리는 앞의 드라마나 출판, 영화 등의 매체를 통해 관심을 이끌어낸 후에, 그 작가와 작품, 시대배경 등을 둘러싼 외적인 문제들을 중심으로 역사적인 측면에서 다루는 것이 좋을 듯하다. 그리고 스토리텔링 방식은 사회자가 해설을 하며 사료 제시와 인터뷰, 재현, CG 등이 반복되는 구조로 하면 될 듯하다.

(5) 관광콘텐츠(촬영지, 문학관): 드라마 『완월』의 공간적 배경은 주로 상층 가문의 내·외당과 사당, 후원, 정자 등에 국한된다. 그러므로 기존 민속촌의 촬영이 아니라, 직접 큰 한옥을 지어 촬영함으로써 사실성을 더할 필요가 있다. 또한 그 세트장과 소품 등은 촬영 후 관광지로 활용하면 좋을 듯하다. 물론 드라마 촬영지는 방영이 끝나면 관광객이 급격히 떨어지는 단점이 있는데, 때문에 지속적인 업그레이드를 통해 지역의 관광지로 부상시킬 필요가 있다. 특히 이 드라마의 세트장엔 별도로 '완월문학관'을 지어 수준 높은 볼거리와 즐길거리를 제공하는 것도 좋은 방법인 듯하다. 이 작품의 촬영지와 문학관은 이씨부인의 묘소가 있고, 장차 이화여대 캠퍼스가 들어설 예정인 파주시

가 적합할 듯하다.

(6) 캐릭터 상품·OST: 이 작품의 드라마나 출판, 영화 등이 인기를 끌면, 자연스레 캐릭터 상품이나 OST를 개발하여 판매할 수도 있을 것이다. 먼저 캐릭터 상품으론 팬시나 문구, 액셔서리, 마론인형 시리즈 등을 개발할 수 있고, 마니아층을 위한 드라마의 미공개 에피소드, 소품, 명장면 등을 담은 별도의 출판물을 만들 수도 있을 것이다. 또 드라마가 제작되면 거기엔 반드시 OST(배경음악)가 있기 마련이다. 이런 음악들은 「대장금」이나 각종 영화음악처럼 단지 배경음악으로만 남는 것이 아니라, 하나의 음반(원)이나 핸드폰 벨소리, 컬러링 등으로도 활용할 수 있다.

(7) 애니메이션·게임: 애니메이션과 게임도 충분히 개발할 수 있다. 「대장금」은 드라마가 성공하자 곧바로 「장금이의 꿈」이라는 애니메이션으로 제작되어 많은 어린이들에게 사랑을 받았다. 『완월』도 역시 드라마의 줄거리를 염두하되, 특히 인물들의 어린시절 모험이나 사랑 등 성장담을 중심으로 판타지적 요소를 강화하여 애니메이션으로 만든다면 충분히 인기를 끌 수 있을 듯하다. 또한 『완월』의 중심인물 중 소교완의 악행에 초점을 맞추어 게임으로 개발하거나, 정인성과 정인광, 정월염 등의 모험이나 전쟁 이야기를 가지고 RPG 게임으로 제작해도 충분히 성공가능성이 있을 듯하다.

(8) 뮤지컬: 대개 뮤지컬은 노래와 춤, 연기가 적절히 어우러져 대중들에게 가장 인기 있는 공연예술 중의 하나이다. 『완월』도 뮤지컬로 만들어 우리의 고전을 대중들에게 널리 알릴 수 있는 계기가 되었으면 한다. 지금까지 뮤지컬은 서양의 음악을 많이 사용했는데, 『완월』 관련 뮤지컬은 가야금이나 해금 등의 국악 연주곡, 국악과 일렉트로닉을 결

합한 퓨전음악을 다채롭게 사용하여, 뮤지컬로서의 매력을 높이고 해외에서도 쉽게 접할 수 있도록 했으면 한다.

마지막으로 필자는 위와 같은 기획서에 따라 세부적인 신 구성을 마친 뒤, 각 매체별로 본격적인 스토리텔링을 진행하도록 하였다. 대체로 스토리텔링은 기・승・전・결의 순서대로 진행하고, 글쓰기는 이야기, 소설, 시나리오, 스토리보드 등 다양한 형식으로 해도 좋다고 하였다. 하지만 시간이 부족하여 작품 전체의 스토리텔링을 하기에는 무리가 있었으므로, 자신들이 가장 잘할 수 있거나 좋아하는 부분만 써서 발표하도록 하였다.

대개 학생들은 스토리텔링을 가장 힘들어하면서도, 다른 한편으론 아래와 같이 가장 재미있어 하였다. 그러므로 어릴 때부터 자유롭게 상상하고 표현하는 경험을 자주 해보도록 하면, 누구나 스토리텔링을 잘할 수 있으리라 본다.

> 그래도 스토리를 하나하나 풀어가면서 재미가 있었다. 내가 작품을 쓰고 있다는 생각이 드니까 왠지 뿌듯했다. 물론 스토리를 쓰는데 어려움이 많았다. 처음에 스토리를 썼을 때는 너무 흥미 요소가 없었고, 막상 흥미 요소를 넣자니 개연성이 떨어지고 말이 길어지는 등 많은 시행착오를 겪었다. 하지만 스토리를 완성하고 나니 왠지 모를 성취감이 들었다[30].

> 프로젝트를 진행하면서 가장 즐거웠던 것은 역시 스토리텔링을 할 때였다. 나로서는 이야기를 짜내는 것이 그렇게 즐거울 수가 없었다. 공강 시간에 미리 강의실에 들어가서 자판기 커피를 마시며 '만약 이런 것들을 이야기에 넣으면 재미있을 거야'라고 하면서, 생각나는 것들을 A4 용지에 적어 내려가니 순식간에 2장이 채워졌다. 한 시간 동안 그렇게 낄낄거리며(누가 봤으면 미쳤다고 했을지도 모르겠다.

> 여자애가 엄청 큰 강의실에서 뭔가를 끄적거리며 정말 미친 듯이 웃었으니까……) 적으니 대충 윤곽이 잡혔고, 조별 모임에서 검토하고 정리하여 교수님께 제출했을 때 긍정적인 반응을 보이셔서 안심할 수 있었다[31].

3. 프로젝트 수업방식을 도입한 콘텐츠 기획과 스토리텔링 수업사례의 의미

날이 갈수록 콘텐츠의 중요성이 부각되고 있음에도 그것의 개발방법론, 특히 기획과 스토리텔링 방법에 대한 연구가 매우 부족한 상황이다. 더 나아가 전문인력의 양성체계, 곧 교육적 측면의 연구는 그야말로 전무하다시피한 실정이다. 이에 따라 본고에서는 새롭게 프로젝트 수업방식을 도입하여 좀 더 전문적이고 체계적으로 콘텐츠 기획과 스토리텔링 방법에 대해 연구해보았다. 끝으로 이같은 시도가 갖는 의의와 한계, 나아갈 방향 등에 대해, 앞에서처럼 학생들의 소감문을 토대로 살펴보자.

먼저 필자는 학생들로 하여금 팀을 구성하여 탐구와 표현 활동 등 콘텐츠 기획과 스토리텔링 실습을 진행하도록 했는데, 이에 대해 학생들은 '다른 수업에 비해 학생들의 참여를 이끌어내었다', '하나의 콘텐츠를 개발해보는 소중한 경험이었다' 등 비교적 긍정적 반응을 보였다.

> 프로젝트 수업이라 해서 걱정을 많이 했는데 여러 가지를 배우고, 생각보다 쉽게 수업에 임할 수 있었다. 수업을 들으면서 재미있다는 생각을 한 적도 많았다. 기존의 수업에선 교수님이 일방적으로 설명하고, 우리들은 그저 받아 적고 외우는 방식이 많았다. 항상 학생들은 수용자가 되었고, 생각하는 기회를 박탈당한다는 생각을 했다. 또 수업만 듣다보면 자칫 딴 생각에 빠지곤 한다. 하지만 이번 수업은

학생들의 참여를 이끈다는 점에서 매력이 있었다. 다른 조들의 성과물을 보면서 나름의 평가도 내려보고, 어떤 콘텐츠가 좋은지 생각도 많이 해봤다[32].

이 수업을 듣기 전까지는 내가 무엇을 깊게 조사하여 발표하고, 완성작을 내기까지는 않더라도 어떤 콘텐츠의 틀을 잡는다는 것은 생각조차 하지 못했고, 나에게는 머나먼 일로만 생각하고 있었다. 하지만 이 수업을 들으면서 모두 훌륭한 콘텐츠를 만들어 낼 수 있을 것 같다는 생각이 들었다. 정말 색다른 경험이었다[33].

하지만 앞으로 보완해야할 점들도 만만치 않았는데, 대표적으로 작품 자체와 시대상황에 대한 이해, 시간 부족의 문제 등이 그것이었다.

수업시간에 가장 안타까웠던 점은 작품 자체에 대한 심도 있는 이해가 불충분했다는 것이다. 한 작품을 콘텐츠화하기 위해서는 우선 원작에 대한 이해와 분석이 선행되어야 한다. 따라서 방대한 분량의 국문 장편소설인 『완월』만을 읽고 이해하는 수업이 개설되어도 좋을 것 같다. 또 이씨부인의 창작과정을 콘텐츠화하기 위해서는 당시 사람들의 생활상이나 예술사, 문화사 전반에 걸친 공부를 해나가야 할 듯하다[34].

수업의 한계라고 한다면 아무래도 많은 과제를 해내기엔 시간이 많이 부족하다는 점이었다. 다른 수업도 많이 듣고, 거의 2주일에 한 번씩 있는 프로젝트 과제를 해내기가 정말 힘들었기 때문이다. 더구나 다른 과제와는 달리 생소할 뿐 아니라 시간을 많이 필요로 하는 과제들이라서 많은 어려움을 겪었다. 그래서 잘하지 못했던 거 같고, 솔직히 아쉬움이 많이 남는다[35].

그와 더불어 학생들은 수업시간에 진행한 내용들을 좀 더 보완해서 실제 콘텐츠로 개발하거나 공모전에 출품하기를 바라였는데, 다행히 이후 필자는 뜻을 같이하는 8명의 전문가 및 학생들과 함께 일명 '『완월』 프로젝트'를 진행하여, 2010년 2월 초 한국콘텐츠진흥원이 주관하는 '대한민국 신화창조 프로젝트'에 지원하기도 하였다.

> 이번 수업을 통해 만들어낸 이야기들을 좀 더 다듬어 제대로된 작품을 내놓을 수 있도록 해야겠다. 현재 우리가 만든 작품들이 많이 부족하지만 하나의 팀을 만들어 꾸준히 노력한다면, 대중들에게 크게 호응받는 작품으로 탈바꿈될 수 있을 것이다[36].

> 『완월』과 이씨부인을 널리 알리려면 공모전에 참가하는 것도 좋은 방법일 것 같다. 콘텐츠를 만들어내는 공모전에 내서 높은 성적으로 수상한다면, 『완월』의 작품성도 인정받고 사람들에게도 많이 알리는 계기가 될 것 같다[37].

끝으로 필자를 비롯한 많은 학생들이 『완월』의 중요성을 강조하며 그 콘텐츠들의 성공가능성을 전망했는데, 이들 가운데 한 학생의 의견을 들으면서 콘텐츠 기획과 스토리텔링 수업사례를 마치고자 한다.

> 『완월』은 정말 여러 방면으로 뻗어나갈 수 있는 가능성을 가진 소설이다. 내가 보기에 『완월』을 읽으면서 다양한 캐릭터들과 그에 걸맞는 다양한 에피소드들, 그렇지만 하나의 결말을 향해 나아가는 완결성 등 너무 재미있었다. 그리고 사람의 심리묘사도 적절히 들어 있고, 성격도 은근슬쩍 비호감인데 알고 보면 괜찮은 캐릭터들이 참 많았다. 다만 『완월』을 영화나 드라마 등으로 콘텐츠화하는 과정에서 가장 중요한 것은 각색이라 생각한다. 『완월』의 강점은 낯선 것에서 오는 친숙함인 것 같다. '조선시대에 이런 소설이 있었어?'라는 낯선 감정과 함께, '조선시대에도 소설이 있었네!'라는 친숙함을 동시에 갖게 하는 작품인 것이다. 『완월』이라는 조선시대 여성소설이 성공하

면, 그 당시에 나왔던 수많은 여성소설들도 다양한 노력을 통해 세상에 빛을 볼 수 있을 듯하다[38].

(『교과교육연구』 제2호, 전북대학교 교과교육연구소, 2010)

1) 정창권, 『문화콘텐츠 스토리텔링』, 북코리아, 2008, 31~32면.
2) 정창권, 『문화콘텐츠 교육학』, 북코리아, 2009, 6면.
3) 이 작품에 대해 제반 사항들은 뒤에서 자세히 검토하고자 한다.
4) 정창권, 위의 책, 2009, 159~166면 참조.
5) 본고에서는 논의의 편의상 위의 수업들을 하나로 통합, 정리하여 살펴보고자 한다.
6) 정창권, 『문화콘텐츠학 강의』(깊이 이해하기), 커뮤니케이션북스, 2007. 정창권, 『문화콘텐츠학 강의』(쉽게 개발하기), 커뮤니케이션북스, 2007. 정창권, 『문화콘텐츠 스토리텔링』, 북코리아, 2008.
7) 수업을 마친 필자는, 학생들에게 '이번 수업에 참여하면서 느낀 소감을 자유롭게 써보자'라는 주제로 수업소감문을 써서 제출하도록 하였다.
8) 고려대 오현중 학생의 수업소감문 중에서
9) 고려대 이미진 학생의 수업소감문 중에서
10) 정창권, 「소설에 담긴 여성선비의 지혜」, 『좋은생각』, 2004년 11월호, 82~83면.
11) 숙명여대 이예은 학생의 설문지에서
12) 고려대 공주현 학생의 설문지에서
13) 물론 개인활동을 원하는 학생들에겐 굳이 팀구성을 권하지 않았다.
14) 정병설, 『완월회맹연 연구』, 태학사, 1998.
15) 한길연, 「대하소설의 의식성향과 향유층위에 관한 연구」, 서울대 박사학위논문, 2005.
16) 상명대 윤혜원 학생의 수업소감문에서
17) 상명대 김지선 학생의 수업소감문에서
18) 상명대 이재민 학생의 수업소감문에서
19) 정창권, 『한국 고전여성소설의 재발견』, 지식산업사, 2002.
20) 상명대 이재민 학생의 수업소감문에서
21) 상명대 김지선 학생의 수업소감문에서
22) 조동일, 「동아시아 고전소설 작가의 특성 비교」, 『국문학연구』 5, 국문학회, 2001. 조동일, 「17~19세기 여성소설가의 위상 비교 고찰」, 학술대회 발표문.
23) 고려대 정희은 학생의 소업소감문에서
24) 정창권, 앞의 책, 2008, 86~88면.
25) 김대우 감독, 한석규, 이범수, 김민정 주연. 2006년 2월 개봉작.
26) 그 외 〈완월〉 관련 현장답사지로는 180권 180책의 선본(善本)이 소장된 한국학중앙연구원의 장서각, 1966년 언문소설이 대거 발견된 現 창덕궁 낙선재 등을 들 수 있다.
27) 상명대 정혜빈 학생의 수업소감문에서
28) 정창권, 앞의 책, 2008, 88~89면.

29) 정창권, 「대하소설 〈완월회맹연〉을 활용한 문화콘텐츠 개발」, 『어문논집』 59, 민족어문학회, 2009.

30) 상명대 이재민 학생의 수업소감문에서

31) 고려대 조은비 학생의 수업소감문에서

32) 상명대 윤혜원 학생의 수업소감문에서

33) 상명대 김지선 학생의 수업소감문에서

34) 고려대 정희은 학생의 수업소감문에서

35) 상명대 정혜빈 학생의 수업소감문에서

36) 고려대 엄민혜 학생의 수업소감문에서

37) 상명대 전혜리 학생의 수업소감문에서

38) 상명대 전혜리 학생의 수업소감문에서

일기(日記)를 통한 우리 생활사 엿보기

1. 들어가기에 앞서

이 글은 2003년 5월 21일 성신여자대학교 인문과학연구소에서 개최한 초청강연회의 발제문을 다시 수정해서 내놓은 것이다. 그러므로 지금까지 써왔던 논문 형식과는 약간 다른 방식을 취했음을 미리 밝혀 둔다.

이해 초에 나는 『홀로 벼슬하며 그대를 생각하노라』(사계절, 2003, 01)란 한 권의 생활사관련 도서를 출간하였다. 이 책은 16세기 유학자 미암 유희춘이 쓴 『미암일기(眉巖日記)』를 토대로 조선중기 양반 가정의 일상생활사를 있는 그대로 재현한 것이었다. 그리하여 나는 16세기만 하더라도 한국 가정은 열린 공간이었고, 여성의 힘이 강하게 자리잡고 있었다고 새롭게 주장하였다.

이 책이 출간된 후 신문, 잡지, 방송 등 거의 20여 곳의 언론 기관으로부터 인터뷰 요청을 받았는데, 그들은 특히 나의 생활사 연구방법론에 많은 호감을 표시했다. 즉 통합적이고 미시적인 생활사 영역의 개척도 그렇지만, 어떻게 픽션과 논픽션의 중간적 글쓰기를 시도할 수 있었는지 무척 궁금해 하였다.

이 글은 바로 그러한 요청에 따라 『홀로 벼슬하며 그대를 생각하노라』의 저작 과정을 비롯한 나의 생활사 연구방법론에 대해 개괄적으로 살펴본 것이다.

2. 나의 생활사 연구방법론

왜 16세기인가

내가 뭔가 새로운 연구를 하려고 본격적으로 뛰어든 것은 박사학위를 받은 2000년 봄이었다. 그 이유는 여러 가지였는데, 우선 현재 하고 있는 문학 연구에 대한 회의감 때문이었고, 다음으로 학생들에게 고답적이 아닌 뭔가 시의 적절한 강의를 하고 싶어서였다. 하지만 무엇보다 큰 이유는 갈수록 어린 시절의 꿈을 잃어버리고 있다는 내 자신의 판단 때문이었다.

난 어릴 때부터 우리와 같은 소시민이 살아가는 이야기, 더 나아가 여성 · 노인 · 장애인 등 우리 역사에서 소외된 사람들이 살아가는 이야기를 글로 써보고 싶었다. 특히 그들이 피해 받고 주저앉아 눈물을 흘리는 모습보다는, 눈에 잘 띄지는 않지만 우리 사회에서 꼭 필요한 일을 해내는 모습을 얘기하고 싶었다. 그래야만 최소한 다음 세대의 사람들이라도 이들이 얼마나 소중한 존재이고, 왜 똑같은 인간으로서 존중받아야 하는지를 알게 될 것이기 때문이다.

그즈음 내가 찾은 주제가 '여성생활사'였다. 대학원 박사과정 시절부터 나는 줄곧 여성 문학과 역사를 공부했는데, 그 결과물이 조선후기 국문 장편소설을 연구한 『한국 고전여성소설의 재발견』(지식산업사, 2002)이었다. 하지만 나는 이제 어두운 시대의 여성상보다 좀 더 활기차고, 힘 있는 시대의 여성상을 연구하고 싶었다. 그래서 눈에 들어온 자료가 바로 16세기 후반 미암 유희춘이 쓴 『미암일기』였다. 이 일기에는 고대로부터 면면히 이어져 내려온 여권 존중의 흔적이 많이 담겨 있을 뿐 아니라 당시 여성의 실제 생활사가 그나마 풍부하게 들어 있기 때문이었다.

사실 16세기인 조선중기까지만 하더라도 한국 사회는 성리학적 사고가 전사회적으로 침투하지 않았고, 그래서 남존여비(男尊女卑) 의식도 아직까지 뿌리내리지 않았다.

참고로 16세기에 대해 몇 마디를 덧붙이자면, 이 시기엔 남자가 여자집으로 가서 혼례를 올리고 그대로 눌러 사는 장가와 처가살이 혹은 남귀여가와 친정생활의 시대였다. 한마디로 딸과 사위가 부모를 모시고 사는 시대였다. 그들은 보통 자녀들이 다 클 때까지 처가에서 살다가 느지막이 본가로 돌아가곤 하였다.

처가살이 혹은 친정생활의 실제

『미암일기』를 보면, 미암 부부를 비롯한 아들과 딸 및 손자 부부가 모두 처가살이 혹은 친정생활을 하였다. 우선 미암은 해남에서 태어나 담양으로 장가들어 본가와 처가를 수시로 왕래하며 생활하였다. 자연히 혼인 후 그의 생활은 유동적일 수밖에 없었다. 반면에 그의 부인 송덕봉은 담양에서 태어나 자랐고, 혼인한 뒤에도 계속 그곳에서 부모를 모시고 살았으며, 부모가 돌아가신 뒤로는 그 집과 전답을 물려받아 조상의 제사를 지내면서 살았다.

그들의 아들인 유경렴도 인근의 장성으로 장가가서 살았으며, 그의 아내는 가끔씩 시댁에 인사하러 오기도 했으나 친정어머니가 부르면 곧장 돌아갔다. 당연히 그 자녀들은 모두 외가에서 태어나고, 또 그곳에서 주로 살았다.

딸 부부도 마찬가지였는데, 딸은 혼인 후 계속 부모를 모시고 살았기 때문에 다른 누구보다 서로의 정의가 각별하여 어머니 송덕봉이 어디를 가든지 항상 그녀를 데리고 다녔다. 반면에 사위 윤관중은 해남 윤씨가의 외아들이었음에도 담양으로 장가와서 틈나는대로 본가에 근친을 다니곤 하였다.

그리하여 이 시기엔 가족관계에서 아들과 딸을 따지지 않았고, 친족 관계에서 본손과 외손을 구별하지 않았다. 또한 재산을 남녀가 균등하게 상속받았으며, 조상의 제사도 자녀들이 서로 돌려가면서 지내는 윤회봉사를 하였다. 남녀의 권리와 의무가 서로 동등했던 셈이다. 뿐만 아니라 여성들의 바깥출입도 비교적 자유로웠고, 학문과 예술활동도 장려되었다. 조선전기에 설씨부인, 조선중기에 신사임당, 송덕봉, 허난설헌, 이매창, 황진이, 이옥봉 등 명실상부한 여성예술가들이 대거 출현한 것도 이 때문이었다.

『미암일기』에 대하여

『미암일기(眉巖日記)』는 16세기 유학자 미암 유희춘의 개인일기이다. 미암은 중종 8년(1513) 전라도 해남에서 태어나 26살에 과거에 급제하여 홍문관 수찬, 무장 현감 등을 지냈다. 하지만 35살에 양재역 벽서사건에 연루되어 20여년 동안 귀양살이를 하였다. 다행히 선조 임금이 즉위하자 유배에서 풀려나 홍문관 부제학, 사헌부 대사헌, 전라 감사 등을 역임하고, 말년엔 정2품 자헌대부까지 올랐다.

미암은 김인후, 기대승, 송순 등과 학문을 함께 했던 16세기 대표적인 호남 사림 가운데 한 사람이었다.

그의 부인 송덕봉은 중종 12년(1521) 전라도 담양에서 양반가의 딸로 태어났는데, 다양한 소양을 갖춘 여성이자 대단한 시적 감각을 지닌 시인이었다. 그래서 최근에는 신사임당의 뒤를 잇는 인물로 새롭게 주목받고 있다.

『미암일기』는 55세인 1567년 10월부터 세상을 떠나기 직전인 1577년 5월까지 대략 11년에 걸쳐 거의 매일 같이 한문으로 기록한 일기이다. 현재 남아 있는 그의 친필 일기는 모두 11책으로, 일기 10책과 미암과 덕봉의 시문을 모은 부록 1책으로 이루어져 있다. 비록 중간에 빠진 부분도 있으나 조선조 개인일기 중 가장 방대한 분량이며, 『선조실록(宣祖實錄)』의 편찬에도 중요한 사료 역할을 담당한 것으로 알려져 있다. 또 당시 양반가의 생활상을 그토록 장기간 동안, 아주 소상히 알려주는 중요한 자료이다.

미암의 친필 일기는 현재 보물 제260호로 지정되어 종가인 담양군 대덕면 장산리 모현관에 기타 유물과 함께 보관되어 있다.

『홀로 벼슬하며 그대를 생각하노라』의 저작 과정

나는 일단 『미암일기』를 토대로 어린 시절의 꿈을 하나씩 실현코자 하였다. 그런데 막상 일을 시작해보니 현실적으로 부딪치는 문제가 한두 가지가 아니었다. 실험적인 작업인 만큼 적잖은 시간과 집중력을 필요로 했고, 특히 글쓰기의 패턴을 바꿔야 한다는 것이 가장 큰 문제였다. 왠일인지 생활사는 기존의 딱딱한 논문체로는 도저히 그 의미를 살릴 수가 없었다. 그래서 지금까지 해오던 논문 쓰기를 잠시 중단하고 이 일에만 전적으로 매달렸다. 내가 2000년부터 2001년까지 단 한 편의 논문도 발표하지 못했던 이유가 바로 여기에 있다.

그럼 이제부터 『홀로 벼슬하며 그대를 생각하노라』의 저작 과정을 차근차근 이야기하면서 우리 생활사 연구방법론의 한 가지를 알아보기로 하자.

우선 나는 이전에 보았던 『미암일기』를 다시 한번 꼼꼼히 읽으면서 나름대로 몸 속에 체득하고자 하였다.

그리고는 생활사관련 자료들을 닥치는 대로 읽고 요약해서 정리하였다. 그때까지만 해도 통합적이고 미시적인 생활사 연구서가 나와 있지 않았기 때문에 나로선 좌충우돌 혼란을 거듭할 수밖에 없었다. 당시 내가 보았던 자료 중 추천할 만한 것들을 몇 가지 소개하면 다음과 같다.

추천할 만한 생활사 관련 자료들

1. 동서양 생활사 관련 연구서

김복래, 『서양생활문화사』, 대한교과서, 1999.

나탈리 제먼 데이비스, 양희영 역, 『마르탱 게르의 귀향』, 지식의 풍경, 2000.

아서니호프, 『사람의 역사』 1~2, 푸른숲, 1999.

P. B. 에브레이, 배숙희 역, 『중국여성의 결혼과 생활』, 삼지원, 2002.

조너선 스펜서, 설순봉 역, 『왕여인의 죽음』, 이화여대 출판부, 1995.

자크 제르네, 김영제 역, 『전통중국의 일상생활』, 신서원, 1995.

테오도르 젤딘, 김태우 역, 『인간의 내밀한 역사』, 강, 1999.

베르나르트 슬리허 반 바트, 이기영 역, 『서유럽 농업사』, 까치, 1999.

2. 한국 생활사관련 연구서

한국고문서학회, 『조선시대 생활사』(1·2), 역사비평사, 1996.

한국역사연구회, 『조선시대 사람들은 어떻게 살았을까』(1·2), 청년사, 1996.

이배용 외, 『우리나라 여성들은 어떻게 살았을까』(1·2), 청년사, 1999.

정연식, 『일상으로 본 조선시대 이야기』(1·2), 청년사, 2001.

이영화, 『조선시대 조선사람들』, 가람기획, 1998.

3. 한국 생활사관련 자료집

(1) 문헌류

『삼국사기』, 『삼국유사』, 『고려사』, 『동문선』, 『조선왕조실록』, 『대동야승』….

동월, 윤호진 역, 『조선부』, 까치, 1995.

유몽인, 시귀선·이월영 역, 『어우야담』, 한국문화사, 1996.

허균, 『성소부부고』 1-5, 민족문화추진회, 1967.

헨드릭 하멜, 이병주 역, 『하멜표류기』, 일조각, 1989.

빙허각 이씨, 정량완 역, 『규합총서』, 보진재, 1975.

정약용, 『목민심서』 1-6, 창작과 비평사, 1978.

홍명희, 『임꺽정』, 사계절, 1985.

박태원, 『천변풍경』, 깊은샘, 1980.

이사벨라 버드 비숍, 이인화 역, 『한국과 그 이웃나라들』, 살림, 1994. 그 외 『상투의 나라』, 『한국의 아동생활』 등 근대 외국인의 기록들
성춘식 구술, 『이부자리 피이놓고 암만 바래도 안와』, 뿌리깊은 나무, 1990. 그 외 근대를 살았던 사람들의 구술담

(2) 고문서 · 민속조사보고서류
『고문서』, 전남대 박물관, 1983.
『전북지방의 고문서』, 전북향토문화연구회, 1993.
『구례운조류』, 국립민속박물관, 전라남도, 1988.

(3) 일기 · 서간류
오희문, 『쇄미록』, 해주오씨추천공파문중, 1990.
남평조씨, 『병자일기』, 예전사, 1991.
조항범 편, 『순천김씨묘출토간찰』, 태학사, 1998.

(4) 문학작품류
임형택 편, 『이조시대 서사시』(상 · 하), 창작과 비평사, 1992.
임형택 · 이우성 편, 『이조한문단편선』(상 · 중 · 하), 일조각, 1993.
강한영 교주, 『신재효 판소리 사설집』, 민중서관, 1978.
기타, 야담집, 세태소설, 국문 장편소설.

(5) 기록화 · 풍속화류
『풍속화』, 중앙일보사, 1985.
이태호, 『풍속화』(하나 · 둘), 대원사, 1995.
『조선시대 풍속화』, 국립중앙박물관, 2002.

4. 기타 생활사관련 논문들
노비사, 가족사, 기녀사, 건축사, 복식사, 음식사 등….

5. 현장답사
박물관, 도서관, 고궁, 남산한옥마을, 해남, 담양….

이렇게 나는 동서양의 연구서는 물론, 우리 쪽의 자료에 있어서도 문학, 역사, 철학, 예술 등 모든 학문 분야를 통합하는 태도를 취했다. 또 지금까지 별로 주목하지 않았던 일기와 편지, 고문서, 현장답사도 중시하였다.

그런 다음, 『미암일기』를 본격적으로 읽으면서 거기에 나타난 유·무형의 생활상을 최대한 섬세하고 다양하게 찾아내기 시작했다. 나는 의식주에 얽힌 유형의 생활사만이 아니라 꿈이나 사랑 같은 무형의 생활사도 중시하였고, 노비와 첩, 기녀, 의녀 등 주변부 사람에게도 많은 관심을 기울였다.

대체로 『미암일기』는 그 날의 날씨와 꿈 내용을 간략히 기록하고 집안의 물건출입, 손님접대, 질병, 나들이, 편지 등을 차례대로 나열하고 있는데, 미암 자신을 비롯한 가족과 노비의 일상생활이 그야말로 솔직하게 기록되어 있다. 심지어 감기에 걸려 설사를 하고, 부부가 대청에서 동침한 뒤 성병이 점염되는 것까지도 사실대로 기록되어 있다.

그러고 나서 11년 간 일기의 흐름을 그대로 따라가되, 미암 일가족의 생활상을 가장 잘 드러내주는 여섯 가지 테마를 추출했다. 제1부의 관직생활, 살림살이, 나들이와 제2부의 재산증식, 부부갈등, 노후생활이 그것이다.

이처럼 통합적이면서도 미시적인 관점으로 나는 나름대로 색다른 한 편의 생활사 연구서를 저작하기에 이르렀다. 물론 그 과정에서도 시행착오를 겪지 않을 수 없었는데, 앞에서 언급한 글쓰기 문제가 바로 그것이었다.

처음에 나는 딱딱한 논문체를 쓰지 않고 완전한 이야기체(소설체)로 미암 일가족의 생활사를 재현하였다. 독자들로 하여금 쉽고 재미있게 읽으면서 우리 생활사를 이해할 수 있도록 만들기 위해서였다. 물론 모든 이야기는 일기를 바탕으로 풀어 쓴 것에 불과하며 저자가 허구적으로 꾸며낸 것은 아니었다.

그 결과물이 '『미암일기』로 재현한 16세기 양반가정의 일상생활사'

(가제)였다. 본격적으로 작업을 시작한 지 근 2년 6개월 만에 완성한 것이었다. 하지만 출판사의 반응은 그리 호의적이지 않았다. "흥미롭지만, 너무 오버했수!". 대개가 이런 반응이었다. 다행히 생활사를 전문으로 하는 某출판사가 상당 부분 수정하면 출판해 주리라고 제의했다.

그래서 이번에는 각 테마마다 먼저 16세기 사람들의 일반적인 생활상을 설명한 뒤, 해당 날짜에 있었던 미암 일가족의 생활상을 한 편의 이야기로 재현해서 덧붙이는 형식으로 수정했다. 일종의 픽션과 논픽션의 상생(相生)을 기도한 것이었다. 근 6개월 동안 이러한 수정과 교정 작업을 마친 뒤 2003년 초반에 『홀로 벼슬하며 그대를 생각하노라』란 제목으로 비로소 출판되었는데, 독자의 반응은 의외로 좋아서 나는 그저 하늘에 감사할 따름이다.

3. 『미암일기』를 통해 본 16세기 양반가정의 일상생활사

전통시대 가족은 오늘날 기업체와 맞먹는 수준이었다

그럼 이제부터 『홀로 벼슬하며 그대를 생각하노라』의 중심 내용을 하나씩 들여다 보자. 아래 이야기는 언론과의 인터뷰에서 자주 받았던 질문이기도 하지만, 사실은 내가 이 책에서 가장 역점을 둔 부분이기도 하다. 참고로 나는 가족 전체의 입장에서 여성 생활사를 접근했음을 미리 알려둔다.

우선 16세기는 인간 생활에 필요한 거의 모든 것들이 가족을 중심으로 이루어진 가족사회였다. 이 시기엔 채소·식량·의복·땔감 등 의식주에 필요한 생활필수품을 가족 내에서 직접 만들어 사용하거나 이웃간의 선물로 충당했고, 자녀교육이나 질병치료, 종교활동도 집안 어른들의 손에 의해 해결되었다.

가족의 규모도 오늘날 사람들은 좀처럼 상상하기 힘들 정도로 어마어마했다. 현대인의 가족 개념은 17세기 이후로 변화된 개념, 그러니까 할아버지-아버지-아들로 이어지는 부계만으로 한정되어 있으나, 16세기엔 그러한 부계만이 아니라 어머니 쪽의 일가인 모계, 처가 쪽의 일가인 처계까지 포함하고 있었다. 게다가 그들은 능력만 허락된다면 팔촌의 권속과, 수십 · 수백 명에 이르는 집안 노비까지 거느리고 살았다.

미암과 덕봉 일가족만 보더라도 그들 부부를 비롯해서 딸과 아들 내외 및 손자들, 일가친척, 기타 100여 명에 이르는 노비 등 실로 엄청난 가족이 더불어 살았다.

> 양반과 노비의 관계는 결코 일방적이지 않았다
>
> 우리는 노비를 양반의 소유물로, 곧 지나치게 신분적으로만 바라보는 경향이 있다. 하지만 양반과 노비의 관계는 결코 일방적이지 않았다. 양반은 노비를 자신의 수족(手足)처럼 부리는 대신에 그들의 일상생활을 책임져야만 하였다. 비록 변변찮은 반찬이나마 하루 세 끼를 꼬박꼬박 챙겨주어야 했고, 철따라 옷감을 주어 옷을 지어 입도록 하였다. 또 노비 가족의 생계를 위해 매달 월급을 지급했음은 물론, 만약 노비가 병 들면 의원을 불러다가 치료까지 해주었다. 그렇지 않으면 노비는 곧장 도망을 가고 말았다. 노비도 분명히 가족의 일원이었던 것이다.

이처럼 16세기 가족은 오늘날 웬만한 중소기업체와 맞먹을 정도로 거대한 사회였고, 따라서 집안일도 엄연한 사회활동으로 간주되었다.

실질적인 집안의 주도권자, 안주인

16세기 여성이 하는 일은 대단히 방대하였다. 당시엔 의식주를 비롯한 집안의 경제적 측면은 여성이 주도하고, 외부와의 접촉이나 관직을 통한 집안의 지위상승 같은 대사회적 측면은 남성이 주도했다. 그런데 이 시기 남성은 근친, 수학, 관직, 유배 등의 이유로 자주 집을 비우고 떠돌아다녔기 때문에 실질적으론 여성이 안팎의 집안일을 거의 다 주관하였다. 예를 들어 덕봉의 경우를 통해 좀 더 체계적으로 살펴보자.

먼저 덕봉은 음식장만, 집안청소, 방아찧기, 빨래, 옷짓기 등 가족의 일상생활을 책임졌다. 물론 그것들의 실제 노동은 대부분 집안 여종이 담당했지만 말이다.

다음으로 제사를 지내고 손님을 접대하는 봉제사 접빈객(奉祭祀 接賓客)도 그녀의 역할 가운데 하나였다.

제사는 당시 양반가에서 반드시 지켜야할 덕목의 하나였다. 이 시기엔 남녀가 재산을 공평하게 분배받았으므로 제사도 자녀들이 서로 돌려가며 지내는 것이 관례였는데, 그래서인지 미암도 외갓집 제사와 처갓집 제사를 지냈다.

특히 미암은 기본적으로 자기 조상의 제사는 자기가 지내야 하는 것으로 생각했다. 그는 부인과 떨어져 살 때는 자신이 직접 주관해서 제사를 지냈고, 부인과 함께 살 때는 지방과 축문을 쓰고 제례를 안내하는 역할은 자신이, 제사음식인 제수를 장만하는 역할은 부인이 각각 담당했다. 그러나 제사를 지낸 뒤 항상 일기에다 쓰기를, '제물이 풍족하게 갖춰졌으니 부인이 내조한 힘이다.', '제물이 깨끗하고 풍비했으니 부인이 준비한 힘이다.'라고 기록하면서 부인의 노고에 감사를 표했다. 이렇게 그는 자기 조상의 제사는 결국 자기가 책임을 지고 지내야 하는 것으로 생각했다.

손님 접대도 양반가에서는 대단히 중요한 일이었다. 평소 미암가에는 각양각색의 사람들이 그야말로 끊임없이 찾아왔는데, 찾아오는 사람은 반드시 물건을 가져오고, 주인 역시 음식 대접은 물론 손님이 돌아갈 때 뭔가를 챙겨주어야 하는 아주 번거로운 일이었다.

또한 덕봉은 집안에 필요한 살림도 장만했다. 예를 들어 화공(畵工)을 불러다가 병풍을 만드는 일, 가마장이를 데려다가 가마를 수리하는 일, 집안 노비를 부려 사랑편 동편에 헛간을 짓는 일 등이 그것이다. 특히 그들 부부가 말년에 살았던 창평집은 순전히 덕봉이 설계하고 공사를 주도해서 지은 집이었다.

송덕봉의 창평집 건축사

미암과 덕봉은 말년에 창평으로 이사하여 그곳에서 한가로운 노후생활을 보낸다.

미암이 벼슬을 그만두고 창평으로 들어간 이유는 동서분당, 곧 당쟁 때문이었다. 선조 8년(1575) 당쟁이 본격화될 기미를 보이자, 덕봉은 미암에게 벼슬을 그만두고 고향으로 내려가자고 강력히 요청한다. 이에 미암이 건강을 이유로 임금에게 사직서를 제출하고 창평으로 내려간다.

창평집은 안채와 사랑채, 행랑채로 구성된 집이었는데, 덕봉이 노후생활을 위해 결혼 초기부터 오랜 기간에 걸쳐 하나씩 지은 집이었다. 덕봉이 사랑채를 지으면서 지은 시가 아직까지 남아 있는데 그것을 옮겨보면 다음과 같다.

규모를 세우기를 누가 기특히 했나
부인의 마음 솜씨 반수(班垂)와 같다.
남쪽에 서실 열어 새롭게 환하고
북쪽의 서까래 밑에 다락을 놓았도다.
늙은이 창에 기대어 거드름 피우고
자손들 책을 펴고 글을 읽으리.
문득 선친의 이사하란 말씀을 생각하니
우리 자손에게 백세의 복을 열어주셨도다.

이렇게 덕봉은 중국 고대의 이름난 장인인 반수(班垂)에 빗대어 자신의 설계 솜씨를 마음껏 뽐내었다.

나아가 덕봉은 집안에 나고 드는 물건을 관리할 뿐 아니라 손수 재산을 증식하기도 하였다. 예를 들어 '부인이 스스로 말하기를, 서울로 오면서 짐을 싣고 왔던 말을 팔아가지고 쌀을 사서 내놨다가 받아들이는 일을 시작했다고 한다', '부인이 쌀 12섬으로 동쪽 언덕 위에 있는 송정순의 논 3마지기를 샀다', '부인이 빚을 낸 쌀 10섬과 소 1마리로 김난옥의 논 4마지를 샀다' 등의 기록이 그것이다. 16세기 재산증식법은 이렇게 곡식을 빌려주고 이자를 계산해서 받거나 토지를 집적하는 방법이 있었다.

덕봉은 또한 가족들의 정신적 지주역할까지 담당했다. 그녀는 평소 딸과 아들 부부 및 손자들을 기르고 가르쳤으며, 미암의 건강관리와 친구관계, 관직생활, 저술작업 등에도 많은 도움을 주었다. 대표적으로 저술작업만 살펴보면 『미암일기』에 이러한 기록이 나온다. '내가 오늘 『유합(類合)』 하권을 번역하면서 부인에게 많이 물어서 개정을 했다'. 그리고 한번은 미암이 『상서(尙書)』를 교정하다가 모르는 것을 덕봉에게 물어 알고는 '내가 오늘 새벽에 부인과 동료가 된 셈이다!'라고 말하면서 무척 기뻐하기도 한다.

이밖에 덕봉은 곤궁한 사람을 도와주는 구휼(救恤)을 통해 마을의 안주인 역할을 담당하기도 했다. 그녀는 재난에 처한 일가친척을 자주 도와주었고, 이웃들 가운데 어려운 사람이 있으면 식량과 의복을 보내주기도 했다.

그렇다고 덕봉이 항상 살림만 하는 것은 아니었다. 그녀는 살림을 주관하면서 틈나는 대로 부녀모임을 갖었는데, 일가친척이나 안면이 있는 부녀자 가운데 보고 싶은 사람이 있으면 직접 찾아가 하루 이틀씩 그 집에서 놀다 오거나, 혹은 가마와 가마꾼을 보내 집으로 초청하여 함께 놀기도 하였다. 그리고 임금의 행차, 중국 사신의 방문 등 나라에 특별한 구경거리가 있으면 반드시 딸을 데리고 나가서 구경했다.

16세기 여성의 지위와 권한은 상대적으로 높을 수밖에 없었다

이상에서 송덕봉의 경우를 통해 보았듯이 16세기 여성은 안팎의 집안일을 거의 다 주관함으로써 실질적인 집안의 주도권자였다. 그런데 당시 여성의 집안일은 생존과 직결되는 매우 중요한 일이었고, 그런 만큼 사회적으로 충분한 대우를 받았다. 즉 하는 일이 많은 만큼 존경도 받았던 것이다. 게다가 16세기까지는 앞에서 말했듯이 딸이 부모를 모시고 살았을 뿐 아니라 여권을 제도적으로 보장하였기 때문에, 여성의 지위와 권한은 상대적으로 높을 수밖에 없었다. 조선후기처럼 가장권의 강화와 남존여비 의식의 심화로 부부관계가 철저히 상하관계로 바뀐 채 남편이 아내를 구타하는 가정폭력이 일상화되는 것과는 분명한 차이가 있었다.

처가살이와 여성의 권력

처가살이 시대에 여성의 권력이 어떠했는지는 정도전(?～1398)의 『삼봉집(三峰集)』에 잘 나타나 있는데, 그것을 옮겨보면 다음과 같다.

> 친영례(親迎禮)를 하지 않고 남귀여가(男歸女家)를 행하니 부인이 무지하여 그 부모의 사랑을 믿고 남편을 가벼이 여기고 교만과 투기하는 마음이 날로 자라 졸지에 반목하여 가도(家道)가 무너진다.

이 시기 여성은 남편이 첩을 두고 외도를 하면 부부싸움을 크게 일으켰고, 심지어는 남편을 집안에서 내쫓아 병들어 죽게 만들거나 공개적으로 이혼을 선언하고 서로 별거하기도 하였다. 특히 중종 12년(1517)에는 이러한 사건이 한 해 동안에 무려 여섯 건이나 발생하여 조정이 얼마간 떠들썩하기도 하였는데, 이에 대한 자세한 이야기는 나의 다음 책에서 밝히도록 하겠다.

또 아직은 가족사에 대한 연구가 부족하여 쉽게 믿기지 않겠지만, 이 시기엔 매맞는 남자가 의외로 많아서 사회적으로 문제시되기도 하였다. 그것은 『조선왕조실록』이나 『어우야담』, 『천예록』 등 정사와 야사에 두루 나타나는데, 이 문제도 역시 나의 다음 책에서 자세히 밝히도록 하겠다.

많은 사람들은 오늘날 우리의 입장에서 혹은 다분히 서구적인 시각에 입각해서 16세기 사회도 공(사회)과 사(가족)로 이분한 채, 위와 같은 여성의 역할과 지위에 대해 결국 가족 내인 사적인 영역에 제한된 것이었을 뿐이라고 과소평가하고 있다. 하지만 앞에서 보았듯이 당시 한국은 일상생활에 필요한 거의 모든 것들이 가족을 중심으로 이루어진 가족사회였고, 그 가족 자체도 오늘날 웬만한 중소기업체와 맞먹을 정도로 거대한 사회였다는 점을 잊어서는 안될 것이다.

16세기 한국 가정은 열린 공간이었다

이처럼 남녀가 거의 대등한 관계를 유지했기 때문에 16세기 부부들은 오늘날 우리가 보기에도 감탄할 정도로 애틋한 부부애를 누렸다. 예를 들어 이 책의 주인공인 미암과 덕봉 부부만 하더라도, 그들은 제사를 지내기 전이나 혹은 일가친척이 죽어서 애도를 표할 때를 제외하곤 늘 안방에서 식사도 같이 하고 잠자리도 같이 했다. 또 평소에도 시나 편지를 주고받으며 사랑을 나눌 정도였다.

부부가 시를 주고받다

선조 2년(1569) 9월이었다. 이즈음 미암은 외교 담당 부서인 승문원에 다니고 있었는데, 며칠 째 계속 집에 돌아가지 못하고 숙직하고 있었다. 때마침 날씨도 눈이 내리다가 비가 내리는 등 갑자기 추워졌다. 이에 못내 걱정하던 덕봉이 새로 지은 비단이불과 항상 입는 단령을 보자기에 싸서 미암에게 갖다주도록 한다.

전혀 뜻밖의 물건을 받은 미암은 부인의 정성에 그만 감동하고 만다. 그래서 임금이 하사한 술상과 이러한 시를 지어 덕봉에게 보낸다.

눈이 내리니 바람이 더욱 차가워
그대가 추운 방에 앉았을 것을 생각하노라.
이 술이 비록 하품(下品)이지만
차가운 속을 따뜻하게 데워줄 수 있으리.

그러자 덕봉도 이러한 화답시를 지어 보낸다.

국화 잎에 비록 눈발이 날리지만
은대(승문원)에는 따뜻한 방이 있으리.
차가운 방에서 따뜻한 술을 받으니
속을 채울 수 있어 매우 고맙소.

이날밤 미암이 6일만에 비로소 퇴근하고 돌아오는데, 일기를 보면 이렇게 기록되어 있다.

'부인과 엿새를 떨어졌다가 만나니 반가웠다!'

그래서인지 덕봉은 〈착석문〉이란 글에서 '하물며 당신은 나의 지우(知友)로서 귀뚜라미 우는 소리에 비하여 백 년을 함께 늙자고 했으면서……'라고 미암에게 지우(知友), 곧 나를 알아주는 친구라고 표현하기도 했다.

우리는 특히 미암의 태도에 대해 유심히 살펴볼 필요가 있는데, 그는 참 자상하고 개방적인 남편이었다. 미암은 덕봉이 먼 길을 찾아오면 다과를 준비하여 10리 밖까지 마중을 나갔으며, 몸이 아프면 휴가를 내어 곁에서 직접 간호했다. 그리고 나라에 특별한 구경거리가 있으면 딸을 데리고 나가서 구경하도록 권하고, 아들을 미리 보내 방을 따뜻하게 해놓고 기다리라고 했다. 또 나중에는 덕봉이 지은 시를 모아 『덕봉집(德峯集)』이란 시집을 내주기도 하였다.

이처럼 16세기 한국 가정은 조선후기처럼 권위적이고 폐쇄적인 곳이 아닌 상대적으로 '열린 공간'이었고, 여성의 힘이 강하게 자리잡고 있었다.

4. 맺음말

통합적인 학문태도

이상으로 나의 생활사 연구방법론을 간략히 소개하였다. 나는 우선 문학 · 역사 · 철학 · 예술 등 모든 학문 분야를 통합하는 태도를 취했다. 그런 다음 일기나 편지, 고문서 등 지금까지 별로 주목하지 않았던 개인 자료를 통해 미암 일가족의 생활사를 그야말로 섬세하게 재현하고자 하였다. 이로써 16세기까지만 해도 한국 가정은 열린 공간이었고, 여성의 힘이 강하게 자리잡고 있는 것으로 보았다. 이처럼 생활사의 관점으로 세상을 보면 정치사 위주의 거대 역사에서는 쉽게 볼 수 없었던 새로운 역사적 풍경을 밝혀낼 수 있다.

생활사는 누구나 할 수 있다고 본다. 생활사는 어느 한 분야의 학문만으로는 하기 힘든 통합적인 학문이기 때문에 사학 뿐 아니라 문학, 철학, 과학, 예술 등 모든 분야의 전공자가 참여할 수 있다. 예를 들어 국문학 전공자는 그 풍부한 국문학 자료와 생활사를 접맥하면 해당 시대의 안팎을 더욱 잘 볼 수도 있다. 엄밀하게 말해서 역사학이 시대사 중심이라면 생활사는 테마 중심의 역사, 곧 분야사로 일정 정도 차이가 있는 듯하다.

나아가 우리는 비전공자·비전문가의 참여도 인정해야 하는데, 왜냐하면 그들의 개방적 사고가 새로운 생활사의 영역을 개척할 수도 있기 때문이다. 사실 지금까지 한국 생활사는 이규태, 이훈종, 뿌리깊은 나무, 안길정 등에 의해 지속적으로 이루어져왔고, 그 역사적 공로 또한 결코 무시할 수 없다.

한국 생활사 도서류

이규태, 『한국인의 의식구조』, 『서민의 의식구조』, 『개화백경』(1-5) 외 다수.
이훈종, 『갈수록』, 『흥부의 작은마누라』 외 다수.
『숨어사는 외톨박이』(1-2), 뿌리깊은 나무 외 다수.
김주영 외, 『한국인의 뿌리』, 사회발전연구소, 1984.
안길정, 『조선시대 생활사』(상·하), 사계절, 2000.

비록 그들의 업적이 흥미 위주이고 풍속사에 가깝다는 지적도 있지만, 참고할 가치는 분명히 있다고 본다. 다만 앞으로의 생활사는 사람, 사물, 동·식물 등 여러 가지 생활사 테마 가운데 하나를 선택하되, 그 시대의 역사상을 최소한 한 가지 이상은 짚어낼 수 있어야 한다는 점만 기억하면 될 것이다.

개성적인 글쓰기 방식

나는 『홀로 벼슬하며 그대를 생각하노라』에서 기존의 논문체로 쓰지 않고, 픽션과 논픽션의 중간적 글쓰기를 시도해 보았다. 예컨대 각 테마마다 16세기 사람들의 일반적인 생활상을 제시한 뒤, 해당 날짜에 있었던 미암 일가족의 특수한 생활의 단면을 한 편의 이야기로 재현하여 그 뒤에 덧붙이곤 하였다. 그래서 이 시기 생활사를 보다 생생하게 이해할 뿐만 아니라 그 이면에 숨어 있는 심리적인 측면까지 직접 느낄 수 있도록 하였다. 물론 그들 이야기는 일기를 토대로 사실적으로 재현한 것이며, 기타 시와 문, 편지 등도 원문을 충실하게 번역해서 실었다.

나는 글이란 본디 자기에게 가장 잘 맞는 방식으로 써야한다고 생각하고 있다. 우리 연구자의 글쓰기도 이제는 논문일변도에서 벗어나 소설이든 수필이든 편지글이든 자기가 말하고자 하는 주제에 가장 적합한 방식을 선택해서 글을 쓰도록 했으면 어떨까 한다. 그래야만 글에 힘이 있고, 힘이 있어야만 감동을 줄 수가 있고, 감동을 주어야만 대중의 호응을 얻을 수 있기 때문이다.

그렇다고 논문을 폐기하자는 얘기는 아니다. 실험 결과를 보고할 때나 통계 조사를 발표할 때, 문헌을 고증할 때 등에는 여전히 논문이 무엇보다 유용하다. 다만 그렇지 않은 분야에선 끊임없이 다양한 글쓰기를 시도하여 대중과 함께 하는 방향으로 가면 어떻겠느냐는 것이다.

나는 대중과 함께 하는 글쓰기, 곧 대중적 글쓰기라고 무조건 학술적 가치가 떨어진다는 생각은 시대착오적이라고 생각한다. 그것은 요즘 젊은이의 취향을 전혀 고려치 않은 생각이며, 또 연구자들이 흔히 말하듯이 우리 인문학은 지금 커다란 위기를 맞고 있기 때문이다.

결국 나는 통합적인 학문과 개성적인 글쓰기가 새로운 인문학의 시대를 여는 하나의 방법이 될 수 있다고 본다.

『홀로 벼슬하며 그대를 생각하노라』를 출간한 후 나는 숙종 28년(1702)에 있었던 향랑이란 여인의 자살사건을 가지고 17세기 서민층의 가족생활사를 집필하고 있다. 이 사건에는 계모, 가정폭력, 이혼, 재혼 등 일탈적 측면에서 당시 가족문제가 종합적으로 반영되어 있는데, 이전과는 달리 미시사적 방법으로 17세기 조선의 가족사회에 무슨 일이 벌어지고 있었는지 살펴보려고 한다.

(『한국학연구』 제18집, 고려대학교 한국학연구소, 2003)

3부

고전문학과 여성

양성평등의 관점에서 본 한국 여성사

1. 한국 여성사에 대한 오해

21세기 디지털 시대가 되어서도 쉽게 바뀌지 않은 한 가지 편견이 있다. 전통시대 여성들은 자신의 주장을 함부로 내세우지 못하고 그저 남성들의 권위에 의존해서 살아야만 했으며, 또 그것을 마치 숙명처럼 여기며 한평생을 살았다는 것이다. 게다가 그러한 여성사가 유사 이래 아무런 변함없이 계속되어온 것처럼 인식하고 있다.

이러한 수동적이고 억압적인 여성사의 이미지는 가정과 학교에서 뿐 아니라, 드라마나 영화, 공연 등 각종 대중매체를 통해서도 끊임없이 재생산되고 있다. 그러면서 현대 여성들에게 자신을 드러내지 말고 조용히(?) 살도록 암묵적으로 강요하고 있다. 이 때문에 여성들은 힘들게 공부하여 대학까지 마치고 직장에 들어가도, 얼마 후 결혼하여 아이를 낳으면 상당수가 직장을 그만두고 가정에 몰두할 수밖에 없는 처지가 되고 만다.

그런데 우리 사회에 자리 잡고 있는 이 같은 가부장적 가치관은 실제로는 얼마 되지 않은 그야말로 일시적인 풍습에 불과하다. 16세기인 조선중기까지만 해도 우리나라는 실질사회에선 남성과 여성이 거의 동등한 위치를 차지하고 있었다[1]. 그러던 것이 17세기 이후 조선후기로 접어들면서 여성들은 점점 남성들에게 구속되기 시작했다. 또 20세기 일제시대엔 조선후기의 완고한 가부장제에다 일본식 가부장제까지 덧씌워져 한국 여성사는 역사상 유래를 찾기 힘든 암흑기로 빠져들고 말았다[2].

이렇게 요즘 우리가 생각하는 가부장제와 여성관은 17세기 이후인 조선후기에야 비로소 형성된 것이었다. 즉, 완전한 남성 지배와 여성 종속은 5천년 한국 역사에서 최근의 그리고 비교적 짧은 기간의 현상이었던 것이다[3]. 그럼에도 이러한 사실을 정확히 알지 못하는 사람들은 막연히 "옛날부터 여자들은……"라고 운운하며, 그러한 가부장적 가치관을 되물림하려 하고 있다.

이에 따라 본고는 양성평등의 관점에서 한국 여성사를 재조명해보고자 한다. 특히 완고한 가부장제가 정착하기 이전인 16세기 사람들의 생활상을 집중적으로 살펴보면서, 앞으로 우리들은 과연 어떻게 살아야 할 지에 대해서도 함께 고민해보고자 한다.

대개 한국 여성사는 임진왜란 이후, 좀 더 정확히는 1623년 인조반정을 기점으로 크게 달라졌다. 그러므로 본고에서는 16세기 여권존중의 전통, 17세기 변화하는 여성현실, 18세기 한국 여성사의 저력 등으로 나누어, 한국 여성사를 재조명해보고자 한다. 또한 본고에서는 가급적 사례를 많이 들어가며 한국 여성사를 보다 생생하게 살펴보고자 한다.

2. 양성평등의 관점에서 본 한국 여성사

16세기만 해도 한국은 열린 사회였다

16세기인 조선중기까지만 해도 한국은 상당히 개방적인 사회였다. 이 시기엔 제한적이나마 신분상승이 가능했고, 유교·불교·도교의 사상이 공존했다. 또 가장 흥미로운 사실은 고대로부터 면면히 이어져 내려온 여권(女權) 존중의 전통이 여전히 남아 있었다는 점이다[4].

한국의 고대사회는 남녀가 하는 역할이 각각 다르다는 내외 분별의식을 바탕으로 여성의 관직 진출을 제한하는 이른바 '국가적 가부장제'

사회였다. 하지만 가족과 친족을 둘러싼 실질사회에서는 아래의 사실들과 같이 여성의 권리를 제도적으로 보장하였다. 이러한 여권 존중의 전통은 고려시대를 거쳐 조선전, 중기까지 이어진다[5].

현대사회에서 '처가살이' 하면 대개가 무능력하거나 보잘 것 없는 남자를 떠올리는 등, 부정적인 시각으로 바라보는 것이 일반적이다[6]. 하지만 16세기까지만 해도 우리나라 사람들은 남자가 여자집으로 가서 혼례를 올리고 그대로 눌러 사는 장가와 처가살이 혹은 남귀여가(男歸女家)와 친정생활을 하였다. 즉, 딸이 사위와 함께 친정부모를 모시고 살았던 것이다[7].

이 시기 사람들의 장가와 처가살이의 실체는 1567년에서 1577년까지 약 11년에 걸쳐 거의 매일같이 한문으로 기록한 미암 유희춘의 개인일기인 〈미암일기(眉巖日記)〉에 잘 나타나 있다.

〈미암일기〉를 보면, 미암 부부를 비롯한 아들과 딸, 손자 등이 대를 이어가며 처가살이 혹은 친정생활을 하고 있다. 우선 미암은 해남에서 태어나 담양으로 장가들어 본가와 처가를 수시로 왕래하며 생활한다. 자연히 결혼 후 그의 생활은 매우 유동적일 수밖에 없었다. 반면에 그의 부인 송덕봉은 담양에서 태어나 자라고, 혼인한 후에도 계속 그곳에서 친정부모를 모시고 살며, 부모가 돌아가신 뒤로는 그 집과 전답을 물려받아 조상의 제사를 지내며 산다.

또한 그들의 아들인 유경렴도 인근의 장성으로 장가들어 살며, 며느리는 가끔씩 시댁으로 인사하러 오기도 하나 친정부모가 부르면 곧장 돌아간다. 당연히 그 자녀들은 모두 외가에서 태어나 자라고, 그들의 부모나 조부모처럼 장가와 처가살이를 한다.

미암과 덕봉의 딸 부부도 역시 마찬가지인데, 딸은 결혼한 후에도 계속 친정부모를 모시고 살았기 때문에 서로의 정의가 각별하여 덕봉이 어디를 가든지 항상 데리고 다닌다. 반면에 사위 윤관중은 해남 윤씨가의 외아들임에도 불구하고 담양으로 장가들어 틈나는 대로 본가에 근친을 다닌다.

이렇게 조선중기까지만 해도 우리나라는 장가와 처가살이가 보편적인 혼인풍속이었다. 그리하여 가족관계에서 아들과 딸을 가리지 않고, 친족관계에서 본손과 외손을 구별하지 않았다. 이른바 부계와 모계의 비중이 대등한 '양측적 친속조직'을 갖고 있었던 것이다[8]. 다음은 〈조선왕조실록〉 성종 2년(1471) 5월 사간원 대사간 김수녕이 임금한테 시사(時事)를 아뢰면서 주장한 것인데, 그와 같은 사실을 잘 보여준다.

> "우리나라에서는 남자가 여자집으로 장가들고 처가살이를 하는 풍습이 있어서 이성(異姓)간의 친분과 의리가 동성(同姓)과 다름이 없습니다. (중략). 대저 한 집에서 양육하므로 어려서부터 장년에 이르기까지 서로 형제, 숙질, 조손(祖孫)이라 하니, 그 은혜와 정이 어찌 동성의 친족과 다름이 있겠습니까?"[9]

또한 재산을 아들과 딸이 균등하게 상속받았고, 조상의 제사도 서로 돌려가며 지내는 윤회봉사를 하였다. 남녀의 권리와 의무가 서로 동등했던 셈이다. 나아가 여성의 바깥출입도 비교적 자유로웠을 뿐 아니라, 학문과 예술 활동도 장려되었다. 조선전기에 설씨부인, 조선중기에 신사임당, 송덕봉, 허난설헌, 황진이, 이매창, 이옥봉 등 명실상부한 여성 예술가들이 대거 출현한 것도 바로 이 때문이었다.

(1) 부부가 시를 주고 받다

한편, 그처럼 제도적·관습적으로 여권 존중의 전통이 유지되었기 때문인지, 조선전·중기에는 남녀간의 애정표현도 비교적 자유롭게 이루어졌다. 이는 특수한 전문직 여성인 기녀층에게만 국한된 것이 아니라, 여염의 평범한 규방여성들에게도 해당되는 사실이다. 또 부부관계에 있어서도 수직적 상하관계가 아닌 수평적 대등관계를 유지했다. 예컨대 다음의 세 가지 사례들이 그러한 사실을 잘 보여주고 있는데, 우선 〈미암일기〉에서 미암과 덕봉 부부가 시를 주고받는 사례부터 살펴보자.

선조 2년(1569) 9월이었다. 이즈음 미암은 외교담당 부서인 승문원에 다니고 있었는데, 며칠째 집에 돌아가지 못하고 숙직하고 있었다. 때마침 날씨도 눈이 내리다가 비가 내리는 등 갑자기 추워졌다. 이에 못내 걱정하던 덕봉이 새로 지은 비단이불과 항상 입는 단령을 보자기에 싸서 미암에게 갖다 주도록 한다.

전혀 뜻밖의 선물을 받은 미암은 부인의 정성에 그만 감동하고 만다. 그래서 임금이 하사한 술상과 이러한 시를 지어 덕봉에게 보낸다.

눈이 내리니 바람이 더욱 차가워　　雪下風增冷
그대가 추운 방에 앉아 있을 것을 생각하노라　　思君坐冷房
이 술이 비록 하품(下品)이지만　　此醪雖品下
차가운 속을 따뜻하게 데워줄 수 있으리　　亦足煖寒腸

그러자 덕봉도 이러한 화답시를 지어 보낸다.

국화잎에 비록 눈발이 날리지만　　菊葉雖飛雪
은대(승문원)에는 따뜻한 방이 있으리　　銀臺有煖房
차가운 방에서 따뜻한 술을 받으니　　寒堂溫酒受
속을 채울 수 있어 매우 고맙소　　多謝感充腸

이날밤 미암은 6일만에 비로소 퇴근하고 돌아오는데, 일기를 보면 '부인과 엿새를 떨어졌다가 만나니 반가웠다.'라고 기록되어 있다[10].

부부가 시를 주고받는다는 것. 이 얼마나 로맨틱하고 아름다운 장면

인가. 예나 지금이나 그것은 돈독한 부부애를 나타내고, 부부 사이가 상하관계가 아니라 서로 대등한 관계에 놓여 있다는 것을 단적으로 말해주는 것이리라 본다.

(2) 홀로 벼슬하며 그대를 생각하노라

하지만 이 시기 사람들의 부부관계가 어떠했는지 가장 극명하게 보여주는 자료는 다음과 같은 편지가 아닐까 한다. 이 편지는 우리들의 조선시대 부부관계에 대한 고정관념을 일순간에 깨트려버린다.

선조 3년(1570), 미암은 홍문관 부제학에 제수되어 서울로 올라와 근 4개월째 혼자서 관직생활을 하고 있었다. 그런데 하루는 밤늦도록 잠을 이루지 못하다가 '홀로 벼슬하며 그대를 생각하노라'라는 내용의 시를 지어 약간의 선물과 함께 고향에 있는 부인 송덕봉에게 보낸다. 비록 예순에 가까운 나이였지만 떨어져 있는 부인이 더욱 그립고 소중하게 느껴져서, 그 마음을 시로써 표현하여 보낸 듯하다. 이에 덕봉은 곧바로 아래와 같은 화답시를 지어 보낸다.

스스로 원결마냥 물욕이 없다 하더니	自比元公無物慾
어찌하여 오경(새벽 3~5시)까지 잠 못 이루시오	如何耿耿五更闌
옥당(홍문관)의 금마가 비록 즐겁다지만	玉堂金馬雖云樂
추풍에 마음대로 돌아오는 것만 하겠소	不若秋風任意還

원결은 중국 당나라 때의 시인인데, 인격이 고매한 것으로 유명하다. 미암은 평소 원결처럼 물욕이 없다고 자처했던 듯하다. 그래서 덕봉은 우선 미암에게 원결처럼 물욕이 없다고 자처했으면서 어찌하여 밤늦도록 잠을 이루지 못하고 방황하느냐고 묻는다. 그리고는 임금 가까이에서 벼슬하는 것도 즐겁겠지만, 가을에는 사직하고 돌아와서 한가롭게

지내는 것만 하겠느냐고 말한다. 즉, 굳이 객지에서 혼자 방황하지 말고 그만 사직하고 돌아오라는 것이다.

얼마 뒤 미암은 또다시 편지를 써서 덕봉에게 보낸다. 3~4개월 동안 독숙(獨宿)하며 일체 여색(女色)을 가까이하지 않았으니, 당신은 갚기 어려운 은혜를 입은 줄 알라고 자랑하는 편지였다. 그러자 덕봉이 아래와 같은 장문의 편지를 써서 보낸다. 이 편지를 보면 그녀가 남편 앞에서 얼마나 당당한 사람이었는지 잘 알 수 있다.

> 엎드려 편지를 보니 갚기 어려운 은혜를 베푼 양 하였는데 감사하기가 그지없소. 단 군자가 행실을 닦고 마음을 다스림은 성현의 밝은 가르침인데, 어찌 아녀자를 위해 힘쓴 일이겠소. 또 중심이 이미 정해지면 물욕이 가리기 어려운 것이니 자연 잡념이 없을 것인데, 어찌 규중의 아녀자가 보은하기를 바라시오. 3~4개월 동안 독숙(獨宿)을 했다고 고결한 체하여 은혜를 베푼 기색이 있다면, 결코 담담하거나 무심한 사람이 아니오. 안정하고 결백하여 밖으로 화채(華采)를 끊고 안으로 사념(私念)이 없다면, 어찌 꼭 편지를 보내 공을 자랑해야만 알 일이겠소. 곁에 지기의 벗이 있고 아래로 권속과 노복들이 있어 십목(十目)이 보는 바이니, 자연 공론이 퍼질 것이거늘, 꼭 힘들게 편지를 보낼 것까지 있겠소. 이로 본다면 당신은 아마도 겉으로 인의를 베푸는 척하는 폐단과 남이 알아주기를 서두르는 병폐가 있는 듯하오. 내가 가만히 살펴보니 의심스러움이 한량이 없소.
>
> 나도 또한 당신에게 잊지 못할 공이 있소. 가볍게 여기지 마시구려. 당신은 몇 달 동안 독숙을 하고서 붓끝의 글자마다 공을 자랑했지만, 나이가 60이 가까우니 만약 그렇게 한다면 당신의 건강을 유지하는 데 크게 이로운 것이지, 결코 내게 갚기 어려운 은혜를 베푼 것이 아니오. 하기사 당신은 귀한 관직에 있어서 도성의 만인이 우러러 보는 처지이니, 비록 수개월 동안의 독숙(獨宿)도 사람으로서 하기 어려운 일일 것이오. 나는 옛날 당신 어머니가 돌아가셨을 때 사방에 돌봐주는 사람이 없고, 당신은 만리 밖에 있어서 하늘을 향해 부르짖

으며 슬퍼하기만 했소. 그래도 나는 지성으로 예에 따라 장례를 치루면서 남에게 부끄럽지 않게 했는데, 곁에 있는 사람들이 "묘를 쓰고 제사를 지냄이 비록 친자식이라도 이보다 더할 순 없다!"라고 하였소. 삼년상을 마치고 또 만리의 길을 나서서 멀리 험난한 길을 갔는데 이것을 누가 모르겠소. 내가 당신한테 했던 이런 지성스런 일이 바로 잊기 어려운 일이오. 당신이 몇 달 동안 독숙한 공을 내가 했던 몇 가지 일과 서로 비교하면, 어느 것이 가볍고 어느 것이 무겁겠소. 원컨대 당신은 영원히 잡념을 끊고 기운을 보양하여 수명을 늘이도록 하시오. 이것이 내가 밤낮으로 바라는 바이오. 나의 뜻을 이해하고 깊이 살피기를 엎드려 바라오. 송씨 아룀.

(伏見書中自矜難報之恩, 仰謝無地, 但聞君子脩行治心, 此聖賢之明教, 豈爲兒女子而勉强耶, 若中心已定, 物欲難蔽, 則自然無查滓, 何望其閨中兒女之報恩乎, 三四月獨宿, 謂之高潔有德色, 則必不澹然無心之人也, 恬靜潔白, 外絶華采, 內無私念, 則何必通簡誇功, 然後知之哉, 傍有知己之友, 下有眷屬奴僕之類, 十目所視, 公論自布, 不必勉强而通書也, 以此觀之, 疑有外施仁義之弊, 急於人知之病也, 荊妻耿耿私察, 疑慮無窮, 妾於君, 亦有不忘之功, 毋忽焉, 公則數月獨宿, 每書筆端, 字字誇功, 但六十將近, 若如是獨處, 於君保氣, 大有利也, 非妾難報之恩也, 雖然君居貴職, 都城萬人頃仰之時, 雖數月獨處, 此亦人之所難也, 荊妻昔於慈堂之喪, 四無顧念之人, 君在萬里, 號天慟悼而已, 至禮誠葬, 無愧於人, 傍人或云, 成墳祭禮, 雖親子無以過, 三年喪, 又登萬里之路間關涉險, 孰不知之, 吾向君如是至誠之事, 此之謂難忘之事也, 公爲數月獨宿之功, 如我數事相肩, 則孰輕孰重, 願公永絶雜念, 保氣延年, 此吾日夜顒望者也, 然意伏惟恕如察, 宋氏).

당시에도 권력자인 양반 사대부들은 오랫동안 집을 나와 관직생활을 할 때, 종종 기녀나 여종 등을 상대하는 경우가 있었다. 그리고 만약 그것이 탄로 나면 심한 부부싸움이나 이혼사건이 벌어지기도 했다.

이 편지에서 미암은, 자신은 일체 그러지 않았으니 '당신은 복 받은 줄 알라!'고 자랑하는 편지를 보낸 것이다. 하지만 덕봉은 당연한 일을 무슨 자랑이라고 하느냐며 타박하고, 그 말의 잘못됨을 조목조목 따지면서 꾸짖는다. 그리고는 젊은 시절 남편이 유배갔을 때 자신이 겪은 고생담을 하나하나 상기시키며, 이것이야말로 갚기 어려운 은혜라고 역설한다.

한데, 재미있는 것은 이러한 편지를 받은 미암의 반응이다. 요즘 남자들이라도 부인이 이렇게 조목조목 따지며 자기 말에 딴죽을 걸면 발끈하기 십상일텐데, 미암은 '부인의 말과 뜻이 다 좋아 탄복을 금할 수 없다!'라고 일기에 기록할 정도로 자신의 어리석음을 순순히 인정한다[11].

사실 미암은 참 자상하고 개방적인 남편이었다. 예컨대 덕봉이 먼 길을 갔다오면 다과(茶菓)를 준비하여 10리 밖까지 마중을 나갔으며, 몸이 아프면 휴가를 내어 곁에서 직접 간호했다. 그리고 나라에 특별한 구경거리가 있으면 함께 사는 딸을 데리고 나가서 구경하도록 하고, 아들이나 사위를 미리 보내 방을 따뜻하게 해놓고 기다리도록 했다. 또 말년에는 그동안 덕봉이 지은 시와 문을 모아 〈덕봉집(德峯集)〉이란 문집을 내주기도 했다.

미암이 세상을 떠난 지 8개월 뒤인 1578년 1월 1일, 덕봉도 향년 58세를 일기로 생을 마감한다. 그녀가 갑자기 생을 마감한 이유는 여러 가지가 있겠지만, 서로 '지우(知友: 나를 알아주는 친구)'라고 여길 정도로 금슬 좋게 지냈던 자신의 동반자를 잃어버린 슬픔 때문이 아니었을까 한다.

(3) 남들도 우리처럼 서로 어여삐 여기고 사랑할까요?

끝으로 1586년 이응태의 부인이 죽은 남편에게 쓴 한글편지를 살펴보자. 이 편지도 역시 16세기 사람들이 얼마나 사랑표현에 솔직했고, 또 정감어린 부부생활을 했는지 잘 보여준다.

> 원이 아버지에게
>
> 당신은 언제나 나에게 둘이 머리가 희어지도록 살다가 함께 죽자고 하였지요. 그런데 어찌 나를 두고 당신 먼저 가십니까. 나와 어린 아이는 누구의 말을 듣고 어떻게 살라고 다 버리고 당신 먼저 가십니까. 당신은 나에게 마음을 어떻게 가져왔고, 또 나는 당신에게 어떻게 마음을 가져왔나요. 함께 누우면 언제나 나는 당신에게 말하곤 했지요. '여보! 다른 사람들도 우리처럼 서로 어여삐 여기고 사랑할까요? 남들도 정말 우리와 같을까요?' 어찌 그런 일들을 생각하지도 않고 나를 버리고 먼저 가십니까. 당신 여의고는 아무리해도 나는 살 수가 없어요. 빨리 당신께 가고 싶어요. 나를 데려가 주세요. 당신을 향한 마음을 이승에서 잊을 수가 없고, 서러운 뜻 한이 없습니다. 내 마음 어디에 두고, 자식 데리고 당신을 그리워하며 살 수 있을까요. 이내 편지 보시고 내 꿈에 와서 말해주세요. 꿈속에서 당신의 말을 자세히 듣고 싶어서 이렇게 편지를 써서 넣어 드립니다. 자세히 보시고 나에게 말해 주세요. 당신은 내 뱃속의 자식 낳으면 보고 말할 것이 있다 하고서 그렇게 가시니, 뱃속의 자식 낳으면 누구를 아버지라 하라는 겁니까. 아무리 한들 내 마음만 같겠습니까. 이런 슬픈 일이 하늘 아래에 또 있겠습니까. 당신은 한갓 그곳에 계실 뿐이지만, 아무렴 내 마음 같이 서럽겠습니까. 한도 없고 끝도 없어, 다 못쓰고 대강만 적습니다. 이 편지 자세히 보시고, 내 꿈에 와서 모습 자세히 보여주시고, 또 말해 주세요. 나는 꿈에 당신을 볼 수 있다고 믿고 있습니다. 몰래 와서 보여 주세요. 하고 싶은 말이 끝이 없지만 이만 적습니다.
>
> 1586년 6월 1일 아내가

이 편지로 미루어보면, 부인은 지금 뱃속에 아이를 가지고 있음을 알 수 있다. 그리고 남편이 떠난 적막한 방에서 눈물을 훔치며 부른 배를 안고 지난 추억을 떠올려가며 한 문장 한 문장씩 적어나가고 있다. 부인은 줄줄이 빼곡하게 한 장을 쓰고도 절절한 마음을 다 표현하지 못해서 종이의 빈곳마다 다시 써 넣고 있다.

편지의 내용은, 먼저 간 남편에 대한 사랑과 그리움으로 가득 차 있다. 그 어떤 연애편지보다 사랑하는 이에 대한 마음이 절절하게 나타나 있다. 그야말로 '애끓다'라는 표현이 딱 맞을 듯싶다. 평소 부부간의 애정이 얼마나 깊었으면 이토록 가슴에 사무치는 편지를 썼을까 하는 생각이 든다.

남편에 대한 간절한 그리움은 편지의 마지막에 이르러, '내 꿈에 와서 모습 자세히 보여주시고, 또 말해주세요. 나는 꿈에 당신을 볼 수 있다고 믿고 있습니다. 몰래 와서 보여주세요.'라는 대목에서 절정을 이룬다. 남편이 너무나도 보고 싶어 꿈속에서라도 만나고자 하는 것이다.

이 편지는 우리가 관용적으로 생각해온 것처럼 조선시대 부부관계가 그렇게 엄격한 것만은 아니었음을 다시 한번 일깨워준다. 특히 여기에서는 '당신'이라고 번역되어 있지만 원문에서는 '자내'라고 표현되어 있는데, 이런 호칭만 보더라도 당시 아내들이 남편을 하늘처럼 높은 존재로 여기기보다는 서로 대등한 입장에서 보았음을 알 수 있다.

이 편지는 평소 남편과의 사랑담을 덧붙여 조그만 더 각색한다면, 전 세계를 감동시킬 훌륭한 문화콘텐츠, 특히 공연물이 될 듯하다[12].

17세기 변화하는 여성 현실

17세기에 이르자 한국 여성사는 갑작스런 변화를 맞이하게 된다. 주자학이 전 사회적으로 침투하면서 이른바 '주자학적 가부장제', 곧 요즘 우리가 흔히 생각하는 완전한 남성 지배와 여성 종속의 시대가 형성된 것이다. 주자학적 가부장제는 17세기 중후반에서 18, 19세기로 넘어가면서 전 사회계층으로 확산되었으며, 특히 상류사회로 갈수록 더욱 극심하게 작용하였다.

주자학적 가부장제는 근본적으로 문벌사회의 도래에서 비롯된 것이다. 주지하다시피 임병양란 후 조선후기엔 신분제의 동요가 일어나고 과거의 남발로 인해 관직을 얻기 위한 심한 쟁투가 벌어졌다. 그 결과 가문의 정치적・사회적 지위인 문벌(門閥)을 최우선으로 여기는 문벌사회 혹은 가문주의 사회가 도래하였다. 주자학적 가부장제는 이처럼 문벌사회의 도래로 가문의 중요성이 대두되자, 최상류층인 벌열들이 자기 가문을 유지하기 위한 방편의 하나로 적극 수용하면서 점차 전 사회계층으로 확산된 것이었다.

주자학적 가부장제로 인해 조선후기 가족제도는 부계 적장자 위주로 변하였고, 친족제도도 모계와 처계를 배제한 부계만으로 한정되었다. 혼인제도 역시 이전과 정반대로 결혼 후 여자가 남자집으로 가서 사는 친영(親迎)과 시집살이로 바뀌었으며, 재산상속도 남녀균분에서 점차 아들 중심으로 변해갔다.

이렇게 여성들이 권리를 잃어감에 따라 그 사회적 지위도 하락되어 갔는데, 그리하여 시간이 흐를수록 조선 사회에 남자는 높고 귀하며 여자는 낮고 천하다는 남존여비(男尊女卑) 의식이 팽배해져 갔다. 또한 결혼 전의 남녀유별과 외출금지, 결혼 후의 이혼과 재혼 금지, 출가외인 등 각종 제도와 이념으로써 여성의 행동을 단속하기도 했다[13].

한편, 16세기까지만 해도 여성들은 결혼 후에도 계속 책을 보고 글을 썼다. 그래서 신사임당, 송덕봉, 허난설헌 등 유명한 여성예술가가 계속해서 등장하였다. 하지만 17세기 이후엔 위와 같은 완고한 가부장제가 정착하면서 여성들의 창조적 활동을 통한 사회참여를 예외로 취급하거나 철저히 금지하였다. 심지어 실학자인 이덕무조차 이렇게 말할 정도였다.

> "부인들은 마땅히 경서(經書)와 사서(史書), 『논어』, 『시경』, 『소학』, 『여사서』 등을 대강 읽어 그 뜻을 통하고, 여러 집안의 성씨와 조상의 계보, 역대의 나라 이름, 성현의 이름자를 알면 족하다. 부질없이 시사(詩詞)와 같은 글을 지어 바깥에 전파되게 하는 것은 옳지 못하다."[14]

이처럼 조선후기에는 여성들의 기본적인 교양을 쌓기 위한 독서는 용인했으나, 창작을 통한 사회참여는 철저히 금지하였다. 여성들이 글을 지어 남의 입에 오르내리는 것은 마땅치 못한 일로 여겼던 것이다. 그리하여 16세기 여성들처럼 드러내놓고 학문과 예술 활동을 하지 못하고, 오직 가문 내의 지식인으로서 일생을 보내거나 비공식적으로만 활동하였다[15].

이 같은 변화하는 시대 흐름에 이름 없이 역사 속으로 사라져간 대표적인 인물이 아마 안동김씨가 아닐까 한다.

안동김씨(1679~1700)는 유학자이자 문장가인 농암 김창협과 연안이씨의 셋째 딸로 태어났다. 그녀는 어려서부터 용모가 단정하고 총명하여 아버지에게 각별한 사랑을 받았다.

안동김씨는 11살 때 아버지를 따라 서울 근교의 영평 백운산에 은거한 적이 있었다. 그때 남동생 숭겸과 함께 글을 배웠는데, 문리(文理)가 빨리 트여 혼자서도 『주자강목(朱子綱目)』을 막힘없이 읽었을 뿐 아니라, 날마다 문을 닫고 책에 몰두하여 거의 침식을 잊을 정도였다. 아버지는 그것이 가련하고 기특해서 굳이 말리지 않고, '이 딸의 성품이 정숙하니 비록 학문을 하더라도 해로움이 되진 않을 것이다'라고 혼자서 말하였다. 그러면서 유교 경전인 『논어』, 『상서』 등을 대강 가르쳐주었다. 한데 공부가 채 끝나지 않았는데도 그녀의 뛰어난 이해력은 경서 전체를 읽은 사람도 따를 수 없을 만큼 탁월하였다.

이후로도 그녀는 6년여 동안 아버지와 더불어 고금의 일과 성현의 언행을 논하면서 산중세월을 보냈다. 숙부 김창협 등도 그녀를 매우 사랑해서 더불어 얘기하며 여사(女士), 곧 여성선비로 대접했다. 일찍이 그녀는 형제들한테 이렇게 말했다고 한다.

> "내가 남자로 태어난다면 다른 소원이 없다. 그저 깊은 산중에 띠집을 짓고 책을 백권이고 천권이고 쌓아놓고서 호젓하게 늙어가면 그만이로다."

하지만 이런 그녀도 오진주란 남자와 결혼한 뒤로는 그만 손에서 책을 놓고 만다. 오씨 가문에 출가하여 7년여를 살았지만, 오씨 식구는 물론 남편조차도 그녀가 책을 펴고 읽는 모습을 본 적이 없었다고 한다.

마침내 1700년 7월 17일, 그녀는 아들 하나를 낳고 22살의 젊은 나이에 유질(乳疾: 유방암)로 요절하고 만다[16]. 세상을 떠날 무렵, 그녀는 남편한테 이런 유언을 했다고 한다.

> "내가 여자로 태어나 후세에 남길 어떤 공덕도 이룰 길이 없으니, 차라리 일찍 죽어서 아버님께 몇 줄의 비문을 얻어 묘석(墓石)에 새기게 된다면, 그 편이 더 나을 듯……."

여자의 몸으로 태어나 세상을 위해 어떠한 일도 할 수 없으니, 차라리 일찍 죽어서 자기를 알아준 아버지의 비문을 얻어 영원히 살겠다는 것이다. 참으로 가슴 뭉클한 말이 아닐 수 없다.

다행히 그녀의 행적은 아버지 농암 김창협이 〈망녀오씨부묘지명(亡女吳氏婦墓誌銘)〉이란 짤막한 글로 기록하여 후세에 전함으로써 오늘날 우리들에게 조금이나마 알려지게 되었다. 그녀의 마지막 소원은 이루어진 셈이다.

이처럼 조선후기에는 안동김씨처럼 타고난 재능을 지니고 있음에도 억압적인 사회 분위기에 짓눌려 자신의 능력을 묻혀야 했던 여성들이 대단히 많았다. 그나마 안동김씨의 경우는 흔적이라도 남겼다지만, 그마저도 못한 여성들은 지하세계에서 얼마나 한스러워하고 있을 지 짐작조차 하기 어렵다[17].

한국 여성사의 저력

대개 '조선후기 여성사'하면, 그저 집안에만 틀어박혀 한평생을 숨죽이고 살아야만 했던 여성들의 이미지만을 떠올린다. 하지만 조선후기 여성들은 전혀 의외의 곳에서 반란을 도모했다. 17세기 중・후반에 여성선비들이 국문 장편소설을 중심으로 본격적인 소설문화를 형성했던 것이다. 그리하여 막힌 사회의 탈출구로 삼았다. 이에 대한 본격적인 논의에 앞서, 과거 필자가 겪었던 하나의 신비체험부터 들려주고자 한다.

대학원 석사과정 때였다. 성남의 한국정신문화연구원(現 한국학중앙연구원)에서 고소설 관련 학술대회 겸 전시회를 연다기에 선배와 함께 애써 참석한 적이 있었다. 그곳의 장서각에 조선시대 궁중여성들이 즐겨 읽었던 고소설이 많이 소장되어 있기 때문이었다.

늦은 오후, 마침내 장서각의 철문이 열리고, 참석자들은 '와~!' 하고 감탄하면서 안으로 밀려들어가 자유롭게 고서들을 열람하였다. 필자도 역시 원래 생각대로 고소설을 중심으로 죽 살펴보았다. 그런데 서고의 한 모퉁이를 돌아갈 무렵, 어디선가 당당하면서도 애절한 여인의 목소리가 들려왔다.

"나를 살려내라! 나를 살려내라!"

주위를 돌아보니, 사람이라곤 전혀 보이지 않았다. 누굴까? 필자는 뭔가 잘못 들었으려니 생각하고 그냥 앞으로 나아가려 하였다. 하지만 발목에 족쇄를 채운 듯 도무지 발걸음을 뗄 수가 없었다. 그와 함께 왠지 모를 소름이 온 몸에 쫙 돋았다.

그 순간 필자의 눈에 선명히 들어오는 책이 있었다. 바로 180권 180책 〈완월회맹연(玩月會盟宴)〉으로, 지금의 기억으로는 서고 몇 칸을 꽉 채우고 있었던 듯하다.

"알겠어요. 해볼게요."

필자는 어떨결에 이렇게 대답하고 말았는데, 신비롭게도 그제야 발걸음이 떨어졌다. 그 학술대회는 이틀 연속 열리기로 했으나, 필자는 왠지 무섭고 두려워서 선배를 졸라 그날 저녁에 곧장 서울로 돌아오고 말았다[18].

이러한 신비체험은 자칫 허망한 소리처럼 들릴지도 모른다. 하지만 예부터 오랜 세월을 겪은 물건에는 영혼이 깃든다고 하지 않았던가. 그때 필자가 들은 목소리는, 오랜 세월을 숨죽이고 있다가 이제라도 다시 나타나고자 하는 〈완월〉의 작가 이씨부인의 간절한 외침이 아니었을까 한다.

조선후기 여성들은 소설을 중심으로 하나의 독특한 문화를 형성하였다. 이미 17세기 중후반부터 궁중과 규방의 여성들은 소설 독서만이 아니라 창작에도 관여하면서 본격적인 소설문화를 형성해가고, 18세기 이후엔 상업적인 세책가와 여성 전문작가층까지 출현하였다.

당시 이들 소설의 창작과 유통 방식은 대강 이러하였다. 우선 문식과 재능이 있는 주로 서울 북쪽의 양반 사대부가 규방여성들이 소설을 지어 서로 돌려 읽거나 종로와 청계천 일대에 있는 세책가에 내다 판다. 그럼 세책가에선 이를 다시 보기 좋게 필사한 다음, 서울 북쪽이나 남쪽 및 용인, 강화, 파주 등 근기 지역의 규방여성, 경제적으로 여유 있는 중인이나 상민층 여성들에게 대여해주고 돈을 받는다. 나아가 이들 사이에서 인기 있는 소설은 궁중여성, 곧 왕비와 후궁 및 상궁들의 요청에 따라 궁체로 깨끗이 필사되어 궁궐로 들어가곤 했다.

한데, 불행하게도 이들 소설은 근현대인 1966년 창경궁의 낙선재 문고를 정리하면서 비로소 세상에 널리 알려지게 되었다. 당시 낙선재 문고에선 소설, 가사, 기행문 등 총 122종 2,361책의 고전작품이 쏟아져 나왔는데, 그 가운데 72종 1,500여 권의 대하소설은 학계에서조차 전혀 알려진 적이 없어 충격을 더해주었다[19].

하지만 이들 소설은 국적이나 작가, 서지사항 등 작품에 대한 정보가 별로 없어 이후로도 한동안 연구의 진척을 보지 못하였다. 게다가 이것들은 작품 배경을 중국으로 설정하고 있는데, 그래서 초창기엔 중국소설의 번역 혹은 번안이 아닐까 생각했다. 또 그것도 아니라고 밝혀지자, 이번엔 양반 남성들이 지어서 규방여성들에게 읽도록 건네준 것이라고 하였다.

반면에 여성들이 이들 소설을 창작했으리라는 가능성은 애초부터 열어두지 않았다. 조선시대 여성들은 고작해야 어깨너머로 배운 지식 밖에 없는데, 어떻게 그 같은 수십, 수백권에 이르는 대하소설(大河小說)을 지을 수 있었겠느냐는 것이다. 그들 소설이 여성들의 거처인 창경궁 낙선재의 다락방에서 발견되었고, 작품의 내용이나 어투를 보면 금방 여성들이 지었을 것이라고 추측할 수 있는데도 불구하고, 완고한 가부장제 시대를 살아온 근현대 학자들은 여성에 대한 고정관념에 사로잡힌 채 처음부터 여성 작가설을 전혀 고려하지 못했다.

다행히 근래 들어 조선후기에도 여성선비들이 대단히 많았고, 또 그들 가운데 재능 있는 여성들이 대하소설을 지었다는 기록이 계속 나오고 있어서, 이젠 그야말로 양성평등의 올바른 문학사가 쓰여져야 할 필요성이 점점 높아져가고 있다.

특히 〈완월〉은 다음과 같은 기록이 발견되어 18세기 초,중반 이씨부인이 지은 것으로 추정되고 있다.

> 〈완월〉은 안겸제의 어머니가 지은 것인데, 궁중에 흘려보내 명성과 영예를 높이고자 하였다(조재삼, 〈송남잡지〉 '남정기'조).

이로 보면 당시 〈완월〉은 궁중에까지 들어갈 정도로 베스트셀러였고, 그로 인해 작가는 꽤 많은 수입을 올렸을 것으로 판단된다. 나아가 중세시대 단행본으로선 세계 최고의 작품인 180권 180책 대하소설을 지어 궁중에 흘려보내 영예를 얻겠다고 선언한 것으로, 이씨부인은 가슴 속으론 그야말로 여장부다운 풍모를 지니고 있었던 듯하다.

본디 이씨부인(1694~1743)은 당대 명문장가인 이언경과 안동권씨의 막내딸로 태어났고, 안개와 혼인하여 안관제, 안겸제 등 3남 1녀를 두고 있었다. 여사(女士), 곧 여성선비의 풍모가 있었다고 전해지며, 현재 경기도 파주에 묘소가 있다[20].

이처럼 이씨부인은 양반 사대부가의 규방여성이었지만, 결혼 전후에도 타고난 이야기꾼으로서의 재능을 버려두지 않고 소설창작을 계속하였다. 아마 그녀는 소설창작을 통해 평소의 꿈을 마음껏 펼치고, 또 자기 자신에 대한 가능성을 발견하면서 무한한 성취감을 느꼈던 듯하다.

그런데 당시 완고한 가부장제와 소설배격의 사회 분위기를 고려할 때, 그녀의 의지와 포부는 현재 우리가 생각하는 것보다 훨씬 대단했으리라 짐작된다. 앞에서 설명한 것처럼 조선후기엔 여자가 지식이 많고 문장에 능하면 팔자가 세다는 속담까지 생겨날 정도로 폐쇄적인 사회였고, 이덕무나 채제공 등과 같이 실학자나 남인 계열의 양반 사대부들조차 여성들의 소설탐독을 가산을 파탄내는 짓이라며 매우 부정적으로 보았기 때문이다.

이와 같은 조선후기 장편 여성소설을 새롭게 발굴하여 연구하는 것은 한국 여성사에도 큰 의의를 갖겠지만, 그동안 남성 중심적으로 편향된 한국 문학사를 바로잡는 데에도 커다란 의의를 갖는다고 할 수 있다. 사실 예나 지금이나 소설은 여성들에게 더욱 친숙한 장르이다. 여성들은 상상력이 풍부하고 감정을 그 자체로 녹아내며, 언어적 능력도 탁월하기 때문이다. 하지만 현실은 과연 어떠한가. 한국 문학사는 철저히 남성들 위주로 쓰여져 있다. 우리가 아는 남성 소설은 얼마 되지 않음에도 불구하고, 그저 작가가 밝혀져 있다는 이유만으로 그것들이 조선시대 소설사의 전부인 양 배우고 있는 것이다. 그래서 〈완월〉과 같은 대작(大作)들이 계속해서 도서관 고문헌실의 먼지 속에 파묻혀 있는 것이다.

요즘 필자는 〈완월〉을 토대로 다양한 문화콘텐츠를 개발하고 있다. 작품 자체로는 출판과 드라마 콘텐츠를, 작가와 작품을 둘러싼 외적 사실로는 다큐멘터리와 영화, 전시 콘텐츠를 각각 만들고 있다. 그리하여 궁극적으로 이 작품을 세계문화유산으로 등재시키려 하고 있다[21].

3. 한국 여성사를 새롭게 인식하자

지금까지 우리가 알고 있는 한국 여성사나 여성문학은 사실과 다른 것들이 의외로 많다.

우선 16세기인 조선중기까지만 해도 우리나라는 실질사회에선 남성과 여성이 거의 동등한 위치를 차지하고 있었다. 이 시기 사람들은 장가와 처가살이가 보편적인 혼인풍속이었는데, 그리하여 친속관계에서 본손과 외손을 구별하지 않았고, 재산분배와 조상제사에 있어서도 아들과 딸이 동등한 권리와 의무를 갖고 있었다. 나아가 여성들의 바깥출입도 비교적 자유로웠을 뿐 아니라, 학문과 예술 활동도 장려되었다. 그래서인지 이 시기 여성들은 자신의 삶에 대해 소극적인 태도를 취하지 않았고, 부부간의 관계에 있어서도 순종적인 자세를 보이지 않았다. 비록 실질사회에서지만 이 시기 남성과 여성의 지위는 근본적으로 다름이 없었다고 해도 과언이 아닐 듯하다.

하지만 17세기 중반 이후인 조선후기에 이르러 유학 가운데 성리학, 더 나아가 주자학이 전 사회적으로 침투하면서, 결혼제도는 처가살이에서 시집살이로 바뀌었고, 재산상속도 남녀균분에서 점차 아들 중심으로 바뀌었다. 또 결혼 전의 남녀유별과 외출금지, 결혼 후의 이혼과 재혼 금지, 출가외인 등 각종 제도와 이념으로써 여성들의 행실을 단속했다. 그래서 조선후기 여성들은 이전처럼 드러내놓고 학문과 예술 활동을 하지 못하고, 오직 가문 내의 지식인으로서 일생을 보내거나 비공식적으로만 활동하였다.

한데, 흥미로운 사실은 이 시기의 여성 선비층이 국문 장편소설을 중심으로 본격적인 소설문화를 형성했다는 점이다. 즉, 완고한 가부장제 속에서 여성들은 소설을 통해 막힌 사회의 탈출구로 삼았다는 것이다. 그리하여 180권 180책 〈완월〉을 비롯해서 〈소현성록〉, 〈옥원재합기연〉, 〈명주보월빙〉 연작 등 세계적인 대작들을 계속해서 세상에 내놓았다.

이처럼 조선후기 여성들은 비록 이름을 내세울 수는 없었지만 소설 창작에 있어서 두각을 나타내었고, 한국 문학사에 있어서도 중요한 영역을 차지하고 있었다. 그러므로 이제라도 〈완월〉 등의 대하소설이 세상에 널리 알려져 한국 여성사와 여성문학에 대한 인식을 바꿈과 동시에, 자칫 잃어버릴 뻔했던 우리의 고유문화를 되찾아야할 것이다.

(『시민인문학』 제17호, 경기대학교 인문과학연구소, 2009)

1) 따지고 보면 16세기까지 양성이 평등한 나라는 거의 우리나라 뿐이었다. 오늘날 여권이 보장된 서양에서조차 중세시대까지 여성들은 사람 취급을 받지 못하였다.

2) 잘 알다시피 예로부터 일본은 여성이 남성을 받들어 모신다는 말이 이상하지 않을 정도로 여성들은 남성들에 비해 낮은 위치에 놓여 있었다.

3) 정창권, 『한국 고전여성소설의 재발견』, 지식산업사, 2002, 21~22면. 전혜성, 김현진 역, 「조선시대 여성의 역할과 업적」, 『한국사시민강좌』 15, 일조각, 1994, 112면.

4) 정창권, 『홀로 벼슬하며 그대를 생각하노라』, 사계절, 2003, 5면.

5) 정창권, 앞의 책, 2002, 23면.

6) 남녀가 결혼하면 여자가 시집으로 들어가 시부모를 모시고 살거나 아니면 따로 분가해서 사는 것이 보통이지, 여자가 친정부모를 모시고 사는 것은 아직까지도 예외적인 일로 생각하고 있다.

7) 여성이 친정부모와 함께 산다는 것은 정신적, 경제적 안정 등 많은 부분에서 유리했을 것이다. 그래서인지 조선중기까지만 해도 '매맞는 남자'가 적잖이 존재했다. 심지어 중종 12년(1517)에는 그러한 사건들이 한 해 동안에 무려 6건이나 발생하여 조정을 한 때 떠들썩하게 만들기도 했다(정창권, 『향랑, 산유화로 지다』, 풀빛, 2004, 128~137면 참조).

8) 정창권, 「조선후기 주자학적 가부장제의 정착과 장편 여성소설의 태동」, 『여성문학연구』 창간호, 한국여성문학학회, 1999, 104~105면 참조. 기타 허흥식, 「고려 여성의 지위와 역할」, 『한국사시민강좌』 15, 일조각, 1994. 노명호, 「가족제도」, 『한국사』 15, 국사편찬위원회, 1995, 참조.

9) 〈조선왕조실록〉 성종 2년 5월 20일조.

10) 정창권, 위의 책, 2003, 138~141면 참조.

11) 정창권, 위의 책, 2003, 181~188면 참조.

12) 참고로 이 편지는 1998년 12월 12일 KBS 역사 스페셜에서 '조선판 사랑과 영혼'이란 주제로 상세히 보도되었다.

13) 정창권, 위의 책, 2002, 31~39면 참조.

14) 이덕무, 〈사소절〉, 『국역청장관전서』 Ⅳ, 민족문화추진회, 1980.

15) 조선후기에 수많은 여성선비들이 대하소설을 창작했으나 그 이름을 제대로 밝히지 못한 것도 바로 이 때문이었다.

16) 사람은 자신이 하고 싶은 일을 하는 가운데 즐거움과 존재감을 느끼는 법인데, 시대가 그것을 허락하지 않아 가슴 속에 억누르고 생활한 나머지, 결국 스트레스가 쌓여 중병으로 변화된 것이 아닐까 한다.

17) 정창권, 위의 책, 2002, 43~47면 참조. 오가와 하루히사, 황용성 옮김, 『실사구시의 눈으로 시대를 밝힌다』, 강, 1999, 54~63면 참조.

18) 정창권, 「소설에 담긴 여성 선비의 지혜」, 『좋은생각』, 2004년 11월호, 82~83면.

19) 정창권, 「국문 장편소설과 여성」, 『한국학연구』 16, 고려대학교 한국학연구소, 2002, 195쪽.

20) 이씨부인에 대해선 정병설, 『완월회맹연 연구』, 태학사, 1998. 한길연, 「대하소설의 의식성향과 향유층위에 관한 연구」, 서울대 박사학위논문, 2005 참조할 것.

21) 대개 세계문화유산으로 등재하기 위해선 '독특하거나 지극히 희귀하거나 혹은 아주 오래된 것', '예술적 혹은 미적인 업적, 즉 창조적인 재능의 걸작품을 대표할 것', '역사적 중요성이나 함축성이 현저한 사상이나 신념, 사진이나 인물과 가장 중요한 연관이 있는 것' 등의 요건이 충족되어야 한다. 그런데 〈완월〉은 세계 여성소설사의 최고이자 최대의 작품이며, 세계 여성사에도 한 획을 긋는다는 점에서 그 요건을 모두 충족하고 있다고 본다.

『미암일기』에 나타난 송덕봉의 일상생활과 창작활동

1. 머리말

『미암일기』는 미암 유희춘의 개인일기이다. 유희춘(柳希春)은 1513년 해남현 해리의 외가에서 태어났는데, 어릴 적부터 영민하고 글읽기를 좋아해서 26살에 과거에 급제한 뒤 홍문관 수찬, 무장 현감 등을 지냈다. 하지만 35살에 양재역 벽서사건에 연루되어 제주도로 유배되었다가 그곳은 고향 해남과 가깝다고 하여 다시 먼 변방인 함경도 종성으로 이배되었다.

그는 20여년 동안 유배생활을 하면서도 온갖 책을 읽지 않은 것이 없었고, 『속몽구(續蒙求)』와 『육서부록(六書附錄)』이란 두 권의 책을 편찬했다. 그 결과 1567년 선조가 즉위하자 학문이 해박하다는 이유로 유배에서 풀려났을 뿐 아니라 정5품 홍문관 교리에 제수되어 경연관으로 임금한테 글을 가르치도록 허락받았다. 이후 그는 말년인 1577년에 정2품으로 승진되는 등 내내 선조 임금의 두터운 신임을 받았다.

『미암일기(眉巖日記)』는 유배에서 풀려나 다시 관직에 등용될 무렵인 1567년(선조 즉위년) 10월부터 세상을 떠나기 직전인 1577년(선조 10년) 5월까지 대략 11년간에 걸쳐 거의 매일같이 한문으로 기록한 것이다. 현재 남아 있는 그의 친필일기는 모두 11책으로 일기 10책과, 미암과 부인 송덕봉의 시문을 모은 부록 1책으로 이루어져 있다. 비록 중간에 빠진 부분도 있으나 조선조 개인일기 중 가장 방대한 분량이며, 『선조실록(宣祖實錄)』 편찬에도 중대한 사료의 역할을 담당한 것으로 알려져 있다[1].

『미암일기』는 위로 조정의 정치사로부터 아래로 집안의 대소사 및 개인의 신변잡기에 이르기까지 11년여 동안 저자가 서울과 고향을 오가면서 겪은 경험담이 그야말로 적나라하게 실려 있다. 심지어는 목욕과 화장실, 성욕, 성병까지도 솔직하게 기록되어 있는데 바로 이러한 점이 『미암일기』의 또다른 역사적 가치가 아닐까 한다. 미암은 또한 부인 송덕봉에 관한 사실도 적잖이 기록해 두었는데, 음식과 의복 수발을 비롯한 각종 집안살림을 주관하는 모습, 부녀모임과 바깥구경 및 창작활동 같은 다양한 여가를 즐기는 모습 등이 그것이다.

송덕봉은 1521년 담양 태곡에서 태어났는데 홍주 송씨로 본이름은 알 수 없고 자가 성중(成仲), 호가 덕봉(德峯)이었다. 미암의 평생 행적을 기록한 글(諡狀)에 따르면 그녀는 천성이 명민하고 경서와 사서를 두루 섭렵하여 여성선비(女士)로서의 풍모가 있었다고 한다. 실제로 그녀는 여느 16세기 여성지식인처럼 평생 동안 한시를 써서 『덕봉집(德峯集)』이란 시집을 남겼다. 그래서 최근에는 신사임당의 뒤를 잇는 인물로 새롭게 주목받고 있다.

본고에서는 『미암일기』를 토대로 이와 같은 송덕봉의 일상생활과 창작활동에 관해 살펴보고자 한다. 특히 그녀의 문학은 한마디로 '생활 속의 문학'이라고 표현할 수 있을 정도로 일상생활과 밀접한 관련을 맺고 있는데, 이에 따라 본고에서는 먼저 그녀의 일상생활에 대해 간단히 정리한 뒤 본격적으로 창작활동을 살펴보기로 한다.

2. 안주인으로서의 일상생활

16세기 사람들도 이전의 전통적인 생활방식에 따라 의식주를 비롯한 경제적 측면은 여성이 주도하고, 외부와의 접촉이나 관직을 통한 집안의 지위상승 같은 대사회적 측면은 남성이 주도하였다. 이것이 당시 사람들이 추구한 완전한 가정의 모습이었다.

그런데 이 시기는 정치, 경제, 사회, 문화 등 모든 것들이 가족을 중심으로 이루어진 자급자족적 가족사회였기 때문에 여성의 역할은 더욱 늘어나지 않을 수 없었다. 덕봉의 경우만 하더라도 가족들의 일상생활에서 봉제사 접빈객, 살림장만, 경제적 책임, 정신적 지주, 기타 구휼까지 실로 방대한 역할을 하였다. 물론 미암도 집안에 나고드는 물건을 꼬박꼬박 일기에 기록할 정도로 가정경제에 많은 관심을 갖고 있었다. 또 휴가를 얻어 고향에 내려가면 지방관의 도움으로 전답을 사들이고 새집을 짓는 등 상당한 재산을 증식하기도 하였다. 하지만 그는 근친, 수학, 유배, 관직 등의 이유로 자주 집을 떠나 생활했기 때문에 실질적으론 덕봉이 안팎의 집안일을 거의 다 주관하였다. 아래에서는 『미암일기』를 토대로 그러한 송덕봉의 일상생활을 차례대로 살펴보기로 한다.

(1) 일상생활

덕봉은 가족들의 일상생활을 책임졌다. 너무 흔한 일인지라 일기에는 별로 기록되지 않았지만 그녀는 아침저녁의 음식장만을 비롯해서 방아찧기, 땔감마련, 집안청소, 잠자리 돌보기 등을 주관했을 것이다. 물론 이것들의 실제 노동은 여느 양반 부인과 마찬가지로 대부분 집안 노비가 담당하였다. 예컨대 음식장만을 두고 보더라도 매 끼니의 음식은 찬모(饌母)와 그 아래에서 허드렛일을 담당하는 여종들이 준비하였고, 덕봉은 단지 그들이 만든 음식으로 밥상을 차리기만 하였다.

그녀는 또 옷감을 구입해서 물을 들이고 실제 옷을 짓는 의복수발도 하였다. 옷감은 서울에서는 물건을 주고 구입했지만 고향에서는 누에를 치거나 삼을 재배해서 직접 생산하였다. 그리고 '부인이 얼음 5덩어리를 갖다가 쪽물을 드렸다.'[2]라는 일기의 기록처럼 여름 7월에는 얼음을 가져다가 옷감에 물을 들였다. 나아가 그녀는 틈틈히 가족들의 의복을 지었다. 예컨대 1569년 8월에는 관복을 짓다가 잠시 미암을 불러서 입혀보고는 옷이 긴지 짧은지를 재어보았고[3], 1574년에는 차가운 마루바닥에 앉아 여종이 옷짓는 것을 감시하다가 냉증으로 구토를 하기도 하였다[4].

(2) 봉제사 접빈객

제사를 지내고 손님을 접대하는 봉제사 접빈객(奉祭祀 接賓客)도 덕봉이 하는일 가운데 하나였다. 제사는 이 시기 양반층이 반드시 지켜야할 덕목의 하나로, 예를 들어 1568년 10월 14일 덕봉의 친정어머니 제사를 가지고 이들의 제사풍속을 간략히 살펴보자. 그녀는 제사 하루 전인 10월 13일에 본격적으로 제수를 장만하는데, 때마침 임백영(任百英)이 유자 10개와 전복 7고지를 선물하고, 권동보(權東輔)가 콩으로 두부를 만들어 보내왔으며, 이경국(李敬國)이 사기 3죽(30개)과 대접 5개를 보내온다. 재계(齋戒)도 하루 전부터 시작하는데 목욕은 하지 않고 미암이 바깥방에 나가서 사위와 함께 자는 것으로 그친다[5]. 마침내 10월 14일 새벽이 되자 덕봉은 가풍에 따라 어머니와 아버지 두 분에게 제사를 지낸다. 이날의 제사는 진시(오전 7~9시)에야 끝나는데 왜냐하면 제물이 더디게 갖추어졌기 때문이다[6].

손님을 접대하는 접빈객도 이 시기 양반층의 일상생활에서 매우 중요한 일거리 가운데 하나였다. 평소 미암집에는 각양각색의 사람들이 그야말로 쉴 새 없이 찾아왔다. 단적인 예로써 1568년 9월 12일 하루만 보더라도 단성령(丹城令)과 최린(崔潾)을 비롯해서 사인사의 아전 김광필(金光弼), 전 현감 김응정(金應禎) 등 무려 10명의 손님이 찾아온다. 그때마다 미암은 가까운 친척은 안으로 불러서 만나보고, 나머지는 바깥 사랑방으로 나가서 접견한다[7]. 또 손님이 찾아오면 안주인은 으레 차와 술, 밥 같은 음식을 대접하기 마련이었다. 하루는 퇴계 이황이 찾아오자 덕봉은 술을 내주고, 아울러 그 종들에게도 음식대접을 해준다[8].

(3) 살림장만

덕봉은 장인을 불러다가 병풍을 만들거나 가마를 수리하는 등 각종 살림도구를 장만하였다. 예컨대 1574년 9월이었다. 이해 여름에 그녀는 화공(畵工)을 불러 쌀 두말을 주고 여덟 첩의 병풍을 그리도록 한다. 그리고는 가을 9월에 도배장이를 불러다가 틀을 짜고 발라서 병풍을 만들도록 하는데, 병풍이 완전하고 치밀하게 되어 볼 만하였다. 이에 미암이 '모두가 부인의 성물(成物)하는 지혜로 말미암은 것이다. 나의 사려가 미칠 바가 아니다.'라고 감탄을 아끼지 않는다[9].

나아가 그녀는 '부인이 노비를 시켜 사랑방 동편에 토우(土宇)를 만들었다. 바로 세속에서 말하는 헛간인 것이다.'[10]라는 기록처럼 집을 짓기도 하였다. 특히 미암과 덕봉이 말년에 살았던 창평집은 순전히 덕봉이 설계하고 공사를 주도해서 지었는데, 이는 뒤의 창작활동에서 살펴보기로 하자.

(4) 경제적 책임

덕봉은 집안의 물건출입을 비롯한 농업경영, 재산증식 등 갖가지 경제적 책임을 떠맡았다. 우선 그녀는 집안에 나고드는 물건을 관리했는데, 당시는 서로 필요한 물건을 주고받으며 살아가는 선물경제 시대였기 때문에 그것은 지금 우리가 생각하는 것보다 훨씬 중요한 경제활동이었다. 위의 접빈객과 같이 1568년 9월 12일 하루만 가지고 살펴보면 허봉(許篈)이 서책 두 권과 책상 하나를 보내오고, 권옥천(權沃川)이 버들고리 세 개와 병풍 하나 및 소반 두 개를 빌려주며, 김재부(金在孚)가 백지 두 권을 선사한다. 반면에 덕봉은 여종을 시켜 후한 물건을 이정진(李正震)의 집으로 보냈다고 한다[11].

그녀는 또 고향에 있을 때는 노비를 단속하여 농사를 짓기도 하였다. 미암과 마찬가지로 덕봉도 평소 은혜와 위엄을 병행하는 방식으로 노비들을 다스렸다[12]. 즉 노비가 병들면 의원까지 불러서 치료해주되 만약 명령에 순종하지 않거나 교만하게 행동하면 호되게 매를 때렸다.

> *부인이 치산의 모를 초청해왔다. 이때에 나이가 92세였는데 음식과 식량을 줬다. 부인이 사람을 아껴주고 선(善)을 좋아하며 늙은이를 공경하고 어린애를 사랑하며 궁하고 어려운 사람을 도와주고 사람에게 선도로 가르치니, 부인 중에 아주 드문 사람이다[13].
>
> *부인이 여종에게 화를 내어 매를 때렸다[14].

덕봉은 이렇게 은위를 병행하는 방식으로 노비를 단속하여 손수 농사를 지었는데, 다만 직접 들판에 나가기보다 손자나 조카를 시켜 대신 감독토록 했던 듯하다. 한번은 큰손자 광선으로 하여금 노비들이 삼 베는 것을 감시하도록 했으나 중도에 그만두어 버려서 그녀가 몹시 괘씸하게 여긴다. 이에 미암이 나가서 꾸짖고 아울러 장인댁의 노비집에 놀러간 잘못도 꾸짖는다. 광선이 강변하기에 미암이 더욱 화를 냈는데 실은 잘못 전해진 말이었다[15].

끝으로 서울에서는 쌀을 빌려주고 이자를 계산해서 받기도 했으며[16], 고향에서는 지방관의 도움으로 적잖은 토지를 매입하기도 하였다. 사실 덕봉은 미암이 유배에서 풀려나 복직한 뒤로 상당히 많은 토지를 사들였다. 1568년 1월 미암이 휴가를 받아 담양으로 내려왔을 때에는 조카 이형으로부터 채마밭을 구입하고 또 과거에 잃어버린 땅을 되찾기도 한다[17]. 하지만 그녀가 집중적으로 토지를 사들인 시기는 말년에 창평으로 낙향한 뒤인 1575년 12월이었다. 그달 2일에는 용산의 누이에게 목화밭을 사고[18], 25일에는 쌀 12섬으로 동쪽 언덕 위에 있는 송정순의 논 3마지기를 사며[19], 바로 다음날에는 빚을 낸 쌀 10섬과 소 1마리로 김난옥의 논 4마지기를 산다[20]. 이처럼 그녀는 주로 가까운 일가친척에게 토지를 사들였다.

(5) 정신적 지주역할

덕봉은 가(친)족들의 정신적 지주역할까지 담당하였다. 그녀는 평소 딸과 아들 및 여러 손자들을 기르고 가르쳤으며, 미암과 함께 일가친척인 유광문(柳光雯), 송진(宋震), 이방주(李邦柱) 등도 돌봐주었다. 특히 종손 유광문은 일찍이 부모를 잃은 뒤로 늘 미암과 덕봉 곁에서 살았는데, 두 사람은 마치 그를 친자식처럼 아끼고 사랑하였다. 어릴 적부터 슬하에 두고 길렀으며, 장차 커서는 힘써 장가를 보내고 과거 합격까지 도모해 주었다. 그래서 하루는 유광문이 송진에게 덕봉의 은혜를 말하면서 눈물을 쏟은 적도 있었다[21].

또한 덕봉은 아래와 같이 미암의 건강관리와 친구관계 및 관직생활까지 도와주었다.

> *내가 식후에 부인과 작별을 했는데 부인이 정욕을 억제하여 건강을 보전하라고 다짐하길래 나는 그러겠다고 하였다[22].
>
> *내가 친구들이 득지(得志)를 하고 신의가 없음을 탄식했더니 부인이 말하기를 “남은 나를 배신할지언정 나는 남에게 배신을 해서는 안되는 것이니 우리는 그러지 맙시다.”라고 하였다[23].
>
> *밤에 부인이 강력하게 고향으로 돌아가자고 우겨댐으로 내가 점을 쳐보고 결정을 하겠다고 하였다[24].

심지어 그녀는 미암의 서책을 관리하고 정리하는 한편 저작작업에도 많은 도움을 주었다. 미암은 서책을 고향인 해남에 두지 않고 처가인 담양에 두었는데, 그래서 자연히 덕봉이 그의 서책을 관리할 수밖에 없었다. 또 그녀는 자주 미암의 서책을 정리해 주었다. 한번은 덕봉이 서책을 정리하는데 제목을 옆으로 볼 수 있게 해서 보고 싶은 책을 쉽게 꺼내볼 수 있도록 한다. 이에 미암이 '아주 좋다!'라고 감탄을 자아낸다[25]. 이밖에 '내가 유합(類合) 하권을 번역하면서 부인에게 많이 물어서 개정을 했다.'[26]라는 기록처럼 미암의 저작작업도 도와주었다.

(6) 구휼

덕봉은 곤궁한 사람을 도와주는 구휼(救恤)을 통해 집안만이 아니라 마을의 안주인 역할을 담당하였다. 그녀는 위의 유광문처럼 어려운 일가친척을 데려다가 마치 친자식처럼 돌봐줬으며, 곤궁에 처한 이웃을 도와주기도 하였다[27].

1569년 5월이었다. 하루는 완주목사 윤행(尹行)의 집에 불이 나서 살림살이가 모조리 타버리고 아무 것도 남지 않았다는 소식을 듣는다. 다음날 덕봉은 미암과 함께 빈 섬 20개로 우선 급함을 도와준다. 그리고 이튿날에는 백미・소금 각 1말과 팥 5되를 윤행에게 보낸다[28].

(7) 여가생활

덕봉은 직・간접적인 방식으로 안팎의 집안일을 모두 주관함으로써 미암가의 실질적인 중심 역할을 하였다. 그렇다고 항상 살림만 하는 것은 아니었다. 그녀는 살림을 주관하면서 틈나는 대로 부녀모임이나 바깥구경, 장기와 집안잔치 및 창작활동 같은 각종 여가를 즐겼는데, 이로써 집안에서 쌓인 스트레스를 해소하고 세상사에 대한 견문을 넓혀

갔다.

우선 그녀는 일가친척이나 서로 안면이 있는 부녀자 가운데 누군가 보고 싶은 사람이 있으면 직접 찾아가 하루 이틀씩 놀다 오거나 그렇지 않으면 가마와 가마꾼을 보내 집으로 맞아다가 놀기도 하였다.

> *집에 돌아오니 (부인이) 어제부터 한강의 이충의댁을 가마를 보내 맞아다가 안으로 들어가 있었다[29].
>
> *첨정 이구의 누이가 어제 집에 와서 부인을 방문하고 오늘 새참에 갔다[30].
>
> *부인이 참판 유경심댁에서 가마를 빌려 첨정 나사훤의 부인에게 갔다가 왔다. 위문을 간 것이다[31].

그녀는 또 임금이나 사신 행차와 같이 나라에 특별한 구경거리가 있으면 반드시 나가서 구경하였다. 예컨대 1572년 10월이었다. 덕봉은 광화문 앞에서 벌어지는 산대놀이를 구경하기 위하여 새벽 닭이 울자마자 일어나 몸단장을 하고 파루종이 치기 전에 가마를 타고 중추(中樞)의 행랑으로 간다. 그곳은 광화문의 남쪽으로 온돌방도 있고 누마루도 있었다. 아들 경렴이 미리 가서 방에 불을 지펴 따뜻하게 해놓고 기다리고 있었다. 이날 그녀는 광대들의 온갖 기이한 재주부림을 구경하고, 신하들이 임금을 호위하는 굉장한 모습도 구경한다. 그리고 저녁에 집으로 돌아와 미암한테 말하기를 '어렴풋이 선경(仙境)에 이른 듯하여 말로는 어떻게 표현할 수가 없소.'라고 한다[32].

뿐만 아니라 덕봉은 평소 미암과 자주 장기를 두었으며, 생일이나 명절, 승진과 같은 특별한 날에는 제법 규모가 큰 집안잔치를 열었다. 특히 그들은 생일을 무척 중요하게 여겼는데, 그리하여 매번 생일이 돌아오면 술과 음식을 마련하고 가비를 불러 즐겁게 놀았다. 가비(歌婢)란 악기를 연주하고 노래를 부르는 여종으로, 이 시기 양반층은 여종들 가운데 음악에 소질이 있는 자를 가르쳐서 집안잔치가 있을 때마다 음악을 연주토록 하였다[33].

이밖에도 덕봉은 살림을 주관하면서 때때로 편지와 문, 시 등을 지었는데, 이는 장을 달리해서 자세히 살펴보기로 하자.

3. 생활 속의 문학

중세 한국에는 여성들을 가르치기 위한 공식적인 교육기관이 없었다. 하지만 그에 필적할 만한 집안에서의 교육, 곧 가학(家學)이 엄연히 존재하였다. 당시 여성에게 가학을 하는 모습은 안동 장씨(1598～1680)의 어린 시절을 통해 단적으로 확인할 수 있다. 그녀는 어릴 적에 아버지로부터 직접 가르침을 받았는데, 그래서 10세 전후에 벌써 시와 글씨에 두각을 나타내어 '글씨의 형세가 호탕하고 굳세어 조선 사람의 서법과 같은 종류가 아니니 중국 사람의 필적이 아니런지?'라는 찬사를 받기도 한다[34].

후대와 달리 조선중기까지는 이같은 가학이 활발하게 이루어져 뛰어난 여성지식인이 계속해서 나타났다. 「권선문첩(勸善文帖)」과 산수화 두 폭을 남긴 설씨부인(1429～1508), 그림·자수·글씨 등에서 탁월한 예술작품을 남긴 신사임당(1504～1551), 아래에서 살펴볼 시인 송덕봉(1521～1578), 『난설헌집(蘭雪軒集)』이란 시집으로 한국과 중국의 문인들한테 크게 주목받은 허난설헌(1563～1589), 거문고와 노래를 비롯해서 『매창집(梅窓集)』이란 시집을 남긴 이매창(1573～1610) 등이 그 대표적인 여성이다. 이밖에도 비록 생몰연대는 정확히 알 수 없으나 중종대에 활약한 듯한 황진이는 시조 6편과 한시 7편을 남겼고, 선조 연간에 활약한 듯한 이옥봉은 『옥봉집(玉峰集)』을 남겼다[35].

덕봉도 또한 어릴 적부터 가학과 독학으로 문자를 배웠다. 불행하게도 어린 시절 그녀가 부모한테 가르침을 받은 자료는 남아 있지 않지만, 어머니가 고관댁 따님이었고 아버지도 양반관료이자 딸을 무척 아끼고 사랑했다는 점으로 미루어 가학을 받았을 가능성이 매우 높다.

이로써 그녀는 머리말에서 언급했듯이 경서와 사서를 두루 섭렵하여 여성선비(女士)로서의 풍모를 갖추었고, 아울러 평생 동안 한시를 써서 『덕봉집』이란 시집을 남겼다. 『덕봉집(德峯集)』은 그녀의 나이 51세인 1571년에 미암이 처조카 송진을 시켜 그 동안 덕봉이 지은 시 38수를 한 권의 책으로 묶은 것이었다[36]. 하지만 오늘날 그 시집은 전해지지 않고 『미암일기』와 그 부록에 대표적인 편지 1통, 문 2편, 시 24수 가량이 남아 있다. 그리고 이 작품들은 『덕봉문집(德峯文集)』[37]에도 실려 있는데, 여기에서도 일기의 부록처럼 미암이 지은 시문과 함께 묶여져 있다. 그러므로 아래에서는 『미암일기』와 그 부록을 토대로 이상의 작품들을 차례대로 살펴보고자 한다.

(1) 답문절공서

덕봉은 평소 미암에게 자주 편지를 썼다. 특히 그들 부부는 서로 떨어져 생활하는 경우가 많았기 때문에 자주 편지를 써서 집안 소식을 전달하였다. 하지만 미암이 원문을 남기지 않고 요점만 일기에 기록해서 못내 서운할 뿐이다.

다행히 덕봉이 문절공(미암의 諡號)에게 답하는 편지인 〈답문절공서(答文節公書)〉가 아직까지 원문 그대로 남아 있다. 이 편지는 『미암일기』와 그 부록 및 『덕봉문집』에도 실려 있는데, 아래의 착석문과 함께 현재까지 남아 있는 16세기 여성산문의 거의 유일한 작품이자[38] 이 시기 여성들의 생활과 의식을 충분히 대변해준다는 점에서 매우 중요한 문학사적 의의를 지니고 있다.

1570년 4월, 이즈음 미암은 홍문관 부제학에 제수되어 서울로 올라와 근 4개월째 홀로 관직생활을 하고 있었다. 그런데 하루는 밤늦도록 잠을 이루지 못하다가 '홀로 벼슬하며 그대를 생각하노라.'라는 내용의 시를 지어 덕봉에게 보낸다. 그달 26일 덕봉은 곧바로 화답시를 지어 보내는데 그 시는 다음과 같았다.

自比元公無物慾	스스로 원결마냥 물욕이 없다 하더니,
如何耿耿五更闌	어찌하여 오경(오전 3~5시)까지 잠 못이루시오.
玉堂金馬雖云樂	옥당(홍문관)의 금마가 비록 즐겁다지만,
不若秋風任意還[39]	추풍에 마음대로 돌아오는 것만 하겠소.

원결(719~772년)은 중국 당나라 때 시인으로 인격이 고결하고 민중의 고통에 깊은 관심을 보여 백거이(白居易) 등 후세의 사회시에 많은 영향을 주었다. 미암은 평소 원결처럼 물욕이 없다고 자처했던 듯하다. 그래서 덕봉은 우선 미암에게 원결처럼 물욕이 없다고 말했으면서 어찌하여 밤늦도록 잠 못들고 방황하느냐고 묻는다. 그리고는 임금 가까이서 벼슬하는 것도 즐겁겠지만 가을에는 사직하고 돌아와 고향에서 한가롭게 지내는 것만 하겠느냐고 말한다. 즉 군이 객지에서 혼자 방황하지 말고 가을에는 사직하고 돌아오라는 것이다.

정확히 언제인지는 모르겠으나 미암은 얼마 뒤에 또다시 편지를 써서 덕봉에게 보낸다. 3~4개월 동안 독숙(獨宿)하면서 일체 여색을 가까이하지 않았고, 나아가 당신은 갚기 어려운 은혜를 입은 줄 알라고 자랑하는 내용의 편지였다. 이에 덕봉은 6월 12일에 〈답문절공서〉란 장문의 편지를 써서 보낸다.

먼저 덕봉은 다음과 같은 이유를 들어 미암의 주장에 강력히 반박한다. 즉 군자가 행실을 닦고 마음을 다스림은 본래 성현의 가르침이라는 점, 마음에 중심이 서면 물욕(物慾)이 가리우기 어렵다는 점, 곁에 지기의 벗이 있고 아래로 권속과 노복이 있어 모두가 보고 있다는 점, 나이 예순에 그렇게 하는 것은 자신의 건강에 이로울 뿐이라는 점 등이 그것이다.

그런 다음 덕봉은 과거 자신이 미암에게 했던 공로를 들어 과연 누가 갚기 어려운 은혜를 베풀었는지 따지기 시작한다. 사실 그녀는 미암이 귀양을 떠나자 시어머니를 담양으로 모셔다가 극진히 봉양하였고, 시어머니가 돌아가셨을 때에는 지성으로 예에 따라 장례를 치루었다. 또 삼년상을 마친 뒤에는 미암의 귀양지인 함경도 종성까지 찾아가기도 하였다.

덕봉은 이것들을 차례대로 나열한 뒤 '당신이 몇 달 동안 독숙한 공을 내가 한 몇가지 일과 서로 비교하면 어느 것이 가볍고 어느 것이 무겁겠소?'라고 반문한다. 그리고 미암에게 영원히 잡념을 끊고 기운을 보양하여 수명을 늘이도록 하라고 당부한다.

덕봉의 편지를 읽고난 미암은 '부인의 말과 뜻이 다 좋아 탄복을 금할 수 없다!'라고 하면서 자신의 잘못을 순순히 인정한다[40].

이처럼 덕봉은 남편의 턱없는 공치사에 침묵으로 일관하지 않고 논리정연한 글로써 반박하였다. 한마디로 그녀는 남편 앞에서 당당한 태도를 견지한 부인이었던 것이다.

(2) 착석문

16세기 후반에는 주자학에 대한 이해가 깊어짐에 따라 양반들 사이에서 위선사업 곧 조상숭배의식이 점차 팽배해져갔다. 이 시기 양반들은 너나없이 가묘(사당)를 세우고 제사를 모셨으며, 망주석과 상석, 표석 같은 각종 석물(石物)을 세워 조상의 묘소를 화려하게 꾸몄다. 미암도 유배에서 풀려나자마자 조상의 묘소 앞에 연못을 파고 석물을 세웠다.

덕봉도 또한 오래 전부터 친정 부모의 묘소 앞에 석물을 세우고자 하였다. 그래서 일찍이 좋은 돌을 체취하여 담양까지 끌어다 놓았으나 다만 인력이 부족하여 세우지 못하고 있었다. 1571년 2월 때마침 미암이 전라감사로 부임하자 덕봉은 석물의 마지막 작업을 도와달라고 부탁한다. 하지만 미암은 반드시 사비를 들여서 해야한다고 완고하게 거절한다. 이에 덕봉은 1571년 7월 5일 〈착석문 서(斲石文 序)〉와 〈착석문(斲石文)〉을 지어 미암에게 보낸다[41]. 대개 착석이란 무덤 앞에 돌을 깍아 세움을 말하였다.

〈착석문 서〉에서는 위와 같이 비석을 세우기 위해 돌을 구입하여 담양까지 옮겨놓은 과정과, 미암에게 비석을 깍아주도록 부탁했으나 완고하게 거절하자 마침내 착석문을 짓게 되었다는 것을 말하고 있다[42].

〈착석문〉은 친정 부모의 묘소 앞에 비석을 세우는 일을 더 이상 늦추거나 소홀히 해서는 안된다고 강력하게 주장하고 있다.

덕봉은 먼저 부모에게 효도하고 싶은 마음은 누구나 똑같다고 전제한 뒤 자신도 옛사람을 좇아 부모에게 효도하고 싶다고 말한다.

하지만 그녀는 날마다 불효로 속이 상한다고 말한다. 왜냐하면 친정 아버지가 항상 자식들한테 말하기를 '내가 죽은 뒤에 모름지기 성심을 다해서 내 묘의 곁에 비석을 세우도록 하라.'고 하였는데 아직까지도 그것을 이루지 못했기 때문이다. 미암에게 부탁했으나 그는 다만 동복끼리 사비로 하면 그 밖의 일은 도와주겠다고 말할 뿐이었다.

이윽고 덕봉은 미암이 장가오던 날 친정 아버지가 좋아하시던 모습과 평소 지우(知友)라고 일컫으며 다정했던 두 사람의 관계를 상기시킨 뒤 미암에게 마음을 넓게 쓰라고 말한다. 그리고 자신의 요구는 맹목적인 것이 아니라 할 도리를 다한 상태에서 하는 지극히 정당한 것이라고 덧붙인다. 위에서 언급했듯이 그녀는 시어머니가 돌아가셨을 때 예에 따라 장례를 치루었다.

끝으로 덕봉은 '당신이 만약 나로 하여금 이 평생의 소원을 이루지 못하게 한다면 내가 비록 죽더라도 반드시 지하에서 눈을 감지 못할 것이오.'라고 강력하게 부탁한다[43].

이같은 글을 읽고난 미암은 곧바로 사람을 보내 담양의 석물일을 시작하도록 한다. 그리하여 근 한 달만에 처부모의 무덤 앞에 비석을 세우고 음식을 마련하여 제사를 지낸다[44].

이처럼 덕봉은 친정일에 매우 적극적이었으며, 조선후기 여성들이 숙명처럼 여겼던 출가외인 의식은 전혀 드러내지 않았다.

(3) 한시

덕봉은 평소 시창작을 즐겼을 뿐 아니라 그 재주도 좋았다. 심지어 그녀는 미암에게 시 짓는 방법을 일러줄 정도였다. 예컨대 1576년 11월이었다. 미암이 선친의 경계(警戒)를 기술하여 시를 지었더니, 덕봉이 말하기를 '시를 짓는 법이 직설(直說)을 하여 문장을 짓듯이 해서는 안됩니다.'라고 하면서 산에 오르고 바다를 건너는 것으로 시작하여 끝에 가서는 벼슬한 이야기를 해야한다고 일러준다. 미암은 깜짝 놀라 그 말에 따라 다시 시를 짓는다[45].

덕봉의 시세계도 위의 편지나 문과 마찬가지로 생활 속의 문학이었다. 즉 일상을 살아가면서 느낀 감회를 있는 그대로 시로써 표현한 것이다. 이에 따라 그녀의 시는 생활과 밀접한 관련을 맺고 있으며[46], 그만큼 시가 아주 구체적이고 사실적이다. 또 시어의 사용에 있어서도 일상어 · 구어체가 자주 쓰인다. 이것이 덕봉시의 특징이요 나아가 동시대 여성문학의 특징이었다.

덕봉의 시세계를 거칠게 살펴보면 화답시와 생활시 및 자연시로 이루어져 있다.

화답시는 남편을 비롯한 아들, 사위, 시누이 등 가(친)족과 주고받은 시로 덕봉의 시 가운데 가장 많은 비중을 차지하고 있다. 특히 그녀는 평소 미암과 자주 시를 주고받았는데, 이들 시에서는 주로 미암에게 사직을 권고하거나 갖가지 생활상의 문제점을 지적하는 등 정신적 지주역할을 담당하는 덕봉의 모습이 잘 나타나 있다. 간단한 예로써 '미암이 가선대부로 올랐을 때에 짓다(眉巖升嘉善作).'라는 시를 살펴보자.

黃金橫帶布衣極	황금띠를 둘렀으니 선비로서는 극진한 영화
退臥茅齋養氣何	돌아와 초당에 누워 건강을 돌봄이 어떠하오?
爵祿可辭曾有約	벼슬은 사양할 수 있다고 일찍이 약속했으니
遊庭見月待還家[47]	뜨락에서 달을 보며 돌아오길 기다리오.

1571년 10월 전라감사를 지낸 미암은 또다시 사헌부 대사헌에 제수된다. 모든 사람들이 축하하러 달려오고, 그는 즉시 대궐로 달려가고자 마음을 먹고 덕봉에게 편지를 보낸다. 하지만 그녀는 뜻밖에도 이러한 시를 지어 보낸다. 학문하는 선비로서 이미 극진한 영화를 누렸으니 그만 물러나서 건강을 돌보라는 것이다. 실제로 당시 미암은 임질(淋疾)에 걸려 적잖은 고통에 시달리고 있었다.

또한 그녀는 미암과 시를 주고받으며 돈독한 부부애를 누리기도 하였다. 예컨대 1569년 9월 1일이었다. 연일 비바람이 몰아치던 날씨가 이날 오전에는 눈발까지 뿌리기 시작했다. 이즈음 미암은 5일째 승문원에서 숙직하고 있었는데, 갑자기 모주(母酒) 한 동이와 함께 아래와 같은 시를 지어 덕봉에게 보낸다.

雪下風增冷	눈이 내리니 바람이 더욱 차가워
思君坐冷房	그대가 추운 방에 앉았을 것을 생각하노라.
此醪雖品下	이 술이 비록 하품이지만
亦足煖寒腸[48]	차가운 속을 따뜻하게 데워줄 수 있으리.

그러자 덕봉도 바로 다음날 이러한 화답시를 지어 미암에게 보낸다.

菊葉雖飛雪　국화 잎에 비록 눈발이 날리지만
銀臺有煖房　은대(승문원)에는 따뜻한 방이 있으리.
寒堂溫酒受　차가운 방에서 따뜻한 술을 받으니
多謝感充腸[49]　속을 채울 수 있어 매우 고맙소.

'술을 보내주어 고맙소.'라는 말을 시로써 표현한 것이었다.

이날밤 미암은 비로소 퇴근하여 집으로 돌아오는데 덕봉과 6일간 떨어졌다가 만나니 무척 반가웠다고 한다.

생활시는 말 그대로 생활에 얽힌 이야기를 시로써 표현한 것으로 '마천령 위에서 읊다(摩天嶺上吟)', '취중에 읊다(醉裏吟)', '을해년 제야(乙亥除夜)' 등이 있다. 대표적으로 창평집 사랑채 건축 도중에 지은 시 한 수를 살펴보자.

營度規模誰是奇　규모를 세우기를 누가 기특히 했나
夫人心匠似班垂　부인의 마음 솜씨 반수(班垂)와 같다.
南開書室新明朗　남쪽에 서실 열어 새롭게 환하고
北接樓厂舊桷楣　북쪽의 서까래 밑에 다락을 놓았도다.
老叟倚窓長寄傲　늙은이 창에 기대어 거드름 피우고
兒孫開卷效吾伊　자손들 책을 펴고 글을 읽으리.
却思先子遷居訓　문득 선친의 이사하란 말씀을 생각하니
啓我雲仍百世禧[50]　우리 자손에게 백세의 복을 열어주셨도다.

1575년 10월 마침내 미암은 벼슬을 그만두고 창평 수국리로 내려가 덕봉과 함께 사랑채를 지으면서 한가한 노후생활을 보낸다. 본디 이 집은 1546년에 안채를 지었고 1568년에 행랑채를 지었으며 금년 1575년에 마지막으로 사랑채를 지었는데, 그 가운데 행랑채와 사랑채는 순전히 덕봉이 설계하고 공사를 주도해서 지은 집이었다. 그래서인지 덕봉은 먼저 중국 고대의 이름난 장인인 반수(班垂)에 빗대어 자신의 설계 솜씨를 마음껏 뽐내고 있다. 그리고는 장차 미암이 손자들을 거느리고 학문하는 모습을 생각하면서 은근한 미소를 짓는다.

끝으로 자연시는 주변의 자연 풍경을 묘사한 시로, 비록 서너 편에 불과하지만 자연을 있는 그대로 즐기는 덕봉의 모습이 잘 나타나 있다. 예컨대 '우연히 읊다(偶吟)'란 시를 살펴보자. 이 시는 미암이 무장 현감으로 있을 때 덕봉도 함께 따라가 살면서 지은 것인데, 마치 가을 달밤을 그린 한 폭의 수채화 같은 느낌을 준다.

一雙仙鶴唳淸霄	한 쌍의 선학이 맑은 밤하늘에서 우니
疑是姮娥弄玉簫	월궁의 선녀가 옥퉁소를 부는 듯하도다.
萬里浮雲歸思地	만리의 뜬 구름 돌아간 곳에
滿庭秋月刷鸜尾(毛)[51]	뜰에 가득한 가을 달빛이 하얀 털로 쓸어 놓은 듯하다.

이상과 같이 덕봉의 시세계는 집안 살림을 주관하면서 틈틈이 이루어진 생활 속의 문학이었다. 그래서 유난히 가족의 건강, 화합, 관직 등의 문제가 많이 나타나 있다. 하지만 그녀의 작품 속에는 우리가 흔히 생각하는 것처럼 억압받고 희생받는 수동적인 여성상을 찾아보기란 매우 어렵다. 그보다는 오히려 때로는 온화하게 부탁하고 때로는 매섭게 질책을 가하면서 한 집안을 이끌고 나가는 당당한 안주인의 모습이 주조를 이루고 있다. 또 술을 마시면서 자연과 인생을 즐길 줄 아는 풍류스런 모습도 나타나 있다.

4. 맺음말

이상으로 『미암일기』에 나타난 송덕봉의 일상생활과 창작활동을 살펴보았다. 『미암일기』는 선조 초반인 1567년에서 1577년까지 근 11여 년에 걸쳐 기록한 미암 유희춘의 개인일기인데, 본고는 그것을 토대로 송덕봉의 생활상과 문학 작품에 관해 체계적으로 살펴보았다. 특히 그녀는 아직까지 잘 알려지지 않은 작가이므로 본고에서는 가급적 충실하게 소개하고자 노력하였다.

우선 덕봉의 역할은 실로 방대했는데, 가족들의 일상생활을 비롯해서 봉제사 접빈객, 살림장만, 경제적 책임, 정신적 지주, 기타 구휼에 이르기까지 안팎의 집안일을 거의 다 주관하였다. 그렇다고 덕봉이 항상 살림만 하는 것은 아니었다. 그녀는 살림을 주관하면서도 틈틈이 부녀모임이나 바깥구경, 장기와 집안잔치 및 창작활동 같은 각종 여가를 즐겼다. 또 경서와 사서를 두루 섭렵하여 여성선비로서의 풍모를 갖추었으며, 평생 동안 계속 편지와 문, 한시를 짓기도 하였다.

덕봉의 의식은 이들 문학 작품에서 잘 드러나는데, 앞에서 살펴본 것처럼 그녀는 미암 앞에서 항상 당당한 태도를 견지하였고 심지어는 친정일조차 거리낌 없이 부탁할 정도였다. 나아가 그녀는 가족 특히 미암과 함께 시를 주고받으며 정신적 지주역할을 하였고, 또 오늘날 부부에 비해서도 손색이 없을 만큼 돈독한 부부애를 누렸다.

대개 우리는 조선후기적 시각에 사로잡혀 전통 가정을 부(夫)에 의한 지배가 강하게 자리잡고 있는 가부장적 집단이자 철저히 닫힌 공간으로 인식하고 있다. 하지만 송덕봉을 통해 단적으로 확인했듯이 조선중기인 16세기만 하더라도 한국 가정은 여성이 실질적인 중심 역할을 하였고, 자신의 감정을 솔직하고 자유롭게 표현하며 낭만적인 부부생활을 하였다.

(『어문학』 제78집, 한국어문학회, 2002)

1) 송재용, 『『미암일기』 연구』, 단국대 박사학위논문, 1996. 참고로 본고에서는 미암의 친필일기를 활자화한 『眉巖日記草』 전5권(조선사편수회, 1936~1938)과 이를 국역한 『미암일기』 전5권(담양향토문화연구회, 1992~1996)을 기초 자료로 삼았다.

2) 癸酉(1573년) 7월 13일조.

3) 己巳(1569년) 8월 1일조.

4) 甲戌(1574년) 9월 17일조.

5) 戊辰(1568년) 10월 13일조.

6) 戊辰(1568년) 10월 14일조.

7) 戊辰(1568년) 9월 12일조.

8) 戊辰(1568년) 10월 30일조.

9) 甲戌(1574년) 9월 15일조.

10) 壬申(1572년) 10월 22일조.

11) 戊辰(1568년) 9월 12일조.

12) 이성임, 「조선중기 어느 양반가문의 농지경영과 노비사환」, 『진단학보』 80, 1995.

13) 丙子(1576년) 2월 16일조.

14) 壬申(1572년) 9월 20일조.

15) 丙子(1576년) 6월 9일조.

16) 癸酉(1573년) 2월 23일조. '부인이 스스로 말하기를 북으로 오면서 짐을 싣고왔던 말을 팔아가지고 미곡을 사서 내놨다가 받아들이는 일을 시작했다고 한다.'

17) 戊辰(1568년) 1월 7일조와 1월 8일조.

18) 乙亥(1575년) 12월 2일조.

19) 乙亥(1575년) 12월 25일조.

20) 乙亥(1575년) 12월 26일조.

21) 丙子(1576년) 2월 7일조.

22) 辛未(1571년) 2월 19일조.

23) 己巳(1569년) 8월 12일조.

24) 甲戌(1574년) 4월 4일조.

25) 甲戌(1574년) 5월 11일조.

26) 甲戌(1574년) 3월 27일조.

27) 癸酉(1573년) 11월 24일조. '부인이 충주 기유년의 옥사에 억울하게 죽은 양인 무과 한성판윤의 처를 보고 불쌍함을 견딜 수 없어 웃옷과 속옷, 신발, 양곡, 콩 등을 줬고, 딸도 버선 등을 줬다.'

28) 己巳(1569년) 5월 24일조와 25일조 및 26일조.

29) 戊辰(1568년) 10월 20일조.

30) 己巳(1569년) 6월 1일조.

31) 己巳(1569년) 윤6월 26일조.

32) 壬申(1572년) 10월 28일조.

33) 庚午(1570년) 12월 13일조.

34) 박석무 편역, 『나의 어머니, 조선의 어머니』, 현대실학사, 1998, 187~188면.

35) 정창권, 『한국 고전여성소설의 재발견』, 지식산업사, 2002, 27~30면.

36) 辛未(1571년) 4월 11일조.

37) 필자는 이것을 담양의 향토사학자인 이해섭 선생에게 구하였다.

38) 이외에도 16세기 여성산문은 이응태 부인의 한글편지, 허난설헌의 〈광한전백옥루상량문〉 등이 남아 있다.

39) 庚午(1570년) 4월 26일조.

40) 庚午(1570년) 6월 12일조.

41) 辛未(1571년) 7월 5일조.

42) 『미암일기』 부록, 〈착석문 서〉.

43) 『미암일기』 부록, 〈착석문〉

44) 辛未(1571년) 9월 25일조.

45) 丙子(1576년) 11월 11일조.

46) 송재용, 「여류문인 송덕봉의 생애와 문학」, 『국문학논집』 15, 단국대, 1997.

47) 『미암일기』 부록, 〈眉巖升嘉善作〉

48) 己巳(1569년) 9월 1일조.

49) 己巳(1569년) 9월 2일조.

50) 丙子(1576년) 2월 15일조.

51) 『미암일기』 부록, 〈偶吟〉

16세기 여성시인 송덕봉 작품집

1. 송덕봉의 생애와 문학세계

송덕봉(1521~1578)은 중종 16년 12월 20일 전라도 담양에서 태어났다. 홍주 송씨로 본이름은 알 수 없고, 자가 성중(成仲), 호가 덕봉(德峯)이었다.

그녀의 아버지 송준은 사헌부 감찰 · 단성 현감 등을 지냈고, 어머니 함안 이씨는 사헌부 대사헌 · 전라 감사 · 예조 판서 등을 역임한 이인형의 따님이었다. 덕봉은 그들 사이의 3남 2녀 중 막내로 태어났다.

그녀는 16살에 24살의 미암과 혼인하여 유경렴과 일명 '은우어미'라는 1남 1녀를 두었다.

덕봉이 살았던 조선중기만 해도 남자가 여자 집으로 가서 혼례를 올리고 그대로 눌러 사는 장가와 처가살이 혹은 친정생활이 보편적인 혼인 풍속이었다. 한마디로 딸이 부모를 모시고 사는 시대였던 것이다. 덕봉도 역시 결혼 후 계속 담양에서 부모를 모시고 살았고, 부모가 돌아가신 뒤에는 그 집과 전답을 물려받아 조상의 제사를 모시며 살았다.

그렇다고 덕봉이 시부모를 전혀 모시지 않았던 것은 아니다. 미암이 귀향을 떠나자 그녀는 시어머니 최씨를 모셔다가 지성으로 봉양했는데, 이에 최씨가 그녀의 효성에 감동하여 미암의 귀양지인 함경도 종성까지 편지를 보내기도 하였다. 또 시어머니가 돌아가셨을 때에는 혼자서 예(禮)에 따라 장례를 치르기도 하였다.

16세기는 인간 생활에 필요한 거의 모든 것들이 가족을 중심으로 이루어진 자급자족적 가족사회였다. 그래서 의식주를 비롯한 가족의 경제적 측면을 담당한 안주인의 역할이 크고 중요했는데, 덕봉도 역시 가족의 일상생활과 관련된 일에서부터 제사를 지내고 손님을 접대하는 일, 집안에 필요한 살림을 장만하는 일, 가족의 정신적 지주 역할 뿐만 아니라 수입·지출과 같은 경제적 책임을 떠맡는 일, 나아가 곤궁에 처한 이웃을 도와주는 구휼(救恤) 등에 이르기까지 실로 방대한 역할을 하였다.

물론 덕봉이 항상 그렇게 살림만 하는 것은 아니었다. 그녀는 살림을 주관하면서 틈나는대로 부녀모임이나 바깥구경, 장기두기와 집안잔치 및 창작활동 같은 각종 여가생활을 즐기기도 하였다.

그럼 이제 본격적으로 송덕봉의 문학세계에 대해 알아보자.

미암의 평생 행적을 기록한 글(謚狀)에 따르면, 덕봉은 천성이 명민하고 경서와 사서를 두루 섭렵해서 여성 선비(女士)로서의 풍모가 있었다고 한다. 실제로 그녀는 여느 16세기 여성 예술가처럼 평생 동안 시와 문, 편지 등을 써서 『덕봉집(德峯集)』이란 시문집을 남겼다.

『덕봉집』은 그녀의 나이 51세인 1571년에 남편 미암이 처조카 송진(宋震)을 시켜 그 동안 덕봉이 지은 시 38수를 한 권의 책으로 묶은 것이었다. 미암은 이렇게 부인이 지은 시를 모아 시집을 내줄 뿐만 아니라 그녀가 먼 길을 다녀오면 항상 10리 밖까지 마중을 나가며, 또 그녀가 몸이 아플 때는 며칠 간 휴가를 내어 간호하는 등 매우 자상한 성품의 남편이었다.

며칠 뒤 그녀는 아들 경렴을 통해 그것을 전해 받고 무척 기뻐한다. 더욱이 자신의 시가 없어지지 않고 후세에 전해지게 되어 희비가 엇갈린다고 말한다.

하지만 오늘날 그 시집은 전해지지 않고 남편 미암이 1567년 10월부터 1577년 5월까지 거의 매일같이 기록한 『미암일기(眉巖日記)』와 그 부록에 대표적인 편지 1통, 문 2편, 시 20여 수가 남아 있다. 그리고 이들 작품은 『덕봉문집(德峯文集)』에도 실려 있는데, 여기에서도 일기의 부록처럼 미암이 지은 시문과 함께 묶여 있다. 이를 토대로 그녀의 작품세계를 간략히 살펴보자.

덕봉은 미암에게 자주 편지를 써서 보냈다. 특히 그들 부부는 서로 떨어져 사는 경우가 많았는데, 이에 덕봉은 아래와 같이 편지를 통해 미암에게 집안 소식을 전하곤 하였다.

> 담양의 부인한테 편지가 왔는데 아무 탈이 없다고 한다. 그리고 순창과 담양의 관아에서 쌀과 누룩을 주고, 홍덕에서도 소금 두 섬을 실어보냈다고 한다(『미암일기』 戊辰(1568년) 2월 24일조).

한번은 미암이 서울로 올라와 근 4개월째 홀로 벼슬하면서 일체 여색을 가까이하지 않았다고 자랑하는 내용의 편지를 써서 담양으로 보낸 적이 있었다. 그러자 덕봉이 예순이 가까운 나이에 그렇게 하는 것은 자신의 건강을 유지하는 데 이로운 일이지 결코 부인에게 자랑할 일이 아니라고 책망하는 긴 답장을 써서 보낸다. 이 편지를 읽고난 미암은 "부인의 말과 뜻이 다 좋아 탄복을 금할 수 없다!"라고 말하며 자신의 어리석음을 순순히 인정한다.

또 그녀는 이듬해인 1571년 7월에 〈착석문 서〉와 〈착석문〉이란 두 편의 문을 지어 미암한테 친정 부모의 묘소 앞에 비석을 세우는 일을 더 이상 늦추거나 소홀히 해서는 안 된다고 논리적으로 강력하게 주장한다. 그래서 미암은 일꾼들을 보내서 근 한 달 만에 처부모의 무덤 앞에 비석을 세우고 음식을 장만하여 제사를 지낸다.

이 편지와 문은 이응태 부인의 한글편지, 허난설헌의 〈광한전 백옥루 상량문〉과 함께 현재까지 남아 있는 16세기 여성산문의 유일한 작품이자, 이 시기 여성들의 의식세계를 잘 보여준다는 점에서 매우 중요한 문학사적 의의를 지니고 있다.

한편 덕봉은 시 짓기를 즐겼을 뿐 아니라 그 재주도 좋았다. 심지어는 다음과 같이 미암에게 시 짓는 방법을 일러줄 정도였다.

> 내가 선친의 경계(警戒)를 기술하여 시 한 구를 지었더니, 부인이 나에게 말하기를 "시를 짓는 법이 직설(直說)을 하여 문장을 짓듯이 해서는 안됩니다."라고 하면서 산에 오르고 바다를 건너는 것으로 시작하여 끝에 가서는 벼슬한 이야기를 해야한다고 하였다. 나는 깜짝 놀라 그 말에 따라 다시 시를 지었다(『미암일기』 丙子(1576년) 11월 11일조).

덕봉의 시도 위의 편지나 문과 마찬가지로 생활 속의 문학이었다. 즉 일상을 살아가면서 느낀 감회를 있는 그대로 시로써 표현한 것이었다. 이에 따라 그녀의 시는 일상생활과 밀접한 관련을 맺고 있으며, 그만큼 시가 아주 구체적이고 사실적이다. 또 시어의 사용에 있어서도 일상어・구어체가 자주 쓰인다. 이것이 덕봉시의 특징이요, 나아가 동시대 여성문학의 특징이었다.

덕봉의 시세계를 거칠게 살펴보면 화답시와 생활시 및 자연시로 이루어져 있다.

화답시는 남편을 비롯한 아들, 사위, 시누이 등 가(친)족과 주고받은 시로 덕봉의 시 가운데 가장 많은 비중을 차지하고 있다. 특히 그녀는 평소 미암과 자주 시를 주고받았는데, 이들 시에서는 주로 미암에게 사직을 권고하거나 갖가지 생활상의 문제점을 지적하는 등 정신적 지주 역할을 담당하는 그녀의 모습이 잘 나타나 있다.

생활시는 말 그대로 생활에 얽힌 이야기를 시로써 표현한 것으로, 뒤의 작품집에 수록한 '마천령 위에서 읊다(摩天嶺上吟)', '취중에 읊다(醉裏吟)', '을해년 제야에(乙亥除夜)' 등이 그것이다.

끝으로 자연시는 주변의 자연 풍광을 묘사한 시로, 비록 작품 수는 서너 편에 불과하지만 자연을 있는 그대로 즐길 줄 아는 그녀의 모습이 잘 나타나 있다.

덕봉의 시는 집안 살림을 주관하면서 튼튼이 이루어진 생활 속의 문학이었다. 그래서 유난히 가족의 건강, 화합, 관직 등의 문제가 많이 나타나 있다. 하지만 그녀의 시 속에는 우리가 흔히 생각하고 있는 것처럼 억압받고 희생받는 수동적인 여성상을 찾아보기란 매우 어렵다. 그보다는 오히려 때로는 온화하게 부탁하고 때로는 매섭게 질책을 가하면서 한 집안을 이끌고 나가는 당당한 안주인의 모습이 주류를 이루고 있다. 또 술을 마시면서 인생을 즐기는 풍류스런 모습도 나타나 있다.

이 작품집은『미암일기』본문과 부록 속에 들어 있는 송덕봉의 작품을 따로 뽑아 한 자리에 모아 놓은 것이다. 필자는 모두가 이해하기 쉽도록 작품 유형별·창작 연대별로 수록했으며, 연대 미상은 맨 뒤에 따로 첨부하였다. 또 번역과 원문만이 아니라 필요한 경우 그 밑에 간단한 해제를 덧붙여 놓았다.

2. 편지

답문절공서(答文節公書)

엎드려 편지를 보니 갚기 어려운 은혜를 베푼 양하였는데 감사하기가 그지없소. 단 군자가 행실을 닦고 마음을 다스림은 성현의 밝은 가르침인데 어찌 아녀자를 위해 힘쓴 일이겠소. 또 중심이 이미 정해지면 물욕이 가리우기 어려운 것이니 자연 잡념이 없을 것인데 어찌 규중의 아녀자가 보은하기를 바라시오. 3, 4개월 동안 독숙(獨宿)을 했다고 고결한 체하여 은혜를 베푼 기색이 있다면 결코 담담하거나 무심한 사람이 아니오. 안정하고 결백하여 밖으로 화채(華采)를 끊고 안으로 사념

(私念)이 없다면 어찌 꼭 편지를 보내 공을 자랑해야만 알 일이겠소. 곁에 지기의 벗이 있고 아래로 권속과 노복들이 있어 십목(十目)이 보는 바이니 자연 공론이 퍼질 것이어늘 꼭 힘들게 편지를 보낼 것까지 있겠소. 이로 본다면 당신은 아마도 겉으로 인의를 베푸는 척하는 폐단과 남이 알아주기를 서두르는 병폐가 있는 듯하오. 내가 가만히 살펴보니 의심스러움이 한량이 없소.

나도 또한 당신에게 잊지 못할 공이 있소. 가볍게 여기지 마시구려. 당신은 몇 달 동안 독숙을 하고서 붓끝의 글자마다 공을 자랑했지만, 나이가 60이 가까우니 만약 그렇게 한다면 당신의 건강을 유지하는 데 크게 이로운 것이지 결코 내게 갚기 어려운 은혜를 베푼 것이 아니오. 하기사 당신은 귀한 관직에 있어서 도성의 만인이 우러러보는 처지이니 비록 수개월 동안의 독숙도 사람으로서 하기 어려운 일일 것이오.

나는 옛날 당신 어머니가 돌아가셨을 때 사방에 돌봐주는 사람이 없고, 당신은 만리 밖에 있어서 하늘을 향해 부르짖으며 슬퍼하기만 했소. 그래도 나는 지성으로 예에 따라 장례를 치루면서 남에게 부끄럽지 않게 했는데, 곁에 있는 사람들이 "묘를 쓰고 제사를 지냄이 비록 친자식이라도 이보다 더할 순 없다."라고 하였소. 삼년상을 마치고 또 만리의 길을 나서서 멀리 험난한 길을 갔는데 이것을 누가 모르겠소. 내가 당신한테 한 이런 지성스런 일이 바로 잊기 어려운 일이오. 당신이 몇 달 동안 독숙한 공을 내가 한 몇 가지 일과 서로 비교하면 어느 것이 가볍고 어느 것이 무겁겠소.

원컨대 당신은 영원히 잡념을 끊고 기운을 보양하여 수명을 늘이도록 하시오. 이것이 내가 밤낮으로 바라는 바이오. 나의 뜻을 이해하고 깊이 살피기를 엎드려 바라오. 송씨 아뢈.

伏見書中自矜難報之恩, 仰謝無地, 但聞君子脩行治心, 此聖賢之明教, 豈爲兒女子而勉强耶, 若中心已定, 物欲難蔽, 則自然無査滓, 何望其閨中兒女之報恩乎, 三四月獨宿, 謂之高潔有德色,則必不澹然無心之人也, 恬靜潔白, 外絶華采, 內無私念, 則何必通簡誇功, 然後知之哉, 傍有知己之友, 下有眷屬奴僕之類, 十目所視, 公論自布, 不必勉强而通書也, 以此觀之, 疑有外施仁義之弊, 急於人知之病也, 荊妻耿耿私察, 疑慮無窮, 妾於君, 亦有不忘之功, 毋忽焉, 公則數月獨宿, 每書筆端, 字字誇功, 但六十將近, 若如是獨處, 於君保氣, 大有利也, 非妾難報之恩也, 雖然君居貴職, 都城萬人頃仰之時, 雖數月獨處, 此亦人之所難也, 荊妻昔於慈堂之喪, 四無顧念之人, 君在萬里, 號天慟悼而已, 至禮誠葬, 無愧於人, 傍人或云, 成墳祭禮, 雖親子無以過, 三年喪, 又登萬里之路問關涉險, 孰不知之, 吾向君如是至誠之事, 此之謂難忘之事也, 公爲數月獨宿之功, 如我數事相肩, 則孰輕孰重, 願公永絶雜念, 保氣延年, 此吾日夜顒望者也, 然意伏惟恕如察, 宋氏.

▷1570년 6월 문절공(미암의 시호)에게 답한 편지. 이 해에 미암이 서울로 올라와 근 4개월째 홀로 자면서 일체 여색을 가까이하지 않았다고 자랑하는 편지를 써서 보내자, 송덕봉이 담양 본가에 있으면서 이 답장을 써서 보냈다(『미암일기』 부록과 庚午(1570년) 6월 12일조 참조).

3. 문

착석문 서(斲石文 序)

미암이 함경도 종성에서 귀양살이를 한 지 19년만인 1565년 겨울에 임금의 은혜를 입어서 1566년 봄에 충청도 은진으로 유배지를 옮기게 되어 내가 직접 가서 모시고 돌아와 함께 살았다. 그 같은 구사일생의 나머지에 내가 오직 바라는 것은 선산의 곁에 비석을 세우는 일이었는데, 돌의 품질이 좋기로는 그 고을의 것보다 좋은 것이 없었다. 나는 즉시 석공을 불러 값을 주고 사서 배에 실어 보내 해남의 바다 위에 놔두었다. 1567년 겨울에 미암이 홍문관 교리로 성묘를 하기 위해 고향으로 돌아와 비로소 담양까지 끌어다 놓았으나 다만 인력이 모자라서 깍아 세우지를 못하였다. 1571년 봄에 미암이 마침 이 도의 감사가 되어 혹 숙원을 이룰 수 있을까 마음이 부풀어 있었으나 감사란 폐단을 없애는 직책이니 사적인 일은 돌아볼 수가 없으므로 나에게 편지를 보내기를 "반드시 사비를 들여 이루도록 해야 하오."라고 하였다. 나는 가히 졸렬함을 잊고 이 글을 썼다. 미암이 마음으로 느끼고 깨달아서 도와주기를 바라는 한편 후손들에게 끼쳐주기 위해서였다.

眉岩, 謫居鐘山, 十月九年, 嘉靖乙丑(明宗二十年)季冬, 蒙相恩, 丙寅春, 量移于恩津, 余亦陪還同寓, 十生九死之餘, 唯所望者, 立碣石於先塋之側, 而石之品好者, 莫過於此縣之所産, 卽招石工, 給價以貿, 載船以送, 置海南之海上, 隆慶元年(明宗二十二年)丁卯冬, 眉岩, 以弘文校理, 掃墳還鄕, 始曳運于秋城, 而人力單弱, 未得斲立, 辛未春(宣祖四年二月), 適除□此道監司, 庶幾得副宿願, 中心慆慆, 監司, 長於除弊, 不顧私事, 而簡余曰, 必須私備而後成, 余忘其拙, 而作此文, 冀家翁感悟而扶助, 又以貽夫後雲仍也

착석문(斲石文)

천지만물 가운데 사람이 가장 귀하다는 것은 성현이 교화를 밝히고 사람들이 삼강오륜의 도를 행하기 때문이오. 그러나 예로부터 능히 그것을 용감하게 행한 자는 극히 적었소. 때문에 진실로 뒤늦게나마 부모에게 효도하고 싶은 마음이 있으면서도 힘이 부족해서 소원을 이루지 못한 사람이 있으면 인자와 군자가 모두 유념해서 구해주고자 하였소. 내가 비록 불민하지만 어찌 그 강령을 모르겠소. 그래서 어버이께 효도하려는 마음을 옛사람을 좇아 따르고자 하는 것이오.

당신은 이제 2품의 벼슬을 얻어 삼대를 추증케 하고 나도 또한 예법에 따라 정부인이 되었으니 선영(先靈)과 구족(九族)이 모두 기쁨을 얻었소. 이는 반드시 선대에 선을 쌓고 덕을 베푼 보답일 것이오.

그러나 내가 홀로 잠 못 이루고 가슴을 치며 속이 상한 것은 옛날 우리 아버지께서 항상 자식들한테 말씀하시기를 "내가 죽은 뒤에 모름지기 성심을 다해서 내 묘의 곁에 비석을 세우도록 하라."고 하셨는데 그 말씀이 지금도 귀에 쟁쟁하게 남아있기 때문이오. 아직까지 우리 아버지의 소원을 이루지 못했으니 매양 이것을 생각하면 슬픈 눈물이 눈에 가득하오.

이는 족히 인자와 군자가 마음을 움직일 만한 일이오. 당신은 인자와 군자의 마음을 갖고 있고 물에 빠진 사람을 구해줄 힘을 갖고 있으면서도 나한테 편지하기를 '동복끼리 사비로 하면 내가 그 밖의 일을 도와주겠오.'라고 하니, 이 무슨 마음이오? 당신의 맑은 덕행에 누가 될까 봐서 그런 것이오? 처부모에게 차등을 두어서 그런 것이오? 아니면 우연히 살피지 못해서 그런 것이오?

우리 아버지께서 당신이 장가오던 날 '금슬백년(琴瑟百年)'의 시구를 보시고 어진 사위를 얻었다고 몹시 좋아하셨는데 당신은 반드시 기억하고 있을 것이오. 하물며 당신은 나의 지우(知友)로서 귀뚜라미 우는 소리에 비하며 백년을 함께 늙자고 했으면서 불과 40, 50말의 쌀이면 될 일을 이렇게 귀찮게 여기니 통분해서 그만 죽고 싶소. 경전에 하였기를 '허물을 보고 어짐을 알 수 있다.'고 하였지만 남들이 들어도 이 정도를 가지고 허물이라고는 하지 않을 것이오.

당신은 옛 선비들의 밝은 가르침에 따라 아주 작은 일일지라도 지극히 선하고 아름답게 하여 중도에 맞기를 바라면서 이제 어찌 꽉 막히고 통하지 아니하여 어릉중자(於陵仲子)처럼 행동하려 하시오? 옛날 범중엄(范仲淹)은 맥주(麥舟)로 친구의 어려움을 구해줬으니 대인의 처사가 과연 어떠하오?

동복끼리 사비를 들여 하라는 말은 크게 불가하오. 혹은 과부로 근근히 지내고 있는 자도 있고 혹은 궁하여 스스로 끼니를 해결할 수 없는 자도 있으니 비단 거두어낼 수 없을 뿐 아니라 기필코 원한만 사게 될 것이오. 『예기(禮記)』에 하였기를 '집의 있고 없음에 맞추어서 하라.'고 하였으니 어떻게 그들을 나무랄 수가 있겠소. 만약 사삿집에서 변통할 수 있는 일이라면 나의 성의로 진작 해버렸을 것이오. 어찌 꼭 당신한테 구차하게 부탁했겠소?

또 당신이 종성의 만리 밖에 있을 때 우리 아버지가 돌아가셨다는 말을 듣고 오직 소식(素食)만 했을 뿐이요 삼년 안에 단 한번도 제사를 지내지 않았으니 전일 장가왔을 때 그토록 간곡하게 대접해주던 뜻에 보답했다고 할 수가 있겠소? 이제 만약 귀찮은 것을 참고 비석을 세우는 일에 억지로라도 도와준다면 지하에 계신 분이 감동하여 은혜를 잊지 않고 보답할 것이오.

나도 또한 당신에게 박하게 베풀고 후한 것을 바라는 것은 아니오. 시어머니가 돌아가셨을 때 몸과 마음을 다해서 예에 따라 장례를 지냈고 제사도 예에 따라 지냈으니 남의 며느리된 사람으로서 도리에 부끄러운 것이 없소. 당신은 어찌 이런 뜻을 생각하지 않소?

당신이 만약 나로 하여금 이 평생의 소원을 이루지 못하게 한다면 내가 비록 죽더라도 반드시 지하에서 눈을 감지 못할 것이오. 이 모두 지성에서 느껴 나온 말이니 글자마다 자세히 살피기 바라오.

天地萬物之類, 惟人最貴者, 立聖賢明敎化, 行三綱五倫之道也, 然自千千萬萬古而來, 能勇而行之者蓋寡, 是故人苟有追孝父母至誠之心, 而力足以遂願者, 則仁人君者, 莫不惕然留念而欲救之, 妾雖不敏, 豈不知綱領乎, 孝親之心, 追古人而從之, 君今守二品之職, 追贈三代, 余亦從古禮而得參, 先靈九族, 咸得其歡, 此必先世積善陰功之報也, 然吾獨耿耿不寐, 拊心傷懷者, 昔我先君, 常語子等曰, 吾百歲之後, 須盡誠立石於墓側之言, 洋洋在耳, 迨未得副之心, 操救窘拯溺之力, 而簡余曰, 私備於同腹, 而吾當以佐其外云, 此獨何心, 得非惡累淸德而然耶, 等差妻父母而然耶, 偶然不察而然耶, 且家君, 自君東來之三日, 見琴瑟百年之句, 自以爲得賢壻, 而失喜欲狂, 君必記憶, 況君我之知音, 自此蚷蛩而偕老, 不過費四五斛之米, 工可□功, 而厭煩至此, 痛憤欲死, 經曰, 觀過知仁, 聞者必不以此爲過也, 公遵前修之明敎, 雖至微之事, 盡善盡美, 求合於中道, 今何固滯不通, 如於陵仲子耶, 昔范文正公, 以麥舟, 敎友人之窘, 大人之處事何如耶, 私備同腹之意, 有大不可者焉, 或有寡婦僅能支保者, 或有窮不能自存者, 非但不能收備, 必起怨悶之心, 體云, 稱家之有無, 何足誅哉, 若私家可辨之力, 則以余之誠心, 業已爲之久矣, 豈必苟請於君耶, 且君在鍾山萬里之外, 聞吾親之歿, 惟食素而已, 三年之內, 一未祭奠, 可謂報前日款接東床之意耶, 今若掃厭煩, 而勉救斲石之役, 則九泉地下, 先人哀感欲結草而爲報矣, 我亦非薄施而厚望於君也, 姑氏之喪, 盡心竭力, 葬以禮祭以禮, 余無愧於爲人婦之道, 君其肯不念此意耶, 君若使我, 不遂此平生之願, 則我雖死矣, 必不瞑目於地下也, 此皆至誠感發, 字字詳察, 幸甚幸甚.

▷1571년 7월 미암에게 보낸 서와 문. 착석(斲石)은 선산에 비석을 깍아 세움을 말한다(『미암일기』 부록과 辛未(1571년) 7월 5일조 참조).

4. 한시

1) 우연히 읊다(偶吟)

한 쌍의 선학이 맑은 밤하늘에서 우니

월궁의 선녀가 옥퉁소를 부는 듯 하도다.
만리의 뜬구름 돌아간 곳에
뜰에 가득한 가을 달빛이 하얀 털로 쓸어놓은 듯하다.
一雙仙鶴唳淸霄
疑是姮娥弄玉簫.
萬里浮雲歸思地
滿庭秋月刷鷗尾(毛).
▷ 1545년 미암이 무장 현감으로 있을 때 송덕봉이 지은 시(『미암일기』 부록 참조).

2) 마천령 위에서 읊다(摩天嶺上吟)

가고 또 가서 드디어 마천령에 이르니
동해는 끝이 없어 거울처럼 평평하다.
만리 길을 부인이 무슨 일로 왔는고
삼종의 의는 무겁고 한 몸은 가벼운 것.
行行遂至磨天嶺
東海無涯鏡面平
萬里婦人何事到
三從義重一身輕
▷ 1566년 송덕봉이 미암을 충청도 은진으로 이배시키기 위해 그의 오랜 귀양지인 함경도 종성으로 가면서 지은 시(『미암일기』 부록 참조).

3) 무제(無題)

가을 서리에 향기로운 국화가 십분 노랗고
봄비에 배꽃이 수없이 빛난다.

秋霜香菊十分黃
春雨梨花不數光

▷1568년 꿈에서 지은 시. 『미암일기』 辛未(1571년) 10월 15일조에 이렇게 기록되어 있다. '덕봉이 거년에 꿈 속에서 시를 짓기를(夫人去歲夢見詩二句云), 가을 서리에 향기로운 국화가 십분 노랗고(秋霜香菊十分黃) 봄비에 배꽃이 수없이 빛난다(春雨梨花不數光), 하였는데 이 때에 와서 비로소 맞았다(至是始驗)'.

4) 무제(無題)

국화잎에 비록 눈발이 날리지만
은대(승문원)에는 따뜻한 방이 있으리.
차가운 방에서 따뜻한 술을 받으니
속을 채울 수 있어 매우 고맙소.
菊葉雖飛雪
銀臺有煖房.
寒堂溫酒受
多謝感充腸.

▷1569년 9월 미암에게 보낸 화답시. 이 해 9월 1일 미암이 승문원에서 숙직하며 임금이 하사한 술상과 함께 아래와 같은 시를 지어보낸다.

눈이 내리니 바람이 더욱 차가워
그대가 추운 방에 앉았을 것을 생각하노라.
이 술이 비록 하품이지만
차가운 속을 따뜻하게 데워줄 수 있으리.
雪下風增冷

思君坐冷房.
此醪雖品下
亦足煖寒腸.

그러자 덕봉이 위와 같은 화답시를 지어 보냈던 것이다(『미암일기』 己巳(1569년) 9월 1일조 참조).

5) 4월 8일 윤관중, 유광룡과 더불어 술을 조금 들며(四月八日與尹婿光龍小酌)

삼동은 마땅히 춥고 얼어야 하겠지만
봄날인데도 또 어찌 차가운고
지금 같이 좋은 철에 모이니
和氣가 청산에 가득하다.
三冬宜凍冱
春日又何寒
如今佳節會
和氣滿靑山

지난 겨울에 홍역이 집에 들어오고, 仲春(음력 2월)에는 노비가 또 열병을 앓았기 때문에 그렇게 말했다.

▷ 송덕봉이 사위 윤관중·손주조카 유광룡과 더불어 술자리를 갖고 지은 시(『미암일기』 부록 참조). 창작 연대 미상의 작품이나 『미암일기』 庚午(1570년) 8월 15일조에 '담양에 홍역이 한창이고 부용의 자식 가미가 죽었다'고 기록된 것으로 보아 아마도 1570년 4월 8일의 작품인 듯하다.

6) 무제(無題)

스스로 원결마냥 물욕이 없다 하더니,
어찌하여 오경(오전 3～5시)까지 잠 못 이루시오.
옥당(홍문관)의 금마가 비록 즐겁다지만,
추풍에 마음대로 돌아오는 것만 하겠소.
自比元公無物慾
如何耿耿五更闌.
玉堂金馬雖云樂
不若秋風任意還.

▷1570년 4월 미암이 보낸 시에 송덕봉이 화답한 시. 미암이 홍문관에 부제학에 제수되어 서울로 올라와 근 4개월째 홀로 관직생활을 하던 중 하루는 밤늦도록 잠을 이루지 못하다가 '홀로 벼슬하며 그대를 생각하노라'라는 시를 지어 보낸다. 그러자 송덕봉이 이러한 화답시를 지어보냈다(『미암일기』 庚午(1570년) 4월 26일조 참조).

7) 단오에 오자와 새집에서 만나다(端午與吳姊會新舍)

하느님이 삼산의 수를 보내주시고
땅의 신령도 백세의 영화를 더해주리라.
창고가 가득함이 나의 소원 아니요
원앙처럼 화락하게 평생을 지냈으면…….
天公爲送三山壽
地祇爭輸百世榮.
滿廩盈倉非我願
鴛鴦和樂乃丹誠.

▷1571년 5월 5일 단오날 시누이 오매와 함께 새집에서 노닐며 지

은 시로, 다음과 같은 오매의 시에 화답한 것이다(『미암일기』 부록과 辛未(1571년) 5월 11일 및 13일조 참조).

땅이 비었으니 청산이 멀고
처마가 높으니 여름날이 시원하다.
남쪽 사랑채에 까치가 집을 지으니
아마도 자손이 창성할 것을 알림이로다.
地曠靑山遠
簷高夏日凉.
南廊成鵲室
應報子孫昌.

8) 미암의 시를 차운하다(次眉岩韻)

화락함이 세상에 짝이 없다 자랑마오
나를 생각해 착석문을 읽어보시구려.
군자는 광대하여 막힘이 없어야하나니
범공의 맥주일을 천년 뒤에 생각해보오.
莫誇和樂世無倫
念我須看斲石文
君子蕩然無執滯
范君千載麥舟云

▷1571년 7월경 앞의 〈착석문〉과 함께 지어 보낸 시인 듯하다(『미암일기』 부록 참조).

9) 무제(無題)

월녀(미녀)가 한번 웃으면 3년을 머무른다는데
당신은 사직하고 돌아오기가 어찌 쉽겠소.
越女一笑三年留
君之辭歸豈易乎

▷1571년 9월 미암에게 보낸 시(『미암일기』 辛未(1571년) 9월 19일조 참조).

10) 미암이 가선대부로 올랐을 때에 짓다(眉岩升嘉善作)

황금띠를 둘렀으니 선비로서는 극진한 영화
돌아와 초당에 누워 건강을 돌봄이 어떠하오?
벼슬은 사양할 수 있다고 일찍이 약속했으니
뜨락에서 달을 보며 돌아오길 기다리오.
黃金橫帶布衣極
退臥茅齋養氣何.
爵祿可辭曾有約
遊庭見月待還家.

▷1571년 10월 미암에게 보낸 시(『미암일기』 부록 참조). 이즈음 미암이 사헌부 대사헌에 제수되어 즉시 서울로 올라가고자 집에 편지를 보낸다. 그러자 송덕봉이 이러한 시를 지어 이미 극진한 영화를 누렸으니 물러나서 건강을 돌보라고 권유한다.

11) 무제(無題)

눈 속에 백주도 얻기가 어려운데

하물며 노란 술이 전상에서 봉해져옴이랴.
스스로 한잔 들고 홍색이 얼굴에 가득하여
당신과 함께 태평이 돌아옴을 축하하도다.
雪中白酒猶難得
何況黃封殿上來
自酌一盃紅滿面
與君相賀太平廻

▷1572년 11월 궁궐에서 퇴선(退膳)을 보내오자 송덕봉이 축하의 뜻으로 미암에게 지어 준 시(『미암일기』 壬申(1572년) 11월 11일조 참조).

12) 아들의 시에 차운하다(次男韻)

양이 석벽에 오름을 말하지 말라.
뜻이 있어 시리고 차가움을 견딘다.
쓴 것이 다하면 단 것이 올지니
봄바람을 버들과 함께 즐기리라.
莫言羊石壁
有志忍酸寒.
苦盡甘須到
春風與柳歡.

▷1574년 1월 아들 유경렴과 주고받은 시. 영릉에서 참봉을 지내던 유경렴이 모처럼 근친을 와서 붉은 저고리와 함께 아래와 같은 시를 지어 바친다.

경렴이 희롱삼아 붉은 저고리를 바치다(景濂戲贈羅袖)

외로운 양이 석벽을 오르다가
눈을 핥으며 차가움을 견디네.
뼈가 드러나고 털도 비록 빠졌지만
봄이 오면 뜻이 절로 즐거우리.
孤羊攀石壁
舐雪耐嚴寒.
骨露毛雖落
春來意自歡.

그러자 송덕봉이 위와 같이 화답했던 것이다(『미암일기』 부록 및 甲戌(1574년) 1월 12일조 참조).

13) 취한 중에 우연히 읊다(醉中偶吟)

평생에 세 번 낙양성(서울)에 이르니
남북의 좋은 산이 옛 모습대로 푸르다.
23년 동안 하늘가에서 피눈물 흘리더니
어찌 오늘날 금의영화 알았으리오.
平生三到洛陽城
南北佳山舊樣靑
甘載天涯曾泣血
那知今日歸衣榮

▷1574년 3월 미암과 함께 서울생활을 하면서 비오는 날 취중에 지은 시. 이에 미암이 아래와 같이 차운(次韻)을 한다(『미암일기』 부록 및 甲戌(1574년) 3월 19일조 참조).

차운(次韻)

그대가 술에 취해 시성(詩城)을 지으니
구름 밖 푸른 모습을 놀라며 본다.
서울의 풍경이 비록 좋다하지만
돌아가 앞 처마에서 밥 먹는 이만 못하다.
喜君醉裏辦詩城
崔崒驚看雲外靑
京洛風光雖最好
不如歸舍饌前榮
-귀사(歸舍)를 귀거(歸去)로 고쳤으니 부인의 말을 따른 것이다.

14) 중구(9월 9일)에 술을 조금 들면서(重九小酌)

옛날 남북으로 헤어져 있을 때
어찌 이 때가 있을 줄 알았으리요.
맑은 가을 좋은 명절에 모이니
천리에서 서로 기약이라도 한 듯하여라.
昔日分南北
那知有此時.
淸秋佳節會
千里若相期.

▷1574년 9월 9일 중양절 집안찬치를 베풀면서 지은 시. 이때 사위 윤관중, 아들 유경렴, 남편 미암도 차례대로 시를 읊었는데, 먼저 윤관중이 이러한 시를 짓는다.

경사스럽게 고당의 위에서 모시니
추풍에 해가 비치는 때로다.
거문고 노래에 흥취가 일어나니

이 모임을 백년이나 기억하세.
慶侍高堂上
秋風日照時.
絃歌情興發
斯會百年期.

그러자 유경렴이 이렇게 차운한다.

백발의 부모님이 당상에 함께 계시니
색동옷을 입고 이때에 춤을 춘다.
우리집의 무한한 즐거움은
이밖에 다시 무엇을 바라리요.
鶴髮俱堂上
班衣舞此時.
吾家無限樂
此外更何期.

다음으로 미암이 차운하기를,

대궐에서 은총을 받던 날
국화를 술잔에 띄우는 때,
한 집에 친한 이 5~6인이
함께 태평의 때를 즐긴다.
紫極承恩日
黃花泛酒時.
一堂親五六
同樂太平期.

한다. 이에 송덕봉이 마지막으로 위와 같이 차운했던 것이다(『미암일기』 부록 및 甲戌(1574년) 9월 9일조 참조).

15) 중양일(9월 9일) 집안잔치 때에(重陽日族會)

금일 중양의 모임에
국화가 안 피어 참으로 서운하다.
내 자식이 비록 말직이기는 하지만
그래도 白衣로 온 것보다는 났다.
今日重陽會
眞嫌菊未開
吾兒雖末職
猶勝白衣來
▷창작 연대 미상의 작품. 아들 유경렴이 영릉참봉에 제수된 1570년 11월 이후에 지은 시이거나, 혹은 바로 위에서처럼 1574년 9월 9일 중양절 집안잔치 때에 지은 것일 수도 있다(『미암일기』 부록 참조).

16) 취중에 읊다(醉裏吟)

천지가 비록 넓다지만
안방에서는 진짜 모습을 보지 못한다.
오늘 아침엔 반이나 취하고 보니
사해가 넓어서 끝이 안 보인다.
天地雖云廣
幽閨未見眞
今朝因半醉
四海闊無津

▷창작 연대 미상의 시. 바로 위 15)번의 시를 지은 해 여름에 이 시를 지었다고 한다(『미암일기』 부록 참조).

17) 희롱삼아 미암의 시에 화답하다(戲和眉巖韻)

당신의 시 자랑하여 겸양이 없는데
맑기가 어떻게 소상강의 가을 같으랴.
소년의 운우 꿈(색욕)을 없애버리고
사물에 무심하면 과연 짝이 없으리.
君詩夸詑無謙讓
淸淨那同湘水秋
除却少年雲雨夢
無心事物果無儔

▷1575년 11월 18일 미암과 주고받은 시. 이날 미암이 다음과 같은 시를 주어 덕봉에게 준다.

부인에게 주다(贈夫人)

높기는 盧嶽 3천 길과 같고
맑기는 소상강 8·9월 가을 같으며
다시 陽春의 生物하는 뜻이 있어야
바야흐로 군자의 剛柔의 덕을 이루리라.
高如盧嶽三千仞
淸似瀟湘八九秋
更有陽春生物意
方成君子德剛柔

그러자 덕봉이 위와 같은 시를 지어 미암에게 주었던 것이다(『미암일기』 부록 및 乙亥(1575년) 11월 18일조 참조. 하지만 이 작품의 창작연대는 앞으로 좀 더 논의할 필요가 있음을 미리 밝혀둔다).

18, 19) 동당을 읊어 미암에게 주다(詠東堂贈眉巖)

삼십 년 전의 집에
이제야 나란히 말고삐를 잡고 돌아왔네.
동당이 새로 시원하게 지어졌으니
당신은 벼슬을 버리고 한가롭게 지내시구려.
三十年前舍
如今並轡還.
東堂新洒落
君可舍簪閑.

차운(次韻) -미암 作-

사십 년 전의 꿈이
이제야 징험하여 비로소 돌아왔네.
신당에 봄빛이 이르렀으니
함께 태평한 때를 즐겨봅시다.
四十年前夢
如今驗始還.
新堂春色至
同樂太平閑.

또 미암에게 주다(又贈眉岩)

주상의 사랑이 융성하니 어찌 물러나리오만
벼슬을 그만두고 임하에서 정신을 수양하시오.
황금이 궤에 가득함이 나의 소원 아니요
새집과 맑은 시내도 하나의 보배느니.
聖眷方隆何事退
休官林下養精神.
黃金盈櫃非吾願
新室淸溪亦一珍.

차운(次韻) -미암 作-

경전을 읽으신 지 9년 동안에 덕음을 자주 내리시니
주상을 인도하길 조용히 한 바 마음이 통한 지 오래로다.
전원으로 돌아가 지극한 즐거움을 찾도록 허락하신다면
새집에 만권의 책이 나의 보배라오.
讀經九載德音頻
啓玉從容久會神.
恩許歸田尋至樂
新堂萬卷是吾珍.

▷1575년 11월 창평집 사랑채의 기둥을 세우고 미암과 주고받은 시(『미암일기』 부록 및 乙亥(1575년) 11월 22일조 참조).

20) 仲冬 27일에 눈을 읊어 聯句를 하다(仲冬二十七日咏雪聯句)

청산에 눈이 가득하니 소나무가 분을 바르고(靑山雪滿松塗粉)
- 덕봉 作 -
푸른 물에 바람이 오니 방석에 수를 놓는다(綠水風來蒲刺紋)

- 미암 作 -

▷1575년 11월 눈을 보며 미암과 주고받은 시(『미암일기』 부록 및 乙亥(1575년) 11월 27일조 참조)

21) 을해년 제야에(乙亥除夜)

전욱을 등불 앞에서 보내고(전욱은 12월신)
구망은 밤중에 온다(구망은 정월신)
당에 가득한 새로운 賀客
모두가 두 눈썹이 날린다.
顓頊燈前送
勾芒夜半來
滿堂新賀客
皆是兩眉開
▷1575년 12월 30일에 지은 시(『미암일기』 부록 참조).

22) 무제(無題)

규모를 세우기를 누가 기특히 했나
부인의 마음 솜씨 반수(중국 고대의 이름난 장인)와 같다.
남쪽에 서실 열어 새롭게 환하고
북쪽의 서까래 밑에 다락을 놓았도다.
늙은이 창에 기대어 거드름 피우고
자손들 책을 펴고 글을 읽으리.
문득 선친의 이사하란 말씀을 생각하니
우리 자손에게 백세의 복을 열어 주셨도다.
營度規模誰是奇

夫人心匠似班垂.
南開書室新明朗
北接樓廒舊桷楣.
老叟倚窓長寄傲
兒孫開卷效吾伊.
却思先子遷居訓
啓我雲仍百世禧.

▷1576년 2월 창평집 사랑채 대청의 규모를 절묘하게 세운 것에 감탄하여 지은 시(『미암일기』 丙子(1576년) 2월 15일조 참조).

23) 무제(無題)

지락음(至樂吟) - 미암 作 -

정원의 꽃 난만해도 보잘 것이 없고
거문고 퉁소 소리 요란해도 부질없는 것.
좋은 술 고운 자태에 흥미가 없고
진짜 맛은 簡編(서책) 사이에 있다.
園花爛漫不須觀
絲竹鏗鏘也等閑
好酒姸姿無興味
眞腴唯在簡編間

답시(答詩) - 덕봉 作 -

봄바람 좋은 풍경 옛부터 보는 것이요
달 아래 거문고 타는 것도 한가지 여유로움.

술은 또 근심을 잊어 마음이 넓어지는데
당신은 어찌 서책 속에서 편벽된 생각만 하시오.
春風佳景古來觀
月下彈琴亦一閑
酒又忘憂情浩浩
君何偏癖簡編間

▷1576년 4월 5일에 미암과 주고받은 시(『미암일기』 부록과 『덕봉문집』 참조). 창평으로 낙향 이후 미암은 경전의 주석 작업을 하고, 송덕봉은 사랑채를 건축하는 등 비교적 여유로운 생활을 하였는데, 이 때에 지은 작품인 듯하다.

24) 8월 12일 밤의 卽景(八月十二日夜卽景)

시원한 바람은 비 온 뒤에 생기고
하얀 달은 구름 사이에서 드러난다.
베짱이는 비록 목메어 울지만
오늘밤은 다행히 한가롭도다.
淸風生雨後
皓月露雲間
促織雖鳴咽
今宵幸得閑

▷창작 연대 미상의 시(『미암일기』 부록 참조).

(『여성문학연구』 제9호, 한국여성문학학회, 2003)

국문 장편소설과 여성

1. 국문 장편소설이란

조선후기 장편소설은 크게 두 부류로 나눌 수 있다. 먼저 사대부 남성이 창작하고 한문본과 국문본이 함께 존재하거나 혹은 한문본만 존재하는 일명 한문 장편소설이 있다. 이것들은 〈옥린몽〉처럼 15권 15책짜리도 있지만 대부분 국문 장편소설의 몇 권에 불과할 정도로 비교적 짧은 장편소설이다. 이것들의 성격은 대단히 윤리적이고 교훈적이어서 조선후기 소설배격의 분위기 속에서도 사회적으로 옹호의 대상이었다. 17세기 후반 김만중의 〈구운몽〉과 〈사씨남정기〉, 조성기(?)의 〈창선감의록〉, 18세기 이정작의 〈옥린몽〉, 19세기 이이순의 〈일락정기〉, 김소행의 〈삼한습유〉, 심능숙의 〈옥수기〉, 남영로의 〈옥련몽〉, 정태운의 〈난학몽〉 등이 그 대표적인 작품들이다.

다음은 주로 여성들이 읽고 지으며 향유했던 국문 장편소설이 있다. 물론 남성들도 국문 장편소설을 향유했으나 그것은 어릴 적의 언문공부나 늙으막의 소일거리 및 실의한 남성들의 다양한 취향에서 비롯한 것이었고, 일반적인 인식은 대체로 부정적이었다. 이것들은 언문으로 손수 쓰여진 국문 필사본이며, 전편과 후편 및 기타 방작들로 계속 이어지는 연작소설이자 수십 수백책에 이르는 대하소설이다. 예를 들어 〈소현성록〉(총 15책)은 전편 〈소현성록〉(4책)과 후편 〈소씨삼대록〉(11책)(이상은 주로 직계가족 이야기)으로 이루어진 연작소설인데, 이 작품은 그외에도 〈한씨삼대록〉, 〈설씨삼대록〉, 〈수제옥환빙〉(이상은 주로 확대가족 이야기) 등과 같은 여러 방작과 파생작을 갖고 있다. 국문 장편소설이 몇 편이나 되는지는 정확히 알 수 없으나 현재 필자가 하고 있는 목록조사에 따르면 근 100여 편을 상회한다. 또 권 수로도 수천 권이나 된다. 그 대표적인 작품은 〈소현성록〉, 〈완월회맹연〉, 〈명주보월빙〉, 〈옥원재합기연〉, 〈현씨양웅쌍린기〉, 〈유효공선행록〉 등이다. 이것들은 현재 한국정신문화연구원이나 국립도서관, 규장각 및 각 대학의 고도서실에 소장되어 있으며 그 가운데 일부는 고전소설 전집류에 영인되어 있다. 불행하게도 현대역은 아직까지 단 한 편도 없다.

국문 장편소설은 1966년 창경궁 장서각에서 대거 발견될 당시만 하더라도 작품 내·외적 측면에서 여성과의 친연성이 두드러진 소설들로 알려졌다. 하지만 이후 연구가 본격적으로 진행되면서 여성의 존재는 어디론가 사라지고 내용 파악에서도 지극히 남성중심적인 소설들로 읽혀졌다. 그리하여 근래 젊은 연구자들이 이른바 '여성소설론'을 제기하여 국문 장편소설사에서 여성의 존재를 새롭게 부각시키고 있다. 이들은 작가로서든 독자로서든 국문 장편소설은 주로 여성들이 향유했음을 상기시키는 한편 그 내용에 있어서도 당대 여성의 의식이 깊게 투영되어 있다고 주장한다.

이에 따라 본고에서는 그동안 제출된 관련 자료와 연구사를 토대로 국문 장편소설과 여성의 관계를 보다 객관적으로 살펴보고자 한다. 특히 본고에서는 국문 장편소설이 발견될 당시의 기록들을 비롯하여 기존의 연구성과를 차례대로 검토함으로써 그것들의 본래 모습은 어떠하였고, 이후 어떤 과정을 거쳐 여성이 소외되었으며, 근래 젊은 연구자들이 제기한 여성소설론의 실체는 무엇인지를 살펴보고자 한다. 그래서 앞으로 국문 장편소설과 여성의 관계를 어떻게 인식해야 하는지 제시하고자 한다.

2. 낙선재본 소설의 발견과 의의

1966년 8월 22일 창경궁 장서각에 소장되어 있던 낙선재 문고의 국문 장편소설(일명 낙선재본 소설)이 국문학의 새로운 자료로써 세상에 널리 소개되었다. 이들 소설은 과거 궁녀들이 대대로 아껴 비장했던 것인데, 6·25전쟁 이전엔 낙선재에 깊숙히 간수되어 있었고 전쟁 때엔 북으로 실려가려는 수난을 당한 뒤 비로소 창경궁 장서각으로 옮겨져 사서들에 의해 분류·정리되었다. 그후로는 일반인도 열람할 수 있는 상태였으나 분량이 워낙 방대하여 학계에서조차 감히 엄두를 못내었다. 그러다가 1966년 근 1년여에 걸쳐 서울대 동아문화연구소의 후원으로 정병욱의 주관 아래 김진세, 이신복, 조동일 등이 목록을 작성하여 세상에 널리 알렸다.

그런데 현재까지의 연구성과에 따르면 본디 낙선재본 소설은 조선후기 여성들의 소설독서열에 부응해서 나온 소설들이 궁중으로 흘러 들어가 대를 이어 축적된 것에 불과하다는 것이다. 실제로 조선후기 여성들의 소설독서열은 하나의 시대적 풍조를 이루고 있었다. 이미 17세기부터 궁중과 규방의 지식인 여성들은 그 나름의 독특한 소설문화를 형성하기 시작했고, 18세기 이후엔 상업적인 세책가가 등장하여 그 독자층이 유한적인 일반 대중에게까지 확대되었다. 이에 따라 중국소설이 대거 번역될 뿐 아니라 국내 작가도 새로운 장편소설을 계속해서 내놓았다. 여기엔 남성작가도 포함되어 있었지만 여성작가가 주류를 차지하고 있었다. 예컨대 〈완월회맹연〉, 〈옥원재합기연〉 등 대표적인 작품들은 여성소설가에 의해서 지어진 것이었다. 낙선재본 소설은 바로 이러한 소설들이 여러 왕대를 거치며 궁중으로 유입되어 독특한 흘림글씨인 궁체로 재필사된 것이었다[1].

당시 신문들은 이 소식을 연달아 내보내며 한동안 세상을 떠들썩하게 하였다. 특히 이에 대해 무엇보다 중요하게 다룬 신문은 중앙일보였다. 우선 중앙일보는 8월 22일자 1면에 '국문학에 획기적 새자료'라고 대서특필한 뒤 창경궁 장서각에서 소설・가사・기행문 등 총 122종 2361책의 고전작품이 쏟아져 나왔다고 전했다. 그리고 이 가운데 72종 1500책의 국문 장편소설은 학계에 도무지 알려진 적이 없는 '신발견'이라서 충격을 더해준다고 하였다. 거기에는 180책의 〈완월회맹연〉과 총 205책의 〈명주보월빙〉(100책)-〈윤하정삼문취록〉(105책) 등 세계적인 대하장편소설이 끼어 있었다[2].

또 중앙일보는 같은 날 3면에 '국문학사가 바뀐다'라고 말하면서 이들 소설에 대한 정병욱의 지적을 길게 인용했는데, 여기에서는 그 대강만 살펴보기로 하자.

첫째, 우리나라 고전소설은 단편 밖에 없고 한국인은 기질적으로나 능력면에서 장편에 합당하지 않다는 정설이 바뀌게 되었다.

둘째, 장편임에도 거의 완전무결한 구성을 갖추고 있으며 심지어 1백명의 주인공이 대단원에 이르기까지 한 사람도 빠짐 없이 합리적으로 처리된 점으로 미루어 궁중을 패트런으로 하는 전문소설가가 있지 않았을까 한다.

셋째, 문장의 우수성이다. 하나의 테마 아래 단편적인 많은 얘기를 엮어낸 점이라든지 섬세하고 리얼한 묘사와 특히 심리묘사가 풍부한 점 등, 〈춘향전〉과 같은 종래의 작품보다 뛰어난 것으로 보고 있으며 고대소설사에 하나의 장르를 만들게 될 것이다.

넷째, 낙선재 문고의 소설에는 적극적인 여성상이 현저히 눈에 띈다. 종래의 소설들은 〈춘향전〉에서 보는 바와 같이 소극적이요 수동적인 여성인 반면, 이들 장편의 여성들은 그런 상식을 넘어서 때로 대담하고 적극적인 행동을 연출한다. 여성이 사랑을 쟁취하기 위해 온갖 사건을 꾸며내는 〈천수석〉과 〈화문록〉이 그 예로서 규중의 독자들은 그들의 억제된 감정을 소설을 통해 풀었던 것으로 보인다[3].

한마디로 이들 소설은 한국문학사에서 장편소설에 대한 인식을 획기적으로 전환시켰고, 그것들은 질적인 면에서도 우수하며, 특히 내용면에서 여성과의 친연성이 매우 두드러진다는 것이다.

이밖에도 중앙일보는 8월 25일자 신문에서 윤백영 여사의 증언을 통해 이들 소설의 내력을 자세하게 보도하였다. 윤여사는 당시 79세였으며 조선 제23대 임금인 순조의 외증손녀로 이왕가의 인척이었다. 더욱이 부친 윤용구가 구한말의 판서요 학자였던 까닭에 그녀는 어려서부터 궁중의 소설을 읽을 수 있었고, 거의 이들 책과 더불어 한평생을 살았다. 그녀의 증언은 선학들에 의해 간간히 언급되기도 했으나 자세한 내용은 지금까지 알려지지 않았다. 이에 가급적 전말을 살리는 쪽에서 그녀의 증언을 소개하기로 한다.

중앙일보는 우선 한글이 여성들의 글이었듯이 국문소설은 여성만의 소유였다고 전제한 뒤 낙선재본 소설에 대한 윤여사의 증언을 생생하게 보도했다.

> 한글이 여성의 글이었듯이 옛날 국문소설은 여성만의 소유. 남자들이 한문을 숭상하여 그것을 업신여기는 이조 5백년 동안 한글로 된 기록은 오로지 규중부녀자가 독차지할 밖에 없었다. 순한글로 쓴 낙선재 문고의 소설은 그 대표적인 표본.[4)]

윤여사는, 낙선재본 소설은 왕비와 내관 및 나인 등이 필사한 것이며 최고 3백년이나 된 것도 있다고 하였다.

> 할머니는 마침 〈벽허담관제언록〉(궁체 한글로 필사한 소설 28책)을 읽으며 "이건 명헌황후전 내관 글씨니까 백년은 실히 되지요". 헌종왕비 홍씨전 소속의 환관이 쓴 것이란 말이다. 같은 시기에 생존한 여러 왕비 즉 신정왕후 조씨전·철인장황후 김씨전·명성황후 민씨전·순명황후 민씨전 글씨가 다 각각이고, 내관(남체)과 나인(여체)의

그것이 다르며 예조 소속 사자관(寫字官)의 글씨가 또 다르다고. "밤낮 보던 이도 잘 분별 못하지만 잘보면 다 각각"이라고 한다. 낙선재 문고의 필사연대는 최고 3백년 전까지 가는 게 더러있다고 한다.5)

그녀는 이같은 궁녀들의 소설 필사와 독서를 일단 심궁의 유한적인 상황에서 비롯된 것으로 보았다. "궁중 여자들이란 일이 있어야지요. 때없이 심심소일로 책이나 읽는 거지요."라는 언급이 그것이다. 하지만 궁녀들의 소설독서가 단지 심심풀이를 위해서만은 아니었다. 그녀는 한걸음 더 나아가 왕비들의 문학열 곧 문필에 대한 애호를 애써 강조하였다.

특히 이조말에는 내전에 문학열이 선풍적이었다. 왕비들이 소설을 즐겨 목청 고운 지밀나인은 중전을 모시고 소설을 읽는 게 일. 시조 비슷한 소설 독법이 여기서 생긴 것이라고 한다. 순조비 순원숙황후 김씨나 철종비 철인장황후 김씨는 유독 문필을 좋아하여 손수 읽고 쓰는 예가 많았다고. 그런 때라 그의 친정어머니 덕온공주는 시집올 때 받은 책이 국·한문 해서 4천권…….6)

이렇게 당대 여성들에게 있어서 소설이란 한편으론 문필수단이자 지식수단이기도 하였다.

한편 사대부집 부녀자의 소설독서열도 의외로 대단하였다. 심지어 그들은 제사조차 잊고 비싼 놋그릇까지 저당잡히면서 소설읽기에 열성이었다고 한다. 윤여사는 비록 상층여성으로서의 선민의식에 젖어있긴 하지만 이와 같은 규방여성의 독서열에 얽힌 일화와 그들이 이용한 세책가에 대해서도 짤막하게 일러줬다.

사대부집 부녀자들까지 소설독서열이 대단하여 '사내들 노름과 여자들 언문책은 집안망친다.'고 일렀다 한다. 어떤 남편이 선친의 제

> 샛날이 되어 밤늦게 사랑에서 돌아와보니 부인은 책읽기에 팔려 제사조차 잊고 있었으므로 당장에 책을 내다 불질렀던 것은 그 한 에피소드. 윤여사는 40년 전까지도 장안에 세책집이 있었다고 기억을 더듬는다. 세책집의 책은 같은 한글이지만 궁체와 달라 글씨가 트레트레하니 굵고 숱은 높지만 종이가 두껍고 책장에 몇줄 안적어 하루밤에 열 책이라도 볼 수 있었다고. "대개 놋그릇을 맡기고 빌려봤는데 그래야 세를 많이 받아먹었거든요." 하지만 그것도 재상가 부녀자들 얘기요 서울서도 웬간한 여염집서는 생각조차 못하는 일이었다고 그는 덧붙인다. 여자가 글 잘하면 팔자 드세다는 시대이므로 사가에서 글을 안대야 시원찮고 글씨는 개발쇠발로 망측했다는 것이다.7)

참고로 조선일보 1966년 8월 25일자 신문을 보면 '위당 정인보 선생의 글에는 이런 장편소설 주인공들의 이름이 그 어머니들 사이의 대화에서 오고 가는 것을 들은 일이 있다고 한다.'라고 기록되어 있다8).

하지만 윤여사는 국문 장편소설의 발달은 역시 궁녀들에 의해서였다고 자부하면서 그 작가층과 궁중유입 경위 및 국적문제까지 아울러 지적하였다. 여기서 작가층에 대한 그녀의 증언은 주목할 필요가 있다. 왜냐하면 초창기 연구자들은 그녀의 말에 따라 낙선재본 소설은 가난한 시골선비의 창작물로 세책방을 통해 궁중으로 들어갔다고 주장했기 때문이다. 그래서 얼마 동안 낙선재본 소설은 본래 시골선비가 지었고, 여성들은 단지 그것을 받아 읽었을 뿐이라고 생각했다. 하지만 그녀의 증언은 주로 조선조 말기에서 근대 이후의 상황을 말한 것이므로 지나치게 견강부회해서는 안된다. 위에서 설명한 것처럼 낙선재본 소설은 조선후기 여성들의 소설독서열에 부응해서 나온 소설들이 궁중으로 유입되어 대를 이어 축적된 것에 불과하였다.

역시 한글의 본고장은 궁중. 국문소설의 발달은 궁중을 중심한 것이라고 그는 다짐한다. 물론 내관 가운데 소설을 쓴 이가 없다할 순 없으나 대체로 그 작자는 유식하고 한문에 능통한 시골선비. 지체의 상하를 다 알고 세상풍정에 밝은 이름 없는 선비가 슬그머니 세책집에 판다. 예부터 전하는 것인양 팔기 때문에 소설의 작자는 으레 없기 마련. 그러면 그중 얘기가 전무의 진기한 것이라면 조신들이 가져다 내전에 은밀히 바친다. 이래서 궁중에 무궁무진한 얘기책이 쌓이노라는 그의 지론이다. 소설에는 번역도 많지만 우리나라서 쓴 것도 중국 것처럼 지은 게 허다하다고 한다. 무대를 당·송·명에 두는 것은 작품의 스케일을 크게 하고 판국을 넓혀 거짓말이라도 그럴싸하게 꾸미기 위한 것. "경서·사서 같은 것은 중국 것이지만 소설은 우리 게 많아요." 번역소설은 삼국지·홍루몽·열국지·서유기 등 실제로 얼마 손꼽히느냐고 말한다[9].

끝으로 윤여사는 자신들이 국문 장편소설을 애호한 이유는 재밌으면서도 유식하고 깊은 뜻이 담겨 있기 때문이라고 하였다. 여성들에게 있어서 소설이란 단순히 오락물에 그친 것이 아니라 지적활동의 일환으로도 읽혀졌음을 여기에서 또다시 확인할 수 있다.

소설은 어차피 뻔한 거짓말. 허황된 것임을 알면서도 말의 꾸밈새가 재미있고 서로 모해하며 발명되어 풀리며 하는 줄거리에 끌려 자꾸 보는 것이라고 할머니는 말한다……. 윤여사는 소설이면 70, 80책은 돼야지 짧고 보면 무식하고 재미적다고 한다. 〈춘향전〉 쯤의 단편은 유식치도 못하고 깊은 뜻이 없다고 단정. 낙선재 문고의 긴 소설은 "문자가 좋고 윤곽 크고 생각이 점잖고……." 문장에 막힘이 없고 감정표현이 풍부하며 일거일동을 섬세하게 그려 읽을수록 끌려들게 마련이라고 한다. 그가 요약하는 이들 소설의 내용은 모두 충효와 정사의 판가름. "예법과 충효하는 기틀이 여기에 다 적혀있는데 요새 사람들은 어디 봐야죠". 윤여사는 더 하고 싶은 말을 사리듯 입을 꼭 다문다[10].

이상과 같이 국문 장편소설은 1966년 창경궁 장서각에서 대거 발견될 당시만 하더라도 여성과의 친연성이 두드러진 소설들로 널리 알려졌다. 그것들은 주로 여성이 읽고 필사한 소설이었으며, 내용에 있어서도 여성의 처지가 반영된 것이었다. 국문 장편소설의 주체는 분명 여성이었다. 또다시 원점에 서서 그 당시 신문을 집요하게 들춘 이유는 바로 이것을 확인하기 위해서였다.

3. 가문소설론

낙선재본 소설의 발견 이후 한동안 국문 장편소설에 대한 관심은 작품의 해제와 외적인 실증 작업에 모아졌다. 우선 독자들은 이것들이 어떤 작품인지 궁금해 하였다. 그래서 선학들은 내용을 소개하는 차원에서 줄거리 중심으로 각 작품의 해제를 발표했다[11]. 또한 이들 작품이 중국소설의 번역 혹은 번안이 아닐까 하는 의구심이 팽배한 상황에서 우리 소설임을 입증코자 얼마 동안 국적문제에 골몰하기도 하였다[12]. 그와 더불어 작가문제도 드물게나마 거론되었는데, 대개 가난한 시골 선비[13]나 또는 양반 사대부층[14]의 창작물이라고 하였다. 반면에 여성 작가의 가능성에 대해선 거의 선험적으로 부정되었다. 국문 장편소설은 그 규모의 크기나 언어 구사의 수준에서 여성들이 창작했다고 생각하기엔 무리라는 것이 주된 이유였다[15]. 그밖에 이것들을 포괄하는 유형 논의는 연구사의 시작 단계인 탓인지 비교적 개방적이었다. 낙선재본 소설을 어느 한 유형으로 묶고 그것들의 구조적 특질이나 소설사적 의의를 찾기보다 저마다 열린 시각을 가지고 다양하게 접근했다.

그런데 이수봉이 '가문소설(家門小說)'이란 유형을 설정하여 이들 작품을 대거 포괄함으로써 국문 장편소설에 대한 인식은 새로운 전기를 맞게 되었다. 그는 우선 가문소설을 자기 가문의 선전이나 창달을 위해서 지은 일종의 목적소설이라 하였다. 또 그것은 조선후기 벌열정치로 인해 팽배해진 가문숭상풍조에서 형성되었으며, 문학적으로는 일기〉행장〉가전〉가문소설처럼 기본적으로 실기류에서 발달한 것으로 보았다. 즉 개인의 일기가 모여 행장이 되고, 행장이 발달하여 가전이 되며, 가전이 발달하여 가문소설로 이행했다는 것이다. 이의 단적인 작품으로 그는 실제 진성이씨 3대 인물의 행적과 가문번영을 노래한 〈해동이씨삼대록〉을 내세웠다. 그것은 19세기에야 창작된 약 300매 분량의 소설이었다. 이를 근거로 그는 국문 장편소설 가운데 '○○양문록', '○○삼대록', '○○세대록' 등처럼 그것과 유사한 제명이 붙은 소설들을 모두 가문소설이라 규정한 후 이들을 각각 양문형, 누대형, 변용형 가문소설로 분류하였다[16].

그의 가문소설론은 이후 연구자들에게 별다른 무리 없이 받아들여졌다. 대표적으로 김기동은 국문 장편소설을 가문소설이라 명명하고 여러 작품을 해제하였고[17], 조동일도 역시 이수봉의 논의를 받아들여 한국문학사의 일부로 편입시켰다[18]. 그결과 가계소설이니 연작소설이니 하는 이견은 있었으나 낙선재본 소설을 포함한 국문 장편소설은 가문소설이란 개념으로 새롭게 인식되었다.

또한 이수봉의 가문소설론은 그후 장효현에 의해 보다 포괄적이고 체계적으로 정리되어 고소설의 대표적인 유형 가운데 하나로 확고하게 자리잡았다. 장효현은 이전에 제출된 임형택의 논의에도 크게 힘을 입고 있는데, 먼저 그것부터 간략히 살펴보자.

임형택은 당대 여성들이 읽었던 소설을 규방소설이라 정의한 뒤 그것은 조선후기 문벌사회에서 남성이 여성을 규방 속에 속박해 놓고서 살짝 늦추어 주어야 하는 타협점에서 출현한 것이라고 하였다. 그 대표작으로 17세기 후반 조성기란 사대부 남성이 지은 〈창선감의록〉을 들었는데, 이 작품은 화씨라는 문벌가문의 내적갈등과 정국변화에 따른 가문의 흥망성쇠를 표현한 것이었다. 그리고 이 작품에서 고안한 가문소설의 구조는 이후 무한히 확대-재생산되어 낙선재본 소설을 비롯한 국문 장편소설을 출현케 했으며, 다른 한편으로 거기에 내포된 군담의 형태는 군담소설이란 양식으로 분화되었다고 하였다. 또 그는 널리 알려진 것처럼 이씨부인이 〈완월회맹연〉을 지었다는 자료, 그러니까 '완월은 안겸제의 모가 지은 바 궁중에 흘려보내서 성예(聲譽)를 넓히고자 한 것이었다.'라는 기록을 제출했다[19].

장효현은 이와 같은 임형택의 구도와 기존 이수봉의 논의를 종합하여 가문소설의 소설사적 위상을 재정립시켰다. 먼저 그는 낙선재본 소설과 그 이외에 소장된 국문 장편소설을 모두 '장편 가문소설'이라 불렀다. 그리고는 선학들의 견해와 달리 이들 소설은 17세기 후반에 성립의 단초가 나타나고 18세기에 들어 본격적으로 성립되어 상층사대부라는 한정된 수용층을 대상으로 대대적인 발전을 이루었다고 하였다. 장효현은 17세기 후반 가문소설의 성립의 단초를 보여준 작품으로 위에서 임형택이 제시한 〈창선감의록〉을 예로 들었다. 이 작품은 비록 단권의 분량이지만 무려 150여 명의 인물이 등장하여 복잡한 사건을 엮어감으로써 이후 장편 가문소설의 출현을 예고해 주기에 충분했다는 것이다. 이러한 논의를 전제로 장효현은 그동안 제출된 장편소설의 향유기록을 한 자리에 모아 장편 가문소설의 작가층과 독자층 및 존재양태를 체계적으로 정리하였다. 이로써 국문 장편소설의 성립시기는 이전에 비해 훨씬 상향 조정된 17세기 후반까지 거슬러 올라가게 되었으며, 또 그것들은 사대부창작 가문소설인 〈창선감의록〉의 영향에 의해 출현한 것으로 인식되었다[20].

하지만 얼마 안있어 박영희가 〈소현성록〉 연작과 그 주변작들이 벌써 17세기 후반에 출현했다는 사실을 밝혀냄으로써 장효현과 임형택의 논의는 일정 부분 수정을 가하지 않을 수 없게 되었다. 이 작품은 〈창선감의록〉보다 먼저 혹은 비슷한 시기에 이미 유행하고 있었고, 18세기 이후에 대거 쏟아져 나온 국문 장편소설과도 보다 직접적으로 닮아 있었다. 그래서 박영희는 18세기 이후의 국문 장편소설은 이들 작품의 영향 아래 나왔고, 더 나아가 〈창선감의록〉이나 〈사씨남정기〉의 문제의식은 이들 작품의 영향을 받아 형성되었을 수도 있다고 주장하였다[21].

이와 같은 논의의 결과로 낙선재본 소설을 포함한 국문 장편소설은 이제 가문소설 또는 장편 가문소설이란 유형으로 분류되어 고전소설사의 한 자리를 차지하게 되었다. 하지만 위에서 보았던 것처럼 그것은 너무 연역적이고 획일적인 추론에 의해 고안된 개념이었다. 논자들은 개별 작품에 대한 검토가 충분히 무르익지 않은 상태에서 국문 장편소설과 유사하게 보이는 특정 작품을 대상으로 개념을 정의하여 성급하게 전체적인 모습인 양 결론지었다. 이는 아마 국문 장편소설이 비교적 뒤늦게 발견된 탓에 이들의 유형을 분류하여 소설사에 편입시키는 일이 무엇보다 급선무였던 시대적 요청 때문이었던 듯하다.

또한 가문소설론은 국문 장편소설사에서 여성의 존재와 역할을 제대로 부각시키지 못하였다. 여성은 그저 남성이 지어준 소설을 읽었다고 수혜의 대상으로 보거나 그렇지 않으면 작가와 독자로서 참여했던 파편적인 기록들만 제시할 뿐이었다. 이는 작품 분석에서도 마찬가지였다. 국문 장편소설은 거칠게 보면 조선후기 남성위주의 친족집단인 가문을 배경으로 가문(간)에 얽힌 이야기를 전개하고 있다. 그리고 궁극적으론 가문의 질서와 영화를 이루는 모습으로 끝난다. 이에 따라 가문 중심으로 작품을 바라본 논자들은 본의 아니게 남성인물을 부각시키고 여성인물을 그 보조자로서만 취급할 수밖에 없었다. 이후 개별 작품을 분석한 논자들도 비록 설명 방식은 달랐지만 이와 같은 가문 중심의 정형화된 틀거리에 대체로 안주하는 편이었다. 예컨대 작품 표면에 흐르는 사건의 개요를 작성하고 그 구조를 파악한 다음 결과적으로 가문창달이란 주제를 추출하는 거의 수학공식에 가까운 분석틀이 바로 그것이다. 근래 젊은 연구자들이 가문소설론에 의문을 제기한 까닭도 바로 여기에 있었다.

4. 여성소설론

오늘날 가문소설론은 국문 장편소설을 아우르는 대표적인 유형으로 자리잡았다. 하지만 그에 대한 문제제기가 전혀 없었던 것은 아니다. 비록 소수의 개별적인 연구에 의해서지만 근래 젊은 연구자들은 작품 내·외적인 측면에서 국문 장편소설과 여성의 친연성을 부각시키고 있다. 이들은 저마다 여성에 대해 관심을 갖고 다각적인 측면에서 작업을 진행했는데, 구체적으로 여성 작가와 작품을 밝혀내거나 내용상의 여성의식을 지적하기도 했으며 이러한 소설들의 역사적 전통을 찾기도 하였다. 그리하여 기존 가문소설론의 도식적인 틀거리에 강하게 의문을 제기하였다. 아래에서는 이들의 논의를 여성소설론으로 묶어서 살펴보기로 한다.

먼저 작품 내적인 측면에서 국문 장편소설과 여성의 친연성은 1966년 정병욱에 의해 이미 지적되었다. 앞에서 언급한 것처럼 정병욱은 국문 장편소설에는 적극적인 여성상이 현저히 눈에 띄며, 이를 통해 규중의 독자들은 자신들의 억제된 감정을 풀었을 것이라고 중요한 지적을 해주었다. 하지만 여성에 대해 관심을 갖고 본격적인 고찰을 시도한 논자는 송성욱이었다.

송성욱은 〈현씨양웅쌍린기〉의 후편인 〈명주기봉〉을 고찰하여 국문 장편소설은 내용상 여성과 대단히 친연적인 작품임을 보여주었다. 그의 논의에 따르면 이 작품은 부부갈등을 중심으로 펼쳐지는데, 그 갈등은 비록 가문을 배경으로 전개되지만 가문의식이 아니라 부부간의 성격 대립이나 자존심 대결이라는 개인중심의 의식을 보여준다고 하였다. 아울러 이 작품은 여성의 입지점이 상당히 강화되어 있는데 심지어 그들은 갈등의 와중에서 혼인 자체를 부정할 정도라고 하였다. 예컨대 결혼한 여성이 남편에게 순종하지 않고 자신의 주장을 분명히 하며, 잠자리까지 거부하고, 친정을 지향함으로써 혼인 자체를 부정해 버리려고 한다는 것이다. 그결과 이 작품은 강력한 부권의 확립을 통해 가문창달을 표현한 가문소설과는 명백히 변별된다고 보았다[22].

또한 필자는 〈소현성록〉 연작을 가지고 여성소설의 성격, 더 나아가 여성주의적 성격을 고찰하였다[23]. 이러한 점은 우선 글쓰기 방식에서부터 두드러졌다. 이 작품은 초점을 집안으로 고정시켜 가족들(특히 여성들)의 일상생활을 다채로운 시각에서 조명하였다. 그리하여 조선후기 가부장적 사회에서 사적으로만 치부되어 가는 집안문제를 글쓰기를 통해 공론화시켜 사회적인 맥락에서 파악하게 하였다. 또 이 작품은 인물들로 하여금 끊임없이 말을 주고받게 함으로써 갖가지 의식을 표출하고 갈등을 유발하는 일종의 극적 형식을 창출했는데, 이를 통해 작가는 자연스럽게 여성인물의 역할을 강화시키고 부정적인 남성인물을 비판하였다. 나아가 작품 내용에 있어서도 부부간의 지위문제를 놓고 미묘한 권력다툼을 벌이는 부부갈등을 중심으로 여성들의 자존의식을 표출하거나 그녀들만의 또다른 세계를 만들어가는 데에 주된 관심을 두고 있었다. 심지어 〈소현성록〉의 말미에서는 가사권을 둘러싸고 집단적인 남녀대립을 벌이기조차 하였다. 끝으로 필자는 국문 장편소설 가운데 이와 같은 소설은 17세기 후반 〈한강현전〉과 〈소현성록〉 연작에 의해 비롯되어 18세기 〈현씨양웅쌍린기〉 연작, 〈취미삼선록〉, 〈위씨현행록〉 등으로 이어지면서 그 전통을 계속 유지했다고 보았다[24].

한편 정병설은 국문 장편소설 가운데 여성 작가와 작품을 꾸준히 밝혀냈다. 그는 먼저 자신의 박사논문에서 전주이씨란 18세기 초·중반의 여성작가가 180책 〈완월회맹연〉을 지었다고 설득력 있게 주장하였다. 물론 이는 앞에서 언급한 것처럼 기존에 임형택이 제출한 자료를 대폭 보완해서 나온 결과였다. 그의 논의에 따르면 전주이씨(1694~

1743)는 당대 명문장가였던 이언경과 안동권씨의 2남 8녀 중 막내딸로 태어났고, 안개와 결혼하여 관제, 겸제 등 3남 1녀를 두었다고 한다. 또 그는 이 작품이 여성소설임을 강조하기 위하여 작품에 나타난 여성적 체취들을 다양하게 지적했다. 예컨대 가중사를 섬세하게 기술하였고 심리분석을 확대-심화했으며 여성억압적 제도에 대한 안타까움 뿐 아니라 여성적 원망을 표출했다고 하였다[25].

이같은 그의 작업은 〈옥원재합기연〉의 연구에서도 그대로 이어졌다. 원래 이 작품은 여성작가에 의해 지어진 것으로 추정하고 있었다[26]. 또 그 작가는 후편 〈옥원전해〉, 〈명행록〉, 〈비시명감〉, 〈신옥기린〉 등 여러 작품을 지은 전문적인 여성소설가였다. 정병설은 여러 가지 정황을 근거로 이 작품의 작가도 역시 〈완월회맹연〉을 지은 전주이씨로 보았다. 그리고 위에서처럼 이 작품의 여성소설적 성격으로 여성의 장식과 여공(女工)에 대한 관심, 출산의 정황, 심리분석의 확대, 당시 여성들의 주된 관심과 그들이 처한 현실에 대한 안타까움 및 바램 등을 예로써 들었다[27].

나아가 최근 필자는 이상의 논의를 토대로 국문 장편소설 가운데 여성이 지은 작품인 여성소설을 총체적으로 고찰하였다. 이들 소설의 출현배경, 창작과정과 글쓰기 방식, 작품세계와 그 의의 등을 두루 고찰했는데, 여기에서는 지면 관계상 그 출현배경에 대해서만 간략히 살펴보기로 하자.

우선 필자는 조선후기 여성소설은 한국 여성사의 변화와 밀접한 관련을 맺고 출현한 것으로 보았다. 사실 16세기인 조선중기까지만 하더라도 한국 사회는 가족관계에서 아들과 딸을 따지지 않았고 친족관계에서 본손과 외손을 구별하지 않았다. 혼속과 결혼생활도 남자가 여자집으로 가서 혼례를 올리고 그대로 머물러 사는 장가와 처가살이 혹은 남귀여가와 친정생활이 널리 유행하였다. 이에 따라 재산을 아들과 딸에게 균등하게 나눠주는 균분상속이 지켜졌고, 제사도 자녀들이 서로 돌려가면서 지내는 윤회봉사를 하였다. 나아가 여성들의 바깥출입도 자유로왔을 뿐 아니라 학문과 예술활동도 장려되었다. 그래서 신사임당, 송덕봉, 허난설헌, 황진이, 이매창 등 명실상부한 여성예술가가 다수 출현하였다.

하지만 17세기 양란 이후엔 예학의 발달과 당쟁의 심화로 인해 문벌사회(가문주의사회)가 도래하면서 여성들은 한국 역사상 유래를 찾기 힘든 암흑기를 겪게 된다. 조선후기 여성들은 위와 같은 모든 권리를 박탈당한 채 집안에만 틀어박혀 남성사회를 뒷바라지하는 가문관리자로서의 인생을 살 수밖에 없었다. 그런데 흥미로운 점은 17세기 중반 이후 그러한 처지의 여성들(특히 여성지식인)이 대거 소설로 눈길을 돌렸다는 사실이었다. 여기엔 임란을 전후로 전래된 중국소설이 중요한 촉매제로 작용했는데, 당시 여성지식인은 그것들을 애써 필사해서 읽는 한편 일부 재능 있는 여성들은 직접 국문 장편소설을 지음으로써 본격적인 소설문화를 형성하였다. 앞에서 지적한 〈소현성록〉 연작의 작가가 그 대표적인 사람이었다. 또 18세기 이후엔 세책가가 번성하여 경제적으로 여유 있는 일반 서민층까지 소설문화에 가담하였다. 그래서 이들의 욕망을 충족시키기 위해 새로운 국문 장편소설이 대거 쏟아져 나왔는데, 기존에는 일 없는 선비와 재주 있는 여성들이 그것들을 지은 것으로 보았으나 필자는 송부인의 증언에 의거하여 주로 여성들이 지었다고 하였다. 심지어 18세기에는 〈옥원재합기연〉이나 〈완월회맹연〉의 작가처럼 여성 전문작가도 출현하였다. 이렇게 조선후기는 역사상 유래를 찾기 힘든 암흑기였지만 여성들은 소설분야를 중심으로 활발한 문예활동을 펼쳤다[28].

이상과 같이 근래 젊은 연구자들은 여성을 새롭게 주목하고 작품 내·외적인 측면에서 국문 장편소설과 여성의 친연성을 부각시켰다. 이로써 국문 장편소설 가운데는 여성이 지은 작품이 상당수 존재했고, 또 이들 소설은 비록 가문을 배경으로 사건을 전개하지만 실제로는 가족사회를 살아가는 여성들의 삶과 의식을 표현한 소설임을 알게 되었다.

5. 맺음말

국문 장편소설은 1966년 창경궁 장서각에서 대거 발견될 당시만 하더라도 여성과 친연적인 작품으로 널리 알려졌다. 이들 소설은 여성이 읽고 필사한 것이었으며, 내용에 있어서도 여성의 처지가 반영된 것으로 인식되었다. 하지만 이후 연구가 본격적으로 진행되면서 여성의 존재는 점차 소외되었다. 초창기 연구자는 가난한 시골선비나 양반 사대부층이 그것들을 지었다고 주장하였다. 또 뒤이어 제출된 가문소설론은 여성의 입장에 대해서는 별다른 관심을 갖지 못하였다. 그래서 근래 젊은 연구자들이 다시금 여성을 주목하고 작품 내·외적인 측면에서 국문 장편소설과 여성의 친연성을 부각시켰다. 이들은 작가로서든 독자로서든 국문 장편소설은 주로 여성이 향유했음을 상기시키는 한편 내용에 있어서도 조선후기 여성들의 삶과 의식이 표현되어 있다고 주장하였다. 이에 따라 앞으로는 국문 장편소설사에서 여성의 역할을 분명히 인정하고 작품 분석에서도 그들의 입장을 적극 고려해야 한다고 본다.

(『한국학연구』 제16집, 고려대학교 한국학연구소, 2002)

1) 정창권, 「조선후기 장편 여성소설 연구」, 고려대 박사학위논문, 1999.
2) '국문학에 획기적인 새자료', 중앙일보, 1966년 8월 22일자.
3) '국문학사가 바뀐다', 중앙일보, 1966년 8월 22일자.
4) '낙선재 문고와 더불어 반세기', 중앙일보, 1966년 8월 25일자.
5) '낙선재 문고와 더불어 반세기', 중앙일보, 1966년 8월 25일자.
6) '낙선재 문고와 더불어 반세기', 중앙일보, 1966년 8월 25일자.
7) '낙선재 문고와 더불어 반세기', 중앙일보, 1966년 8월 25일자.
8) '새로 발견된 낙선재 문헌', 조선일보, 1966년 8월 25일자.
9) '낙선재 문고와 더불어 반세기', 중앙일보, 1966년 8월 25일자.
10) '낙선재 문고와 더불어 반세기', 중앙일보, 1966년 8월 25일자.
11) 김기동, 「하진양문록 해제」, 『국학자료』 3, 1972. 김진세, 「쌍천기봉해제」, 『국학자료』 13, 1974. 등이 그 대표적인 예이다.
12) 정병욱, 「이조말기 소설의 유형적 특징」, 『문화비평』 창간호, 1969. 김진세, 「낙선재본 소설의 국적문제」, 『한국문학사의 쟁점』, 집문당, 1986. 정규복, 「제일기언에 대하여」, 『중국학논총』 1집, 1984.
13) 정병욱, 위의 논문, 1969.
14) 이상택, 「조선조 대하소설의 작가층에 대한 연구」, 『고전문학연구』 3집, 한국고전문학회, 1986.
15) 김진세, 「낙선재본 소설의 특성」, 『정신문화연구』 44, 한국정신문화연구원, 1991.
16) 이수봉, 『가문소설연구』, 형설출판사, 1978.
17) 김기동, 『한국고전소설연구』, 교학사, 1981.
18) 조동일, 『한국문학통사』 3, 지식산업사, 1984.
19) 임형택, 「17세기 규방소설의 성립과 〈창선감의록〉」, 『동방학지』 57, 연세대동방학연구소, 1988.
20) 장효현, 「장편 가문소설의 성립과 존재양태」, 『정신문화연구』 44, 한국정신문화연구원, 1991.
21) 박영희, 「〈소현성록〉 연작 연구」, 이화여대 박사학위논문, 1993.
22) 송성욱, 「〈명주기봉〉에 나타난 규방에 대한 관심」, 『고전문학연구』 7집, 한국고전문학회, 1992.
23) 여기서 여성주의적 성격이란 여성의 체험을 바탕으로 한편으론 여성들의 경험을 재구성하고 다른 한편으론 남녀관계 속에서 가부장제를 비판하는 성격을 말하였다.
24) 정창권, 「〈소현성록〉의 여성주의적 성격과 의의」, 『고소설연구』 4집, 한국고소설학회, 1998.
25) 정병설, 「완월회맹연 연구」, 서울대 박사학위논문, 1997.

26) 심경호, 「낙선재본 소설의 선행본에 관한 일고찰」, 『정신문화연구』 38, 한국정신문화연구원, 1990.

27) 정병설, 「〈옥원재합기연〉의 작가 재론」, 『관악어문연구』 22집, 서울대국어국문학과, 1997.

28) 정창권, 앞의 논문, 1999.

조선조 궁중여성의 소설문화

1. 머리말

그간 조선조 궁중문학 연구는 궁중여성의 창작으로 추정되는 〈계축일기〉와 〈한중록〉 등 실기문학을 위주로 전개되어 왔다[1]. 물론 여기에 궁중관련 소설인 〈인현왕후전〉과 〈계해반정록〉 등이 추가로 검토되고, 봉서(封書)와 같은 편지나 『내훈』·『여범』 등 규범류 계통의 산문문학이 별도로 연구되기도 했으나, 그 본류는 역시 궁중에서 일어났던 역사적 사실을 서술한 실기문학에서 찾고 있다. 그리하여 〈한중록〉이 '궁중문학의 백미'로 일컬어지고[2], 그것을 중심으로 조선조 궁중문학의 정체성이 수립되게 되었다.

하지만 그 동안 제출된 자료들과 연구업적을 통해 볼 수 있듯이, 조선조 소설의 발달은 궁중과 밀접한 관련 속에서 진행되었다[3]. 특히 궁중여성은 소설에 대해 지대한 관심을 보이며 주변의 왕이나 사대부 및 규방여성과 함께 지속적인 소설독서의 전통을 유지했을 뿐만 아니라, 주체적인 변용을 통해 다양한 문화양식을 창출하기도 하였다. 더욱이 수십 수백 권에 이르는 거질의 국문 장편소설은 내용상에 있어서도 궁중여성과 매우 두터운 친연성을 갖고 있다.

그럼에도 지금까지 이들에 대한 관심은 주로 소설론이나 독자 연구를 수행하면서 간접적으로 조명되었을 뿐, 본격적인 관심을 갖고 체계적인 연구를 시도한 예는 없었다. 이에 본고에서는 그러한 궁중여성들의 허구문학에 대한 관심을 검토하여, 한편으론 그녀들의 문화적인 역량을 살펴보고, 다른 한편으론 이후 보다 종합적인 조선조 궁중문학의 연구를 위한 밑거름을 삼고자 한다. 아울러 멀리는 사대부가의 규방여성과 여항의 서민여성을 포함한 조선후기 여성들의 소설문화 연구를 위한 밑바탕을 마련해 보고자 한다.

이를 위해 본고는 기존의 문학적인 관점에서 소설의 창작과 향유에 관한 고증 뿐만 아니라 보다 포괄적인 문화적인 관점에서 궁중여성의 존재양상과 소설의 습득·공유·전달 방식 등을 살펴보고자 한다. 즉 전체적으로 문화사적인 측면에서, 궁중여성이 어떠한 현실적 처지에서 어떻게 대상을 향유하고 전승했는지 역동적으로 살펴보고자 한다. 그리하여 제2장에서는 먼저 궁중여성의 현실적 처지를 살펴보고, 제3장에서는 통시적인 관점에서 그녀들의 소설문화의 구체적인 실상과 전통을 고찰하고자 한다. 그럼 다음 그녀들이 향유한 소설문화가 궁극적으로 어떠한 성격과 의의를 갖고 있는지 설명하고자 한다.

2. 궁중여성의 현실적 처지

조선조 궁중에는 비빈(妃嬪)과 궁녀 이하 비자(婢子)들까지 다양한 계급의 여성들이 존재하고 있었다. 즉 『경국대전』 내명부에 의거하면, 종4품 숙완 이상은 국왕의 부실로, 정5품 상궁 이하는 궁인직으로 각각의 품계를 갖고 있었다. 흔히 전자를 후궁, 후자를 궁녀라 불린다. 그리고 왕비는 국왕의 부실로서 품계를 초월한 존재였기 때문에 내명부에서 제외되었다. 이밖에 비자(婢子)와 같이 품계도 없이 잡역에 종사하던 여성들이 있었다[4]. 이들 모두는 어떤 형태로든 궁중의 소설문화를 형성하는 데 참여하였다. 이에 본장에서는 먼저 이들의 현실적 처지를 검토하여 궁중여성의 소설문화를 고찰하기 위한 기반으로 삼고자 한다. 특히 본고는 기존 연구 뿐 아니라 1906년 순조의 계비인 윤비(尹妃)를 따라 들어가 60년 동안 고락을 같이했던 김명길(金命吉: 1894~1982) 여사의 경험담도 참조하기로 한다[5].

먼저 왕비와 후궁인 비빈(妃嬪)은 국왕의 배우자요 그 후사를 잇게 하는 여성이었기 때문에 궁궐 안에서 각별한 대우를 받았다. 특히 왕비는 소생의 왕자 중에서 왕위에 오르면 왕비로 일컫어지며 막대한 권력을 부여받기도 하였다. 그리고 비록 보조적인 차원이라는 한계를 지니고 있었지만, 만약 왕이 나이가 어려서 즉위하면 수렴청정(垂簾聽政)을 하여 정치에 깊숙히 개입하기도 하였다.

그러나 이들은 유교적 생활관을 바탕으로 항상 검소한 생활태도를 가져야 했으며, 부모와 생이별한 채 구중궁궐에 파묻혀 엄격한 거주 제한과 규율 속에서 살아가야만 했다. 또한 궁궐 내의 음모나 정치적 갈등에 휘말려 희생물이 되는 경우도 많았기 때문에 늘 정신적 부담을 갖고 생활해야 했다. 특히 그녀들은 모든 여성의 사표(師表)가 되어야 했으므로 높은 부덕을 쌓아야만 했는데, 그래서 평소 많은 시간을 유교적인 부덕을 함양하기 위한 책을 읽는 데 소비했다[6].

뒤에서 다시 보겠지만, 영조의 후궁 영빈이씨의 『여범(女範)』과 같은 규범류의 저술은 이같은 그녀들의 현실적 처지에서 어떻게든 살아나야만 한다는 일종의 생존의식에 기반하여 저작된 것이다. 그리고 주로 이들을 중심으로 형성된 궁중의 소설문화는 그처럼 각별한 대우에서 얻어진 시간적 여유와 정신적 부조화를 보충하기 위해 마련된 허구적 출구가 아니었을까 한다. 예컨대 영웅·신마류 소설을 통해 긴장감을 해소하고, 연의·가문류 소설을 통해 교양을 쌓았으며, 여성 친연적인 소설을 통해 자의식을 대리적으로 발산했을 것으로 생각된다.

이들에 비해 상궁 이하 궁녀들의 현실적 처지는 보다 복잡하고 다양했다. 우선 궁녀들은 본래 관비(기녀 포함)에서 차출되었지만, 실제로는 몰락 양반이나 중인·평민·상인 등 다양한 부류의 여성들이 들어왔고, 먼저 입궁한 궁녀들의 추천에 의해 세습적으로 들어오기도 하였다.

또한 '본방나인'이라 하여 왕비(혹은 세자빈)가 시집올 때 데리고 온 여성들도 있었다.

이들의 입궁 연령은 지밀나인의 경우는 4～5세, 수방과 침방은 7～8세, 나머지는 13～14세에 들어왔다. 이때부터 그녀들은 상궁들에게 맡겨져 수신서나 예의범절을 배우며 나인으로서의 기본적인 교양을 쌓았는데, 특히 이들 가운데 지밀나인의 경우는 7～8세부터 한글 궁체쓰기의 연습을 시작해서 관례 후까지 지속적으로 이루어졌다. 이들은 입궁 후 15년이 경과하면 성년식인 관례를 치루고 나인이 되었으며, 다시 15년이 지난 후 왕의 교지를 받아 상궁이 되었다[7].

나인들의 생활은 지밀나인・도청나인・처소나인 등으로 구별되어 각기 지위에 따라 하는 일이 엄격히 구별되어 있었고, 또 상하 차이도 몹시 심했다. 지밀나인은 왕이나 왕비 그리고 세자 가까이에서 방안 심부름도 하고, 봉서도 쓰며, 항상 그들을 그림자처럼 따르며 시중을 들었다. 따라서 이들은 나인들 중에서도 가장 높은 대우를 받았다. 도청나인은 수방이나 침방에서 궁내 왕족들의 의대며 침구를 만들고 수를 놓는 일을 하였다. 그리고 조석으로 왕과 왕비에게 세숫물을 갖다 바치는 세숫간 나인, 의대를 빨고 다림질만 전적으로 맡아하는 세답방 나인과 소고방 나인, 수라 이외에 죽이나 식혜 등을 만드는 생과방 나인은 모두 처소나인들인데, 그 지위가 가장 낮았다. 이밖에도 궁중에는 하녀격인 비자(婢子)를 두었는데, 이들은 매일 출퇴근을 했으며, 결혼도 할 수 있었다[8]. 궁녀들은 이같은 엄격한 상하관계 속에서 주어진 일에만 충실하며 서로 잘 어울리지 못하고 그저 남남처럼 지냈다고 한다[9].

하지만 나인들은 이같은 단조로운 생활 속에서도 나름대로 재미를 찾기 위해 틈만 있으면 여러 가지 놀이를 즐겼다. 그 대표적인 것이 투호・쌍륙・친잠례・다회치기 등이었다. 특히 지밀나인들은 비번일 때면 처소인 익각(翼閣)에서 생각시들한테 글도 가르치고 다회치기도 하며 시간을 보냈다고 한다[10].

그러한 과정에서 이들도 또한 위의 비빈들처럼 소설을 향유했을 것이다. 다만 이들이 자의적으로 소설을 읽을 기회는 매우 드물었을 것으로 추정된다. 왜냐하면 이들은 비록 번을 나누어 교대로 근무를 했지만, 그것은 명목적인 것일 뿐이요, 실제로는 연일 진연(進宴)이나 다례(茶禮) 등으로 쉬는 시간이 거의 없었기 때문이다[11]. 오히려 이들은 지밀나인의 경우처럼 왕과 왕비에게 소설을 읽어주거나 필사해주는 과정에서 더불어 향유했을 것이다. 그리고 이들은 흥미를 통한 일상에서의 탈출이 주된 향유의식이었던 것으로 보인다.

이처럼 궁중여성의 소설문화는 다양한 부류의 여성들에 의해 형성된 것이었으며, 그 향유의식 또한 제각기 달랐다. 즉 비빈들의 경우에는 각별한 대우에서 얻어진 시간적 여유와 정신적 부조화를 보충하기 위해서 소설을 보았고, 상궁 이하 궁녀들은 단조로운 생활 속에서 무료함을 달래기 위해 다양한 놀이를 즐기는 한편 왕과 왕비에게 소설을 읽어주거나 필사해주는 과정에서 더불어 소설을 보았던 것이다.

3. 궁중여성의 소설문화

조선조 궁중여성은 지속적인 소설 향유의 전통을 유지하며 새롭고 다양한 문화를 창출하였다. 또한 이들은 궁궐 밖의 독서계와 부단히 교류하며 자신들의 문화를 더욱 발전시켜 나갔다. 이에 본장에서는 그녀들의 소설문화를 역사적으로 차근차근 살펴보고자 한다.

궁중여성이 본격적으로 소설에 관심을 가지며 하나의 문화적 풍토를 조성하기 시작한 것은 임진왜란 이후인 조선후기부터이다. 물론 그 이전에도 궁중여성은 불경언해본에서 비롯된 불교계 소설을 중심으로 소설을 향유하기도 하였다. 즉 한글이 창제된 이후 궁중의 정음청(언문청)에서는 많은 불경을 번역했는데, 그것은 국문의 실용화를 위한 것이기도 하지만, 다른 한편으론 비빈들이 읽기 위해서였다[12]. 또 그같은 성과에 힘입어 출현한 〈왕랑반혼전(王郞返魂傳)〉과 같은 불교계 소설이 문정왕후 등 궁중여성에게 읽히기도 하였다[13]. 그러나 궁중여성이 주변의 왕과 사대부가의 규방여성과 함께 각종 소설을 돌려보면서 하나의 새로운 문화로 정착시킨 것은, 임란을 전후하여 전래된 중국 통속연의소설의 전래에 따른 것이었다.

이미 기존 연구에서 밝혀진 것처럼 연의소설은 임란을 전후하여 국왕과 남성 식자층을 중심으로 두터운 독자층을 형성해 나갔다[14]. 즉 허균·유몽인·이식 등이 언급한 것처럼 임란을 전후하여 연의소설의 대부분이 전래되었다. 이에 그것들의 급속한 확산력을 우려한 일부 사대부들은 그 폐해를 지적하며 부정적인 인식을 점차 확산시켜 나갔다.

특히 선조(1552~1608)는 〈삼국지연의〉를 읽고 경연에서 신하들과 토론을 할 정도로 소설에 대해 개방적이었다[15]. 또 그는 아래와 같이 정숙옹주를 통해 부마에게 중국 명대의 공안소설인 〈포공안〉을 읽도록 권하기도 하였다.

> 今日亦親往見之 則幾盡脹起ᄒᆞ고 녀나믄 證이 업ᄉᆞ니 모릐 ᄉᆞ이면 庶有回根之望矣 且四書一帙 書言故事一帙 包公案一帙 보내노니 駙馬주라 包公案乃怪妄之書 只資閑一晒而已[16].

그 결과 최소한 17세기 중반에는 연의소설이 국문으로 번역되어 점차 여성독자층을 포괄해 나갔다. 즉 김만중(1637~1692)이 〈삼국지연의〉를 언급하면서 '임진 이후에 우리 나라에 성행하여 부녀자나 어린애들까지도 다같이 외워서 말할 수 있다.[17]'라고 하고 있는데, 이를 통해 본다면 〈삼국지연의〉를 위시한 연의소설이 최소한 17세기 중반 이전에는 국문으로 번역되어 읽혀졌음을 알 수 있다.

효종대 인선왕후 장씨를 중심으로 형성된 궁중여성의 소설문화는 바로 이같은 분위기 속에서 이루어진 것이었다. 인선왕후(1618~1674)는 계곡 장유의 딸로서, 아들 현종과 숙안·숙명·숙휘 등 다섯 명의 딸을 두고 있었다. 그녀는 소설을 통해 자신의 딸들 뿐 아니라 사대부가의 규방여성과도 교류하면서 당대 여성들의 소설문화를 촉진시켰다.

우선 인선왕후가 숙명과 숙휘 공주 등에게 보낸 편지를 보면, 그녀는 딸들이 출가한 후 대단히 적막하고 무료함 속에서 세월을 보냈던 듯하다[18]. 그래서 아래와 같이 숙명공주와 더불어 중국소설의 번역본인 〈녹의인전〉·〈하북이장군전〉·〈수호전〉 등을 돌려보면서 무료함을 달래었던 듯하다.

> 글월 보고 무양ᄒᆞ니 깃거ᄒᆞ며 보ᄂᆞᆫ듯 든든 반기노라. 그리 나간디 여러 날이 되ᄃᆞ록 아마도 섭섭무류ᄒᆞ여 ᄒᆞ노라. 녹의인뎐은 고텨 보내려ᄒᆞ니 깃거ᄒᆞ노라. 네 일역은 ᄒᆞᄂᆞᆫ다. 슉휘ᄂᆞᆫ 좀 벼개귀여ᄋᆞ를 ᄆᆞ자니 기고 서고 벼개귀여ᄋᆞ ᄒᆞ려ᄒᆞ고 시방 밋노라 브스다 히ᄂᆞᆫ디 너ᄂᆞᆫ 엇디려 ᄒᆞᄂᆞᆫ다[19].

> 글월 보고 무양ᄒᆞ니 깃거ᄒᆞ며 보ᄂᆞᆫ돗 든든 반기노라. (…). 하북니장군뎐 간다. 감역집의 벗긴 칙 ᄎᆞ자 드러올 제 가져오나라[20].

> 글월 보고 무양ᄒᆞ니 깃거ᄒᆞ며 보ᄂᆞᆫ돗 든든 반기노라. (…). 슈호뎐으란 ᄂᆡ일 드러와셔 네 출혀 보내여라[21].

또한 인선왕후는 용인이씨와도 교유하면서 규방여성의 소설문화를 촉진시키는 데 크게 기여하였다. 용인이씨(1652~1712)는 이세백과 연일정씨 사이에서 4남 1녀 중 장녀로 태어났다. 그리고 17살에 권상명(1652~1684)과 결혼했으나 32세에 남편과 사별하였다. 그녀의 소설에 대한 편력은 대단했는데, 〈소현성록〉-〈소씨삼대록〉 연작을 비롯해서 〈한씨삼대록〉·〈설씨삼대록〉·〈조승상칠자기〉·〈삼강해록〉·〈의협

호구전〉 등 무려 7작품을 필사해서 가보(家寶)로 전승하게 하였다. 이들 작품 가운데는 〈조승상칠자기〉·〈삼강해록〉·〈의협호구전〉 같은 중국소설 뿐만 아니라 〈소현성록〉·〈소씨삼대록〉·〈한씨삼대록〉·〈설씨삼대록〉 등 국내창작 소설들도 포함되어 있었다[22].

용인이씨가 인선왕후와 교유한 것은 매우 일찍부터였던 것으로 보인다. 왜냐하면 그녀는 14살 때 언책자를 등서해서 인선왕후에게 칭찬을 받았기 때문이다. 용인이씨의 문학적 편력은 아마도 그러한 인선왕후의 격려가 크게 작용했을 것으로 보인다[23].

그런데 이들의 관계에서 주목되는 점은 인맥을 통한 소설의 교류이다. 대개 용인이씨는 조모 안동김씨를 통해 인선왕후와 인척간이었다. 또한 그녀는 인선왕후의 셋째딸인 숙휘공주와도 인척간이었다. 왜냐하면 숙휘공주는 용인이씨 어머니의 남동생인 정제현에게 출가했기 때문이다. 이로 보면 세책가나 방각본이 출현하기 이전인 17세기 여성들의 문학적 교류는 주로 인척관계를 통해 형성되었음을 알 수 있다.

이같은 궁중여성의 소설문화는 18세기인 영조대 영빈이씨와 완산이씨에 이르면 창조적인 변형을 겪으며 보다 더 폭넓어진다. 물론 그 이전인 현종과 숙종대에도 궁중여성의 소설문화 전통은 지속적으로 전개되어 왔다. 예컨대 현종이 대왕대비전에 보낸 한글 편지와 숙종의 누이인 명안공주에게 보낸 한글 편지에 부기된 소설 목록에 중국소설 〈옥교리〉, 〈태평광기〉, 〈위생전〉, 〈환혼전〉, 〈박안경기〉 등이 들어 있는 것을 보면, 궁중여성이 지속적으로 소설을 향유하고 있었음을 알 수 있다[24].

영빈이씨(?~1764)는 상민 출신으로 궁궐에 들어와 영조의 세손인 왕세자(사도세자)와 일곱 명의 딸을 낳고 정실 이상의 지위를 확보한 여인이었다. 하지만 그같은 지위에도 불구하고 그녀의 딸들은 유독 조사(早死)한 자가 많았다. 그리고 그녀는 세자를 낳은 지 백일만에 저승궁의 나인들에게 보내야 했으며, 그들에게 심한 업신여김을 당하기도 하였다[25]. 또한 그같은 처지의 왕세자가 영조와 성격적 갈등을 겪으며 정신분열을 일으키고, 급기야 아버지의 손에 의해 9일 동안 뒤주에 갇혀 있다가 굶어죽는 참변을 직접 목격해야만 했다.

이처럼 복잡한 삶의 행방 속에서, 영빈이씨는 소설을 통해 다단한 인생사의 시름을 잊거나 규범서를 편찬하여 생존의 수단으로 삼기도 하였다. 즉 낙선재본 번역소설 가운데 〈손방연의〉(신마소설)와 〈무목왕정충록〉(영웅소설)에 '영빈방(暎嬪房)'이라는 인장이 찍혀 있는데[26], 그녀는 이같은 신마와 영웅적인 내용의 소설을 보면서 현실적인 시름을 달랬던 듯하다. 또한 그녀는 단순히 소설의 수용자적 입장에 머물지 않고 『여범(女範)』이란 규범서를 직접 번역하여 편찬하기도 하였다. 『여범』은 역대 중국의 여성 가운데 모범적으로 살다간 여인들의 기록을 모은 것으로[27], 그녀의 고금 행적에 관한 해박함과 절박한 생존의식을 엿볼 수 있다. 이같은 그녀의 문학적 감각을 이어받아 며느리인 혜경궁 홍씨(1735~1815)는 실기문학인 『한중록(閑中錄)』을 저작하지 않았나 생각된다.

이와 비슷한 시기에 완산이씨는 『중국소설회모본(中國小說繪模本)』[28]을 편찬하여 궁중여성의 소설문화 역량을 유감없이 발휘하였다. 이 회모본은 완산이씨가 83여 종의 방대한 중국소설을 열람하고, 그 가운데에서 인상적인 장면들을 선정하여 화원 김덕성 등으로 하여금 128폭의 판화로 제작케 한 작품집이다.

이에 대한 본격적인 검토는 박재연에 의해 시도되었다. 그는 우선 서(序)와 소서(小敍)에 부기된 간지와 편찬자 및 처소를 토대로, 영조 38년 임오(1762)에 완산이씨가 화원 김덕성(金德成: 1729~1797) 등을 시켜 판화토록 했음을 밝혀냈다. 또한 완산이씨의 정체에 대해서도, 다양한 가능성을 토대로 위의 영빈이씨라는 개연성 있는 추정을 하였다. 즉 그 처소인 영춘각과 여휘각이 왕후나 후궁의 거처였다는 점과, 그같은 신분으로서 당시의 생존인물 가운데 이씨는 영빈이씨 뿐이었다는 점을 들어서, 완산이씨는 곧 영빈이씨라고 추정하였다. 물론 여러 공주와 옹주들도 배제하지는 않았으나, 대개 공주나 옹주는 결혼하면 출가하여 궁궐 밖에서 거처했다는 점과 출가 전에 음사소설을 포함한 80여 종의 중국소설을 열거할 수 있을 만큼 독서 경험이 풍부했을까라는 의문을 들어 일축하였다[29].

이같은 그의 추정은 충분히 납득할 만하지만, 그렇다고 아직 속단하기는 이른 듯하다. 왜냐하면 영빈이씨는 이미 1730년에 '영빈'이란 대외적인 호를 갖고 있었고, 위에서처럼 자신이 즐겨 읽었던 소설에도 '영빈방'이란 도장을 명백히 새겨 두었기 때문이다. 이로볼 때 완산이씨는 공주나 옹주 혹은 상궁일 가능성도 있다고 본다.

회모본의 체제는 서두의 서(序), 소서(小敍)와 본문의 128폭의 판화로 구성되어 있다. 〈서유기〉 삽화가 40폭으로 가장 많고, 〈수호전〉이 29폭, 〈동서한연의〉가 5폭, 〈열국지〉와 〈전등신화〉가 각 4폭, 〈손방연의〉 2폭, 〈수당연의〉·〈문원사귤〉·〈열선전〉·〈평산냉연〉·〈금고기관〉·〈형세언〉 등이 각 1폭씩이다[30].

그러나 실제 판화의 주제는 크게 인물화와 장면화로 대별된다. 인물화는 대체로 소설의 주인공이나 인상적인 인물의 행태를 정적으로 묘사한 것이고, 장면화는 전쟁과 같은 군담이나 정감어린 애정 장면을 동적으로 표현한 것이다. 특히 완산이씨는 인물들의 무용담(武勇談)을 즐겨 선정했으며, 노골적인 성적 표현도 과감하고 보여주고 있다.

물론 완산이씨와 김덕성 등의 화원들이 중국소설에 그려진 삽화들을 일정 정도 참조했을 가능성은 결코 배제할 수 없다. 하지만 박재연이 〈형세언〉을 대상으로 조사한 것처럼 회모본의 삽화는 원 삽화와 상당한 거리가 있었다[31]. 그리고 필자도 〈삼국지〉를 대상으로 검토해 보았지만, 역시 여타 이본들의 삽화에서는 전혀 발견할 수 없는 것들이었다. 이로볼 때 완산이씨의 회모본은 중국소설의 내용을 바탕으로 창조적인 변용, 곧 예술적으로 승화시킨 작품집이라 할 수 있다[32].

한편 이상의 소설문화가 주로 왕비와 후궁 등 상층을 중심으로 향유되었다면, 정조대 궁중여성은 여타의 나인들까지 참여하고 있어 주목된다. 정조의 후궁 의빈 성씨, 화빈 윤씨와 영희, 경희, 복연 등 나인들이 필사한 〈곽장양문록〉이 바로 그것으로, 이들은 장편소설을 공동으로 필사하면서 본문의 위 아래에 여백지를 붙여 자신들의 필적을 명백히 하고 있다.

의빈 성씨(1753~1786)는 약 14세에 입궁하여 29세에 상의(정5품 女官)의 신분으로 원자를 낳아 소용에 봉해졌다. 1784년 옹주를 순산했으나 두 달이 채 못되어 죽고, 1785년 5월에는 문효세자가 홍역으로 죽었다. 그 해 9월에 의빈 성씨도 해산을 앞두고 병사하였다.

의빈 성씨가 나인들과 함께 작품을 필사한 시기는 1766~1786년 사이로 추정되는데, 그 이유는 작품 내용이 자신의 평소 생각과 합치되기 때문인 듯하다. 즉, 〈곽장양문록〉은 전편 〈몽옥쌍봉연록〉에 이은 연작소설이다. 전편이 영웅소설적인 성향을 토대로 가문소설에서 이탈된 면모를 보여준 반면, 후편은 곽문과 장문을 배경으로 주로 혼사담과 처-처갈등을 통해 가문의 내적 안정과 창달을 구현하고 있다. 특히 후편의 권5와 권6은 황궁을 배경으로 후궁의 음모를 다루고 있는데, 이는 의빈의 현실적 처지와 부합하여 매우 공감을 불러일으켰던 듯하다[33]. 하지만 이 작품이 던져 주는 의미는 비단 의빈성씨에게만 국한시키기에는 미흡하다고 본다. 그와 더불어 후궁들이 주변의 나인들과 별다른 격식 없이 소설문화의 장을 넓혀갔다는 점도 강조되어야 할 듯하다.

마지막으로 조선조 궁중여성의 소설문화가 절정을 이루었던 19세기 헌종대 이후의 '낙선재본 소설'에 대해 살펴보기로 하자.

낙선재본 소설은 이병기[34]의 간략한 소개 이래, 1969년 정병욱[35]이 해제를 발표하면서 널리 알려지게 되었다. 그리고 이후 김진세[36], 이상택[37] 등 여러 연구자들의 노력으로 그 대략적인 특성이 드러나게 되었고, 장효현이 소장 경위 등을 체계화하는 한편 서지 및 연구사를 자세하게 정리하여 후학들의 연구 발판을 마련하였다[38]. 또한 박재연은 낙선재본 번역소설만을 집중적으로 고찰하여 그에 관한 전반적인 성격을 파악해 내었다[39]. 여기에서는 그같은 연구 성과를 바탕으로 낙선재본 소설의 정체에 대해 간략히 지적해 보고자 한다.

우선 낙선재는 1847년 헌종이 총애하던 후궁 김씨를 위해 지은 것으로, 원래는 창경궁에 속한 연침(燕寢: 한가롭게 거처하는 전각)이었다. 낙선재의 동쪽 옆으로는 석복헌과 수강재가 연결되어 있었는데, 보통 낙선재라고 하면 낙선재를 중심 건물로 석복헌과 수강재를 비롯해 뒤뜰의 상량정, 한정당 등을 모두 포함해서 부른 것이었다. 낙선재본 소설은 이들 가운데 석복헌 다락에 있었다. 즉 앞서 소개한 김명길 여사의 증언에 따르면, 석복헌 다락에는 진주·산호·자미노·비취 등의 패물과 한글 소설책이 함께 보관되어 있었는데, 6·25전쟁 때 북한군이 들어와 패물을 없애 버리거나 한글 소설을 많이 불태웠다고 한다[40].

낙선재에는 헌종의 후궁 김씨 이후 명성왕후 민비가 해산 때면 수강재를 찾았으며, 순종 또한 수강재에서 낳았다. 그리고 1917년 대조전에 불이 나 순종과 윤비가 낙선재에서 지낸 적이 있었는데, 윤비는 이곳 석복헌에서 생활하며 바로 옆 건물인 수강재에서 피아노와 영어를 배웠다. 1926년 순종이 승하하자, 윤비는 다시 이곳으로 거처를 옮겨 생활하였다. 6·25전쟁으로 인한 피난 생활과 정릉에서의 우거(寓居) 생활 7～8년을 빼고는, 윤비는 줄곧 이곳 석복헌에서 불경을 읽으며 조용히 여생을 보내다가 1966년 2월 일생을 마쳤다고 한다. 또한 덕혜옹주도 이곳 수강재에서 보냈다.

낙선재본 소설의 소장 경위에 대해서는 이미 여러 연구자들에 의해 다각적으로 논의되었다. 특히 장효현은, 이들 소설은 낙선재가 신축된 1847년 이전, 18세기 이래 궁중에서 읽혀온 소설들로부터 1884년을 전후하여 왕명에 의해 이종태가 중국소설을 번역해 궁중에 들여보낸 소설에 이르기까지 광범위하게 집적된 것이라고 보았다. 이러한 점은 위의 영빈이씨가 소장했던 작품이 낙선재에 그대로 들어있고, 이전부터 많은 양의 소설이 궁중에 있었으며, 이종태가 고종의 지시를 받아 번역한 〈홍루몽〉 류와 〈선진일사〉 같은 작품이 낙선재에 포함되어 있다는 사실에 의해 충분한 설득력을 얻고 있다[41].

1969년 정병욱의 해제에 의하면 낙선재에 소장되어 오던 국문서적은 창작소설・번역소설・가사・기행・사서(史書)・기타 등 총 113종인데, 이 가운데 소설이 83종이었다[42]. 그 중 현재까지 번역소설로 확인된 것은 33종이다. 이들 소설의 특징은 모두 궁체로 쓰여졌으며, 분량이 대체로 장편이라는 점이다. 즉 83종의 소설 가운데 5책 이상의 장편소설이 67종이나 된다.

결국 헌종대 이후 낙선재본 소설은 대체로 왕비나 후궁 및 옹주와 같은 상층 여성을 중심으로 이루어졌으며, 이들은 소설책을 패물과 함께 매우 소중하게 다루었음을 알 수 있다. 하지만 그것들이 모두 궁체이며 장편인 것을 보면, 필사 혹은 낭독 과정에서 그 이하의 많은 궁녀들이 참여했으리라는 것도 쉽게 추측할 수 있다. 또한 이것들이 낙선재가 신축되기 이전부터 집적되었을 뿐 아니라 그 이후에도 계속 수집되었다는 사실에서, 궁중여성의 소설문화가 갖는 강인한 전통에 새삼 놀라지 않을 수 없게 한다.

4. 맺음말

이상에서 조선조 궁중여성의 현실적 처지와 소설문화에 대해 차례대로 살펴보았다. 이제 마지막으로 위의 논의를 토대로 궁중여성의 소설문화가 갖는 성격과 의의를 간략히 지적함으로써 결론을 대신할까 한다.

먼저 조선조 궁중여성의 소설문화는 다양한 부류의 여성들에 의해 형성된 것이었으며, 그 향유 의식 또한 각자가 처한 현실에 따라 조금씩 달랐다. 그리고 이들은 비록 궁궐 밖의 독서계와 지속적으로 교유하며 소설의 발달을 촉진시켰지만, 한편으론 자신들만의 독자적 전통을 유지하고 있었다. 이를 토대로 그녀들은 〈계축일기〉와 〈한중록〉 같은 실기문학, 〈내훈〉이나 〈여범〉 같은 규범서 등을 저작하거나, 주체적인 변용을 통해 『중국소설회모본』과 같은 또다른 문화양식을 창출하기도 하였다.

다음으로 이들이 향유한 소설은 중국의 통속연의소설 뿐만 아니라 국내의 창작소설까지 두루 망라하고 있었다. 그리고 후대로 내려오면서 그 양과 폭은 더욱 더 풍부해지고 있었다. 이같은 현상은 그녀들의 문화의식이 지속적으로 성장했음을 단적으로 증명하는 것이 아닐까 한다. 즉 궁중여성은 그같은 소설들을 통해 사실적인 역사의식과 허구적인 문예의식을 동시에 증진시키면서 점차 문화적인 안목을 넓혀나갔던 것이다.

끝으로 이들은 주로 장편소설을 선호하고 있었다. 이는 내적으로 조선후기 장편소설이 상류층의 지적 취향과 부합하는 내용을 많이 담고 있으며, 외적으로 경제적・시간적 여유에서 기인한 듯하다. 즉 이들이 장편소설을 선호한 이유는 무엇보다 자신들의 문화적 체질과 맞았기 때문이었던 것이다.

이처럼 궁중여성은 조선조 소설문화의 발달에서 결코 빼놓을 수 없는 인물들이다. 그러므로 앞으로는 이들에 대한 업적도 정당하게 평가를 받아야 한다고 본다[43].

(『여성문학연구』 제11호, 한국여성문학학회, 2004)

1) 이들에 관한 대표적 연구성과를 제시하면 다음과 같다. 김용숙, 『한중록연구』, 정음사, 1983. 김용숙, 『조선조 여류문학 연구』, 혜진서관, 1990. 민영대, 『계축일기연구』, 한남대출판부, 1990.

2) 한국여성사편찬위원회, 『한국여성사』 I, 이대출판부, 1972, 569면.

3) 정창권, 『한국 고전여성소설의 재발견』, 지식산업사, 2002.

4) 한국여성사편찬위원회, 위의 책, 505면.

5) 김명길, 『낙선재 주변』, 중앙일보 · 동양방송, 1977.

6) 한국여성사편찬위원회, 앞의 책, 441면.

7) 김용숙, 『조선조 궁중풍속 연구』, 일지사, 1987, 4~47면.

8) 김명길, 위의 책, 128~131면.

9) 김명길, 위의 책, 164면.

10) 김명길, 위의 책, 135면.

11) 김용숙, 위의 책, 1987, 56면. 김명길, 위의 책, 135면.

12) 김동욱, 『국문학사』, 일신사, 1989, 109면.

13) 황패강, 나엄 보우와 「왕랑반혼전」, 『국어국문학』 42 · 3합병호, 국어국문학회, 1969.

14) 정창권, 위의 책, 48면.

15) 『선조실록』 2년 6월 20일조.

16) 김일근, 『친필언간총람』, 경인문화사, 1974, 12면.

17) 김만중 저, 홍인표 역주, 『서포만필』, 일지사, 1987, 384면.

18) 김일근, 위의 책, 18면.

19) 김일근, 위의 책, 18면.

20) 김일근, 위의 책, 18면.

21) 김일근, 위의 책, 25면.

22) 박영희, 「장편가문소설의 향유집단 연구」, 『문학과 사회집단』, 지식산업사, 1995.

23) 정창권, 위의 책, 80면.

24) 박재연, 「조선시대 중국 통속소설 번역본의 연구」, 한국외대 박사학위논문, 1993, 17면 재인용.

25) 최봉영, 「임오화변과 영조말 · 정조초의 정치세력」, 『조선후기 당쟁의 종합적 검토』, 한국정신문화연구원, 1994, 235~236면.

26) 박재현, 위의 논문, 249면.

27) 영빈이씨 편저, 유재영 역주, 『여범』, 형설출판사, 1988, 3면.

28) 박재연, 『중국소설회모본』, 강원대출판부, 1993.

29) 박재연 편, 위의 책, 156~157면.

30) 박재연 편, 앞의 책, 193면.

31) 박재연 편, 앞의 책, 193~194면.

32) 정창권, 앞의 책, 78면.

33) 지연숙, 「〈몽옥쌍봉연록-곽장양문록〉 연작 연구」, 고려대 석사학위논문, 1997.

34) 이병기・백철 공저, 『국문학전사』, 신구문화사, 1967, 182면.

35) 정병욱, 「낙선재 문고 국문서적 해제」, 『국어국문학』 44・45합집, 국어국문학회, 1969(『한국 고전의 재해석』, 홍성사, 1979에 재수록).

36) 김진세, 「낙선재본 소설의 국적문제」, 『한국문학사의 쟁점』, 집문당, 1986.

37) 이상택, 「조선조 대하소설의 작자층에 대한 연구」, 『고전문학연구』 3집, 1986.

38) 장효현, 「장편 가문소설의 성립과 존재양태」, 『정신문화연구』 44호, 한국정신문화연구원, 1991.

39) 박재연, 앞의 논문 참고.

40) 김명길, 앞의 책, 78면.

41) 장효현, 앞의 논문, 36~39면.

42) 정병욱, 앞의 책, 1979, 401면.

43) 정창권, 앞의 책, 80면.

4부

고전문학과 소외계층

고전소설에 나타난 장애인상

1. 조선시대 장애인사

고전문학 속에도 장애인이 등장할까? 〈심청전〉 외에는 쉽게 떠오르지 않겠지만, 고전문학 작품들 속에서도 의외로 많은 장애인이 등장한다. 특히 시조나 가사, 판소리, 소설, 설화, 민속극 등 주로 조선후기 문학작품에 장애인이 많이 등장한다. 그러므로 우리는 먼저 조선시대 일반적인 장애인의 개념과 유형, 복지정책, 시대적 변화상 등에 대해 검토한 뒤, 조선후기 고전문학, 특히 고전소설 속에 등장하는 장애인에 대해 살펴보고자 한다. 그래야만 보다 객관적이고 구체적으로 그 형상을 파악할 수 있기 때문이다.

오늘날 우리는 흔히 '장애인'이라 칭하지만, 그것은 1980년대 초반에 장애인복지법이 제정되면서 쓰이기 시작한 것이고, 근대 이후만 해도 '불구자(不具者)'란 용어가 주로 쓰였다. 또 조선시대의 경우 정부의 공식적인 기록에선 '독질(篤疾)', '폐질(廢疾)', '잔질(殘疾)'이라 칭하였고, 민간에서는 주로 '병신'이라 칭하곤 하였다. 이로 보아 조선시대 사람들은 기본적으로 장애를 질병으로 인식했고, 장애인을 고질병에 걸린 사람으로 인식했음을 알 수 있다.

조선시대에도 오늘날 우리가 볼 수 있는 모든 장애인이 존재했다. 예컨대 시각장애인(맹인, 소경, 봉사, 판수, 청맹과니, 외눈박이, 애꾸눈), 청각장애인(귀머거리), 언어장애인(벙어리), 지체장애인(절름발이, 외다리, 곰배팔이, 앉은뱅이, 반신불수), 왜소증장애인(난장이), 척추장애인(꼽추, 곱사등이), 정신장애인(광질, 심질), 지적장애인(바보), 간질장애인(간질), 구순구개열(언청이), 성기능장애인(고자) 등이 그것이다.

조선시대 장애인 복지정책은 기본적으로 직업과 자립생활을 강조하였다. 대표적인 예로 시각장애인의 경우 점복과 독경, 음악 등 다양한 직업을 갖고 스스로 벌어먹고 살았다. 물론 정부에서는 명과학이나 명통시, 관현맹인 같은 관직이나 단체를 마련하여 그들을 지원해주었다. 또 거동이 불편한 중증장애인의 경우엔 정부가 직접 나서서 진휼 혹은 구휼을 해주었다.

이밖에도 정부는 때때로 환과고독(鰥寡孤獨: 홀아비, 과부, 고아, 자식 없는 늙은이)과 함께 장애인에게 잔치를 베풀어주고 쌀이나 베 같은 생필품을 하사했으며, 혼자 사는 나이든 장애인에겐 부양자, 곧 오늘날의 활동보조인을 제공했다. 또한 조세나 부역, 잡역 등 국역을 면제하고, 죄를 범하면 형벌을 가하지 않고 대신 벌금을 부과했으며, 연좌제에도 적용하지 않았다. 이처럼 조선시대에 장애 복지가 발달한 것은 다른 무엇보다 민본정치 이데올로기 때문인 듯하다. 주지하듯이 전통시대는 임금이 부모와 같은 심정으로 백성들을 보살펴야 했다. 그렇지 않으면 자연재해와 같은 갖가지 방법으로 하늘의 경고를 받는다고 생각했기 때문이다. 특히 장애인은 환과고독과 함께 민심을 대변하는 상징적인 존재로 여겨졌는데, 그래서 임금들은 늘 장애인 복지에 신경 쓰지 않을 수 없었던 것이다.

물론 이러한 장애인 복지정책은 조선후기로 갈수록 조금씩 쇠퇴하기 시작했다. 조선전기만 해도 장애인은 엄연한 사회의 한 일원이었다. 이 시기의 장애인은 여타 사람들과 스스럼없이 어울려 살아갔고, 장애에 대한 사회적 편견도 훨씬 덜하여 심지어 과거를 보아 정1품 정승의 벼슬에까지 오를 수 있었다. 하지만 조선후기로 갈수록 장애인을 배척하는 목소리가 점점 높아져갔고, 위와 같은 장애인 복지정책도 제대로 시행되지 않았다. 특히 수직적 위계질서를 강조하던 주자학은 몸이 성치 못한 사람을 '불성인(不成人)'이라 하면서 장애인을 비하하였다. 그리하여 조선말기로 가면서 장애인의 사회적 지위는 더욱 하락하고, 심지어는 같은 처지의 민중들조차 장애인을 비하하거나 학대하기도 했다. 더 나아가 근대 이후 자본주의 산업사회의 도래로 물질만능주의 사회가 되자, 장애인은 쓸모없는 인간으로 천대받을 뿐 아니라 '복지'라는 명분으로 사회에서 밀려나 도심 외각지대에 모여 살며 유배생활을 하게 되었다. 조선후기 고전문학 속의 장애인은 바로 이러한 역사적 상황을 나름대로 충실히 반영하고 있다.

2. 고전시가 속 장애인

지금까지 우리는 별로 주목하지 않았지만, 고전시가나 고전소설, 구비문학 등 고전문학에도 장애인이 상당수 등장하고 있다. 그러므로 고전소설에 나타난 장애인상을 살펴보기에 앞서, 우선 고전시가와 구비문학에 등장하는 장애인 형상부터 개괄적으로 살펴보기로 하자.

먼저 조선시대 고전시가 중 시조에서는 크게 세 가지 형태로 장애인이 등장하고 있다. 첫째, 비유적 표현의 수단으로 장애인이 활용되고 있다. 대표적으로 퇴계 이황의 〈도산십이곡〉 가운데 후6곡 제2수를 예로 들 수 있다.

> 뇌정(雷霆)이 파산(破山)하여도 농자(聾者)는 못 듣나니
> 백일(白日)이 중천(中天)하여도 고자(瞽者)는 못 보나니
> 우리는 이목총명남자(耳目聰明男子)로 농고(聾瞽)같지 마로리

우레가 산을 깨트려도 귀머거리는 못 듣고 해가 중천에 떠도 소경은 못 보지만, 우리는 귀 밝고 눈 예민한 사람으로 귀머거리와 소경 같이

행동하지 말자는 것이다. 여기서 뇌정과 백일은 도(진리)를 말하는 것이고, 농자와 고자는 세속에 얽매어 그것을 깨닫지 못하는 자를 상징한다고 볼 수 있다. 즉, 사람은 모름지기 세속에 얽매어 도(진리)를 깨닫지 못해서는 안 된다는 것이다. 이처럼 시조에서는 주로 '~처럼'이나 '~같이' 장애인에 빗대어 자신의 생각을 표현하고 있다. 다시 말해 비유적 표현의 수단으로 장애인을 이용하고 있다는 것이다.

이러한 사례는 시조에서 상당히 많이 발견되는데, 다음은 작가 미상의 시조로 『고금가곡』에 실려 있는 작품이다.

> 귀먹은 소경이 되어 산중(山中)에 드러시니
> 듣는말 업거늘 볼일인들 이실손가
> 입이야 성하다마는 무슨 말을 하리오

귀먹은 소경처럼 산중에 들어 있으니, 듣는 말도 없고 볼 일도 없다. 물론 입이야 성하지만은 굳이 할 말이 없다는 것이다. 이 작품에서도 역시 자연 속에 묻혀 세상물정을 모르고 조용히 살고 싶다는 작가의 마음을 청각·언어 장애인에 빗대어 표현하고 있다.

둘째, 조롱, 즉 비웃음의 대상으로 장애인이 등장하고 있다. 다음은 작가 미상의 시조로 『화원악보』에 실려 있는 작품이다.

> 소경이 맹관이를 드룻쳐 업고
> 굽떠러진 편격지 맨발에 신고 외나무 썩은 다리로 막대 없이 앙감장감 건너가니
> 그 아래 돌부처 서있다가 앙천대소(仰天大笑)하더라

소경이 소경을 들쳐 업고, 굽 떨어진 나막신을 맨발에 신고 외나무 썩은 다리로 막대도 없이 엉금엉금 건너가니, 그 아래에 서 있던 돌부처가 하늘을 쳐다보고 크게 웃더라는 것이다. 다시 말해 눈먼 소경들이

위태로운 다리를 조심조심 건너는 모습을 보고 돌부처도 웃더라는 이야기이다. 이처럼 일부 시조에서는 조롱, 즉 비웃의 대상으로 장애인이 등장하기도 한다.

셋째, 장애인의 삶을 단순히 표현해놓은 작품도 있다. 다음은 작가 미상의 시조로 『진본청구영언』에 실려 있는 작품이다.

> 님그려 기피 든 병(病)을 어이하여 곤쳐낼고
> 의원(醫員) 청(請)하여 명약(命藥)하며 소경의게 푸닥거리 하고 무당 불러 당즑글기 한들 이 모진 병이 하릴소냐
> 진실로 님한대 이시면 곳에 조흘가 하노라

님 그리워 깊이 든 병을 어떻게 고칠 수 있을까. 의원 불러 약을 짓고 소경 불러 독경을 해보고 무당 불러 푸닥거리를 한들 이 깊은 병이 나을 수 있을까. 오직 님과 함께 있으면 나을 듯하다는 것이다. 조선시대 시각장애인 중 일부는 북을 두드리며 경전을 읽어 병을 치료해주는 독경(讀經)에 종사했는데, 이 시조에서는 그것을 단순히 표현하고 있다.

조선시대 고전시가 중 가사에서는 장애인이 별로 등장하지 않는다. 대표적인 예로 조선후기 작가 미상의 여성가사인 〈노처녀가〉를 들 수 있는데, 당시 여성장애인의 결혼문제가 상징적이면서도 사실적으로 잘 표현되어 있다.

이 작품의 주인공 노처녀의 경우 얼굴은 얽고 귀는 멀고 한쪽 눈은 보이지 않고 왼쪽 손과 발을 쓰지 못하는, 즉 청각과 시각, 지체 장애를 모두 가지고 있는 중증장애인이다. 그래서 40살이 넘도록 출가하지 못한 채 혼자서 노처녀로 생활하고 있다. 그렇다고 해서 그녀가 주어진 현실에 좌절하거나 포기하는 것은 결코 아니다. 그녀는 얼굴이야 단장하면 그만이고, 행실은 『효행록』과 『열녀전』 등 수신서를 무수히 읽었

으며, 시집가면 시부모 봉양도 능히 해낼 수 있다고 주장한다. 그럼에도 남들이 다하는 혼인을 자신만 못하니 어찌 아니 서럽겠는가? 이에 그녀는 자신의 혼인 문제를 스스로 해결해보리라 다짐한 뒤, 비록 꿈속에서지만 평소 마음에 두고 있던 건넛마을 김도령에게 통혼하여 혼례잔치와 첫날밤까지 치루고 만다. 즉, 꿈속에서나마 자신의 간절한 소망을 이루어낸 것이다.

3. 구비문학 속 장애인

구비문학인 속담과 설화, 민속극 등에서도 장애인이 자주 등장한다. 우선 최래옥의 연구에 의하면, 속담에서는 소경(장님, 봉사, 당달봉사, 청맹과니), 벙어리, 앉은뱅이, 귀머거리, 곱사등이, 난장이, 절름발이, 조막손과 곰배팔, 언청이 등 다양한 유형의 장애인에 관한 속담이 나타난다고 한다. 최래옥의 연구 성과를 토대로 속담에 나타난 장애인상을 간략히 지적해보면 다음과 같다.

소경에 관한 속담들은 1)볼 수 없다('봉사 굿 보기' 등), 2)살 수 있다('소경도 자기 방아는 굴러 찧는다' 등), 3)점을 친다('봉사 제 점 못한다' 등), 4)우연히 성공한다('장님이 문 바로 들어갔다' 등), 5)막대는 필수품이다('막대 잃은 장님' 등), 6)자존심과 명예심이 있다('소경더러 눈멀었다 하면 노여워한다' 등), 7)더 불행한 일을 만난다('소경더러 길을 묻는다' 등), 8)가치가 없다('눈 뜬 장님' 등) 등으로 분류할 수 있다.

벙어리에 관한 속담은 1)말을 못해서 답답하다('꿀 먹은 벙어리' 등), 2)눈치가 빠르다('벙어리 심부름하듯' 등), 3)속이 들었다('벙어리 서방 만난 듯' 등), 4)말을 못한다('벙어리 삼년' 등) 등으로 분류할 수 있다.

다음으로 최래옥은 설화에 나타난 장애인상을 1)혹부리영감 이야기

형, 2)지성이면 감천형, 3)외나무다리 위의 세 맹인형, 4)장님 시어머니가 먹은 지렁이국형, 5)양봉대감의 장님 어머니형, 6)천수대비가형, 7)명복(名卜) 홍계희 이야기형, 8)반쪽이 성공형, 9)거짓장애자 행세형 등으로 분류하고 있다.

한편, 필자의 연구에 의하면 민속극에서도 다양한 형태의 장애인이 등장하는데, 특히 언청이, 반신불수, 문둥이 등의 장애인이 주로 등장하고 있다. 그리고 민속극에서는 대부분 양반을 풍자하기 위해 장애인을 등장시키고 있다.

우선 언청이, 즉 윗입술이 벌어진 사람인 구순구개열은 〈송파산대놀이〉와 〈봉산탈춤〉, 〈서흥탈놀이〉 등에 등장한다. 대표적인 예로 〈봉산탈춤〉 제6과장을 보면 양반 삼형제 중 맏양반이 언청이로 나오는데, 하인 말뚝이가 다음과 같이 말하면서 그의 권위를 계속 실추시킨다.

"쉬~ 양반 나오신다. 양반이라거니, 노론, 소론, 이조, 호조, 옥당을 다 지내고, 삼정승, 육판서를 다 지낸 퇴로재상으로 계신 양반인 줄 아지 마시오. 개잘양이라는 '양' 자에, 개다리 소반이라는 '반' 자를 쓰는 양반이 나오신단 말이오."

이처럼 민속극에서는 장애인을 이용해 양반을 풍자, 조롱하고 있다. 즉, 장애를 하나의 풍자 수단으로 이용하고 있다는 것인데, 그래서 최근엔 민속극을 과연 진정한 민중예술이라 할 수 있을지 의문이 제기되고 있다.

다음으로 반신불수, 즉 한쪽 팔다리를 쓸 수 없는 지체장애인은 〈은율탈춤〉, 〈서흥탈놀이〉 등에 등장한다. 예컨대 〈은율탈춤〉 제4과장에서는 양반 삼형제 중 셋째 양반이 한쪽 다리와 한쪽 팔을 쓰지 못하는 반신불수로 나온다. 그는 감투를 쓰고 지팡이와 부채를 들고 이른바 '병신 걸음'으로 등장하는데, 하인 말뚝이가 그를 깔고 뭉갠다. 그래서 셋째 양반은 형님들한테 이렇게 도움을 요청한다.

"형님들! 말뚝이가 나를 깔고 앉을래요. 와서 말려주오."

하지만 말뚝이는 태연하게 변병한다.

"양반이 넘어질까봐 다리를 보호했댔습니다."

게다가 말뚝이는 셋째 양반의 아내를 범하기까지 한다.

끝으로 문둥이, 즉 나병환자 혹은 한센병 환자는 〈통영오광대〉, 〈가산오광대〉 등 경남 지방의 오광대 가면극에서 잘 나타난다. 대표적으로 〈통영오광대〉에선 제1과장에 문둥이가 등장하는데, 여기에서도 양반의 권위를 실추시키기 위해 장애인을 하나의 수단으로 이용하고 있다. 〈통영오광대〉에 등장하는 양반 문둥이는 안면이 찌부러져 추하고, 한쪽 팔과 다리에도 장애를 갖고 있다. 그는 막이 열리고 풍악이 울리면 장단에 맞춰 나와 무대 전면을 돌며 이른바 '병신춤'을 춘다. 그리고 풍악이 멈추면 이렇게 말하면서 자신의 권위를 스스로 실추시킨다.

"오래 빼도 난 양반이란 말야. 저 상놈들쯤이야 내 호령 한마디에 그저 허리를 굽실 쩔쩔매야 하거든."

"양반이란 참 좋은 거지. 얼씨구 좋다. 양반 좋다."

이와 같이 민속극에선 대체로 양반을 풍자, 조롱하기 위해 장애인을 이용하고 있다.

4. 고전소설에 나타난 장애인상

고전소설 속에서도 장애인이 간혹 등장하고 있다. 특히 〈심청가〉 등의 판소리에 자주 등장하고, 그 외에 〈장화홍련전〉 같은 가정소설, 〈옹고집전〉 같은 세태소설에도 일부 등장한다. 하지만 앞에서처럼 고전시가와 구비문학에 나타난 장애인상에 대해서는 그나마 조금이라도 연구가 일어졌으나, 고전소설에 나타난 장애인상에 대해서는 전혀 연구가 이루어지지 않았다. 그러므로 여기에서는 각 작품별로 나누어 최대한 자세히 살펴보도록 하자.

〈심청가〉: 시각장애인 생활문화사

〈심청가〉는 심학구라는 조선후기 한 시각장애인의 생활문화사를 잘 표현하고 있다. 심학구는 비록 양반의 후예이나 어렸을 때 실명하여 시각장애인이 되었다. 조선시대 시각장애인은 대개 실명하면 점복이나 독경을 배워 생계를 도모하곤 하였다. 하지만 심학구는 양반의 후예라서 그런지 결혼 후에도 특별한 직접 없이 전적으로 아내에게만 의존하여 살아갔다. 아내인 곽씨부인은 1년 360일 잠시도 쉬지 않고 품을 팔아 그를 먹여살렸다.

"곽씨부인 몸을 바쳐 품을 팔 제, 삯바느질 관대 도복 행의 창의 직령이며, 협수 쾌자 중치막 남녀의복 잔누비질 상침질 외올뜨기 곧추누비 솔오로기, ……춘추시향(春秋時享) 봉제사(奉祭祀), 앞 못보는 가장 공경, 시종(始終)이 여일(如一)하니, 상하 인민 노소간에 곽씨부인 어질단 말 뉘 아니하리."

하지만 불행하게도 곽씨부인은 딸 심청을 낳고 죽고, 심학구는 어렵사리 젖동냥을 하며 심청을 길러낸다.

이후 하루는 심청이 혼자서 밥을 빌러 나가 늦게까지 돌아오지 않자, 심학구가 걱정되어 마중을 나가다 집 앞의 개천에 빠져 죽을 뻔한다. 다행히 몽은사의 화주등이 지나다가 발견하여 심학구를 살리게 된다. 그때 몽은사 화주승은 심청이 내어놓은 음식을 먹으며 지나가는 말로 "이생이 맹인 되기 전생의 죄악이라. 우리 절 부처님 전에 정성을 들이면 이생을 눈을 떠서 천지만물 보련마는……."이라고 하는데, 심청은 "백미 삼백 석에 부친 눈을 뜨일 테면 몸을 판들 못하리까."라고 하면서 당장 시주하겠다고 말한다. 이에 심학구가 "애개, 내 딸 허망하다. 조석밥을 널 시켜 비는 터에 백미 삼백 석을 어디서 나겠느냐?"며 얼른 시주하겠다는 말을 그만두라고 하나, 심청은 "백미 삼백 석이 무어 그리 대단하오리까. 수이 얻어 보낸 테니 염려하지 마옵소서."라고 억지를 부린다.

이리하여 심청은 백미 삼백 석에 자신을 팔아 인당수에 몸을 던지게 된다. 하지만 심학구는 결국 눈을 뜨지 못하고, 심청을 잃은 뒤로 어찌할 바를 몰라 괜히 동네 과부집을 찾아다니며 선웃음과 풋장단을 늘어놓는다.

"허, 퍼. 돈이라 하는 것을 땅에 묻지 못할 거고, 맹인 혼자 사는 집에 돈 두기가 미안키에, 후원의 땅을 파고 돈 천이나 묻었더니, 이번에 구멍 뚫고 가만히 만져 보니 궤미는 썩어지고, 삼 껍질에 돈이 붙어 한 덩이를 만져보면 공연한 말 좆이지. (……) 원원이 좋은 약은 동삼(童參) 위에 없을래라, 공교히 젊었을 제 두 뿌리를 먹었더니, 지금도 초저녁에 그것이 일어나면, 물동이꾼 당기도록 그저 빳빳하거든."

그러고는 뺑덕어미를 잘못 만나 그 많은 재산을 먹고 즐기는 것으로 탕진해버리고 만다.

한편, 인당수에 빠진 심청은 용왕의 특별 지시로 수정궁에서 3년을 지낸 후에 연꽃을 타고 인간세계로 나오게 된다. 공교롭게도 심청을 인당수 제물로 바쳤던 사공들이 그 연꽃을 발견하여 황제에게 갖다 바치고, 심청은 만인의 어머니인 황후가 된다. 이후 심청은 아비를 찾기 위해 맹인잔치를 열게 된다. 그리하여 수만 명의 맹인들이 대궐로 몰려오는데, 여기서 흥미로운 대목은 그들의 직업이 매우 다양하다는 점이다.

"경 읽어 사는 봉사, 점하여 사는 봉사, 계집에게 얻어먹는 봉사, 아들에게 얻어먹는 봉사, 딸에게 얻어먹는 봉사, 풍각장이로 사는 봉사, 걸식으로 사는 봉사……."

이처럼 수많은 맹인들이 잔치에 나오고, 심청은 그중에서 아버지 심학구를 찾아낸다. 하지만 부친이 아직도 눈을 뜨지 못한 것을 한스럽게 여기며 다시 죽고자 하니, 심학구가 깜짝 놀라 "내 딸이 살아오니 눈 못 떠도 한이 없다. 죽지 마라, 죽지 마라." 하면서 갑자기 두 눈을 번쩍 뜨게 된다. 이에 감동한 다른 맹인들도 여기저기서 번쩍번쩍 하며 모두 눈을 뜨게 된다.

이와 같이 〈심청가〉는 비록 문학작품이라 상징적인 방식이긴 하지만, 조선후기 시각장애인의 삶과 의식을 잘 표현하고 있다. 또, 맹인 아버지에 대한 딸의 지극하면서도 유교적인 효성을 잘 보여주고 있다.

〈춘향가〉: 시각장애인 점복가

조선시대 시각장애인은 주로 점을 치는 점복가로 살았다. 대개 그들은 산통과 점대를 휴대하고 지팡이를 짚고 길거리를 다니면서 "신수들 보시오(問數)!" 하고 외쳤으며, 꿈 해몽을 비롯하여 과거급제, 길흉화복, 수명 등의 점을 쳐두고 제법 많은 복채를 받았다.

이러한 시각장애인의 점복 풍습은 〈춘향가〉에 잘 나타나 있다. 춘향이 변학도의 수청을 거부하고 옥에 갇혀 있을 때의 일이다. 밤 삼경(11시~1시)에야 겨우 잠이 들어 꿈을 꾸었는데, 옥창에 앵두꽃이 어지러이 떨어지고, 단장하던 몸거울의 한복판이 깨어지고, 흉악한 허수아비가 문 위에 달려 있었다. 꿈이 하도 흉해 밤새도록 탄식하고 앉았는데, 때마침 점치는 소경이 "무꾸리들 하오!"라고 점을 보라고 외치면서 옥문 밖을 지나갔다. 이에 춘향이 옥을 지키는 사령에게 부탁했다.

"여보시오, 옥쇄장이! 간밤 꿈이 하도 흉하니, 해몽(解夢)이나 하여 보게 저 봉사를 불러주오."

옥쇄장이가 소경을 불러오니, 춘향이 급히 나가 옥문 안에 비켜 서서 말하였다.

"이리 오오, 이리 오오."

"어디로 가, 어디로 가."

소경은 눈을 번뜩이며 안으로 들어가다가 감옥 문턱에 발을 탁 채이니, "댁도 편안하오?"라고 헛 인사를 하였다. 그러고는 지팡이와 담뱃대를 발로 꽉 누르고, 두 무릎을 쭈그리고 앉으면서 물었다.

"간밤 꿈을 어찌 꾸어?"

"옥창에 앵두꽃이 어지러이 떨어지고, 단장하던 몸거울의 한복판이 깨어지고, 흉악한 허수아비 문 위에 달려 뵈니, 정령 죽을 꿈 아니오?"

그러자 소경이 은근슬쩍 말하는 것이었다.

"옥중에서 고생하는 터에 복채 달란 말이 틀렸으나, 점이라 하는 것이 신명으로 하는 것이니 무물(無物)이면 불성(不成)이라, 정성을 안 들이면 귀신이 감동 못할 터이니 복채를 내어 놓소."

춘향이 품안에서 돈 한 냥을 내놓으니, 소경은 돈을 들어 뼘으로 재어 보고 한참을 웅크렸다가 말하였다.

"으응~어허, 그 꿈 신통하네. 장히 좋은 꿈이로세. 꽃이 떨어지면 열매가 열 터이니, 열매는 목자(木字)로다. 나무 목 아래에 아들 자(子) 하면 '오얏 이(李)' 자가 분명하고. 거울이 깨어진 것은 옛날 서덕현이 파경을 가지고서 옛 연분을 찾았고, 허수아비라 하는 것은 폐의파립(敝衣破笠)한 것이니, 이씨 성을 가진 사람이 옛 연분을 찾으려고 폐의파립으로 올 꿈이라. 어허~그 꿈 정말 좋다!"

그런 다음 소경은,

"내 해몽과 같아서 자네 몸이 잘 되거든 우리 같은 병신 목숨을 부디부디 잊지 마소."

라고 말하고는 복채를 집어 들고 부리나케 나갔다.

이처럼 〈춘향가〉에서는 조선후기 점을 치는 시각장애인의 모습이 잘 나타나 있다. 흥미롭게도 그의 꿈 해몽은 나중에 꼭 들어맞았는데, 이로 보아 당시 시각장애인의 점복 능력이 상당히 뛰어났음을 알 수 있다.

〈변강쇠가〉: 맹인 독경사

과거 서민들은 병이 나면 의약을 구하지 않고 맹인 독경사인 판수나 무당을 찾아가곤 하였다. 그럼 판수는 점을 쳐서 병의 원인을 찾아내고, 경문을 읽어 치료를 해준 다음, 돈이나 베, 양식 등으로 경채를 받아갔다. 이는 당시 의학이 발달하지 못한 탓도 있었지만, 일반 서민들에겐 굿이나 기도 같은 민간신앙이 의술보다 더 가깝고 편한 탓도 있었다. 이러한 서민층의 질병 치료법은 〈변강쇠가〉에 잘 나타나 있다.

〈변강쇠가〉는 평안도에서 태어난 옹녀와 전라도에서 태어난 변강쇠가 서로 만나 벌어지는 이야기이다. 둘 다 음란한 생활을 해왔는데, 옹녀는 북쪽으로 남쪽으로, 변강쇠는 남쪽에서 북쪽으로 가던 도중에 만나 함께 지리산에 들어가 살게 된다.

하루는 옹녀가 산에 가서 나무를 해오라 하니, 변강쇠가 동구 밖에서 있는 장승을 빼다가 땔감으로 써 버린다. 그러고는 동티가 나서 옴짝달싹도 못하게 되자, 옹녀가 겁이 나서 경채 한 냥을 품에 넣고 건넛마을 송봉사집을 급히 찾아가 말한다.

"봉사님 계옵시오?"

"게 누구랑께?"

"강쇠 지어미요."

"어찌?"

"그 건장하던 지아비가 밤사이 얻은 병으로 곧 죽게 되었으니, 점 한 장 하여 주오."

"어허, 말 안되었네. 방으로 들어오소."

송봉사는 급히 세수를 하고 의관을 정제한 후에 단정히 꿇어 앉아 산통을 흔들면서 길게 축사(祝辭)를 외운다. 그런 다음 산통을 누가 뺏어가기라도 하는 양 주머니에 부리나케 집어넣고서, '사목비목(似木非木) 사인비인(似人非人).'이라는 글 한 귀를 짓는다.

"나무라 할까 사람이라 할까. 어허, 그것 괴이하다."

그러자 옹녀가 말한다.

"엇그제 남정네가 장승을 패 때더니 장승 동증(動症)인가 뵈다."

"그러면 그렇지. 목신(木神)이 난동하고 주작(朱雀)이 발동하여 살기는 불가망이나, 원한이나 없게 독경이나 하여보소."

"봉사님이 오소서."

"가지."

옹녀는 한 걸음에 급히 가서 사면에 황토를 놓고, 목욕하고 재계하며, 새 의복을 내어 입고, 떡과 과일 및 채소 등을 차려놓고 앉아 있는다. 얼마 뒤 송봉사가 건너오다가 문 앞에 와 우뚝 서서 묻는다.

"어디다 차렸는가?"

"예다 차려 놓았소."

"그러면 경 읽제."

송봉사는 북을 들여놓고 방망이를 든 채 요령(鐃鈴: 놋쇠로 만든 큰 방울)을 한 손에 들고 쨍쨍 울리면서 『조왕경(竈王經)』·『성조경(成造經)』을 차례대로 읽은 후에 『동진경(東진經)』을 읽는다. 그러고는 마지막으로 왼발을 턱 구르며 말한다.

"엄엄급급 여율령 사바하 쒜."

이리하여 독경이 모두 끝나자 옹녀에게 묻는다.

"자네 경채 어이하려나?"

"경채나 서울빚이나 여기 있소."

옹녀는 이렇게 말하며 돈 한 냥을 내어준다.

"내가 언제 돈 달랬관대. 거 새곰한 것 있잖는가."

"어, 앗으시오. 점잖은 터에 그게 무슨 말씀이오."

송봉사는 무안하여 재빨리 집을 빠져나간다.

이처럼 〈변강쇠가〉에서는 조선후기 판수의 점복과 독경 모습이 잘 나타나 있다. 특히 옹녀는 변강쇠가 장승 동티가 나서 옴짝달싹도 못하게 되자 다른 누구보다 판수를 찾아가는데, 이는 당시 사람들의 판수에 대한 믿음이 얼마나 컸는지 상징적으로 보여준 것이라 하겠다.

〈박타령〉: 장애인 걸인들

〈박타령〉, 즉 〈홍부가〉에서도 장애인이 등장하기는 하지만, 비중이 그리 크지는 않다. 우선 작품 서두의 놀부의 악행을 나열하는 대목에서 시각장애인, 척추장애인, 청각장애인이 각각 등장한다.

> 사람마다 오장육부로되, 놀부는 오장칠부인 것이 심사부 하나가 왼편 갈비 밑에 병부 주머니를 찬 듯하여 밖에서 보아도 알기 쉽게 달려서 심사가 무론 사절하고 일망무제로 나오는데 똑 이렇게 나오것다. 본명방에 벌목하고, 잠사각에 집짓기와 오귀방에 이사 권코, 삼재 든 데 혼인하기, 동내 주산을 팔아먹고 남의 선산에 투장하기, 길가는 과객과 양반 재울 듯이 붙들었다가 해가 지면 내어 쫓고 …… 소경 의복에 똥칠하기, 배앓이 난 놈 살구 주고, 잠든 놈에 뜸질하기, 닫는 놈에 발 내치고, 곱사등이 잣혀놓기, ……귀먹은 이더러 욕하기와 소리할 때 잔말하기, 날이 새면 행악질, 밤이 들면 도둑질을 평생에 일삼으니, 제 어미 붙을 놈이 삼강을 아느냐, 오륜을 아느냐.

이렇게 놀부는 온갖 나쁜 짓을 다하는데, 그 중 소경인 시각장애인의 의복에 똥칠하기, 곱사등이인 척추장애인을 뒤로 젖히기, 귀머거리인 청각장애인에게 욕하기 등 장애인을 학대하기도 한다. 다만 여기서 주의할 점은 놀부의 악행이 꼭 장애인에게만 국한된 것이 아닌 모든 사람들을 대상으로 광범위하게 행해졌다는 점이다.

다음으로 작품의 후반부인 놀부가 박을 타는 대목에서 온갖 장애인들이 등장한다.

> 슬근슬근 거의 타니 필채 돈꿰미가 박통 밖에 뾰조룩이. 놀부가 보고 좋아라고 "애겨, 이것 돈꿰미." 쑥 잡아빼어 놓으니 줄봉사 5~6백명이 그 줄들을 서로 잡고 꾸역꾸역 나오더니, 그 뒤에 나오는 놈 곰배팔이, 앉은뱅이, 새앙손이, 반신불수, 지겟다리에 발 디딘 놈, 밀지로 코 덮은 놈, 다리에 피 칠한 놈, 가슴에 구멍난 놈, 얼어 부푼 낯

> 바닥에 댕강댕강 물 들은 놈, 입술이 하나 없어 잇속이 앙상한 놈, 다리가 퉁퉁 부어 모기둥만씩한 놈, 등덜미가 쑥 내밀어 큰 북통 진 듯한 놈, 키가 한자 남짓한 놈, 입이 한쪽으로 돌아간 놈, 가죽관을 쓴 놈, 쳇불관 쓴 놈, 패랭이 꼭지만 쓴 놈, 웅장건 끈 달아 쓴 놈, 물매 작대 멜빵만 진 놈, 감태 한줌 헌 공석 진 놈, 온몸에 재 칠하여 아궁이에서 자고 난 놈, 헐고 헌 고의 적삼 증잔 그을음이 질음한 놈, 그저 꾸역꾸역 나오는데, 사람들 모은 수가 대구 시월령만한데 각청으로 "놀부 불러. 놀부 불러." 이런 야단이 없구나.

이처럼 놀부가 두 번째 박을 타니, 줄봉사 5~600명을 비롯해서 곰배팔이, 앉은뱅이, 새앙손이, 반신불수 등 온갖 종류의 장애인들이 줄줄이 나온다. 그러고는 배가 몹시 고프니 좋은 안주로 술을 대접하고 갖은 반찬으로 점심을 내오라고 한다. 또 놀부의 조부인 덜렁쇠가 쓰고 도망간 삼천 냥을 갚으라고 하니, 놀부가 어쩔 수 없이 돈 삼천 냥을 내주게 된다.

〈장화홍련전〉: 천벌을 받아 장애인이 되다

가정소설인 〈장화홍련전〉에서도 장애인이 단편적으로 등장한다. 계모 허씨의 아들 장쇠가 장화를 유인하여 호수에 빠트려 죽이자, 난 데없이 큰 범이 달려들고 하늘에서 이렇게 꾸짖는다.

"네 어머니의 악행이 측량하기 어려워 애매한 자식을 모해하여 이렇듯 참혹히 죽이니, 어찌 하늘이 무심히 두리오? 너부터 죽여 없이할 것이로되, 아주 죽여 모르게 하는 것보다 병신을 만들어 평생을 고통스럽게 하는 것이 나으니, 너는 한번 견뎌 보라."

그러고는 범이 달려들어 강쇠의 두 귀와 한쪽 팔과 한쪽 다리를 베어 먹고 어디론가 사라져버린다. 이처럼 〈장화홍련전〉에서는 그 부모나 당사자가 지은 죄의 대가로 천벌을 받아 장애인이 된 것으로 설정하고 있다.

〈옹고집전〉: 장애인 노비들

세태소설인 〈옹고집전〉에서도 일부 장애인들이 단편적으로 등장한다. 예컨대 옹고집이 시비를 가리기 위해 관가에 가서 자기집 세간을 말하는데, 그 중 노비들에 대해서는 이렇게 말한다.

"노복 등을 이를진대 남노(男奴)가 일흔 둘 중에 연전에 한 놈 나가고 금년 정월에 또 한 놈이 달아나니, 남은 놈이 예순 아홉 명에 삼십 놈은 드난살이 하옵는데 얼치기가 둘이요 수종다리(병으로 퉁퉁 부은 다리)가 하나입니다. 계집종을 이를진대 일백 스물여섯 중에 벙어리가 둘이요, 청맹과니(겉으론 멀쩡하나 실상은 보지 못하는 눈을 가진 사람)가 둘이요, 곱추가 하나요, 봉덕이라 한 년은 임신하여 아직 해산하지 아니하고, 일소생 이소생 모두 합하면 이백 삼십 육 명이요, 도주한 년까지 합하면 일백 쉰일곱이요, 지금 있는 년이 일백 쉰세 명이옵니다."

이처럼 옹고집의 노비들 중에는 수종다리, 벙어리, 청맹과니, 곱추 등 다양한 유형의 장애인이 포함되어 있었다. 그런데 흥미롭게도 옹고집은 그들을 자신의 노비로 당당히 계산하고 있다는 점이다. 이로 보아 당시 장애인 노비들은 주인집에서 각자 맡은 일에 종사하며 살아갔으며, 주변에서도 그것을 인정하고 별로 차별하지 않았음을 알 수 있다.

5. 맺음말: 편견 없는 세상을 위하여

지금까지 우리는 고전문학 속에는 장애인이 별로 등장하지 않는 것으로 생각해왔다. 하지만 앞에서처럼 본격적으로 살펴보니 고전시가나 구비문학, 고전소설 등 고전문학에도 의외로 많은 장애인이 등장하고 있다. 특히 고전소설의 경우만 해도 〈심청가〉나 〈춘향가〉, 〈변강쇠가〉, 〈박타령〉 등의 판소리나 〈장화홍련전〉 같은 가정소설, 〈옹고집전〉 같은 세태소설 등 상당히 많은 작품에서, 장애인이 주연과 조연, 단역 등으로 등장하여 별다른 거부감 없이 자연스럽게 활동하고 있었다. 또한 그 유형에 있어서도 시각장애인, 청각장애인, 언어장애인, 지체장애인, 척추장애인 등 다양하게 등장하고, 그들의 역할도 점복이나 독경, 걸인, 노비 등 매우 다양하였다.

오늘날 우리는 틈만 나면 '장애인 복지', '장애인 평등'을 부르짖고 있지만, 막상 장애인을 바라보는 사람들의 시선은 여전히 차갑고 이질적이기만 하다. 정부 역시 장애인을 사회에서 격리시켜 아무 것도 할 수 없는 존재로 만들어버렸다. 하지만 앞에서처럼 조선시대 장애인은 다양한 직업을 갖고 엄연한 사회의 한 일원으로 살아갔다. 아니, 과거의 장애인에 대한 사회적 시각이 오히려 지금보다 더욱 우호적이었다고 볼 수 있다. 그래서인지 문학작품 속에서도 각종 장애인들이 아무런 거리낌 없이 등장하여 다양한 활약상을 펼치고 있다. 앞으로는 현대의 문학작품이나 대중매체 속에서도 장애인들을 자주 만나볼 수 있었으면 좋겠다.

(『고전서사 캐릭터 열전』, 월인, 2013)

조선시대 장애인 예술가의 존재양상

1. 머리말

예술의 기원

장애와 예술은 서로 밀접한 관련을 맺고 있다. 예를 들어 시각장애인은 시력이 없는 대신에 비상하리만치 예민한 촉각과 청각이 발달되어 있는 경우가 많다. 마찬가지 다른 신체적 장애를 가지고 있는 사람들, 가령 지체장애인이나 청각장애인은 남달리 예민하고 상상력이 풍부한 경우가 많다. 그래서 이러한 사람들은 시인이나 이야기꾼, 화가, 음악가 등 예술가가 되기 위한 좋은 기질을 갖고 있다.

실제로 C. 데이 루이스에 의하면 최초의 예술가, 특히 시인은 장애인이었다고 한다. 태고의 시인들은 여타 부족민처럼 실용적인 것을 할 수 없는 사람들이었는데, 그래서 남들을 도울 수 있는 어떤 방법, 특히 창조적 본능을 만족시키는 것을 찾을 수밖에 없었다. 그들은 사냥을 하기에도, 물건을 만들기에도, 밭을 갈기에도 힘이 모자랐다. 이에 그들은 대신 물건의 형상들(images)을 만들어냈다. 그들은 동굴의 벽에다 들짐승의 그림을 그리거나, 성공적으로 사냥하는 모습을 언어로 표현하거나, 해와 비를 지배하며 좋은 수확을 거두기 위한 마술적인 주문을 만들어냈던 것이다[1].

그럼에도 우리는 장애인 예술가, 그것도 '조선시대 장애인 예술가'라고 말하면, 다들 의아한 표정을 짓거나 심지어는 자신의 귀를 의심하기까지 한다. 평소 장애인 예술가라는 말에 익숙치 않고, 게다가 현대도 아닌 조선시대이기 때문이다. 하지만 과거 동양과 서양만이 아니라[2], 우리나라의 조선시대에도 문인이나 화가, 음악가 등 많은 장애인 예술가가 존재하였다.

조선시대 장애인 복지정책

조선시대 장애인 예술가의 존재양상을 살펴보기에 앞서, 우선 당시 장애인 복지정책에 대해 간략히 알아볼 필요가 있는 듯하다. 즉, 조선시대 장애인 예술가의 출현배경에 대해 간략히나마 검토하고 넘어갈 필요가 있는 것이다.

조선시대 장애인은 오늘날에 비해 상대적으로 차별받지 않았다. 당시 장애인은 사회에서 비장애인과 더불어 스스럼없이 어울려 살아갔고, 장애에 대한 편견과 차별도 별로 없었다[3]. 그리고 가급적 직업을 갖고 스스로 먹고 살도록 하였다. 예컨대 필자의 이전 연구성과를 토대로 당시의 장애인 복지정책을 좀 더 체계적으로 살펴보자[4].

우선 조선시대는 가족을 단위로 살아가는 가족사회였다. 당시 가족은 생산과 소비의 단위이자 사회 활동과 교류의 단위였다, 이에 따라 정부의 각종 복지정책, 예컨대 홀아비 · 과부 · 고아 · 자식 없는 노인 등 이른바 환과고독(鰥寡孤獨)에 대한 부양도 일차적으로 가족에게 책임을 지도록 하였다.

마찬가지 장애인 복지정책도 가족부양을 원칙으로 삼은 채 해당 가족으로 하여금 장애인을 책임지도록 하였다. 그리고 기근이나 전염병 같은 자연재해로 인해 가족에게 문제가 발생하면, 그 이웃이나 친척 등 마을공동체에서 지원해주도록 하였다.

그렇다고 정부가 가족들에게 모든 책임을 지우고 마냥 수수방관만 했던 것은 아니다. 조선시대 장애인 복지정책도 현대에 비해 결코 뒤떨어지지 않은, 아니 오히려 더 합리적이라고 생각될 정도로 체계적으로 이루어졌다.

대개 조선 정부는 장애인을 자립 가능한 사람과 자립하기 어려운 사람으로 나누어 지원정책을 펼쳤다. 예컨대 정종 2년(1400) 임금이 정전에 나아가서 '환과고독과 노유(老幼)·폐질자(장애인) 가운데 산업이 있어 스스로 살아갈 수 있는 자를 제외하고, 궁핍하여 스스로 살아갈 수 없는 자는 소재지 관아에서 우선적으로 진휼하여 살 곳을 잃지 말게 하라.[5]'라고 지시한 적이 있다.

자립가능한 사람은 대표적으로 소경, 봉사, 맹인 등으로 불린 시각장애인을 들 수 있다. 현대사회에서 그들은 주로 안마업 같은 직업에 종사하지만, 전통사회에선 점(占)을 치는 점복, 경(經)을 읽어 질병을 치료하는 독경, 악기를 연주하는 악사 같은 다양한 직업을 갖고 자립하였다. 그리고 이것들은 조선중기까지만 해도 상당히 대우 받는 직업이었다.

특히 정부는 이들 시각장애인을 위해 별도로 명과학이나 관현맹인 같은 관직제도를 두어 정기적으로 녹봉과 품계를 올려주었다. 또 우리나라엔 지금으로부터 벌써 6백여 년 전인 태종, 세종대에 벌써 세계 최초의 장애인 단체인 명통시(明通寺)가 있었는데, 이는 서울 5부의 시각장애인이 모여서 조직적으로 활동하던 곳이었다. 명통시는 조선 정부가 시각장애인을 위해 특별히 설립한 것으로, 국가의 지원을 받는 엄연한 공적기관이었다.

다음으로 자립하기 어려운 사람은 거동이 힘든 각종 중증장애인을 들 수 있는데, 이들은 구휼이나 진휼, 진제 등의 명목으로 국가에서 직접 구제하였다. 예컨대 다산 정약용도 '등이 굽은 사람이나 불치병자가 자력으로 살아갈 수 없을 경우엔 의탁할 곳을 마련하고 휼양(恤養)해 주어야 한다.'[6]라고 주장하였다.

이러한 전통은 고대로부터 고려, 조선에 이르기까지 지속적으로 이어져왔다. 특히 당시 임금들은 왕위에 오를 때나 흉년이 들어 살기 어려울 때, 그리고 평상시에도 자주 환과고독과 함께 장애인을 우선적으로 구제하도록 신하들에게 당부하였다.

이밖에도 정부는 장애인을 위한 다양한 지원정책을 펼쳤다. 조세와 부역 및 잡역을 면제하고, 죄를 범하면 형벌을 가하지 않고 포(布)로써 대신 받았으며, 연좌제에도 적용하지 않았다. 또한 시정(侍丁), 곧 부양자(오늘날의 활동보조인)를 제공하고, 때때로 노인과 함께 잔치를 베풀어주며 쌀과 고기 같은 생필품을 하사했다. 기타 동서활인원이나 제생원 같은 구휼기관을 설치하여 위기에 처한 장애인을 구제하였다.

이처럼 조선시대 장애인은 단지 몸이 불편할 사람일 뿐, 그 이상도 이하도 아니었다. 당시엔 장애인이라 하여 천대받지 않았고, 자신들의 특성에 맞는 직업이 주어졌으며, 양반층의 경우엔 과거를 보아 높은 관직에 오를 수도 있었다. 나아가 자기가 맡은 분야에서 최선을 다하면 때때로 이름난 사람이 될 수도 있었다. 즉, 그들은 엄연한 사회의 한 일원이었던 것이다.

물론 이러한 장애인 복지정책은 시대 흐름에 따라 조금씩 차이를 보였다. 대개 한국의 장애인사는 여성사와 매우 닮아 있는데, 그들의 역사는 임병 양란을 기점으로 크게 변화하였다. 조선중기까지만 해도 우리나라는 의외로 개방적이고 열린사회였다. 하지만 조선후기엔 완고한 유교사회, 곧 주자학적 가부장제 사회로 전환하면서 사정이 크게 달라졌다[7]. 단적인 예로 시각장애인의 경우만 해도 조선후기엔 보수적인 양반들이 그들의 각종 역할을 비판하면서 자꾸만 체제 밖으로 밀어내려고 하였다. 그리하여 조선 말기로 가면서 장애인의 사회적 지위는 점점 하락하고, 심지어는 같은 처지의 민중들조차 장애인을 비하하거나 학대하는 지경에 이른다. 또 근대 이후 자본주의 산업사회로 재편되면서 장애인은 무능력하고 무가치한 존재로 전락하고 만다. 경제성과 효율성을 최고로 여기는 사회에서, 그들은 서서히 경쟁력을 잃고 이른바

'쓸모없는 인간'이 되어버린 것이다.

2. 조선시대 장애인 예술가의 존재양상

앞에서 언급했듯이 조선시대에도 문인이나 화가, 음악가 등 장애인 예술가가 의외로 많이 존재했다. 하지만 그에 관한 종합적 측면의 연구는 아직까지 거의 이루어지지 않고 있다[8]. 이에 따라 본고에서는 필자의 이전 연구성과를 포함하되[9] 그 이후에 새로 발굴된 자료들까지 대폭 추가하여 조선시대 장애인 예술가의 존재양상에 대해 종합적으로 살펴보고자 한다. 그리하여 우리 역사에 장애인 예술가의 존재를 새롭게 편입시킬 뿐 아니라, 오늘날 우리들의 장애에 대한 인식개선에도 조금이나마 기여하고자 한다. 다만 본고는 연구사의 초기 단계이므로, 조선시대 장애인 예술가를 종합적으로 정리하고 소개하는 수준에서 논의하고자 한다.

문인

조선시대 장애인 예술가 중에는 학자이자 문필가인 문인(文人)이 가장 많았다. 당시 장애인은 왕족이나 평민층 뿐만 아니라 양반층에서도 많이 존재했는데, 이들 양반은 평생 동안 학문하면서 글을 쓰는 사람들이었기 때문이다. 또한 문헌기록이 주로 이들 양반을 중심으로 이루어졌기 때문인 듯하다. 그럼 이제부터 조선시대 장애인 문인에 대해 시대별로 한 사람씩 차근차근 살펴보도록 하자.

(1) 고순

고순(高淳)은 자(字)가 희지(熙之)로, 조선전기 세종대의 문신인 고득종의 아들이었다. 어렸을 때 귓병을 앓아 청각장애를 입은 뒤로, 땅에 글자를 써서 서로 뜻을 통했다. 하지만 그는 성품이 독실하고 학문을 좋아했다. 하루는 시를 읊다가 잠이 들었는데, 돌아가신 아버지 고득종이 꿈에 나타나 이러한 시 한 수를 들려주었다.

> 백발이 성성하여 옛 모습 줄어지고,
> 외로운 몸 쓸쓸히 산턱을 지키네.
> 백골이 지감(知感) 없다 말하지 말라.
> 네 시 읊는 소리에 나는 잠 못 들어 하노라.

이 일을 기록한 남효온에 의하면, 고순의 마음이 너무 맑아 돌아가신 아버지의 신명(神明)이 감응한 것이라고 한다[10]. 아마도 고순은 평소 꿈속에서까지 시를 짓고 읊었던 듯하다.

또 하루는 신덕우 등 여러 선비들과 더불어 초면 인사를 했는데, 자기들끼리만 서로 떠들썩하게 말을 주고받았다. 이에 고순이 가만히 앉아 있다가 이와 같은 시 한 수를 읊었다.

> 작은 정자에 봄바람이 고요하니
> 맑은 이야기로 모두 흥이 났도다.
> 귀먹은 나는 아무런 재미가 없어
> 머리를 숙이고 홀로 책을 보노라.

그러자 신덕우가 웃으면서 그 시에 이렇게 화답하였다.

> 사람들 소리는 시끄럽고 혼탁할 뿐이니
> 그저 거름 냄새나 다름이 없도다.
> 부럽구려! 그대는 우리들보다 나으니
> 낮에도 가만히 천권의 책을 읽을 수 있잖소.

이로부터 그들은 서로 지심(知心), 곧 마음을 알아주는 벗이 되었다고 한다[11].

이처럼 고순은 비록 청각장애를 갖고 있었지만 성품이 독실하고 학문을 좋아했다. 또 여러 선비들과 교유했는데, 비록 서운한 일이 있어도 직접적으로 불만을 표출하기보다 순간적인 위트를 발휘하여 재치있게 다가갔다. 그래서 서로 마음까지 알아주는 벗이 되었다.

⑵ 조성기

조성기(趙聖期: 1637～1689)는 호가 졸수재(拙修齋)로, 비록 등이 굽은 척추장애인이었지만 조선후기 최고의 학자이자 문인이었다.

실제로 연암 박지원의 〈허생전〉에 이런 대목이 있다. 당시 한양 제일의 갑부인 변씨가 허생으로부터 10만 냥을 돌려받은 뒤, 그 재주가 못내 아까워서 몸소 그를 찾아가 말한다. "지금 사대부들이 남한산성에서 오랑캐에게 당했던 치욕을 씻어보고자 하니, 지금이야말로 지혜로운 선비가 팔뚝을 뽐내고 일어설 때가 아니겠소? 선생의 그 재주로 어찌 괴롭게 파묻혀 지내려 하십니까?". 그러자 허생이 대답한다. "어허! 예로부터 뛰어난 재능을 갖고도 한평생 묻혀 지낸 사람이 어디 한둘이었겠소? 우선 졸수재 조성기 같은 분은 적국(敵國)에 사신으로 보낼 만한 인물이었건만, 평생 베잠방이로 늙어 죽지 않았던가?". 이렇게 허생은 뛰어난 재능을 갖고도 한평생 묻혀 지낸 인물로 다른 누구보다 졸수재 조성기를 꼽았다. 즉, 그는 당대 최고의 학자 가운데 한 사람이었던 것이다[12].

원래 조성기는 아버지인 군수 조시형과 어머니인 청송김씨 사이에서 셋째 아들로 태어났다. 어려서부터 학문에 힘써 일찍이 성리학을 깊이 연구하였고, 아버지의 뜻에 따라 과거에 응시하여 사마시에 여러 번 합격했다. 하지만 20살 때 낙마(落馬) 사건, 곧 말에서 떨어져 허리를 크게 다친 뒤, 결국 등이 굽은 척추장애인이 되었다. 게다가 그는 어지럼증과 중풍을 비롯한 각종 질병까지 앓았는데, 그리하여 남산 아래의 집에 칩거하며 평생 학문에만 전념했다. 그는 갖가지 병치레로 사립문 밖조차 나가기 어려웠으며, 부인과 며느리 등 가족들의 수발로 살아갈 수밖에 없었다.

장애를 입은 후, 그는 책에 탐닉하여 해박한 지식을 습득했다. 예컨대 『숙종실록』 9년 6월 14일조 그의 졸기를 보면, '당시 도하(都下)에 처사 조성기가 있었으니, 곧 조형기의 형이다. 젊어서부터 병으로 과거를 포기하고 일찍이 문을 닫고서 경사(經史)를 연구했는데, 박식하여 두루 관통하지 않음이 없었다.'라고 나와 있다.

그의 학문적 포부는 대단히 컸다. 그가 지향하는 학문의 궁극적인 목표는 여러 경전을 다 읽고 모든 서적을 열람하며 아주 상세하고 정밀하게 의미를 따지고 논리를 마련하는 것이었다. 그래서 하나의 위대한 서적을 저술하는 것이었다. 그는 이것을 한 나라만을 위한 계책이 아니라, 천하와 만세를 위한 계책이라고 생각했다. 물론 날로 깊어지는 병세 때문에 그것을 실현할 기회를 잃고 말았지만, 그는 이것을 지식인으로서 자신이 할 수 있는 최소한의 일이라고 여겼다.

그의 저서로는 소설 〈창선감의록〉과 시문집 『졸수재집』이 남아있다. 먼저 소설 〈창선감의록(彰善感義錄)〉은 조선후기 규방여성들 사이에서 많이 읽혔던 작품으로, 비록 단권에 불과하지만 100여 명이 넘는 인물들이 등장하고, 당시 가문사회에서 살아가는 이들의 문제, 특히 화씨 가문의 흥망성쇠를 잘 보여주고 있다. 김만중의 〈사씨남정기〉와 유사한 형식이지만 사건이 좀 더 복잡하게 전개되고, 주요 갈등은 집안의 후계자인 계후(繼後) 문제를 둘러싸고 펼쳐진다[13]. 이 작품의 창작 동기는 자신의 어머니를 위한, 곧 효도의 일환으로 지어졌다. 그의 어머니 청송심씨는 평소 소설 읽기를 무척 좋아했는데, 이에 따라 〈창선감의록〉과 〈장승상전〉 등의 소설을 지어 바쳤다고 한다.

시문집인 『졸수재집(拙修齋集)』은 총 12권 6책으로 이루어져 있는데, 1~2권은 총 500수의 시가 실려 있고, 3~10권은 편지가 실려 있다. 그의 시는 주로 질병, 외로움, 자연 등에 대해 노래하고 있는데, 시의 정조는 한마디로 '청초(淸楚: 맑고 깨끗함)'하다고 표현할 수 있을 듯하다. 또한 그에게 있어서 편지는 세상과의 유일한 통로였는데, 주로 창계 임영이나 농암 김창협, 삼연 김창흡 등 당대 최고의 지식인들과 편지를 주고받으며, 시대를 평론하고 세상사의 이치를 논하였다[14].

이처럼 조성기는 평생 병마에 시달리며 살았지만, 결코 포기하지 않고 학문에 정진했던 집념의 장애인 학자였다. 그리고 틈틈이 시와 편지 등을 쓰고, 소설 〈창선감의록〉을 지은 문인이었다. 비록 당대에는 크게 쓰이지 못한 소외된 지식인이었지만, 사후에는 거유(巨儒), 곧 학식이 많은 선비로 추대되고 벼슬까지 제수 받았다[15].

⑶ 김성침과 홍씨

조선후기 현종~영조대에 김성침이란 시각장애인 문인이 있었다. 그는 5살 때 두창을 앓고 나서 두 눈을 멀게 되었지만, 천성이 매우 슬기롭고 영리했다. 아버지를 통해 글을 배우고 책을 읽었는데, 하루하루 열심히 공부하여 글을 깨우쳤다. 그는 앞을 보지 못하기 때문에 남의 글 읽는 소리를 듣고 따라 읽었는데, 한번 들으면 단번에 외워버려서 많은 책을 읽었다. 또한 그는 글쓰기에도 남다른 재주를 가지고 있어서, 사람들이 그의 글을 보고는 하나같이 칭찬을 아끼지 않았다. 글짓는 솜씨가 가히 남들의 모범이 될 만했고, 시풍 또한 맑고 아름다웠다. 그는 저서로 『잠와집(潛窩集)』 2권을 남겼다고 하는데, 현전 여부는 미상이다.

나이가 들자 김성침은 혼인을 하게 되었는데, 그의 아내도 앞을 보지 못하는 시각장애인이었다. 그보다 한 살 위인 아내 홍씨도 5살 때 앞을 보지 못하게 되었다고 한다. 그녀는 뛰어난 행실과 훌륭한 인품을 가지고 있었다. 또 『소학』이나 『내훈』 등 여러 서책을 두루 보았는데,

남편 김성침처럼 한번 읽은 것은 결코 잊어버리지 않았다. 시도 역시 잘 지었고, 시풍이 맑고 아름다웠다.

김성침과 부인 홍씨는 비록 앞을 보지 못하는 시각장애인이었지만, 서로 닮은 점이 매우 많았다. 그래서 사람들이 두 사람을 두고 '천생연분'이라고 말하곤 하였다. 김성침과 홍씨는 결혼하여 50년 동안 해로하면서 집안을 잘 다스리고 자녀들을 올바르게 이끌어서, 당시 사람들의 훌륭한 스승이 되었다[16].

(4) 강취주

강취주(姜就周)는 숙종~영조대의 여항문인으로, 호가 노주였다. 젊었을 때 거리를 돌아다니며 협기를 부리다가, 끝내는 한쪽 다리의 지체장애인이 되고 말았다. 이후 그는 작대기를 짚고 껑충껑충 뛰어다녔는데, 그래서 당시 관료인 조상우가 '노주(鷺洲)'란 호를 붙여주었던 것이다.

말년에 이르러 강취주는 시를 배워 사대부들을 따라다니며 놀았고, 집에서는 가죽옷을 지어 살림을 꾸려나갔다. 그는 비분강개하는 성품에다 의기가 있었고, 또 풍류를 매우 좋아했다. 비록 평소에 글을 많이 읽지는 않았지만 그의 시는 타고난 천품에서 우러나온 듯했고, 때로 뜻을 얻은 구절은 자못 청고한 울림이 있었다고 한다.

한번은 홍순연과 함께 시를 지었는데, 강취주가 먼저 이렇게 지었다. '이적선(당나라 시인 이백)은 표일(飄逸: 뛰어남)하여 시에 적수가 없고, 동방삭(전한시대의 문인. 해학과 변설에 뛰어났음)은 우스갯소리를 잘했지만 말에 뿌리가 없었도다.' 당시 홍순연은 시를 잘 짓는다고 소문이 났지만, 이 시를 보고는 그만 무릎을 굽히고 탄복해 마지않았다고 한다.

또한 강취주는 남을 잘 가르쳐서 그에게 시를 배운 사람이 아주 많았다. 당시 유명한 학자인 조현명과 조귀명도 일찍이 그에게 시를 배운

적이 있을 정도였다.

이렇게 강취주는 신분적 한계와 신체적 장애에도 불구하고 뛰어난 글솜씨로 당대 사대부들과 더불어 시를 즐겼으며, 또 남을 잘 가르쳐서 많은 제자를 양성하기도 하였다[17].

(5) 지여교

지여교는 앞의 인물들보다 자료가 더욱 전해지지 않는다. 조선후기 대표적 시인인 담정 김려(1766~1821)의 『사유악부』에 실린 한 편의 시를 통해 그에 대해 어렴풋이 엿볼 수 있을 뿐이다.

지여교는 조선후기 무릉지방에 살았던 사람으로, 두 다리가 불편하고 한쪽 눈마저 보이지 않는 중복장애인이었다. 하지만 그에 개의치 않고 늠름한 기상으로 계속 학문하여, 결국엔 뛰어난 시인이 되었다. 당시 지여교가 붓을 잡아 시를 쓸 때는 그야말로 광채가 솟구쳤다고 한다. 그래서 김려도 이렇게 추모시를 남겼다.

무얼 생각하나?
저 북쪽 바닷가
무릉에 사는 앉은뱅이 지여교.
두 다리 성치 않고 한쪽 눈마저 멀었지만
늠름한 기상의 호쾌한 사나이라
만리를 나는 붕새와 같지.
소년시절 서당에서 학문을 쌓으니
청출어람(靑出於藍)이 바로 이 경우.
예전에 집으로 나를 찾아와
붓 잡아 시를 쓰니 광채가 솟구쳤지.
그 사람 사랑하고 잊을 수 없어
찬 구름 어둑한 해 쓸쓸히 바라보네.[18]

이처럼 김려는 지여교에 대해 간절히 추모하고 있는데, 이는 장애와 상관없이 한 사람의 재능을 순수하게 인정하고 있음을 보여주는 것이 아닐까 한다.

⑹ 장혼

장혼(張混)은 1759년(영조35)에 출생하여 1828년(순조28)에 향년 70세로 죽었다. 호는 이이엄(而已广)이라 했는데, 이는 중국 한유의 시에서 따온 것으로, 한마디로 자족(自足)이란 의미였다. 장혼은 6살 때 소아마비에 걸려 한쪽 다리를 저는 지체장애인이 되었지만, 조선후기 유명한 출판인이자 시인, 교육자가 되었다.

우선 그의 아버지 장우벽은 평생 가객(歌客)으로 살았기 때문에 집안이 매우 빈곤했다. 장우벽은 거문고와 책을 좋아하고, 특히 노래를 부르는 것을 무척 좋아했다. 그리하여 장혼은 비록 한쪽 다리가 불편한 지체장애인이었지만, 몸소 땔나무를 구해오고 물을 깃는 등 집안일을 하였다. 그의 어린 시절에 얽힌 유명한 일화가 있다.

당시 노론 벽파의 영수인 김종수가 바로 이웃에 살았는데, 그도 역시 효자(孝子)로 유명하였다. 하루는 장혼이 새벽에 일찍 일어나 잘 익은 앵두를 광주리에 가득 따서 어깨에 메고 절뚝거리며 그 집으로 찾아가서는 모부인의 장수를 기원한다며 올렸다. 그러자 김종수가 감복하여 어머니에게 광주리를 바치며 "이 앵두는 효자 장혼이 바친 것입니다."라고 말하였다.

그리고는 붓과 먹으로 답례를 했으나, 장혼은 끝내 받지 않았다[19].

장혼은 9살 때 어머니 현풍 곽씨에게 처음 문자를 배우고, 10살 때 시(詩)를 배우기 시작했다. 특히 그는 시 창작에 뛰어난 재능을 갖고 있어서, 그가 시를 한번 읊으면 여러 사람들이 다투어 베껴서 읊어대곤 했다고 한다.

또한 17, 18세에는 집이 가난하여 남의 자제들에게 경서(經書)를 가르치기도 하였다. 오늘날의 '과외'에 해당하는 일을 했던 것이다. 하지만 장혼은 스승의 도가 제대로 행해지지 않은 것을 한탄하며 한때는 전문적으로 의술을 배울까도 생각해보지만, 결국은 '열심히 문장을 닦아 후세에 이름을 빛내리라'고 결심하고 그만둔다.

나이가 들자 장혼은 한양의 북서쪽 인왕산 옥류동 골짜기에 '이이엄(而已广)'이란 집을 짓고 자기와 같은 중인층에 속하는 위항시인들과 더불어 시주(詩酒)를 즐기며 살았다. 1786년 여름엔 천수경 등과 더불어 '송석원시사(松石園詩社)'를 결성하여 그 모임을 이끌어가는 중추적 역할을 담당하고, 1797년에는 천수경과 함께 『풍요속선(風謠續選)』을 간행하기도 하였다.

장혼은 24살 때 참봉의 딸과 결혼하여 3남을 두었다. 그러나 결혼한 지 10년 만에 아내가 전염병으로 세상을 떠나고 말았다. 이후 장혼은 집이 가난할 뿐 아니라 자연과 책을 너무 좋아해서 재혼하지 않고 혼자서 살았다.

장혼은 32세 때인 정조 14년(1790)에 규장각 감인소의 사준(종8품 잡직)이 되었다. 원래 정조는 학문을 좋아하여 1790년에 옛 홍문관 터에 감인소를 설치하고 여러 가지 책들을 인쇄하여 반포하려 했는데, 그때 오재순이 장혼을 감인소의 사준으로 천거해주었다.

장혼은 책의 교정 실력이 워낙 뛰어나서 여러 고관들이 칭찬하지 않은 이가 없었고, 그래서 모두 그에게 교정을 맡겼다고 한다. 그는 모친상을 당한 57세까지 약 25년 동안 이곳에서 일하며 관판(官版), 사판(私版) 등 58여종의 책들을 교정했다. 그리하여 정조대의 문치를 꽃피우는데 커다란 밑거름이 되었다.

장혼이 저술하거나 편찬한 책은 현재까지 알려진 것만 해도 24종이나 되는데, 『풍요속선』, 『시종』, 『당률집영』, 『이견』, 『아희편람』, 『몽유편』, 『동사촬요』 등이 그것이다. 그의 책들은 시문집이나 아동서, 역사, 생활상식 등 상당히 광범위한 분야에 걸쳐 있는데, 특히 아동용 교재가 많은 부분을 차지했다. 그중에서도 『계몽편(啓蒙篇)』은 1913년에서 1937년까지 무려 10차례나 간행되어 당시의 아동 교육에 지대한 영향을 미쳤다.

마침내 58세인 1816년 장혼은 모친상을 당하여 감인소를 그만두고, 자기집 사랑방에 서당을 차린 뒤 이전에 편찬한 아동용 교재를 가지고 아이들을 가르쳤다. 특히 그는 중인층 이하의 아동들을 주로 가르쳤는데, 기존의 『천자문』이나 『명심보감』, 『소학』 등 양반 사대부 중심의 교재를 쓰지 않고, 자신이 직접 편찬하고 인간생활에 꼭 필요한 실용적인 내용을 담은 『아희원람』이나 『계몽편』 등을 사용했다. 당시 그의 제자 중 대표적인 인물로는 장지완, 고진원, 임유, 유보 등을 들 수 있다[20].

이처럼 장혼은 한쪽 다리를 저는 지체장애인이라는 점이 전혀 느껴지지 않을 정도로 한 세상을 매우 열정적으로 살아갔다. 그래서 정조대의 유명한 여항문인일 뿐만 아니라 조선시대의 개인출판인이자 아동교육자가 되었다.

(7) 강이천

강이천(姜彝天: 1769~1801)은 호가 중암(重菴)으로, 영조 44년(1768)에 강완과 동래정씨 사이에서 장남으로 태어났다. 그는 선천적으로 좌시(左視), 곧 한쪽 눈을 실명한 시각장애인이었고, 다리에 고질적인 종기가 끊이지 않아 걸음도 제대로 걷지 못할 때가 많았다. 하지만 그는 북인 명문가의 후예였다. 할아버지 표암 강세황은 유명한 화가요 문인이었다. 7세에 아버지를 여읜 그는 그러한 할아버지 밑에서 훈육을 받았다.

집안이 워낙 시서화에 능해서인지 그의 문학적 재능은 일찍부터 뛰어났다. 10살 때 벌써 남대문 밖에서 꼭두각시 놀음과 탈춤을 보고 지은 시인 「남성관희자(南城觀戱子)」를 짓기도 했다. 또한 12살의 어린 나이에 정조의 부름을 받고 궁궐에 들어가 시를 지어 임금의 칭찬을 받기도 했다. 이후 그는 줄곧 많은 시를 썼는데, 대표적인 작품이 23세 무렵에 지은 「한경사(漢京詞)」 106수이다. 칠언절구의 형식을 취하고 있는데, 18세기 서울의 일상과 오락, 유흥 등의 풍속이 생생하게 묘사되어 있다.

강이천은 18세에 진사시에 합격하여 성균관에 입학했으며, 그곳에서 정약용 등 당대의 뛰어난 선비들과 함께 공부하며 학문적인 두각을 나타내었다. 하지만 조선 사회가 요구하는 성리학 공부에 매몰되기를 거부했다. 그는 당시 지배층이 이단으로 규정한 천주교와 정감록에 관심을 가졌으며, 성리학과는 거리가 먼 새로운 문예풍조와 '패관소품(稗官小品)'을 즐겼다.

결국 강이천은 29세인 정조 21년(1797) 11월, 아래와 같이 해적 출현에 관한 유언비어를 퍼트려 혹세무민한 죄로 제주도로 유배가게 된다.

> 형조에 명하여 진사 강이천 등을 추문(推問)하게 하였다. 이에 앞서 전 돈령부 도정 김정국이 종제 김신국에게서 들은 말을 우의정 이병모에게 와서 고하기를,
>
> "강이천이 바야흐로 천안에 있으면서 해랑적(海浪賊; 해적)들의 소설(騷屑)스러운 말로 시골사람을 속여 의혹시키기고 있습니다."
>
> 하니, 이병모가 접견을 청하려 하였다.[21)]

그는 제주도에 유배되어 두문불출하고 독서에만 전념하지만, 33세인 1801년 위의 사건으로 다시 붙잡혀 감옥에서 고문을 당하던 도중 죽고 만다.

백승종에 의하면 강의천은 이상주의자였다고 한다. 그것도 공상적이고 신비적인 이상세계를 꿈꾸던 사람이었다. 특히 강이천은 조선이 망하고 난 다음에 들어설 새 나라의 모습을 자주 그려보았는데, 그 나라는 가난하고 억눌린 사람들이 더 이상 굶주리지 않고 억울한 처지에 놓이지도 않는 사회, 곧 정의가 실현된 사회였다.[22)]

⑻ 기정진

노사(蘆沙) 기정진(奇正鎭: 1798~1879)은 정조 말면에 태어나 세도정치기인 순조, 헌종, 철종, 고종대를 살다가 82세로 생을 마감하였다. 이른바 '내우외환(內憂外患)'의 절정기였던 19세기를 고스란히 살다간 것이다. 그는 조선말기 대표적인 성리학자요, 화담 서경덕과 퇴계 이황, 율곡 이이, 녹문 임성주, 한주 이진상 등과 더불어 조선 성리학의 6대가 가운데 한 사람으로 꼽히고 있다.

그는 이미 3세부터 거인(巨人)의 기상이 있었고[23], 4세에 벌써 배움을 청할 정도였다고 한다. 5세에 이르러 『천자문』을 배우는 것을 시작으로 본격적인 학문의 길에 들어섰는데, 불행하게도 그해 겨울에 홍역을 앓기 시작하고 이듬해에는 천연두(두창)까지 걸려서 끝내 왼쪽 눈을 실명한 시각장애인이 되고 말았다.

하지만 기정진은 그에 개의치 않고 계속 학문하여 8, 9세에 이미 경사(經史)에 통달했다. 그는 1828년 향시에 응시하고, 1831년 사마시에 장원으로 합격했다. 이때부터 명성이 조정에 널리 알려져 강릉참봉이나 헌릉참봉, 사옹원 주부 등에 임명되었으나, 모두 사양하고 벼슬길에 나아가지 않았다. 이후로도 조정에서 내리는 여러 벼슬들을 상소문으로 사양하고, 오로지 학문의 길만을 걷고자 하였다[24].

하지만 1866년 서양의 군대가 강화도를 침범하는 병인양요가 일어나자, 이른바 '병인소(丙寅疏)'를 지어 임금에게 상소한다. 그는 여기서 외침에 대한 방비책으로 여섯 가지를 제시하고 있는데, 그 주요 내용을 제시하면 다음과 같다.

> 첫째, 조정의 계책을 미리 정해야 합니다.
> 둘째, 사령(辭令)을 잘 준비하는 것입니다.
> 셋째, 지형을 잘 살피는 것입니다.
> 넷째, 군사들을 훈련시키는 것입니다.

다섯째, 바른 말을 구하는 것입니다.
여섯째, 내치(內治)에 힘쓰고 외적을 막는 것입니다.[25]

당시 사람들은 주로 외적과 싸우지 말고 화의(和議)를 이루자고 주장했는데, 기정진은 나라 밖의 외적은 반드시 물리쳐야 한다는 척사론을 펼쳤다. 그리하여 당시 조정은 그의 주장을 받아들여 외적과 맞서 싸워 물리쳤고, 그에겐 공조참판이라는 높은 벼슬이 내려지기도 했다.

그의 저술은 많지는 않으나 「납량사의(納凉私議)」, 「외필(猥筆)」 등 성리학사상 중요한 업적들을 남겼고, 문집으로는 『노사집(蘆沙集)』 22권이 있다[26].

그에 얽힌 재미있는 일화가 있다. 조선 말기, 청나라에서 조선의 학문을 시험해보기 위해 사신들과 더불어 시(詩)를 보내 그 뜻을 물었다. 조정의 신하들은 시를 해석하기 위해 사흘 밤낮을 머리를 맞대고 궁리해보았지만, 도저히 무슨 뜻인지 알 수가 없었다. 이에 전라도 장성에 있는 노사 기정진을 찾아가 물어보도록 하니, 곧바로 해석하여 답시를 써서 보냈다. 그래서 이를 본 중국 사신과 조정 대신들이 '장안만목 불여장성일목(長安萬目 不如長城一目)'이라고 했다 한다. 즉, 서울의 수많은 사람들이 장성의 한쪽 눈을 가진 사람보다 못하다는 것이다.

화가

비록 기록으로 남아있지 않으나, 조선시대에도 장애인 화가가 상당수 존재했을 것으로 추정된다. 다만 현재까지 발견된 장애인 화가로는 조선후기 한쪽 눈의 괴짜 화가 최북과 청각장애인 서예가 조광진 등이 있다.

(1) 최북

최북(崔北: 1712~1786)은 18세기 서울의 여항에서 태어나 활동한 직업적 화가였다. 최북의 초명은 식(埴)이고 자는 성기(聖器)이며, 만년에 북(北)으로 개명했다고 한다.

그의 외모는 작달막한 키에 한쪽 눈의 시각장애인이었으며, 그래서 항상 안경을 쓰고 그림을 그렸다고 한다. 예컨대 신광하는 그의 모습을 이렇게 묘사하고 있다.

> 최북 그이의 사람됨 정갈하고 매서우니
> 그 스스로 칭호하길 화사 호생관이라고
> 체구는 작달막하고 눈은 한 짝이 멀었지만
> 술이 석 잔을 넘어서면 꺼리는 것이 도무지 없었더니라.[27)]

그의 가계에 대해선 유만주의 『흠영』 권3에 '화가 최북의 소부(小婦: 젊은 아내)가 미인도를 잘 그리는데, 그 그림을 본 사람이 많았다고 한다.'라는 기록이 있어, 가족이 아예 없지는 않았던 듯하다.

그가 한쪽 눈을 멀게 된 이유는 조희룡의 「호산외기」에 잘 나타나 있다. 한 귀인이 최북에게 그림을 요구했으나 이루지 못하자 장차 위협하려 하였다. 이에 최북이 분노하여 말하였다. "남이 나를 저버리는 것이 아니라 내 눈이 나를 저버리는구나." 그리고는 곧 자신의 한쪽 눈을 찔러 멀게 하였다[28)].

그는 술을 좋아하여 술과 관련된 일화를 많이 남겼다. 한번은 금강산 구룡연에 갔다가 너무 흥분되어 술을 마시고 크게 취했다. 그리고는 통곡하다가 웃고, 웃다가 통곡하곤 했다. 마침내 그는 "천하의 명인 최북은 천하의 명산에서 죽어야 하리!"라고 하면서, 몸을 날려 연못으로 뛰어내렸다. 다행히 바닥까지 떨어지진 않았고, 곁에서 구해준 사람이 있어 들 것에 실려 산 아래로 옮겨져 살아났다.

최북은 보통 하루에 술을 대여섯 되나 마셨다. 시장의 술집 아이들이 술을 가져오면, 최북은 그 자리에서 모두 들이마시곤 했다. 그래서 집안에 있는 책이나 종이, 돈까지 모두 술값으로 주어버리니, 살림살이는 더욱 궁핍해졌다.

결국 최북은 평양과 동래 등 전국을 떠돌아다니며 그림을 팔았는데, 사람들이 비단을 가지고 문지방이 닳도록 찾아와 줄을 서서 기다렸다. 한번은 어떤 사람이 산수화를 그려달라고 부탁했더니, 웬일인지 산은 그리되 물은 그리지 않았다. 이에 이상히 여기고 따지자, 최북이 붓을 던지고 일어서며 "에이 참, 종이 바깥은 모두 물이란 말야!"라고 소리쳤다.

또 최북은 그림이 자기 마음에 맞게 잘 그려졌는데도 돈을 적게 주면, 그 자리에서 성을 내고 욕하며 그림을 찢어버렸다. 반면에 그림이 자기 마음에 들지 않았는데도 그림 값을 너무 후히 주면, '껄껄껄' 웃으면서 돈을 집어던지며 다시 가지고 나가게 했다. 그리고는 손가락으로 그를 가리키면서 "저따위 놈들은 그림 값도 몰라!"라고 비웃었다.

최북은 성격이 거만하여 남의 말을 잘 따르지 않았다. 하루는 종실 서평군과 내기 바둑을 둔 적이 있었다. 최북이 거의 이기게 되자, 서평군이 한 수만 물러달라고 하였다. 이에 최북이 갑자기 바둑알을 흩어버리고는 손을 거두고 일어나면서 "바둑이란 본래 놀자고 하는 건대, 한 수를 물리기로 들자면 일 년 내내 두어도 한 판을 끝내지 못할 것이오."라고 하였다. 그 후 다시는 서평군과 바둑을 두지 않았다고 한다.

또 하루는 어느 대갓집에 갔는데, 문지기가 최북의 이름을 그대로 부르기가 어색해서 사랑채에 들어가 이렇게 아뢰었다. "최 직장(直長: 종7품의 벼슬)이 왔사옵니다." 그러자 최북이 성을 내며 따졌다. "왜 정승이라 부르지 않고, 직장이라 하였느냐?". "언제 정승이 되셨습니까?". "내가 직장은 또 언제 되었느냐? 기왕에 없는 벼슬을 빌려서 나를 부르려면, 왜 정승을 놔두고 직장이라고 부르느냐?". 그리고는 주인도 만나보지 않고 돌아가 버렸다[29].

최북은 36세 때인 1747년 3월부터 6개월간 통신사 수행화원으로 일본을 다녀오기도 했다. 그가 일본에 간 이유는 두 가지였는데, 첫째는 그림으로 일본인들의 혼을 빼놓고, 둘째는 일본의 지도를 그려와 훗날 나라에서 공격과 수비의 대책을 삼는데 도움을 주기 위해서였다고 한다[30].

최북의 만년은 그리 순탄하지 못하였다. '열흘이나 굶주리던 끝에 그림 한 폭을 팔아서, 술을 사 마시고 돌아오다 대취하여 성 모퉁이에서 쓰러졌다네.'라는 신광하의 시에서처럼[31], 그는 여느 때처럼 그림을 팔아 술을 마시고 돌아오다 객사했던 듯하다.

최북은 산수(山水), 화훼(花卉), 영모(翎毛) 등 많은 작품을 남겼는데, 그중 가장 많은 수를 차지하는 것은 산수화이다. 그의 회화세계는 삶의 궤적에 따라 전기, 중기, 후기로 나눠볼 수 있다.

전기(~37세)[32]는 다양한 화보(畵譜)를 통해 조선에 유입된 남종문인화를 습득하고, 일본에 통신사 수행화원으로 다녀왔던 시기이다. 이 때의 대표작으로는 1747년작 국립중앙박물관 소장 「산수도」를 들 수 있다.

중기(38세~52세)는 단양이나 금강산 등 조선의 산수를 다니며 진경산수화를 제작하고, 또 미법(米法)을 애호하여 미법산수화를 그렸던 시기이다. 이때의 대표작으로는 단양 도담삼봉을 그린 1749년작 「단구승유도(丹丘勝遊圖)」, 금강산을 그린 1755년작 「금강산전도」, 「표훈사도」 등이 있다.

후기(53세~75세)는 문인의식을 표방하며 사의(寫義)적 남종문인화풍을 추구함과 동시에 최북의 개성이 한껏 드러난 시기이다. 이 시기의 대표적으로는 「관폭도(觀瀑圖)」와 같은 산수인물화, 「지두해도(指頭蟹圖)」, 「고산구곡도(高山九曲圖)」 등이 있다.

최북은 이러한 산수화 뿐 아니라 화훼, 영모화도 남겼는데, 이를 통해 그는 사생(寫生)을 매우 중시했음을 알 수 있다. 특히 소재에 있어서 일반적인 화조(花鳥) 뿐 아니라 채소류를 대상으로 했다는 점이 상당히 흥미롭다[33].

⑵ 조광진

조광진(趙匡振: 1772~1840)은 자가 정보(正甫)이고, 평양에서 살았다. 말을 더듬는 언어장애를 갖고 있었기 때문에 호를 눌인(訥人)이라 하였다.

그는 집이 가난하여 사방을 떠돌아다니며 글씨를 배웠다. 처음엔 원교 이광사의 글씨를 배웠고, 만년에는 당나라 안진경의 서체를 터득하였다.

평양 쾌재정(快哉亭)의 편액은 곧 그의 글씨인데, 중국 사신이 그 글씨를 보고 깜짝 놀라며 "조선 땅에 이런 명필이 있는가?" 하고는 꼭 한번 만나보기를 청했다. 이에 어떤 사람이 "그의 집은 천리 밖에 있고, 지금은 이미 저 세상 사람이 되었다."라고 둘러대니, 사신이 애석해 마지않으며 그 편액을 백여 부나 탁본해갔다.

자하 신위와 추사 김정희는 당대의 명필로, 조광진의 글씨를 높이 평가했다. 특히 김정희는 "예스럽고 우아하며 기묘하게 빼어나고, 괴이하고 위대한 것이 특별히 뛰어난 서체로써, 압록강 동쪽에서는 일찍이 없었던 글씨이다."라고 평가했다.

의석 김응근이 평양감사로 있을 때, 조광진에게 큰 글씨를 쓰게 하려고 연광정에다 정자 크기만한 종이를 여러 장 묶어서 붙여놓았는데, 정자는 대략 서른 칸쯤 되었다. 또 큰 붓을 만들되 절구공이를 붓대로 삼고 먹물을 적시니 소의 허리만 하였다. 눌인이 웃옷을 벗고 큰 새끼줄로 붓을 어깨 위에 동여매고 큰 걸음으로 걸어다니며 글씨를 쓰니, 마치 소반 위를 걸어다니는 개미와 같았다.

'날개 익(翼)'자를 먼저 쓰고, 다시 '싸움 전(戰)'자를 썼다. 구경하던 사람들은 자리를 피해 난간 위에 있었는데, 바싹 가까이서 보면 글씨가 잘 되었는지 못되었는지 분간이 되지 않았다. 그래서 쉰 발자국 밖에 걸어놓자 그제야 모두들 짜임의 오묘함에 깜짝 놀랐다. 김판서도 찬탄하여 "'싸움 전' 자는 짧고 '날개 익' 자는 긴 글자인데도 성글고 조밀함이 서로 어울리니, 이는 손과 눈이 미칠 수 있는 경지가 아니다."라고 하고서 큰상을 주었다. 취미 신태사(신재식)가 이 글씨를 가지고 연경에 들어갔는데, 촉땅 출신의 어떤 선비가 그것을 얻어 가지고는 눌인에게 편지를 써서 감사하다는 말을 하며 후한 선물을 보냈다[34].

이렇게 조광진은 조선후기 청각장애인 서예가로, 당대 최고의 명필이자 비평가였던 추사 김정희에게까지 찬사를 받을 정도로 뛰어난 명필이었다. 뿐만 아니라 청나라 사람들까지 그의 재능을 아끼고 사랑했다.

음악가

조선시대엔 관현맹인 제도를 두어서 시각장애인 가운데 음악적 재능이 뛰어난 사람을 뽑아 장악원에서 관악기와 현악기 등 악기를 연주하도록 하고, 정기적으로 관직과 녹봉을 올려주어 자립하도록 하였다. 관현맹인은 양인 뿐 아니라 천인 중에서도 선발했는데, 장악원에서 1년에 4차례 이조에 추천서를 올려 사령서(辭令書)를 받아 임용하였다.

조선시대엔 남녀유별 의식이 심하여 왕대비나 왕비, 후궁, 공주 등의 내연(內宴)에 남자 악공들이 들어가 연주할 수는 없었다. 따라서 기녀들이 악기 연주와 노래, 춤 등을 모두 담당했는데, 그들만 데리고서는 관현악기를 제대로 연주하기가 곤란했기 때문에, 부득이 앞이 보이지 않는 관현맹인이 동원되었던 것이다.

그런데 이규경의 『오주연문장전산고』에 따르면, 원래 이것은 고대 중국의 제도를 본받아 설치한 것이라고 한다. '삼대(三代: 하 · 은 · 주)엔 맹인을 시켜 시를 외고 북을 두드리게 하였으니, 이는 『주례(周禮)』에서 상고할 수 있다. 또 그들은 악(樂)을 맡았기 때문에 우리나라에서도 이를 본받아 맹인을 장악원에 예속시켜 두고 내전에서 잔치를 베풀 때면, 맹인에게 눈 화장을 하고 악기를 들고 들어가 연주하도록 하였

다.'[35)]

그들이 언제부터 장악원에 소속되어 악기를 연주했는지는 정확하지 않으나, 최소한 세종 6년(1424) 이전에는 설치된 듯하다. 예컨대『세종실록』6년 7월 22일조를 보면, '맹인 26명이 아뢰기를 "우리들이 각기 거문고와 비파를 타는 것으로 직업을 삼아 스스로 생계를 이어왔는데 근래 국상(國喪)으로 인해 음악을 정지했으니 살아가기가 어렵습니다."라고 하니 임금이 각각 쌀 한 섬씩을 주라고 명하였다.'라는 기록이 나타나기 때문이다.

또 성종대에 편찬된『경국대전』에 의하면 이들 관현맹인은 장악원에 소속되어 있었는데, 그 정확한 숫자는 밝혀져 있지 않다. 다만 20명의 관현맹인 중에서 4명을 뽑아 종9품의 체아직을 주고, 출근 일수가 400일이 되면 품계를 올려주되 천인의 경우엔 종6품 이상을 오르지 못하도록 하고 있다.

이후 관현맹인 제도는 임병 양란을 겪으면서 잠시 폐지되었다가 효종대에 복구되었고, 조성말기인 고종대까지 존속하였다. 예컨대 영조 20년(1744)『진연의궤』를 보면, 김진성과 신찬휘, 전득주, 윤덕상, 백봉익 등의 피리잽이, 이덕균과 최덕항 등의 젓대잽이, 최영찬과 박지형 등의 해금잽이, 이필강 등 거문고잽이, 주세근과 함세중 등의 비파잽이, 강상문 등의 초적잽이, 이상 13명의 관현맹인이 등장하고 있다[36)].

이처럼 조선시대엔 관현맹인 제도를 두어 시각장애인의 자립을 유도하였다. 그 결과 시각장애인 음악가가 대단히 많았을 뿐 아니라 그 가운데에서 유명한 사람들도 상당수 출현하였다.

⑴ 이반 · 정범 · 김복산

이반, 정범, 김복산은 조선전기 관현맹인 출신의 유명한 시각장애인 음악가였다. 이반은 세종대, 정범과 김복산은 성종대 인물인데, 이반은 현금을 잘 타서 궁중에 출입하였고, 정범과 김복산은 가야금을 잘 탄다고 당시 사람들의 입에 오르내렸다[37].

특히 김복산은 가야금 솜씨가 당대 일인자로 알려져 성종 3년(1472) 5월에는 포상으로 벼슬을 제수받기도 하였다. '관현맹인 김복산 등은 맹인으로서 장악원에 근실하게 근무하니 가긍하다. 병조(兵曹)로 하여금 서반 9품의 체아직을 주고 1년의 4차례에 2인씩 차례대로 제수하게 하라.'[38]라는 기록이 그것이다.

김복산은 또한 장악원 소속의 관현맹인만이 아니라 심생이란 부유한 사대부의 개인연주자로서도 활동했던 듯하다. 당시 한양 청파에 심생(沈生)과 유생(柳生)이란 부유한 양반이 살고 있었는데, 날마다 기생들 속에서 술에 빠져 살고 있었다. 하루는 친한 벗 두어 명이 심생의 집에 모여 술을 마셨다. 심생에게는 노래와 춤을 잘하는 접연화라는 첩과 가야금 솜씨가 당대의 일인자였던 김복산이란 관현맹인이 있었다. 그래서 이들을 불러 고아한 거문고와 청아한 노래로 무릎을 맞대어 즐겼는데 정회가 사무치고 흡족하였다[39].

⑵ 이마지

이마지는 성종대의 관현맹인으로, 가야금 타는 솜씨가 뛰어나 그 소리의 오묘한 것이 극에 이르렀다는 평을 받았다. 그리하여 많은 사람들의 사랑을 받았으며, 특히 임금의 은혜를 입어 두 번씩이나 장악원 전악(악공의 우두머리. 음악 연주의 지휘, 감독)이 되었다.

일찍이 성현은 정희량, 채수 등과 함께 이마지에게 나아가 거문고를 배웠는데, 날마다 찾아갈 뿐 아니라 어떤 때는 함께 자기도 하여 매우 익숙히 들었다. 그 소리는 채를 퉁긴 자국이 없고 거문고 밑바닥에서 나오는 것 같아서 심신(心身)이 황홀할 지경이었다고 한다.

이마지도 역시 앞의 김복산처럼 사대부가에 둘려가 악기를 연주했다. 하루는 김유라는 부유한 사대부가 여러 손님들을 초청하고 술자리를 베푼 뒤, 이마지가 타는 거문고, 도선길의 당비파, 송전수의 향비파, 허오의 피리, 가혼란과 경천금의 창가 등으로 서로 합주하거나 독주하게 하여 마음껏 즐거워한 적이 있었다.

이마지가 죽은 뒤에도 그의 음만은 세상에 널리 퍼져서, 심지어는 사대부가의 계집종까지도 거문고에 능한 자가 있었다. 특히 당시 거문고는 사대부들 사이에서 성정을 다스리는 군자의 음악으로 추앙받아서, 누구나 이마지가 남긴 연주법을 배우고자 했다[40].

(3) 백옥

백옥(白玉)은 조선전기 기녀이자 어느 선비 아들의 애첩이었다. 그녀는 노래와 춤, 관악기와 현악기 등 모든 음악에 두루 능통했다. 하지만 한쪽 눈의 시각장애인이었기 때문에 주위의 경쟁자들에게 놀림을 당하기도 했던 듯하다.

한번은 어떤 잔치에서 기녀들이 자리에 가득했지만, 그중에서도 백옥이 홀로 장내를 주름잡았다. 이에 기녀들이 서로 팔꿈치를 치면서 "어디서 굴러먹던 한쪽 눈의 여자가 감히 잘난 척이야!"라고 비웃었다. 그때 강아지 한 마리가 고기를 훔쳐가지고 악기들 사이를 헤집으며 달아났다. 그런데 그것도 역시 한쪽 눈을 가진 개였다. 이에 기녀들이 크게 웃으면서 "오늘은 정녕 한쪽 눈을 가진 것들이 뜻을 펴는 날이로구나. 저 여자에게도 또한 짝은 있는 게야!"라고 말하였다. 선비의 아들은 그 말을 듣고서 기분이 몹시 상하였다. 그래서 집으로 돌아와 백옥과 마주 앉은 뒤 그녀의 손을 잡고서 "하늘이 사람을 만들 때 입도 하나요 코도 하나로 했어. 그래도 맡은 일을 잘도 하고 있지. 한데 유독 눈만은 둘로 만들었어. 이 어찌 번잡스러운 것이 아니겠는가? 자네는 눈이 하나여도 잘 지내고 있지. 저 방상씨(方相氏: 악귀를 쫓는 나자)가 비록 황금 눈알을 네 개씩이나 가졌어도 장차 그것을 무엇에 쓰겠는가? 사람은 제각기 잘하는 것이 있는 법이야. 그러니까 남의 말에 신경 쓸 것이 없다구."라고 위로해주었다. 이후로도 백옥에 대한 선비 아들의 사랑은 날이 갈수록 깊어만 갔다[41].

⑷ 김운란

김운란은 조선중기 시각장애인 음악가로, 아쟁의 대가였다. 그는 후천적 장애인이었는데, 진사에 합격한 후 눈병을 앓아 두 눈의 시력을 모두 잃고 말았다. 대개 사람들은 시각장애인이 되면 점치는 것을 업으로 하였지만, 그는 선비로서 음양복서를 배워 점치는 것을 부끄럽게 생각하였다. 그래서 아쟁을 배워 스스로를 위로했는데, 그 수법이 가히 입신(入神)의 경지에 이르렀다.

하루 밤에는 남산에 올라 오래된 사당의 담벼락에 의지하여 아쟁을 안고 서너 곡조를 연주했는데, 그 소리가 몹시 웅장하면서도 애달팠다. 시각장애로 인해 하늘의 해도 볼 수 없고, 다시 대과(大科)에 나아갈 수도 없으며, 또 음직을 구할 수도 없고, 선비들의 대열에 끼어 서로 교유할 수도 없는 자신을 비통해하면서, 그 무한한 슬픔을 아쟁에 부쳤기 때문이다. 그러자 갑자기 사당 안의 귀신들이 일제히 대성통곡을 하는데, 그 소리가 마치 물이 끓는 듯 요란했다. 이에 김운란이 크게 놀라 아쟁을 들고 도망쳐왔다. 김운란은 두 아들을 두었는데, 이름은 극성(克成)과 극명(克明)으로 훗날 모두 무과에 합격하였다[42].

김운란의 아쟁 솜씨는 당대에 아주 유명하였다. 예컨대 허균은 김운란이 아쟁을 아주 잘 타서 사람이 말하는 듯했고, 그 가락을 들은 사람마다 모두 눈물을 흘렸다고 한다[43]. 율곡 이이 역시 서울에서 김운란과 같은 동네에 살았는데[44], 아쟁을 켜는 솜씨가 그야말로 절묘했다고 한다. 율곡은 또한 1574년 황해도 연안부에서 달밤에 김운란이 아쟁을 켜는 소리를 듣고서 아래와 같은 시를 짓기도 하였다.

> 빈 누각에서 아쟁 소리가 나자
> 깜짝 놀라서 말소리도 끊어졌네.

줄마다 손에 따라 소리 나는데
시냇물이 깊은 곳에서 흐느끼는 듯해라.
가을 매미가 이슬잎을 안고 우는 듯
바위틈에서 흘러나오는 옹달샘 소리인 듯.
하늘 향해 귀를 기울이자
여음이 오래도록 그치지 않네.
내가 젊고 그대도 장부였던 시절
정겨운 마을에서 서로 친하게 지냈었건만,
슬픔과 기쁨이 엇갈린 30년 동안
동서로 헤어져 만나지 못했었네.
오늘밤에야 우연히 만나게 되니
옛 생각에 가슴이 뭉클하구나.
술잔을 멈추고 물끄러미 바라보니
푸른 하늘엔 맑은 달만 높이 걸렸네[45].

(5) 백성휘

백성휘는 18세기 평안도 일대에서 활동하던 시각장애인 음악가로, 비파를 잘 타고 잡가에도 능해 여러 마을을 떠돌아다니며 빌어먹었다. 당시 평안도 관찰사 홍봉한이 소문을 듣고 관풍각으로 불러들여 한가할 때 연주하게 하니, 그 소리가 매우 그윽하여 권태를 잊을 만했다. 이에 홍봉한은 음식과 옷가지를 내려주고, 다른 곳으로 가지 말도록 했다.

그때 홍봉한의 스승 정래교가 평안도에 놀러와 있었는데, 자신의 생일날 아침에 백성휘를 말에 태워 역관으로 데려오게 했다. 이후 며칠 밤낮을 함께 술 마시며 즐겁게 지내는데, 그 비파와 노래 솜씨가 뛰어날 뿐 아니라 사람됨이 순수하여 무척 마음에 들었다. 그래서 한 편의 시를 지어 그을 기억코자 했다.

먹을 것도 입을 것도 없는 총각 몸으로

스스로 말하길 평양사람이라네.
한번 앓아 사광(師曠) 같이 된 것이 가장 가엽건만
손에 든 비파 소리 오묘하여 무리 가운데 뛰어났네.

비파를 스스로 타며 길게 노래하니
노래 속에 강개한 마음 배회하는구나.
나라 안에 지음이 누가 있으랴
대동강 행락이 꿈속에 지나가네.

타향에서 그 누구와 나그네 시름 달래랴
억지로 오늘 아침 술잔 잡고 기뻐하네.
한가락 「양주곡」이 맑고 애절한데
역 남쪽 비바람에 늦추위가 오는 구나.[46)]

여기서 사광(師曠)이란 스스로 쑥잎을 태운 연기에 두 눈을 쬐어 멀게 한 다음 오로지 음악에만 전념했던 중국고사 속의 인물이다. 그는 음양이나 천문, 인간사의 모든 이치를 밝게 깨달아 점을 매우 잘 쳤고, 거문고에도 매우 뛰어났다고 전해진다. 이로 보면 백성휘도 어렸을 때 병을 앓아 시각장애인이 되었지만 최고의 음악가가 되었음을 알 수 있다.

⑹ 윤동형

윤동형은 18세기 후반 시각장애인 음악가였다. 스스로 말하길 서울에서 태어나 자랐다고 하는데, 가야금과 노래로 세상에 이름을 떨쳤다. 그의 연주를 들은 사람들은 절묘하다고 칭찬하지 않은 이가 없었다. 『졸장만록(拙庄漫錄)』의 저자 졸옹도 그를 순천에서 만나 가야금 연주를 들어보았는데, 과연 이름이 헛되지 않았다고 한다. 이에 그를 사랑하는 마음이 더욱 깊어져 함께 배를 타고 절이도란 섬에 들어가 그곳의 송악산 송광암에 올랐다. 세상의 시끄러움을 피하기 위해서였다. 적막하고 고요한 산창(山窓)에서 거문고를 타고 노래를 하니, 우뚝 솟은 소나무의 바람이 퉁소소리로 인해 흩어졌다. 듣는 사람과 연주하는 사람이 함께 표연히 세상의 일을 잊고 생각에 잠겼다.

이후 졸옹은 윤동형을 다시 만나보기 어렵고 그런 소리도 다시 듣기 어려울 듯하여, 그 곡조를 악보로 옮겨 뒷사람이 볼 수 있도록 하였다. 가야금을 퉁길 때에 손가락 놀리는 법과 줄을 고르는 법, 완급과 고저의 수법을 낱낱이 기록해두었다[47].

이처럼 윤동형은 18세기 후반 시각장애인 가야금 명인이었다. 그래서 졸옹이란 이가 그를 찾아가 가야금 연주법을 채록해서 남겨 두었다.

⑺ 손봉사

손봉사는 조선후기인 18세기 말에서 19세기 초의 시각장애인 음악가이다. 그는 점을 칠 줄 모르고, 대신에 가곡을 아주 잘했다. 우리나라의 이른바 '우조(羽調: 웅장한 음악)'니 '계면조(界面調: 슬프고 처절한 음악)'니 하는 24성에 두루 통달하였다.

그는 날마다 가두에서 높은 목청과 가느다란 목소리로 노래를 불렀다. 바야흐로 노래가 절정에 이르면 청중이 담을 쌓고 던지는 돈이 마치 비 오듯 쏟아졌다. 그는 손으로 더듬어 보아 백전이 될 양이면, "이것만 가지면 한번 취할 수 있는 밑천은 되겠지."라고 말하며 툭툭 털고 자리에서 일어섰다.

어느 날 조수삼은 그 모습을 보고 이렇게 시를 지어 남겨놓았다.

> 사광(師匡)의 옛 일 같이 눈 찔러 봉사던가
> 동방의 가곡 24성 통하였다지
> 백전만 얻으면 취코자 일어서니
> 점쟁이 엄군평(嚴君平)[48]도 부러울 것 없도다.[49]

이처럼 손봉사는 시각장애인이었지만 거리에서 노래를 부르며 비교적 자유롭게 세상을 살아갔다.

3. 조선후기 장애인 예술가의 존재 의의

인류 역사상 장애인의 예술적 업적은 비장애인들 못지않게 대단하였다. 하지만 지금까지 우리들은 그에 대해 매우 무관심해왔다. 특히 전통시대 장애인 예술사에 대해선 전혀 관심을 기울이지 않았다고 해도 과언이 아니다. 과거의 장애인은 제 몸조차 건사하기 힘들었을 텐데, 어떻게 그처럼 고차원적인 예술 활동을 펼쳤겠느냐는 선입견 때문이었다. 하지만 과거 동양과 서양만이 아니라, 우리나라에도 의외로 많은 장애인 예술가가 존재하였다.

이에 따라 본고에서는 크게 문인, 화가, 음악가 등으로 나누어 조선시대 장애인 예술가의 존재양상에 대해 본격적으로 살펴보았다. 물론 본고는 연구사의 초기 단계이므로, 우선 급한 대로 조선시대 장애인 예술가를 종합적으로 정리하고 소개하는 수준에서 논의하였다. 당시 장애인의 장애 경험이 그들의 예술 행위와 어떤 관련을 맺고, 그들의 예술 작품의 특징은 어떠했는지 등에 대해서는 추후의 논의를 기약하기로 한다. 이상의 논의 결과를 간략히 정리해보면 다음과 같다.

먼저 조선시대 예술가 중에는 학자이자 문필가인 문인(文人)이 가장 많았다. 당시 양반층에서도 장애인이 많이 존재했는데, 그들은 평생 동안 학문하면서 글을 쓰는 사람들이었기 때문이다. 예컨대 그들을 장애유형별로 분류하여 제시하면, 시각장애인 문인으로는 김성침과 홍씨, 강이천, 기정진 등이, 지체장애인 문인으로는 조성기, 강취주, 지여교, 장혼 등이, 청각장애인 문인으로는 고순이 각각 존재하였다.

다음으로 조선시대에도 장애인 화가가 상당수 존재했을 것으로 추정되는데, 다만 현재까지 발견된 장애인 화가로는 조선후기 한쪽 눈의 괴짜 화가 최북과 청각장애인 서예가 조광진을 대표적인 예로 들 수 있다.

끝으로 조선시대엔 관현맹인 제도가 있어서 시각장애인 음악가가 대단히 많았을 뿐 아니라, 그중에서 유명한 사람들도 상당수 출현했다. 대표적으로 조선전기 이반과 정범, 김복산, 이마지 등이 있었고, 기타 민간에서는 백옥과 김운란이 자못 유명하였다. 그리고 조선후기엔 떠돌이 악사에서 유명한 시각장애인 음악가가 많이 나왔는데, 백성휘와 윤동형, 손봉사 등이 대표적 인물이었다.

오늘날은 과학기술이 발달하고 경제력이 풍부하여 예전에 비해 장애인들이 훨씬 살기 좋은 세상이 되었다. 하지만 장애인에 대한 사회적 인식은 예전보다 오히려 후퇴하고 있다는 느낌이다. 과거엔 비록 먹고 살기는 힘들었다 할지라도 지금보다 훨씬 장애를 의식하지 않고 자유롭게 살아갈 수 있었던 것이다. 단적인 예로 오늘날 시각장애인 음악가가 사회적으로 성공할 수 있는 길은 매우 좁을뿐더러, 음악을 직업으로 해서 사는 것도 더욱 힘든 일이 되었다. 물론 그것은 제도적인 문제도 있겠지만, 그보다 더욱 큰 문제는 사회적 인식 때문이다. 많은 사람들에게 사랑을 받았던 조선시대 시각장애인 음악가와는 달리, 오늘날 시각장애인 음악가들은 비장애인에겐 거의 관심을 받지 못하고 있다. 실제로 대부분의 사람들은 설령 공짜로 볼 수 있는 시각장애인의 공연이 있을지라도, 오히려 비싼 돈을 주고 들어가는 비장애인의 공연을 찾고 있는 실정이다. 단지 시각장애인이라는 이유만으로 음악적 재능이 떨어질 것이라는 부정적인 인식이 깔려 있기 때문이다.

더 나아가 「허준」, 「대장금」 등 굵직한 사극을 연출한 이병훈 PD의 작품 가운데 「동이」라는 드라마가 있다. 그동안 사극에서 다루지 않았던 장악원을 배경으로 우리나라 전통음악을 다루었는데, 그래서인지 시청자들에게 많은 사랑을 받았다. 그런데 웬일인지 장악원에서 없어서는 안 될 사람들인 시각장애인 음악가, 곧 관현맹인에 대해선 단 한 명도 보여주지 않았다는 사실이다. 이병훈 PD를 비롯한 제작자들이 관현맹인의 존재를 애초부터 몰라서 그런 것인지, 아니면 장애에 대한 편견으로 시각장애인이 TV 화면에 나오는 것을 꺼려서 그런 것이지 참으로 궁금하지 않을 수 없다.

본고에서 새롭게 발굴하거나 정리한 수많은 장애인 예술가의 존재 의의는 바로 여기에 있다. 이들의 출현으로 인해 우리나라에서도 문인이나 화가, 음악가 등 장애인 예술가가 의외로 많았음이 실제적으로 확인되었고, 또 오늘날 우리들의 장애에 대한 인식개선에도 크게 기여할 수 있다는 점이다[50]. 더 나아가 21세기는 문화예술, 특히 그것을 산업화한 문화콘텐츠의 시대인데, 이젠 우리나라 장애인도 본고의 인물들을 역할모델로 삼아 문화예술 분야에서도 더욱 적극적으로 활약할 수 있었으면 싶다. 서두에서처럼 장애와 예술은 서로 밀접한 관련을 맺고 있고, 최초의 예술가도 다름 아닌 장애인이었기 때문이다.

(『한국학연구』 제38집, 고려대학교 한국학연구소, 2011)

1) C. 데이 루이스, 강대호 역, 『詩란 무엇인가』, 탐구당, 1980, 27~30면.

2) 대표적으로 『일리아스』와 『오디세이아』를 지은 호메로스, 『이솝우화』의 이솝, 『손자병법』의 손자, 『돈키호테』의 세르반테스, 독일의 천재적 음악가 베토벤 등을 예로 들 수 있다.

3) 그 이유는 무엇보다 인간애가 강했기 때문인 듯하다. 오늘날과 달리 조선시대엔 인간이 몹시 귀했기 때문에, 단 한명의 사람이라도 사회에서 배제시킬 수 없었던 것이다.

4) 정창권, 『세상에 버릴 사람은 아무도 없다』, 문학동네, 2005, 13~26면.

5) 『조선왕조실록』 정조 2년 7월 2일조.

6) 정약용, 다산연구회 역주, 『목민심서』 Ⅱ, 창작과 비평사, 1979, 47면.

7) 조선후기 주자학적 가부장제는 근본적으로 문벌사회에서 비롯되었다. 주지하다시피 임병 양란 후 조선후기엔 신분제의 동요가 일어나고 과거시험의 남발로 인해 양반의 수가 급격히 증가하면서, 그들 사이에 관직을 얻기 위한 심한 쟁투가 벌어졌다. 그 결과 오늘날의 학벌주의처럼, 자기 가문의 정치적·사회적 지위인 문벌(門閥)을 최우선으로 여기는 문벌사회 혹은 가문주의 사회가 도래했다. 이처럼 문벌사회의 도래로 가문의 중요성이 대두되자, 먼저 최상류층인 벌열들이 자기 가문을 유지하기 위해 집안을 부계 적장자 위주로 개편하고 기타 여성이나 장애인을 철저히 배제시켰는데, 이러한 사회풍조는 18~19세기에 이르자 전 사회계층으로 확산되어 갔다. 정창권, 「양성평등의 관점에서 본 한국 여성사」, 『시민인문학』 17, 경기대 인문과학연구소, 2009, 48~49면.

8) 물론 그들 각각에 대해서는 국문학과 역사학 연구자들에 의해 간간히 이루어져왔다.

9) 정창권, 위의 책, 165~177면.

10) 남효온, 「추강냉화」, 『대동야승』 Ⅰ, 민족문화추진회, 1973, 346~347면.

11) 남효온, 「사우명행록」, 『대동야승』 Ⅰ, 민족문화추진회, 1973, 371면.

12) 이민수 역주, 『한국한문소설선』, 서문당, 1975, 153~154면.

13) 차용주 역주, 『창선감의록』, 형설출판사, 1982.

14) 이승수 역주, 『졸수재집』 1·2, 박이정. 2001.

15) 조성기는 이후 영조대의 신하 이덕수에 의해 재조명되어 벼슬까지 제수받게 되는데, 이덕수 역시 귀가 들리지 않는 청각장애인이었다.

16) 이규경, 「명통시에 대한 변증설」, 『오주연문장전산고』 XX, 민족문화추진회, 1973, 107면.

17) 유재건, 이상진 역주, 『이향견문록』 상, 자유문고, 1996, 262~263면.

18) 김려, 박혜숙 역주, 『부평을 그리며-사유악부 선집』, 돌베개, 1996, 123면.

19) 조희룡, 실시학사고전문학연구회, 「호산외기」, 『조희룡전집』 6, 한길아트, 1999, 112~115면.

20) 신복호, 「장혼의 문학세계」, 고려대 교육대학원 석사학위논문, 1990.

21) 『조선왕조실록』 정조 21년 11월 11일조.

22) 백승종, 『정조와 불량선비 강이천』, 푸른역사. 2011. 방현아, 「중암 강이천과 〈한경사〉 연구」, 성균관대 한문학과 석사학위논문, 1993.

23) 훗날 그는 키가 7척 반에 이를 정도로 장대했다.

24) 이러한 점은 79세에 지었다는 그의 시조에 잘 나타나 있다. 공명도 너 하여라 호걸도 나 싫으며, 문 닫으니 심산(深山)이요 책 펴니 사우(師友)로다. 오라는 곳 없건마는 흥 다하면 갈까 하노라. 부귀공명을 티클처럼 여기고, 오로지 학문에만 몰두하겠다는 그의 의지가 잘 나타나 있다.

25) 『조선왕조실록』 고종 3년 8월 16일조.

26) 박석무, 『조선의 의인들』, 한길사, 2010, 377~398면. 박학래, 「노사 기정진 철학사상 연구」, 고려대 박사학위논문, 2000.

27) 임형택, 『이조시대 서사시』(하), 창작과 비평사, 1992, 276면.

28) 조희룡, 앞의 책, 실시학사고전문학연구회, 59~60면.

29) 유재건, 이상진 역주, 『이향견문록』하, 자유문고, 1996, 434~437면.

30) 변혜원, 「호생관 최북의 생애와 회화세계 연구」, 고려대 문화재협동과정 미술사학전공, 2007, 29~32면.

31) 임형택, 앞의 책, 277면.

32) 최북의 30세 이전의 생애에 대해선 알려진 바가 거의 없다.

33) 변혜원, 위의 논문, 45~106면.

34) 유재건, 이상진 역주, 위의 책, 421~424면.

35) 이규경, 앞의 책, 108면.

36) 장사근, 『한국악기대관』, 한국국악학회, 1969, 219면.

37) 성현, 〈용재총화〉, 『대동야승』Ⅰ, 민족문화추진회, 1973, 14~15면.

38) 『성종실록』 3년 5월 11일조.

39) 성현, 앞의 책, 129면.

40) 성현, 앞의 책, 14~15면. 성현, 위의 책, 243면.

41) 서거정, 이내종 역주, 『태평한화골계전』, 태학사, 1998, 139~140면.

42) 유몽인, 시귀선 · 이월영 역주, 『어우야담』, 한국문화사, 1996, 35~36면.

43) 허균, 『성소부부고』 Ⅲ, 민족문화추진회, 1967, 171면.

44) 율곡은 6살 때 어머니 신사임당을 따라 강릉으로부터 서울 수진방, 곧 지금의 청진동으로 올라왔다.

45) 허경진, 『악인열전』, 한길사, 2005, 536면.

46) 허경진, 위의 책, 390~391면.

47) 허경진, 위의 책, 508~510면.

48) 한나라 유명한 점복가. 복채가 100푼만 생기면 곧 술을 마셨다 한다.

49) 이우성 · 임형택 역편, 『이조한문단편집』 중, 일조각, 1978, 338~339면.

50) 다시 한 번 강조하지만 과거의 장애인은 집안에서 청소나 불때기, 심부름 등 허드렛일만 한 것이 아니라, 이와 같이 사회적으로 문학이나 회화, 음악 등 고차원적인 활동도 펼쳤다.

전통시대 유랑놀이패의 놀이문화 연구

1. 머리말

요즈음 전철을 타고 장거리를 가다보면, 매우 흔히 만나는 사람들이 있다. 찬송가가 흘러나오는 녹음기를 목에 걸고 감긴 눈으로 지팡이를 더듬거리면서 뭇 사람들의 성의를 바라는 구걸인이 바로 그것이다. 그리고 겨울철 밤이 깊어 시장 골목에 들어서면, 모닥불을 피우고 둘러앉아 소주를 마시거나 쭈그린 채 잠이 든 사람들을 흔히 볼 수 있다. 그들은 바로 이 시대의 유랑민이며, 우리들의 뒷그림자이다. 또한 비록 근대 이후 서구문화가 대거 유입되면서 점차 소멸되었지만, 전통시대 그들 가운데 일부는 놀이집단을 형성하고 전국을 유랑하면서 우리네 대중문화를 담당했던 사람들이었다. 그럼에도 불구하고 이들 유랑민의 삶과 문화에 대한 진지한 천착은 매우 드문 것처럼 보인다.

기존 유랑놀이패에 대한 연구는 크게 총론과 각론의 형식으로 두가지 경향을 보이며 전개되어 왔다. 우선 총론적 고찰은 김흥규의 논의가 주목할 만한데, 그는 비록 간략한 지적이지만, 조선후기 유랑예능인들의 출현에 관한 사회적 배경과 활동 분포에 관한 개괄적인 정형을 그려내었다. 특히 그는 사회적 배경에 있어 조선후기 농촌의 모순과 유랑민의 발생에서 찾고, 관련 자료들을 통해 유랑예능인들의 활동분포를 파악함으로써, 이후 연구의 토대를 마련하였다[1]. 근래 윤광봉의 유랑예인에 관한 총괄적 저서는 이같은 김흥규의 성과를 바탕으로 아래의 각론들을 총합한 것이라 할 수 있다. 그러나 윤광봉은 보다 대중적인 수

필 형식으로 유랑예인의 이모저모를 설명했지만, 실제 내용에서는 전승연희 전반을 다루고 있어서 매우 모호한 결과를 초래하였다[2].

이에 비해 각론적 고찰은 특정 놀이패의 담당층과 놀이문화에 대해 집중적인 조명을 가하는 형식으로 전개되었다. 예컨대 이능화[3], 송석하[4], 최정여[5], 전신재[6] 등의 '사당패'에 관한 고찰, 이보형[7], 박전열[8] 등의 '풍각쟁이패'에 대한 연구, 심우성[9]의 '남사당패'에 대한 조사 기록, 서연호[10]의 '꼭두놀음패'와 근대 이후의 유랑놀이패에 대한 현장론적 연구가 대표적인 예들이다. 이밖에 김헌선[11]이 화랭이 집단에 대해 집중적으로 고찰하기도 했다.

이같은 다양한 연구 성과에도 불구하고 조선후기 유랑놀이패에 대한 연구는 여전히 많은 문제점을 안고 있다. 첫째, 조선후기에 유랑놀이패가 대거 출현하게 된 제반 여건을 개연성 있게 해명하지 못했다는 점이다. 물론 김흥규의 간략한 시도가 있었지만, 그것은 사회적 측면에 대한 하나의 예비적 고찰의 성격을 벗어나지 못했던 것으로 보인다. 왜냐하면 비록 그는 유랑놀이패의 출현에 있어서 조선후기 급격히 늘어난 유랑민을 주목했다할지라도, 그들이 놀이패에 편입하게된 경위에 대해서는 구체적인 언급이 없었기 때문이다. '유민의 급증=유랑놀이패의 양적 팽창'이라는 등식이 성립할 수 없는 이상, 우리는 유랑놀이패의의 문화적 전통에 대해서도 주목할 필요가 있다. 또한 보다 상대적인 입장에서 수용층의 변화에 대해서도 유의할 필요가 있다. 둘째, 기존 연구는 유랑놀이패의 전반적인 활동 양상에 대한 구도를 잡지 못하고 있다. 위의 각론의 연구성과를 통해 볼 수 있듯이, 기존 연구는 몇 가지 특정 놀이패에 대해서는 심화된 결론을 도출하였다. 하지만 그 밖의 놀이패에 대해서는 대체적인 윤곽이나 정의조차 내릴 수 없는 것이 현재의 실정이다. 유랑놀이패의 놀이종목은 집단 구성원의 성격에 따라 대단히 유동적이고 결합적이라는 점을 감안한다면, 비록 부족한 수준에서나마 종합적인 정리작업이 하루속히 이루어져야 할 것이다. 셋째, 기존 연구자들은 근대 이후의 변모 양상에 대한 유별된 성격을 심각하게 고려하지 않았다는 점이다. 그러나 유랑놀이패는 그것이 하나의 생존 방편이었던 까닭에 시대 상황과 개인적 처지에 따라 언제든지 변화 가능성을 띠고 있었다. 그리고 서연호의 현장 조사에서 단적으로 보여주듯이, 근대 이후 산업화가 전개되면서 그들의 놀이문화에는 상당한 변화가 일어났다.

이에 본고에서는 전통시대 유랑놀이패의 종합적 성격 고찰이란 목적 아래, 다음과 같은 순서에 따라 이상의 문제들을 해명하고자 한다. 우선 제2장에서는 조선후기 유랑놀이패가 대거 출현한 사회, 문화적 배경을 규명하고자 한다. 특히 이 장에서는 놀이의 담당층뿐만 아니라, 수용층의 변화에 대해서도 주목하고자 한다. 다음 제3장에서는 각 놀이패의 생활양태와 연희형태 등 놀이문화적인 측면에서 조선후기 유랑놀이패를 살펴보고자 한다. 그리고 근대 이후 유랑놀이패의 변모 양상에 대해서도 비교적 독자적인 방식으로 살펴보고자 한다. 마지막으로 제4장에서는 이상의 논의를 종합하면서 전통시대 놀이문화의 총체적 성격과 의의를 간략히 지적하고자 한다.

그런데 본격적인 논의에 앞서 전제되어야 할 사항은, 전통시대 연희문화의 연구는 근대 이후와 달리 외적인 고증작업에 바탕을 두어야 그 역사적 의의를 부여받을 수 있다는 점이다. 때문에 본고에서는 '놀이문화'를 놀이패의 실상과 연희적 요소를 포함한 용어로 사용하고자 한다. 다만 아쉬운 점은, 연희에 관한 일반적 이해와 자료 수집 및 정리가 충분히 이루어지지 못하여, 논의가 심도 있게 전개되지 못했다는 점이다. 이에 본고에서는 현재까지 정리된 수준에서 최대한 논의하고자 한다. 자료의 연대별 정리 작업을 포함한 좀 더 폭넓은 결과는 차후를 약속하기로 한다.

2. 조선후기 유랑놀이패의 출현 배경

조선후기 유민은 농민층 분화에 따른 무전(無田)·무전(無佃) 농민층의 양산과 가중된 조세의 부담, 상품화폐 경제의 발달에 따른 비농업 부문의 발달, 인구 증가에 따른 경작지 부족이라는 사회경제적 특성에 기인하여 발생한 것이었다. 그리고 기근·홍수·전염병 등과 같은 자연재해가 중첩되어 발생한 것이었다. 그 발생 규모는 시기와 지역에 따라 차이가 나지만, 숙종 13년(1687) 강원도 이천 상원면의 경우를 보면, 원호(元戶)가 64호인데 반해 유민호(流民戶)가 170호에 달할 정도로 이시기 농민층의 유망은 매우 성행하고 있었다. 그 결과 본거지를 떠난 유민은 다른 농촌으로 유망하여 협호(挾戶), 농촌 임노동자 등 다양한 형태로 존재했으며, 새로운 경작지를 찾아 화전, 변방 개간처, 해도로 유입하였다. 또한 일부는 임노동만으로 생존이 가능한 지역을 찾아 유망하기도 했다. 즉 상업, 광업, 수공업에 임노동자로 흡수되어 농촌을 완전히 이탈하였던 것이다[12].

한편 이들 유민 가운데 일부는 마땅한 생계수단을 찾아 정착하지 못하고 무리를 지어 각지를 떠돌며 구걸과 작폐를 일삼는 부유집단이 되기도 했다. 즉 이들은 생존의 방편으로 승려나 거사집단에 투속하거나, 나아가 명화적으로 전화(轉化)하기도 했던 것이다. 우선 유민의 승려집단에의 투속은 17～18세기 전반에 가장 성행했다. 예컨대 17세기 들어 승려의 수는 최소 17만을 상회할 정도로 증가했는데, 이는 각종 부세를 견디지 못한 피역양민이나 유민 등이 국가의 부세 수탈을 피해 승려집단에 대거 투속한 결과였다. 그러나 18세기 들어 승역의 강화와 의승번제의 등장 그리고 균역법의 시행을 계기로, 18세기 후반부터는 승려의 증가 추세에 변화가 일어났다. 특히 균역법의 시행으로 양민의 부담이 1필로 줄어들고 승려는 오히려 평민보다 더 무거운 상황이 초래되면서, 18세기 중엽 이후에는 점차 기존 승려들의 환속이 성행하게 되었다.

그런데 승려들이 환속할 경우, 이들의 향방과 관련하여 주목되는 것이 거사집단이다. 본디 거사(居士)란 불가에서 출가하지 않고 가정에 있으면서 불교에 귀의한 남자를 일컬었는데[13], 이들은 조선전기부터 정부의 배불정책에 의해 환속한 승려를 중심으로 무리를 지어 다니면서 걸식하고 풍속을 해치는 등 각종 폐단을 일으키고 있었다. 그에 더하여 위와 같은 사정으로 파생된 유민과 승려들이 대거 편입함으로써, 이들은 18세기 중엽 이후 하나의 심각한 사회문제로 대두되었다. 즉 이들 가운데 일부는 정조 9년(1785)에 발생한 거사배 모역동참사건과 같이 모역에 동함하거나, 명화적과 같은 도적집단의 일원이 되기도 했다. 예를 들어 고종 15년 충청도 일대에서 수십명이 무리지어 활동한 명화적은 꼭두각시패(괴뢰패)가 중심이었는데, 이들의 출신의 보면 무의행걸인 · 유리개걸인 · 고자 · 승려 · 거사 등이었다[14]. 한편 이들 가운데 일부는 유랑예인집단화하여 사당패나 남사당패 등으로 불리우며 활동하였다. 즉 전신재에 의해 비교적 소상히 밝혀진 것처럼, 이들은 조선후기에 들어 사당들과 함께 '사당패'를 형성하여 유랑 · 행걸 · 행상 · 연희 · 매춘 등 다양한 활동을 펼쳤다. 그리고 이들의 활동이 한계점을 노출하면서, 이를 극복하기 위해 다양한 형태의 연희종목으로 조직된 남사당패들이 출현하였다[15].

이처럼 조선후기 유랑놀이패의 대거 출현은 농민층의 분화로 인해 발생된 유민의 동향과 밀접한 관련을 맺고 있다. 즉 조선후기 사회, 경제적 모순으로 인해 대량으로 발생된 유민들의 일부가 승려나 거사집단과 같은 기존의 부유단체에 투속하였고, 다시 그들 가운데 일부가 사당패와 같은 전문놀이패를 조직하여 생계수단의 하나로 삼았던 것이다. 조선후기에 존재했던 여타 유랑놀이패들도 또한 대체로 이같은 과정 속에서 출현했던 것으로 보인다. 그러나 이같은 추론에는 몇가지 해결되어야할 문제가 따른다. 즉 그들은 과연 어떻게 놀이문화를 습득했을까? 그리고 이와 전혀 다른 형태의 유랑놀이패들은 어떻게 출현했을까? 여기서 우리는 이들의 출현에 대한 문화적 배경, 즉 유랑놀이패의 내적 전통에 대해서도 주목할 필요가 있다.

지금까지 한국 전승연희에 대한 연구는 관(官)주도적인 태도로 공의(公儀) 자체의 전통에 대해서는 상당한 연구 성과를 축적한 반면, 그를 둘러싼 민간의 전문적인 놀이패의 전통에 대해서는 상대적으로 소홀했던 감이 있다. 물론 여기에는 기록의 희소성이 크게 작용했지만, 공의는 관의 하층인과 더불어 민간의 전문적인 놀이패에 의해서도 연행되었다는 사실을 감안한다면, 이들에 대한 관심은 또하나의 필수적인 해결 과제라 할 수 있다.

우선 공의에 민간의 전문적인 놀이패의 문화를 수용한 예는 멀리 신라시대부터 엿볼 수 있다. 즉 최치원의 〈향악잡영〉은 민간의 전승을 적극적으로 수용하여 연행한 장면을 묘사한 것이었다. 그러나 『고려사』 권 제124 전영보전을 보면, 고려시대에는 이미 민간에 탈을 쓰고 노는 유랑놀이꾼이 있었고, 그 놀이꾼을 광대라고 불렀음을 알 수 있다. 또한 산대놀이 역시 민간의 전문 놀이패에 의해 공연되었음은 주지의 사실이다. 예컨대 김일출은 『조선민속탈놀이연구』에서 다음과 같이 '배우의 각 지방 산재에 대해서' 논하고 있다.

> 배우들은 벌써 12세기 초로부터 지방에 있어 온 형적이 있으며, 14세기 말(고려말)에는 6도로부터 배우들이 소집되여 국왕의 연악에서 백희를 공연하는 형편이었다. 리조에는 서울의 산대 잡희는 의례히 지방의 배우들이 상경하여 공연하는 일로 되었다. 이러한 배우들은 각 도에 모두 있었으나 특히 전라도에 많았다. 그것은 17세기 초에 전라도 배우들을 일시에 600명이나 소집한 것으로 보아서 알 수 있는 일이다[16]

이처럼 전문 놀이패의 연원은 매우 요원하며, 조선조의 공의는 비록 외형적으로는 산대도감이나 나례도감과 같은 관에 의해 주도되었지만, 사실상의 전승체계는 다양한 민간의 전문 놀이패들에 의해 유지되었다. 또한 그들은 국가의 공의를 둘러싸고 행사가 있을 경우에만 상경하여 연희하고, 평상시에는 떼를 지어 각지를 유랑하며 각종 연희로 걸립함으로써 생활했다. 이같은 사정은 조선전기 직업적인 놀이꾼들이 탈을 쓰고 노는 기록인 김구(金絿: 1488~1534)의 〈이밀양댁 잔치에서 배우의 놀이를 보고 짓다(李密陽宅讌席觀優戲作)〉라는 한시와[17], 이후 민간에서 직업적인 놀이꾼이 나무탈을 사용했다는 기록인 유몽인(1559~1623)의 『어우야담』 64 배우조, 남대문 밖에서 전문적인 놀이패들의 탈놀이를 보고 지은 강이천(1769~1801)의 〈남성관희자(南城觀戲子)〉 등이 확인시켜주고 있다.

그런데 조선조의 산대놀이는 18세기 영·정조대에 완전 폐지되면서 민간의 산대놀이만 남게 되었다. 이를 계기로 재인, 광대 등의 전문놀이꾼들이 자신의 기예를 특성화시켜 나가거나, 일부는 17세기 이래 급증한 유민과 더불어 몇가지 재주를 종합화시켜 생존과 예능적 기질을 발휘하기 위해 전문적인 유랑놀이패의 길에 나선 듯하다. 예컨대 탈놀이패, 솟대놀이패, 풍각쟁이패 등이 바로 그것이다. 물론 모든 유랑놀이패가 이같은 경로를 밟은 것은 아니었다. 즉 위의 사당패는 거사집단의 증대와 관련을 맺고 있으며, 각설이패 등은 민간의 자생적 동기에 의해 출현한 듯하다.

결국 조선후기 대거 출현한 유랑놀이패는 17세기 이래 지속된 유랑민의 대량 발생이라는 사회적 요인과, 민간의 전문놀이패에 의해 유지되던 산대희의 폐지가 중첩되면서 나타난 현상이었음을 알 수 있다.

뿐만 아니라 우리는 조선후기 유랑놀이패의 대거 출현에 있어서 수용층의 확대현상에도 주목할 필요가 있다. 조선후기, 특히 18세기 이후에는 상품화폐경제와 상공업의 발달에 따라 어촌이나 시장 혹은 군소

도시에 많은 유흥 공간이 창출되었다. 그러면서 다양한 계층의 새로운 문화에 대한 수요가 급증하였다. 이에 유흥의 상업화 경향이 나타났는데, 심지어 국가 소속 음악기관인 장악원과 오군영 군악대마저 상업화되었다[18]. 18세기 이후 유랑놀이패의 급증은 이같은 수요층의 확대와도 밀접한 관련을 맺고 있는 듯하다.

3. 유랑놀이패의 존재양상과 놀이문화

서두에서 언급한 것처럼 조선후기 유랑놀이패의 존재 양상에 관한 정확한 파악은 현재로선 매우 힘든 실정이다. 예컨대 김흥규는 사당패·걸립패(비나리패)·꼭두놀음패(초라니)·솟대장이(초라니)·판소리광대·각설이패 등으로, 윤광봉은 사당패·남사당패·초란이패·걸립패·솟대쟁이패·대광대패·굿중패·각설이패·풍각쟁이패·이야기패 등으로, 전신재는 탈꾼패·초란이패·풍각쟁이패·각설이패·꼭두놀음패·대광대패·솟대장이패·걸립패(비나리패)·중매구패·남사당패·굿중패 등으로 각각 파악하였다. 이처럼 범주 설정의 차이뿐만 아니라, 그에 대한 정의조차 저마다 차이를 보이고 있다. 또한 근대 이후의 양상을 조선조로 소급해서 파악하고 있어 더욱 혼란을 가중시키고 있다. 이에 본고에서는 우선 기존 연구를 참조하면서도 필자 나름대로의 재해석을 통해 유랑놀이패의 실체와 놀이문화의 성격을 규명하고자 한다. 또한 유랑놀이패는 시대가 바뀌고 집단 중에서 누군가가 토지에 정착하여 뿌리를 내리려면 언제든지 해체될 수 있는 유동적 성격이 강했으므로, 조선조와 근대 이후를 구분하여 살피고자 한다.

그런데 조선후기 유랑놀이패의 존재를 파악하면서 주목되는 점은, 이들 가운데에서도 일정한 층위가 있었다는 점이다. 즉, 이하의 자료를 통해 볼 수 있듯이, 조선후기 사람들은 대체로 사당패, 탈놀이패, 꼭두놀음패를 우선적으로 여기고, 기타는 잡색꾼으로 인식하였다. 이는 아마 놀이집단의 성쇠나 대중적인 호소력(흥미성) 그리고 시대변화 등과 밀접한 관련을 맺고 있는 듯한데, 유랑놀이패에 대한 총체적인 시각을 마련하기 위해서는 우선적으로 고려되어야 할 것으로 본다. 그러나 본고에서는 여건상 탈놀이패와 꼭두놀음패처럼 비교적 선명히 드러나는 집단들은 기존 연구성과에 미루고, 여타의 군소 집단들에 대해서만 논의하기로 한다.

(1) 조선후기 유랑놀이패

사당패

사당패는, 제2장에서 살핀 것처럼 조선전기 거사배의 전통에다 조선후기 유랑민의 유입으로 대거 형성하여 조선조 말기까지 그 전통을 유지했던 조선시대 대표적인 유랑놀이패였다. 이들 가운데 일부는 〈한양오백년가〉에서 볼 수 있듯이 조선조 말기에는 궁중에까지 불려가 연희할 정도로 당대에는 매우 활기를 띠었다[19]. 그러나 근대 이후에는 점차 소멸하여 남자들만의 단체인 남사당패로 변형되어 활동한 듯하다.

조선후기 대표적인 사당패는 '가리내패'였다. 판소리 〈변강쇠가〉에는 사당패 가운데 가리내패가 나와 있는데, 이들이 당시 가장 대표적인 사당패였던 것으로 보인다. 이를 통해 당시에는 모든 사당패를 '사랑패'라 통칭하기보다 각 집단에 따라 독자적인 별칭이 있었음을 알 수 있다.

이들의 생활방식은 매우 독특했다. 그들은 거사(居士)라 불리는 남자와 부부관계를 맺고 의복 등 기타 생필품을 거사로부터 지급받는 대신 매춘을 통한 화대(花代)를 그들에게 건네준다. 또한 모갑(某甲)이라는 통솔자를 두어 경향 각지를 떠돌아 다니며 유랑생활을 하였다. 그러면서 마을이나 시장에서 놀이를 하고 매춘을 하였다. 특히 사당과 거사의 관계는 매우 기괴하여, 마을을 돌아다닐 때 거사는 사당을 등에 업고 다니며 매우 소중히 대하다가도 객(客)이 있으면 내어주고 화대를 받았다. 즉 거사는 사당에게 아버지이자 남편이며 하인이었다. 또한 그들은 자기들의 수입으로 불사(佛事)를 돕는다는 구실을 내세웠다. 그리고 실제로 그들은 관계를 맺고 있는 일정 사찰에서 받은 부적을 가지고 다니며 팔기도 했는데, 그 수입의 일부를 사찰에 바치기도 했다[20].

한편 판소리에 수용된 사당들을 보면, 사당은 주로 퇴기와 창녀로 구성되었으며, 그들은 담배를 즐겨 피웠다. 그리고 조선후기 대표적인 사당은 초월·구강선·일점홍·설중매·월하선·금옥 등이었다.

이들 사당패의 놀이문화는 가무와 매음이 주를 이루었다. 즉 먼저 거사가 소고춤을 춘다. 이어서 사당이 흔히 염불이라 통칭하는 노래를 하면서 관객을 유혹하여 매음을 한다. 이같은 사당패의 놀이문화는 매우 전형적이었는데, 이학규의 〈걸사행〉·〈박타령〉·〈변강쇠가〉·〈교방가요〉·〈해동죽지〉·〈게우사〉·〈기산풍속화첩〉 등에 한결같은 모습으로 나타나 있다. 연희는 남자가 창을 하면 여자가 따라하는 남창여화(男唱女和)의 형식이었으며, 주요 노래는 놀량, 방아타령, 자진방아타령 등이었다.

이같은 조선후기 사당패들의 생활과 놀이문화는 판소리 여섯마당을 정리한 신재효(1812～1884)의 〈박타령〉과 〈변가쇠가〉에 잘 나타나 있다. 비록 장황하지만 〈박타령〉을 통해 조선후기 사당패들의 면모와 놀이문화의 성격을 살펴보기로 한다.

> 슬근슬근 건짐 타니, 사당의 법이란 게, 그 중에 연계사당(애寺黨), 앞서난 법이었다. 허튼낭자 때 묻은 옷, 박통 밖의 썩 나서니, 놀보가 깜짝 놀라, 「애겨 서시 나오느라고, 하님 먼저 나온다」. 내외를 시키

기로, 禁 雜人이 대단하여, 울력군 모두 모아, 문 밖으로 보내고서, 휘장이 모자라니, 홑이불 안팎, 돗자리 문빨이며, 심지어 공석까지, 담뿍 둘러 막았대니, 그 뒤에 서시들이 꾸역꾸역 나오난듸, 낭자도 하였으며, 고방머리 곱게 빼고, 주사 수건 紫地 수건, 머리도 동였으며, 연두색 저고리의, 진 담배대 물었으며, 따라오난 짐꾼들은, 곱게 절은 오쟁치의, 이불보 요강 망태, 기름병도 달아 지고, 꾸역꾸역 나오더니, 놀보보고 절을 하며, 「小寺 문안이오, 小寺 문안이오, 소사 등은 경기 안성 청룡사와 영남 하동 목골이며, 전라도로 의론하면, 함열의 성불암, 창평의 대주암, 담양 옥천 정읍 동막, 함평의 월량사, 여기저기 있삽다가, 근래 흉년 살 수 없어, 강남으로 갔삽더니, 강남 황제 분부 내의, 네 나라 박놀보가, 삼국 유명 부자라니, 박통 타고 그리 가서, 수천 냥을 얻어내되, 만일 적게 주거들랑, 다시 와서 아뢰거라. 분부 뫼고 나왔으니, 후히 차하 하옵소서」. 놀보가 하릴 없어, 제 손수 눅이것다. 「나오던 중 상이로다. 너희들 장기대로, 염불이나 잘 하여라」. 사당 거사 좋아라고, 거사들은 소고치고, 사당의 재차대로, 연계사당 몬저 나서, 발림을 곱게 하고, 「산천초목이 다 성한듸, 귀경가기 즐겁도다. 어야여 장송은 낙낙, 기러기 훨훨, 낙락 장송이, 다 떨어진다. 성황당 어리 궁벅궁 새야, 이 산으로 가며 어리 궁뻐궁, 저 산으로 가며 어리 궁뻐궁」. 「이야 잘 논다. 네 이름이 무엇이냐」. 「초월이오」. 또 한 년 나서면서, 「녹양방초 녹양방초, 다 저문 날의, 해난 어찌 더디 가며, 오동 야우 성긴 비의, 밤은 어찌 질었난고, 얼싸절싸 말 들어 보아라. 해당화 그늘 속의, 비 맞은 제비 같이, 이리로 흔들, 저리로 흔들, 흔들흔들, 넘노난다. 이리로 보아도 일색이오, 저리로 보아도 절색이라」. 「이아 잘 논다. 네 이름은 무엇이냐」. 「구광선이요」. 또 한 년 나오더니, 「갈까보다 갈까보다. 잣힌 밥을 못 다 먹고, 임을 따라 갈까보다. 傾方山城 빗도리질로, 알배기 처가 앙금살살, 게기 돌아 간다」. 「네 이름은 무엇이냐」. 「일점홍이오」. 또 한 년 나오면서, 「오돌도기 춘향 춘향, 월의 달은 밝고 명랑한듸, 여기다 저기다, 엾어 버리고, 말이 못된 경이로다, 만첩 청산 쑥쑥 들어가서, 휘어진 버드나무, 손으로 주루룰 훑어다가, 묻에다 두덩실 두덩실, 여

> 기다 저기다, 얹어 버리고, 말이 못된 경이로구나」. 「잘한다 네 이름은 무엇이냐」. 「설중매요」. (……) 한참 서로 농탕치니, 놀보댁이 강짜가 났구나. 천도머리 돔방치마, 속곳 가래 뚫어 놓고, 보선발 평나막신, 왈칵 뛰어 냅다 서서, 놀보 앞의 앉으면서, 「나난 눌만 못하기의, 사당 보고 미치나냐」. 놀보가 전 같으면, 볼이 금이 곧 날테나, 사당의게 우세될까, 미운말로 別視하여, 「차린 의복 생긴 맵시, 정녕한 별관이지, 풍류랑을 보았으며, 여럿 패가 시키것다. 엽불하던 사당들이, 예쁘기도 하거니와, 강남 황제 보냈으니, 홀대할 수 있것나냐」. 매명의 일백 냥씩, 후히 주어 보낸 후의[21],

이와 같이 〈박타령〉은 사당패의 외적 형상, 놀이판의 모습, 사당들의 객(客)을 사로잡는 육담질은 노래, 객 놀보의 풍류적인 모습, 놀보처의 반발하는 모습 등을 절묘하게 묘사하고 있다. 특히 인용문 서두에서 '禁 雜人이 대단하여, 울력군 모두 모아, 문 밖으로 보내고서, 휘장이 모자라니, 홑이불 안팎, 돗자리 문빨이며, 심지어 공석까지, 담빽 둘러 막았대니'라고 잡인들이 많아 휘장을 치고 사당을 맞이하는 장면을 표현하고 있는데, 이는 곧 궁중에서의 산대(山臺)와 유사한 방식이 아닌가 한다. 즉 잡인들이 보지 못하도록 휘장을 쳐서 관람을 제한했다는 것이다.

또한 이들은 여타 놀이패와도 밀접한 연계성을 지니고 있었다. 즉 위의 〈변강쇠가〉와 〈박타령〉 같은 판소리에 수용되거나, 〈봉산탈춤〉, 〈양주별산대〉, 〈송파산대놀이〉 등의 탈놀이에 수용되기도 했다. 뿐만 아니라 사당패는, 〈게우사〉에서 보여주듯이 여타의 판소리 광대나 산대놀이패와 함께 놀이하기도 했다.

풍각쟁이패

풍각쟁이패란 〈교방가요〉(1872)에 의하면 소적행걸(簫笛行乞), 즉 퉁소나 피리를 불면서 구걸하는 놀이패를 말하고, 최영년의 〈해동죽지〉(1925)에서는 '옛 풍속에 병든 자가 해금과 단소를 익혀 무리를 지어 저자거리에서 행걸했다. 그 곡은 우는 듯 애원하는 듯하고 그 소리는 심히 애절하여 듣는 사람들이 눈물을 흘리며 돈을 던저 서로 도와주었다. 그들을 풍각쟁이라 했다'라고 했다. 이로보면 조선조에는 악기를 들고 다니며 걸립하는 사람들을 풍각쟁이라고 했음을 알 수 있다. 그러나 〈박타령〉에서 놀부가 하는 말을 보면, 이들은 전문적인 놀이패와는 층위가 구별되었던 듯하다. 즉 검무장이 · 북잡이 · 각설이패 · 초라니패 등과 함께 잡색꾼의 일종으로 인식되었던 것이다.

이들의 연희방식은 〈심청가〉에서처럼 봉사가 풍각으로 혼자서 유랑하며 걸식하거나, 〈변강쇠가〉에서처럼 판소리 가객 · 퉁소잡이 · 북장이 · 가야금 · 검무장이 등과 함께 집단을 구성하여 연희하기도 했다. 우선 혼자서 놀이하는 광경을 보면, 노인이 홀로 해금을 켜면서 걸립하는데, 이때 해금을 켬과 동시에 재담과 몸짓을 곁들이면서 연극적 성격도 갖추려고 하였다. 예컨대 다음 인용문을 보자.

> 할멈— 할멈—
> 콩죽 먹고 배탈이 났다네.
> 석쥐가 장독 밑을 뚫지 못하게 하여라.
> 어이— 조카 하며 스스로 문답도 하는데
> 가만히 들어 보면
> 이 모두 사람을 깨우치는 말일러라. (조수삼, 〈추재기이〉, 1762~1849)

> 벙어리 소경 손과 다리 병신 소로 위로하네
> 허리엔 피리 배낭엔 해금으로 먹이 구하네
> 구름을 뚫는 한 가닥 심방곡 아뢰니
> 듣자마자 정이 도져 눈물 흘리네 (최영년, 〈해동죽지〉, 1925)

다음으로, 집단을 형성하여 연희하는 광경은 〈변강쇠가〉에 잘 나타난다. 우선 이들은 가객 · 퉁소잡이 소경 · 북장이 · 가야금 · 검무장이 등 5인으로 구성되어 있다. 가객은 부채를 들고 '초한가'를 부르고, 소경인 퉁소장이는 퉁소를 들고 '봉장취'를 연주하며, 가야금을 타는 사람은 '짝타령'과 '상심곡'을 연주하고, 15세 소년인 검무장이는 '여민락'과 '심방곡'을 부른다. 그 특징은 노래와 악기뿐만 아니라 재주를 동시에 연행하고 있다는 점이다. 또한 이들은 다양한 레파토리를 공유하고 있었다[22]. 그러나 이보형의 현장조사에 의하면, 근대 이후에는 주로 혼자 떠돌면서 걸식했다고 한다.

이들 또한 여타 놀이패와의 교섭양상을 보이는데, 판소리 가객이 '초한가'를 부르고 있는 것으로 보아 판소리 유랑광대가 참여하거나, 혹은 풍각쟁이들이 직접 판소리를 배워 가객 행세를 했음을 알 수 있다. 또한 퉁소잽이가 연주한 '봉장취'는 본디 재인광대악공놀음에서 악공들이 연주했던 악곡이었고, '심방곡'은 무속음악이었으며, '여민락'은 궁중 연향 때만 쓰이던 악곡이었다. 이로 보면 풍각쟁이패는 재인광대의 후예들이거나, 맹인처럼 장애인들이 먹고 살 수 없어 악공에게 기예를 배워 풍각쟁이패에 끼어든 것으로 판단된다[23]. 즉 이들은 어떤 형태로든 기존의 산대희나 나희와 같은 공의에 참여했던 전문놀이패들과 일정한 관련을 맺고 있는 사람들이었다.

각설이패

각설이패란 장타령꾼을 낮추어 부르는 말로 장타령을 부르며 행걸(行乞)하는 무리들을 일컫는다. 그 연희형태는 보통 2~3명 정도의 소수 인원으로 장을 떠돌아다니며 장타령을 부르면서 걸립 생활을 하였다.

이들의 놀이문화는 판소리에 적절히 수용되어 있다. 예컨대 〈박타령〉에서는 놀보가 넷째 박을 타자, 검무장이 · 북장이 · 풍각장이 · 외초라니 등 잡색꾼들이 나와 돈을 요구하는데, 이때 각설이패가 장타령을 부른다[24]. 〈변강쇠가〉에서는 옹녀가 뎁득이를 구슬려 데려와 송장을 묶어내려할 때, 각설이패가 자청하여 찾아와 옹녀와 값을 흥정하고 송장을 지고 가는데, 이때 각설이패가 다음과 같은 장타령을 부른다.

> 여인이 더위한다 부채질 하며, 송장 묶어 내려할 제, 제 아무리 장사기로 송장 여덟 질 수 있나. 근처 마을 찾아가서 삯꾼을 언젯더니, 마침 각설이패 서이 달려드난듸, 윈머리를 다 둥치고, 가로 약간 남은 털을, 감이상투 엇게 하여, 이마에 붙이고서, 영남의 돌림이라. 영남장만 세 가것다. 「떠르르 돌아왔소, 각설이라 멱설이라, 동설이를 짊어지고, 뚤뚤 돌아 장타령, 안경 주관 경주장, 최복 입은 상주장, 이 술 잡수 진주장. 관민 분의 성주장이라. 채쳐 마산장, 펄쩍 뛰어 노리꼴장. 명태 옆에 대구장. 순시 앞에 청도장」 한 놈은 옆에 서서 입장고 「낑 낑」 치고, 한 놈은 옆에 서서, 살만 남은 헌 부채로, 뒤꼭지를 탁탁치며, 두 다리를 빗디디고, 허리짓 고갯짓. 「잘한다, 잘한다. 초당 짓고 한 공부냐. 실수가 없이 잘 한다. 동삼 먹고 한 공부냐. 기운차게 잘 한다. 목구멍에 불을 켰나, 훤하게도 잘한다. 뱃가죽도 두껍다. 일망무제 나온다. 네가 저리 잘 할 적에, 네 선생은 할 말 있나. 네 선생이 나로구나. 잘 한다 잘 한다. 대목장에 목 쉬일라. 잘 한다 잘 한다. 너 못하면 내가 하마」 여인이 묻난 말이. 「목소리난 명창이나, 우리 집에 송장 많아, 지금 묶어 내려하니, 함게 묶어 지고 가면, 삯을 후히 줄 터이니, 손견이 어떠한가」 저 놈이 하난 말이. 「송장을 쳐 내이면, 여인하고 산다기에, 짚신짝 때 붙이고, 애써 애써 예왔더니, 남의 손에 때여시니, 송장이나 지고 갈게, 송장 하나 닷냥 삯에, 술 밥 고기 잘 먹이오」 여인이 허락하니(……)[25],

초라니패

초라니패에 대한 정의는 현재로선 정확히 내릴 수 없는 실정이다. 정약용의 『목민심서』에는 굴뢰자(窟儡子: 방언에는 초라니라고 한다),

굴뢰붕간(窟儡棚竿: 우리말에 焦蘭伊 또는 山臺라고도 한다)이라고 말하고, 정현석의 『교방가요』에는 초란-가면금목(焦爛-假面金目), 즉 탈 쓰고 놀이를 벌인다라고 기록하고 있다.

이들의 놀이문화 역시 판소리 〈박타령〉과 〈변강쇠가〉를 통해 엿볼 수 있는데, 초라니가 혼자서 장고를 치고 고사를 해주며 걸립한다. 그러나 '방정스런 외초라니'라는 서술자의 직접적인 언술에서 볼 수 있듯이, 그야말로 경망하고 방정맞은 형상이다. 예컨대 다음 예문을 보자.

> 한 편에서는, 告祀 초라니가 덤벙이난듸, 구슬 상모 담벙거지, 되게 맨 통 장고를, 턱 밑에다 되게 메고, 「꽝그랑 공 꽝꽝」「예 돌아왔소 구름같은 댁의, 신선같은 나그네 왔소. 옥 같은 입의 구슬 같은 말이, 쏙쏙나오」「꽝그락 꽝」「예 오노라 가노라 하니, 우리집 마누라가, 아주머님 전의, 문안 아홉 꼬장이, 평안 아홉 꼬장이, 二九 十八, 열 여덟 꼬장이, 날날이 전하라 하옵디다」. 「꽝그락 꽝」. 「헤 폐」. 「통영 漆 도리판의, 쌀이나 담아 놓고, 귀 가진 저고리, 단 가진 치마, 命실 命錢 가진 꽃반, 고사나 하여 보오」. 「꽝그락 꽝」. 「허 폐 폐」. 「정월 이월 드난 厄은, 삼월 삼일 막아 내고, 사월 오월 드난 액은, 유월 유두 막아 내고, 칠월 팔월 드난 액은, 구월 구일 막아 내고, 시월 동지 드난 액은, 납월납일 막아 내고, 매월 매일 드난 액은, 초라니 장구로 막아 내새」. 「꽝그락 꽝」. 「허 폐」. 놀보 보다 하난 말이, 「저러한 되방정들, 집구석의 두었다는, 싸라기도 안 남것다」. 돈 관씩 후히 주어서, 치송을 하였구나[26].

이밖에 꼭두놀음패[27], 탈놀이패, 솟대쟁이패[28] 등에 대해서는 차후 본격적인 자리에서 논의하기로 한다.

(2) 근대이후 유랑놀이패의 변모양상

남사당패

남사당패는 조선조 말기에 생성하여 근대 이후 본격화된 유랑놀이패이다. 이들은 독신 남색(男色)사회였으며, 사당패와 달리 계간이란 것을 팔았다. 이들 역시 사찰을 배경으로 활동했으며, 인원의 충원은 빈한한 농가의 어린아이를 부모의 허락을 받고 얻거나, 고아 및 가출아를 거두었으며, 어떤 때는 유괴한 경우도 있었다고 한다. 그 조직은 일사불란하여 거의 획일적이라는 평을 들을 만큼 엄격하였다. 이들의 연희지역은 주로 농촌과 도시의 서민 지역이었다. 놀이문화는 풍물·버나(대접돌리기)·살판(땅재주)·어름(줄타기)·덧뵈기(탈놀이)·덜미(꼭두각시놀음) 등의 순서로 솜방망이 불이나 관솔불을 피워놓고 밤새워 놀이마당을 벌였다[29]

남사당패는 1930년대까지 활약하다가, 그후 건립패와 제휴하는 등 변화를 겪고, 1940년대 이후 거의 인멸된다. 1930년대까지 전승했던 남사당패는 개다리패(일명 바우덕이, 즉 김암덕패: 안성 청룡사를 거점. 남사당패와 사당패, 걸립패간의 혼성)·오명선패(1935년경 소멸, 정일파, 남형우)·심선옥패(평산, 오산이 거점, 김문학, 양도일, 송순갑)·안성 복만이패(안성 개다리패의 후예, 전근배, 최성구, 박종휘, 정일파, 양도일, 남형우, 1935년 가장 활발)·원육덕패(안성 복만이파의 후예, 최은창, 지수문, 송창선, 송철수)·이원보패(서울과 경기 일원) 등이었다.

이들의 놀이문화는 다음과 같은 성격을 지녔다. 첫째, 극적 성격을 중시했는데, 소리, 체기와 재담을 주고받으며 극적 성격을 창출하여 흥미를 유발하였다. 둘째, 종합성을 지향했다. 남사당패는 전대와 동시대의 다양한 놀이종목을 적극적으로 수용하여 하나의 종합예술적인 성격을 갖추고 있다. 우선 지역적인 습합성을 보이는데, 이들의 풍물놀이는 〈경상도 벅구〉, 〈전라도 장구〉, 〈경기도 꾕과리〉가 습합되어 있다. 또한 덧뵈기에서 볼 수 있는 것처럼, 그 격식이나 내용면에서 중부지방의 산대놀이와 해서지방의 탈춤, 남부지방의 오광대와 야유 등을 고루 원용하여 습합하고 있다. 더불어 대사에 현대 지명과 어휘를 수용하고 있다. 뿐만 아니라 남사당패는 동시대 솟대쟁이패의 놀이종목을 대거 수용하고 있는데, 버나, 살판, 어름 등이 바로 그것이다. 그런데 이 가운데 살판과 어름은 조선조 공의, 즉 정재에서 광대에 의해 연행된 것이었다. 이처럼 근대 이후의 유랑놀이패인 남사당패는 전대와 동시대의 다양한 놀이종목들을 적극 수용함으로써 하나의 종합예술적인 성격을 창출하여 관객에게 다양한 볼거리를 제공했다. 이는 한편으로 근대 이후 유랑놀이패의 성격을 드러내주는 것인데, 하나의 생존 수단이었기 때문에 사회 변화에 민감할 수밖에 없었다. 셋째, 현장성을 매우 중시했다. 즉 버나는 버나잡이와 매호씨간의 재담과 소리를 주고받으며 극적 성격을 창출하는데, 이들은 다분히 즉흥적인 재담을 주고받았으며, 흥에 따라 다른 소리의 출입이 잦았다고 한다.

이들 남사당패의 후예로는 〈남운용행중〉을 들 수 있다. 1927년 일제의 탄압으로 전국의 남사당패가 해체되는 한편, 그 명칭도 사용하지 않게된다. 이때 남옹이 화주가 되어 10~25인 정도를 이끌고 전국을 유랑했는데, 놀이를 트는 과정과 문화도 대체로 남사당패와 비슷했다고 한다[30].

솟대쟁이패

근대 이후 솟대쟁이패에 관한 사실은 심우성과 서연호 등이 송순갑(1913~. 땅재주의 명인)의 증언을 채록하면서 밝혀졌다. 송순갑의 증언에 의하면, 솟대쟁이패는 경남 진양이 본거지였으며, 근대 이후에는 이우문행중 하나 밖에 없었다고 한다. 그리고 이우문은 4대에 걸쳐 대대로 내려오는 솟대쟁이의 꼰두쇠(두목)였다고 한다. 그들의 주요 놀이종목은 풍물 · 얼른 · 버나 · 살판 · 새미놀이 · 병신굿 · 쌍줄백이 등이었다. 이들은 팔도를 떠돌았으며, 만주땅에도 두 번이나 간적이 있었다고 한다[31].

솟대쟁이패는 50~60명이 한 단체를 이루어 장터를 돌면서 공연하였는데, 공연장 주변에는 말뚝을 치고 새끼를 매어 경계를 삼았다. 놀이판은 솟대판 한 가운데 장정 다섯발 정도의 긴 장대(솟대)를 세우고, 꼭대기 부분에 오리목을 열십자로 지른 후, 오리목으로부터 양편으로 어깨넓이 만큼 평행이 되게 쌍줄을 밑으로 늘어뜨려 말뚝에 고정시켜 만든다. 연희자는 그 쌍줄을 두 손으로 붙잡고 위 아래로 타면서 기교와 재담을 한다. 이때 관객들은 솟대를 중심으로 둥그렇게 둘러 앉거나 서서 관람했다. 이들은 남자들만의 단원이었다[32].

동월의 〈조선부〉와 성현의 〈관나시〉에 의하면, 조선전기 산대놀이에서 토화・무동・근두(땅재주)・답색(줄타기)・솟대놀이 등이 사용되고 있었는데, 이로 보면 근대 이후 솟대쟁이패는 산대놀이의 전통을 특화 혹은 변형시켜 유랑하면서 걸식한 듯하다.

걸립패

근대 이후 걸립패도 다양하게 진행된 듯하다. 우선 송순갑의 증언에 의하면, 1920년대 초반에는 이전의 장터를 떠돌면서 하던 놀이와는 달리 고사굿놀이 위주였다고 한다. 화주가 이장을 찾아가 허락을 받으면, 일행이 마을로 들어가 입구에서 들당굿을 치고, 곧이어 우물에서 샘굿을 한 후, 이장집에서 간단한 마당놀이를 펼친다. 그후 마을 사람들이 제공하는 저녁 식사를 마치고 본격적인 판놀이를 펼친다. 풍농과 안녕을 기원하는 풍물을 올리고, 고사를 희망하는 가정에는 별도의 대우와 복채를 받고 가서 놀아준다[33].

그런데 이돌천과 최은창의 증언에 의하면, 광복 이후부터는 절걸립과 낭걸립으로 나뉘어 다른 형태를 띠게 되었다고 한다. 우선 낭걸립은 서낭걸립의 준말로, 서낭기에 신을 받아 들고 다니며 걸립을 하는 데서 생긴 명칭인 듯하다고 한다. 낭걸립의 목적은 마을의 공공사업(다리, 학교, 제방)을 위한 자금의 모금과 걸립패의 생계비 보조를 위한 것이므로, 인근의 농촌을 대상으로 하여 펼쳐진다. 이에 비해 절걸립은 어떤 특정한 사찰과 계약관계에 의해 이루어졌다. 절을 새로 짓거나 중수할 때 드는 비용을 시주받고자 걸립패와 협업하는 형태였다. 이들은 비용을 적게 들이면서도 수입을 많이 올리기 위해 소수의 정예만으로 단체를 구성했다. 그리고 낭걸립과 달리 주로 도회지나 어촌을 돌아다니며 걸식이나 걸숙을 하지 않고 여관에서 유숙하고 매식을 하였다. 대신에 몸가짐과 처신을 매우 조심해야 했다고 한다[34]. 특히 절걸립은 광복 이후 1940년대 후반과 6・25 이후 1950년대 후반 전쟁에 피폐한 사찰과 보수를 위하여 매우 난무했다고 한다[35].

4. 맺음말

이상으로 전통시대 유랑놀이패의 놀이문화에 대해 종합적으로 살펴보았다. 기존 연구가 역사적인 측면을 간과한 점에 착안하여, 필자는 먼저 조선후기 유랑놀이패가 대거 출현한 사회, 문화적 배경부터 규명해 보았다. 그런 다음 유형별로 나누어서 각 놀이패의 존재양상과 놀이문화를 차례대로 살펴보았다. 특히 본고에선 근대 이후 유랑놀이패의 놀이문화를 별도로 설정하여 고찰했는데, 이 시기에 이르면 산업화가 전개되면서 그들의 놀이문화에 상당한 변화가 있어났기 때문이다.

다만 필자는 탈놀이패와 꼭두놀음패 등에 대해선 일단 기존 연구에 미루어 두었다. 차후엔 이들을 포함한 각 유랑놀이패의 기원과 놀이문화의 성격, 시대적 변모양상, 서로간의 교섭 양상과 층위 등을 면밀히 고찰하여, 전통시대 유랑놀이패의 성격을 보다 정교하게 연구할 필요가 있다고 본다.

끝으로 전통시대 유랑놀이패의 놀이문화의 성격을 간략히 지적하면 다음과 같다.

우선 유랑놀이패는 시대와 놀이꾼이 처한 상황에 따라 매우 유동적인 면모를 보였다. 즉 사당패처럼 특정한 전문 기예를 살려 유랑하거나, 풍각쟁이패처럼 잡색꾼으로 처리되며 부침을 거듭하는 집단도 있었다. 또는 탈놀이의 애사당처럼, 다른 단체로 전향하기도 했다.

다음으로 이들의 놀이문화는 현장성을 매우 중시했다. 이들은 놀이의 시간적, 지역적 상황에 따라 매우 유동적으로 연행했는데, 그로 인해 이들의 문화는 다양하게 발달하는 계기가 될 수 있었다. 그러나 다른 한편으론 전문화를 이루는 데에 장애가 되어서, 결과적으로 세대가 흐르면서 사라지고 말았던 듯하다.

(「한국인과 한국어문학」, 『한국어내용론』 11 특집호, 푸른사상, 2006)

---

1) 김홍규, 「조선후기의 유랑예능인들」, 『고대문화』 20.
2) 윤광봉, 『유랑예인과 꼭두각시놀음』, 밀알, 1994.
3) 이능화, 『조선해어화사』, 민속학회, 1927.
4) 송석하, 『한국민속고』, 일신사, 1960.
5) 최정여, 「산대도감극성립의 제문제」, 『한국학논집』, 계명대 한국학연구소, 1980.
6) 전신재, 「거사고」, 『한국인의 생활의식과 민중예술』, 성대 대동문화연구소, 1983.
7) 이보형, 「풍각쟁이 음악고」, 『한국민속학』 11, 민속학회, 1979.
8) 박전열, 「풍각쟁이의 기원과 성격」, 『한국민속학』 11, 민속학회, 1979.
9) 심우성, 『남사당패 연구』, 동화출판공사, 1974.
10) 서연호, 『꼭두각시놀이』, 열화당, 1990.
서연호, 『한국 전승연희의 현장연구』, 집문당, 1997.
11) 김헌선, 「화랭이 집단의 지역적 분포와 예술사적 의의」, 『문학과 사회집단』, 집문당, 1995.
12) 변주승, 「조선후기 유민연구」, 고려대 박사학위논문, 1997, 7~48면.
13) 그러나 학식과 도덕이 높으면서도 벼슬하지 않는 사람을 지칭하거나, 당호나 법명

아래 붙이는 칭호로도 쓰였다. 그리고 경우에 따라서는 아무 일도 하지 않고 놀고 지내는 사람을 가르킬 때도 쓰였다.

14) 변주승, 앞의 논문, 122~127면.

15) 전신재, 앞의 논문 참조.

16) 김일출, 『조선민속탈놀이연구』, 과학원출판사, 1958. 108면. 한편 김일출은 각주를 통해 이를 명백히 밝히고 있다.

17) 전경욱, 『한국의 탈』, 태학사, 1996.

18) 강명관, 「조선후기 서울의 중간계층과 유흥의 발달」, 『민족문학사연구』 2, 민족문학사연구소, 1992.

19) 박성의 교주, 『농가월령가 · 한양가』, 민중서관, 1974, 526면.

20) 송석하, 앞의 책, 101~102면. 참고.

21) 강한영 교주, 〈박타령〉, 『신재효 판소리 사설집 여섯마당집』, 281~285면.

22) 박전열, 앞의 논문, 35~36면.

23) 이보형, 앞의 논문, 82면.

24) 강한영 교주, <박타령>, 앞의 책, 431면.

25) 강한영 교주, 〈변강쇠가〉, 앞의 책, 599면.

26) 강한영 교주, 〈박타령〉, 앞의 책. 433면.

27) 서연호, 『꼭두각시놀이』, 열화당, 1990.

28) 참고로 솟대쟁이패의 자료를 소개하면 다음과 같다.
하늘하늘 춤사위 나긋한 허리
열 길되는 긴 장대 흔들리지 않네
손 안의 두 구슬 해와 달처럼
신통한 재주 그 누가 의료를 보았는가. (최영년, 〈해동죽지〉, 중편)

29) 심우성, 앞의 책, 66~74면.

30) 서연호, 앞의 책, 1997, 296~298면 참조.

31) 심우성, 앞의 책, 71면, 85면 참조.

32) 서연호, 앞의 책, 1997, 290면.

33) 서연호, 앞의 책, 1997, 291면.

34) 서연호, 앞의 책, 1997, 306~313면.

35) 서연호, 앞의 책, 1997, 300면.